普通高等教育“十二五”规划建设教材

现代礼仪教程

纪新青　主编

中国农业大学出版社
·北京·

内容简介

礼仪是整个社会文明发展程度的反映和标志，也是一个人道德品质和文化素养的直接体现，只有了解并熟练掌握礼仪规范，才能够在社交活动中做到礼貌周到、热情谦和，充分展示自身修养，成为受人尊重的人。

本教材共分为9章，包括现代礼仪概述、个人礼仪、日常交往礼仪、通联礼仪、聚会礼仪、会务与仪典礼仪、餐饮礼仪、职业礼仪、涉外礼仪与国际礼宾活动，以及我国和世界主要国家和民族的礼俗、节日和禁忌。

本教材整合了现代礼仪的已有研究成果和最新动态，突出其应用性和可操作性。既可作为普通高等院校本科、专科礼仪课程教材，也适合于希望掌握礼仪知识、从事礼宾服务的职业人士使用。

图书在版编目(CIP)数据

现代礼仪教程/纪新青主编. —北京：中国农业大学出版社，2011.8(2016.12重印)

ISBN 978-7-5655-0363-4

Ⅰ.①现…　Ⅱ.①纪…　Ⅲ.①社会交往-礼仪　Ⅳ.①C912.1

中国版本图书馆CIP数据核字(2011)第151481号

书　　名　现代礼仪教程

作　　者　纪新青　主编

策划编辑　梁爱荣　　**责任编辑**　张　玉

封面设计　郑　川　　**责任校对**　王晓凤　陈　莹

出版发行　中国农业大学出版社

社　　址　北京市海淀区圆明园西路2号　　**邮政编码**　100193

电　　话　发行部 010-62818525，8625　　读者服务部 010-62732336

编辑部 010-62732617，2618　　出　版　部 010-62733440

网　　址　http://www.cau.edu.cn/caup　　**e-mail** cbsszs@cau.edu.cn

经　　销　新华书店

印　　刷　北京时代华都印刷有限公司

版　　次　2011年8月第1版　　2016年12月第3次印刷

规　　格　787×980　　16开本　　20.5印张　　374千字

定　　价　31.00元

图书如有质量问题本社发行部负责调换

编 委 会

主　　编　纪新青

副 主 编　王　芳　李桂艳　汪应曼

编写人员　(按姓氏拼音为序)

陈海鹰　海南大学应用科技学院
纪新青　山东农业大学
李桂艳　沈阳农业大学
雷焕贵　山西农业大学
姚海霞　沈阳农业大学
王　芳　海南大学政治与公共管理学院
汪应曼　海南大学旅游学院

前　言

古人云：礼者，敬人也；敬人者，人恒敬之；礼义廉耻，国之四维；人无礼则不生，事无礼则不成，国无礼则不宁。

礼仪是整个社会文明发展程度的反映和标志，对社会精神文明能产生广泛、持久和深刻的影响。现代礼仪经过不同历史时期的发展和巩固，已成为一个国家或民族传统文化的重要组成部分，它不仅在现代社会的生产和生活中发挥着重要的功能，而且还将在人类文明的持续发展进程中继续发挥重要作用。

礼仪修养是一个人道德品质和文化素养的直接体现。随着生活水平与文化水平的不断提高，越来越多的组织和个人对礼仪文化愈加重视。人们越来越关注自己在社交场合的一言一行、一举一动、一颦一笑，希望以此展示个人素养，赢得交往对象对自己的尊重和信任，并帮助自己走上成功之路。只有了解并熟练掌握日常交际的礼仪规范，才能够在社交活动中做到礼貌周到、热情谦和，充分展示自身修养，成为受人尊重的人。即先知礼，后守礼。

鉴于此，山东农业大学、海南大学、沈阳农业大学、山西农业大学等高校长期从事礼仪教学、研究与培训的教师编写了《现代礼仪教程》一书，本书共分为9章，包括现代礼仪概述、个人礼仪、日常交往礼仪、通联礼仪、聚会礼仪、会务与仪典礼仪、餐饮礼仪、职业礼仪、涉外礼仪与国际礼宾活动，以及我国和世界主要国家和民族的礼俗、节日和禁忌。本书全面地反映了本学科的已有成果和最新动态，力求系统地阐述现代礼仪的基本知识；坚持理论和实践相统一的原则，既注重理论高度，对礼仪实践进行概括和提升，又结合礼仪的时代发展特点，突出其应用性和可操作性。本书既可作为普通高等院校的专业必修课、公共课教材使用，也可作为政府机关、企事业单位工作人员岗位培训的辅助教材，同时也适合各级、各类需要学习和了解现代礼仪知识的人员作为参考用书。

本书由山东农业大学纪新青教授负责制定编写提纲和全书统稿，具体分工如下：纪新青编写第三章，李桂艳编写第八章，汪应曼编写第四章、第五章，王芳编写第六章、第九章，陈海鹰编写第一章、附录，雷焕贵编写第二章，姚海霞编写第七章。

在编著过程中，我们参考和借鉴了国内外诸多现代礼仪专家、学者的研究成果，得到了中国农业大学出版社的大力支持，在此一并表示诚挚的感谢。

由于作者水平有限，书中难免有不妥之处，恳请诸位专家、同行和读者批评指正。

编　者
2011 年 6 月

目　　录

第一章 现代礼仪概述

礼仪是人类在社会交往活动中形成的行为规范与准则。在人类文明经过长期演进而跨入新世纪的今天,礼仪已经成为一个国家、一个民族文明程度的重要标志,成为衡量社会公众道德水平和文化素养的重要尺度。

第一节 礼仪的起源与发展

礼仪是在人际交往中,以一定的、约定俗成的程序方式来表现的律己敬人的过程。礼仪作为人类交际的表现形式之一,同其他诸如文字、绘画等文明形式一样,是人类不断摆脱愚昧、野蛮,逐渐走向文明、开化的标志和见证。

一、礼仪的起源

礼仪的起源可以追溯到远古时代。现代人类学、考古学、历史学的研究成果表明,礼仪是人类文明的产物,从客观上来说,礼仪是人类为协调人与自然以及人类内部不同群体之间的矛盾而探寻、认定、维护并不断调整的历史和社会产物。从仪式上来说,礼仪起源于原始的宗教祭祀活动。礼仪的起源和发展同人类生产力发展水平和社会经济基础相适应，并且随着社会制度和经济环境的变化而发生形式和内涵上的演变。

礼仪是人类文明的产物，但是礼究竟是怎样产生的，说法不一。归纳起来，大体有 5 种起源说。

1. 天神生礼说

这是人们还没有认识到礼仪的真正起源时的一种信仰说教，是神崇拜的反映，代表了人类图腾崇拜时期对原始礼仪的一种认识。《左传》有言："礼以顺天，天之道也。"意思是说，礼是用来顺乎天意的，而顺乎天意的礼就合乎"天道"。"天神生礼说"虽然不科学，但却反映了礼仪起源的某些历史现象。

2. 礼是天地人统一的体现说

这种观点是春秋时期以后兴起的一股思潮。它认为，天地与人既有制约关系和统一性，又具有高于人事的主宰性。把礼引进到人际关系中来讨论，比单纯的"天神生礼说"有了很大进步，但仍没有摆脱原始信仰，所以仍是不科学的。

3. 礼起源于人性说

这种观点是儒家的创见。儒家学派把礼和人性结合起来，以为礼起源于人的天性。孔子以仁释礼，一方面把"礼"作为处理人际关系的总则，另一方面把"仁"当做"礼"的心理依据。克己以爱人，就是"仁"；而用仁爱之心正确而恰当地处理好人际关系，就是"礼"。

4. 礼是人性和环境矛盾的产物

这一学说的目的，在于解决人和环境的矛盾。孔子"克己复礼"的观点，就是看到了人和环境的矛盾，而解决这种矛盾的方法是"克己"。人的好恶欲望如不加以节制，什么坏事都干得出来，于是圣人制礼以节制贪欲。

5. 礼生于理，起于俗说

这种观点是对礼仪起源进行更深入地探讨后所提出来的。理，是指事物的必然性的道理。人们为了正常生存和发展，根据面临的生存条件，制定出合乎人类生存发展必然性和道理的行为规范，就是"礼"。"礼"是理性认识的结果。事物的礼落到实处，使之与世故习俗相关，所以又有了礼起源于俗的说法。荀子曰："礼以顺民心为本……顺人心者皆礼也。"就是从理和俗上说明了礼的起源。

礼仪与古代人类部落群居的形成过程同步产生，并随着社会组成形式和国家制度的变化而变化，随着人类社会生活的发展而逐步完善起来。对上述不同说法进行总结，可得出关于礼仪起源的两点结论：

第一，从理论上看，礼的产生是人类为了协调主客观矛盾的需要。

人类为了生存和发展，必须与大自然抗争，不得不以群居的形式相互依存。在群体生活中，男女有别，老少有异，这既是一种天然的人伦秩序，又是一种需要被所有成员共同认定、保证和维护的社会秩序。因此，为了维护自然的“人伦秩序”的需要，人们逐步积累和自然约定出一系列“人伦秩序”，这就是最初的礼。

第二，从具体的仪式上看，礼产生于原始宗教的祭祀活动。

原始宗教的祭祀活动都是早期也是最简单的以祭天、敬神为主要内容的“礼”。这些祭祀活动在历史发展中逐步完善了相应的规范和制度，正式形成祭祀礼仪。随着人类对自然与社会各种关系认识的逐步深入，人们将事神致福活动中的一系列行为，从内容和形式扩展到各种人际交往活动中，因此最初的祭祀之礼也就扩展到社会各个领域，并逐渐形成多种形式的礼仪。

二、礼仪的发展

人类的文明史是人类对礼仪进行探索的历史，也是礼仪在社会生活实践中不断演进的历史。例如，古代人们为了维持与发展血缘亲情以外的各种人际关系，避免“格斗”或“战争”，逐步形成了各种与“格斗”、“战争”有关的动态礼仪。如为了表示自己手里没有武器，让对方感觉到自己没有恶意而创造了举手礼，后来演进为握手。为了表示自己的友好与尊重，愿在对方面前“丢盔卸甲”，于是创造了脱帽礼等。

礼仪的发展受生产力水平、经济制度、社会心理等多方面因素的影响。以中国为代表的东方礼仪文化与流传于欧洲、北美各国的西方礼仪文化有着不同的发展特征和阶段。

（一）西方礼仪的发展

在西方，礼仪一词最早见于法语的 etiquette ，原意为“法庭上的通行证”。古代法国的法庭为了保证法庭秩序，把各种规则写在进入法庭的通行证上，让人们去遵守。后来，“礼仪”一词进入英语，演变成“人际交往的通行证”。西方的文明史同样在很大程度上表现着人类对礼仪追求及其演进的历史。

古希腊的文献典籍如苏格拉底、柏拉图、亚里士多德等先哲的著述中，都有很多关于礼仪的论述。产生于斯堪的纳维亚地区的古代史诗《伊达》中，对于社交场合的礼宾次序、餐桌上的规矩、酒席中的持杯祝酒、交谈中的辞令修辞等，都有较详尽的说明。

中世纪更是西方社会礼仪发展的鼎盛时代。文艺复兴以后，西方各国在社会经济等各方面得到进一步发展的同时，礼仪也有了新的发展，从上层社会对遵循礼节的繁琐要求到对优美举止的注重和赞赏，再到适应社会平等关系的比较简化的礼仪规则等，礼仪变得日益文明、简洁和实用，也备受人们的重视。

西方礼仪的形成经历了复杂的历史过程。著名西方礼仪专家让·塞尔在分析西方礼仪形成时指出：它是地中海式的礼仪，因为思想方法、思维方式的灵活性和分寸感，都来自古希腊文化；从法的观念和等级形式来看，它是古罗马式的；注重博爱、自由和平等的精神，体现出它是基督教式的；它是欧洲式的和大西洋式的，因为在西欧同北美的结合所形成的熔炉里，锻炼了欧洲最有前进力的分子，创造出在其他地区未见到的物质文明的繁荣；中世纪和文艺复兴的连续影响把妇女置于社交生活的中心地位，使妇女成为受尊重的对象，这是其他文明所没有的；同时，西方礼仪深受法国思想的影响，因为它是在 17 世纪和 18 世纪的法国宫廷里形成了今天的状态，并在当时成为全欧洲效仿的样板。

(二)我国礼仪的发展

从历史的角度来看，我国礼仪的发展演变过程可以分为如下 4 个阶段。

1. 礼仪形成阶段

这一阶段主要是指夏商周时期。从史料上看，夏代已开始制礼，商代礼仪已渗透到社会生活中的各个方面。记载周代礼仪的书籍“三礼”的出现，标志着周礼已经达到了系统完备阶段。在这一时期，礼仪的特征已从单纯的祭祀天地、鬼神、祖先的形式，跨入了全面制约人们行为的领域。在这一阶段中，礼的内容主要体现在周礼中的“王礼”(分别用于祭祀、冠婚、宾客、军旅和丧葬的“吉礼”、“嘉礼”、“宾礼”、“军礼”和“凶礼”等)方面。这些礼仪内容，对后世人们的行为规范、人际交往以及社会公德的形成，都产生了极大的影响。

2. 封建礼仪阶段

这一阶段主要是指公元前 771 年至 1911 年的封建社会时期。在礼仪发展方面，包括儒学的产生，到以儒学为基础的封建礼仪形成、强化和衰落等不同时期。礼教文化是这个阶段礼仪的核心和基本内容，以孔子、孟子为代表的儒家学派对礼教进行了研究和发展，对礼仪的起源、本质和功能进行了系统阐述，第一次在理论上全面深刻地论述了社会等级秩序划分及其意义。这一阶段礼仪的明显特征就是把“礼”看成是治国安邦、平定天下的基础，把人们的思想和行为纳入封建道德的轨道，把人们教化成“非礼勿视，非礼勿听，非礼勿言，非礼勿动”的精神奴隶。

3. 近代礼仪阶段

这一阶段主要是指公元 1911 年中国末代封建王朝灭亡至 1948 年新中国成立前夕的民国时期。辛亥革命的胜利，结束了统治中国 2 000 多年的封建专制制度；与此同时，资产阶级的"自由、平等、民主、博爱"等思想、文化习俗和审美观点开始渗透到社会生活中的各个方面，中国社会长期森严的封建意识、等级观念以及传统礼仪规范、制度等，都受到强烈冲击。其结果是，体现近代社会人们追求自由、平等思想的新的价值观念和礼仪标准得到推广和传播，新的礼仪形式也随之出现。

4. 当代礼仪阶段

新中国成立后，新型的社会关系和人际关系的确立，标志着我国礼仪进入了一个新的历史时期。这一时期，确立了同志式的合作互助关系和男女平等的新型社会关系，而尊老爱幼、讲究信义、以诚待人、先人后己、礼尚往来等中国传统礼仪中的精华则得到继承和发扬。

改革开放以来，随着中国与世界的交往日益频繁，人们学习礼仪知识的热情空前高涨。大量的礼仪书籍相继出版，各行各业的礼仪规范纷纷出台，各种礼仪讲座、礼仪培训日趋红火。同时，我国也吸取了一些世界上先进的文明礼仪，将其融入人们社会生活的各个方面，组成我国当代礼仪的重要内容。许多人借鉴一些国际通行的礼仪规则和惯例用于国际交往活动，在实践中不断推进我国的现代社会礼仪与国际接轨。

第二节　现代礼仪的界定与分类

一、现代礼仪的界定

随着时代的发展，礼仪内容也在不断扬弃，因此，有必要对现代礼仪进行明确界定。

（一）现代礼仪的基本含义

现代礼仪是指现代人们在社会交往过程中共同遵守的行为规范和准则，是人们在交往的过程中自始至终地以一定的约定俗成的方式来表现的律己敬人的完整行为，它既可以单指为表敬意或隆重而举行的某种仪式，又可泛指人们在各类交往活动中的礼貌和礼节。

在中华大地，"礼"和"仪"最早是分开使用的。在古代汉语典籍中，"礼"主要有3层含义：一是政治制度，二是礼貌、礼节，三是礼物。"仪"也有3层含义：一是指容貌和外表，二是指仪式和礼节，三是指准则和法度。中国古代的"礼仪"从本质上更偏重于政治体制上的道德教化。

在西方，礼仪同样有3种含义：一是指谦恭有礼的言谈举止；二是指教养和规矩，也就是礼节；三是指仪式、典礼、习俗等。

纵观中外礼仪的发展历程及当代社会对礼仪内涵的理解，可以看出现代礼仪至少有以下3个方面的基本含义：其一，礼仪是一种行为规范或行为模式；其二，礼仪是大家共同遵守的社会生活准则；其三，礼仪有其存在的客观合理性，如约束人类欲望，保证社会秩序，实现人际关系的和谐等。

(二)礼仪的相关概念

与礼仪相关的基本概念包括礼、礼貌、礼节、礼宾等。

1. 礼

礼的繁体字为“禮”。《辞海》中对礼的解释是：本谓敬神，引申为表示敬意的通称。礼的含义比较丰富，它既可指为表示敬意而隆重举行的仪式，也可泛指社会交往中的礼貌和礼节，是人们在长期的生活实践中约定俗成的行为规范。礼的本质是“诚”，有敬重、友好、谦恭、关心、体贴之意，在一般意义上，可作为礼仪、礼节、礼貌的通称。

2. 礼貌

礼貌是人与人之间在接触交往中相互表示敬重和友好的行为准则，是一个人在待人接物时的外在表现。礼貌通过言谈、表情、姿态等来表示对人的尊重，既可体现时代的风貌与文明程度，也体现人们的文化层次和道德品质。礼貌可分为礼貌行动和礼貌语言两个部分。

礼貌行动是一种无声的语言，如微笑、点头、欠身、鞠躬、握手、双手合十、拥抱等；礼貌语言是一种有声的行动，如使用“小姐”、“先生”等尊称，“欢迎光临”、“我能为您做点什么”等敬语，“劳驾”、“包涵”、“拜托”、“拜访”等雅语。

3. 礼节

礼节是人们在日常生活尤其是交际场合中，相互问候、致意、祝愿、慰问以及给予必要的协助与照料的惯用形式。礼节是礼貌的具体表现形式，如中国古代的作揖、跪拜，南亚地区人们的双手合十，欧美国家人们的拥抱、亲吻，少数国家和地区的吻脚、拍肚皮、碰鼻子，以及当今世界各国通行的点头、微笑、握手等，都是礼节的不同表现形式。

4. 礼宾

“礼宾”一词原意是按一定的礼仪程序接待宾客。在现实生活中，特别是在人际交往、涉外活动、旅游接待等服务过程中，主方根据客方人员的身份、地位、级别等给予相应的接待规格和待遇，称为礼宾或礼遇。

礼宾属于历史文化的范畴，在不同的国家、不同的民族、不同的时代以及不同的行为环境中有着不同的内容和要求。

（三）礼、礼貌、礼节、礼仪的区别与联系

礼是一种社会道德规范，是人们社会交际中的行为准则。礼貌、礼节、礼仪都属于礼的范畴，三者是相辅相成、密不可分的。三者尽管名称不同，但其本质都是尊重人、关心人，都是人们在相互交往中表示尊敬、友好的语言或行为的体现。礼貌是礼仪的基础，礼节是礼仪的基本组成部分，也是礼貌的具体表现形式。

另外，“礼貌”、“礼节”、“礼仪”又是各有侧重的，其区别在于：礼貌是表示尊重的言行规范，侧重于表现人的品质和素养；礼节是表示尊重的惯用形式和具体要求，是礼貌的外在体现；礼仪则是由一系列具体表示礼貌的礼节所构成的完整过程。“礼”是“仪”的本质，而“仪”则是“礼”的外在表现。礼仪是由一系列具体的礼貌礼节所构成的系统、完整的行为过程，其内涵更深、更广，在层次上则要高于礼貌和礼节。

二、现代礼仪的分类

根据适用对象、适用范围的不同，现代礼仪一般可分为个人基本礼仪、交际礼仪、通联礼仪、商务礼仪、求职面试礼仪、涉外礼仪、政务礼仪等主要类别。

个人基本礼仪主要包括个人仪容、仪表、言谈、举止等方面的礼仪要求。

交际礼仪泛指人们在日常交际应酬活动中所应当遵守的礼仪，通常涉及见面礼仪、称呼礼仪、介绍礼仪、接待与拜访礼仪、宴请礼仪、聚会礼仪、馈赠礼仪等。

通联礼仪指人们在通讯联系交往中所应当遵守的礼仪，通常涉及电话礼仪、网络礼仪、书信礼仪等方面。

商务礼仪指企业从业人员以及其他一切从事经济活动的人士在商务活动和交往中应遵守的礼仪，主要包括商务谈判礼仪、商务服务礼仪、商务会议礼仪和商务仪式礼仪等。

求职面试礼仪指有关人员在求职面试过程中应遵守的、能满足职位招聘和面试要求并体现个人素质修养的礼仪。

涉外礼仪亦称国际礼仪，指人们在国际交往中所应当遵守的礼仪规范。不同国家、不同民族有着不同的风俗习惯，充分了解并尊重国际交往对象的风俗习惯，有助于促进国际交往的成功。

政务礼仪指相关国家工作人员在参加国家公务活动中所应当遵守的礼仪，亦

称国家公务员礼仪，包括办公礼仪、政务会议礼仪、政务谈判礼仪、政务迎宾礼仪、政务招待礼仪等不同方面。

第三节　现代礼仪的功能、特征与原则

一、现代礼仪的功能

礼仪是整个社会文明发展程度的反映和标志，同时礼仪也反作用于社会，对社会精神文明能产生广泛、持久和深刻的影响。现代礼仪经过不同历史时期的发展和巩固，已成为一个国家或民族传统文化的重要组成部分，其不仅在现代社会的生产和生活中发挥着重要的功能，而且还将在人类文明的持续发展进程中继续发挥重要作用。具体来讲，现代礼仪的功能主要有以下几个方面。

（一）教育功能

现代礼仪是人类社会文明发展的产物，是传统文化的重要组成部分。礼仪蕴涵着丰富的文化内涵，体现着社会的要求与时代精神。礼仪通过评价、劝阻、示范等教育形式纠正人们不正确的行为习惯，倡导人们按礼仪规范的要求去协调人际关系，维护社会正常生活。礼仪作为道德规范和传统文化的重要内容，对社会成员具有良好的规范和引导意义。遵守礼仪原则的人在社会生活中能够起到示范的作用，无声地影响着其周围的人群。从另一角度来看，让更多的人都来接受礼仪教育，可以从整体上提高国民的综合素质。

（二）沟通功能

现代礼仪作为一种规范、程序和凝固下来的文化传统，对人们之间的相互关系模式起着固定、维护和调节的作用。人们自古崇尚“礼尚往来”。在人际交往中，交往双方只有按照礼仪的要求，才能更有效地向交往对象表达自己的尊敬、善意和友好，人际交往才可以顺利进行和延续。礼仪行为是一种信息性很强的行为，热情的问候、友善的目光、亲切的微笑、文雅的谈吐、得体的举止等，不仅能表达友好和敬意，还能唤起对方的沟通欲望，促使交流双方彼此建立起好感和信任，促成人际交往的顺利进行，进而有助于各自事业的发展。

（三）协调功能

礼仪在当代社会不再是维护森严的社会等级制度和阶级统治的工具，而是人际交往的“润滑剂”，也是人际关系和谐发展的“调节器”。礼仪的原则和规范，约束

着人们的动机,明确着人们的社会责任和义务,指导着人们立身处世的行为方式。如果交往的双方都能够按照礼仪的规范约束自己的言行,不仅可以促进人与人之间的相互理解、信任、关心和友爱,避免某些不必要的感情对立与矛盾冲突,还有助于建立和加强人们之间相互尊重、友好合作的新型关系,营造良好的社会氛围,从而使人际关系更加和谐,社会生活更加有序。

(四)塑造功能

古语云:"诚于中而形于外。"礼仪讲究和谐,重视内在美和外在美的统一。现代社会中,礼仪是一个国家和民族文明程度的重要标志,也是衡量个人道德修养水平的重要尺度。因此,只有加强道德修养和文化素质提升,才能真正做到"知书达礼"。礼仪通过行为美学等原则指导着人们不断地充实和完善自我,同时潜移默化地熏陶着人们的心灵,塑造出个人的完美人格。在礼仪规范要求的指引下,许多人的谈吐越来越文明,修饰打扮越来越得体,举止仪态越来越优雅,不断体现出现代文明社会的精神风貌。

(五)维护功能

礼仪是社会文明发展的产物,同时礼仪又反作用于社会,对社会精神文明能产生广泛而深刻的影响。礼仪作为社会行为规范,一经制订和推行,便成为对人们的行为有较强约束力的社会力量。在维护社会秩序方面,现代礼仪能产生法律所起不到的作用。社会的发展与稳定、家庭的和谐与安宁、邻里间的和睦相处、同事之间的信任与合作,都依赖于人们对现代礼仪规范与要求的共同遵守。社会上重礼仪、讲礼仪的人越多,社会和谐稳定的局面便会得到更好地维护。

二、现代礼仪的特征

礼仪作为一种社会道德规范和人们社会交往的行为准则,隶属于上层建筑的范畴,受到社会经济基础的制约并反作用于社会经济。一般说来,现代礼仪具有规范性、地域性、兼容性、传承性、发展性等基本特征,体现如下。

(一)规范性

礼仪是人们在公务或社交场合进行待人接物时所应当遵守的行为规范,是在社会长期发展过程和人们反复的生活实践中形成的,通过某种风俗、习惯和传统固定下来、具有广泛意义的人际交往的通用方式。礼仪具有约定俗成性,不仅约束和控制着人们的交往行为,也是衡量自己、判断他人是否自律、敬人的一种尺度。任何人想要在交往场合受人欢迎和尊重,就必须遵守既定的礼仪规范。标新立异、另起炉灶的交往方式难以被人们广泛理解和接受。

(二)地域性

自古有云:"十里不同风,百里不同俗。"不同国家和不同民族,乃至同一国家和同一民族的不同地域,也有着差异化的礼仪内容,有的甚至截然相反,因为不同地域有着不同的地理环境和文化背景,能形成不同的礼仪内容和形式。例如,对于"老"的理解,中西方之间差异很大。在中国人看来,"老"象征着经验丰富,敬老是对老人表示尊重的一种普遍行为;而在西方社会往往相反,在许多西方人眼里,"老"象征着"魅力丧失,活力不在"之意,因此许多西方老人忌讳谈"老"。礼仪的地域性特点,要求人们在社交和礼仪活动中,既要注意各民族、国家、区域文化的共同、共通之处,又应谨慎地对待相互间的文化和礼仪习俗差异。既要寻求共同的礼仪规则,又要正视并处理好因礼仪的地域差异带来的交往障碍,并把礼仪的地域差异作为文化交流、互补的条件。

(三)兼容性

随着全球化的不断发展和国际交往频繁程度的增加,现代礼仪作为人类的一种世界性交流手段,越来越受到广泛的重视和应用。在国际交往活动中,许多国家、地区和社会集团所惯用的一些礼仪形式,逐渐被世界范围内的人们所认同、接受和使用,并逐步形成一些更加规范化、专门化的国际礼仪。现代礼仪的这种兼容性,促使世界范围内不同地域的礼仪朝着更加开放化、国际化和趋同化的方向发展。

(四)传承性

礼仪是一个国家和民族传统文化的重要组成部分。任何国家和民族的礼仪都具有自身鲜明的地域和民族文化特色,同时任何国家和民族的当代礼仪都是在本国和本民族既往礼仪的基础上继承和发展起来的。离开了对本国和本民族既有礼仪成果的传承、扬弃,就不可能形成当代社会礼仪。某些过去时代的礼仪如果与新时代的法律和道德规范并无冲突,也能被新时代的人们所接受并被纳入当代礼仪的范畴。

(五)发展性

礼仪是时代和社会发展的产物。古今中外,社会的每一次重大变革,必然会带来礼仪礼节等多方面的发展变化。现代生活具有多元、丰富、多变的特点,这就要求作为能够反映时代和社会精神、体现新时期社会道德规范和新型人际关系的现代礼仪,必须在实践中不断更新和丰富其内容和形式,不断发展建设新的礼仪规范,促使其符合时代和社会快速发展的要求。当然,由于礼仪是由社会力量约定俗成的,并非国家权力机关制订并依靠强力来实施,因此它只能是随着社会观念和人们思想的改变而逐步改变。因而在许多处于相对封闭落后环境的地域,其古老传统的民俗礼仪往往依旧存在，人们对具有不同内容的现代礼仪的接纳程度较低。

三、现代礼仪的原则

现代礼仪作为社会交往中行为规范的准则，是由人们共同完善、共同认可的。在人际交往、商务活动和服务工作中，人们都应当自觉学习和遵守现代礼仪的基本要求，按礼仪的原则办事。具体说来，现代礼仪的原则主要有以下几个方面。

（一）平等原则

平等原则要求人们在现代社会交往中，对待任何交往对象都应该一视同仁，给予同等程度的礼遇。不能因为交往对象在种族、年龄、性别、文化、职业、身份、地位、财富等方面的差异而进行区别对待；在社会生活和交往过程中，应当平等并自然地与人沟通，建立起和谐的人际关系，做到既不盛气凌人、高人一等，又不卑躬屈膝、低人一头。

在实践中贯彻平等原则，不仅需要平等观念，还要讲究艺术。比如，介绍客人时，介绍者应先将社会地位低者、年龄较小者及男士介绍给相应的人；拍照合影时，地位、辈分高或年龄大者应安排在中间；发表演说，称谓上应先女士，后先生；待客时，主人应首先征询客人的意见等。这些礼仪形式的差异，以及礼宾过程中的先后顺序要求，是平等原则的必要补充。

（二）真诚原则

《礼记》中有言“诚于中而形于外”。心中先有“礼”，然后言行才有“礼”。礼仪是人际交往中表达友好、尊重的态度与情感的具体形式。人际交往的对象是广泛而多层次的，而人际交往所要求的品德因素中，真诚是最基本最重要的一项，换言之，微笑而和蔼可亲的外表举止应当来自内心真诚尊敬而友好的情感。因此，施礼者必须真诚待人，保持外表与内心的和谐一致。唯有如此，其通过仪表和言行举止所表达的对交往对象的尊敬和友好，才会更好地被对方所理解和接受。任何虚情假意、矫揉造作、言行不一的礼仪形式，都会令人生厌，既违背了礼仪的基本内涵，也不利于良好人际关系的营造和个人与组织形象的塑造。

（三）互尊原则

古人云：“礼者，敬人也”，“敬人者，人恒敬之”。互尊同样也是现代礼仪的重要原则之一，它要求人们与人交往应做到互谦互让、互尊互敬、友好相待、和睦相处。无论对方职务高低、身份如何、相貌怎样、才能大小，只要与之打交道，首先就应尊重他（她）的人格，做到礼遇适当、寒暄适宜、赞美得体、话题投机，同时还要做到入乡随俗、尊重他人的喜好和禁忌，让人感觉到他（她）在你心目中是有地位并受到理解和欢迎的，从而会得到一种心理上的满足。只有相互尊敬，人与人之间的关系才会融洽和谐，这样才能促进双方深入沟通并建立良好的人际关系。

要做到与人交往中通过礼仪形式达到对人的尊重，应当从以下几方面做起：一是与人交往，要热情而真诚；二是要给别人留有面子；三是允许他人表达思想、表现自己。

（四）宽容原则

俗话说："海纳百川，有容乃大"，"人非圣贤，孰能无过"。在礼仪实践中要遵守宽容原则，一方面做到心胸宽广、宽以待人，不过分计较对方在礼仪上的差失；另一方面，能设身处地地替别人着想，原谅别人的过失。这既是现代人的一种礼仪素养，也是一种美德。法国有句谚语："了解一切，就会宽容一切。"

在礼仪中做到宽容，应当从以下几方面入手：第一，要做到"入乡随俗"，尊重当地的风俗习惯，不能我行我素，更不能加以歧视；第二，要理解他人，体谅他人，对别人不能求全责备；第三，要虚心接受他人对自己的批评和建议，即使批评错了，也要认真倾听，只要批评者不是出于恶意，就应以宽容的姿态对待，有则改之，无则加勉，这样才能得到大家的理解和尊重。

（五）自律原则

孔子云："非礼勿视，非礼勿听，非礼勿言，非礼勿动。"礼仪交往具有互动性，礼仪规范也体现了对交往双方的要求。礼仪的最高境界是自律，即在没有任何外界力量监督的情况下，仍能自觉地按照礼仪规范要求约束自己的行为。要遵守礼仪规范，就应当遵守自律原则，做到自我要求、自我约束、自我控制、自我对照、自我反省、自我检点，在人际交往过程中，行动上不要出格、仪态上不要失态、言语上不要失礼。因此，要做到真正领悟礼仪、运用礼仪，不仅要了解和掌握具体的礼仪规范，而且要在内心树立起一种道德信念和行为修养，通过严格的礼仪教育和训练，获得内在的自律力量，把礼仪的规范变成自觉的行为、内在的素质。

（六）合宜原则

礼仪规范是社会习俗的一种约定俗成的体现，是某些社会生活方式和习惯的抽象和归纳。现代礼仪强调坚持因时、因地、因人的合宜原则，要求人们特别注意在不同场合和环境下所采用礼仪形式和程度的区别。只有合宜才能更好地体现对交往对象的尊敬和友好之意。例如，不同场合对人们的穿衣戴帽有不同的要求，在喜庆场合不能穿得太古板，在庄重场合不能穿得太随便，在悲伤场合不能穿得太鲜艳刺眼等，若有违背便会失礼。因此，人际间的交往与沟通一定要把握适度性，注意社交距离，控制感情尺度，牢记过犹不及的道理。只有这样，才能在现代人际交往和各种社会活动中较好地体现尊敬、友好的礼仪本质，在不同的社交场合中，严格遵循不同的礼仪规范要求，杜绝失礼行为。

第四节　学习礼仪的意义与方法

一、学习礼仪的意义

古人云："礼义廉耻，国之四维"，"人无礼则不生，事无礼则不成，国无礼则不宁"。礼仪是一个国家或民族传统文化的重要组成部分，在现代社会生活中发挥着越来越重要的功能。礼仪文化可反映一个社会的文明程度，而礼仪修养则是一个人道德品质和文化素养的直接体现。随着现代社会文明程度的提高，越来越多的单位和个人对礼仪文化愈加重视。学习现代礼仪具有重要而深远的意义，主要体现在如下几个方面。

首先，学习礼仪是传承文明的需要。以我国为例，作为世界四大文明古国之一，古老的中国自古以来就享有"礼仪之邦"的美称。中华文明源远流长，在五千年悠久的历史长河中，我们的祖先不但创造了灿烂的文化，而且形成了中华民族的传统美德，在博大精深、丰富多彩的文化遗产中，很多优良的、传统的礼仪规范，直至今天仍然有很强大的生命力。诸如孔融让梨、王祥孝母、张良拜师、岳飞问路、程门立雪、黄香温席等中华传统礼仪故事，都是中华民族宝贵的精神财富，至今依然感染和激励着一代又一代的青少年。因此，学习这些优良的传统礼仪文化，既是继承和发扬中华民族五千年文明精髓的要求，也是维护和弘扬中华"礼仪之邦"美誉的要求。

其次，学习礼仪是时代和社会发展的需要。当今世界正在发生巨大而深刻的变化，文明、和平、发展越来越成为当代人类社会发展的主流，人与人之间的交往与合作日渐频繁、密切。在人际交往与合作过程中，人们的礼仪是否得体、周全，不仅能显示其自身修养和形象，而且直接影响到其事业的成功。随着时代的发展，人们的精神要求日益发展，人人都在寻求一种充满友爱、真诚、理解、互助的温馨和谐的生存环境，寻求充满文明与友善、真诚与安宁的空间。文明礼仪不仅是一个人道德品质的外在表现和教育程度的标尺，也是人类精神文明的一项重要内容。因此，加强礼仪学习，不仅是个体道德品质和文化修养提高的基础，也是振兴国家精神、提高民族素质的基础，更是时代发展和社会精神文明建设的迫切需要。

再次，学习礼仪是争做现代文明人的需要。孟子云："敬人者，人恒敬之；爱人者，人恒爱之。”古希腊哲人赫拉克利特也说过：“礼貌是有教养的人的第二个太阳。”这些都充分说明礼仪对个人的重要性。实践证明，一个注重自身修养和礼仪行为的人，才可能成为优秀的人、有用的人和受人尊敬的人。然而，在现代社会中，与人为善、礼尚往来等美德在许多人身上正在淡化，不尊重、不礼让、不懂得称呼、不会宽容等不文明不礼貌的现象在社会生活中屡见不鲜。这些现象在某种程度上也反映了许多人的人格缺失。人格是一个人做人的价值和品格的总和，是其社会地位和作用的统一。礼仪修养能反映出一个人的学识、修养、品格、风度，是一个人人格的外在体现。因此，为了顺利地步入社会、融入现代文明，获得个人品格的完美发展，人们必须加强礼仪学习与实践，使自己知礼懂礼，争做一个有教养、有礼貌、受欢迎的现代文明人，通过自身良好的礼仪修养，获取现代社会的“通行证”。

另外，学习礼仪是适应市场经济发展的需要。市场经济的发展带来了大范围的分工协作关系和商品流通关系，促进了地域与地域之间、企业与企业之间、人与人之间的相互依赖与合作，同时更带来了激烈的市场竞争。当前，“酒香不怕巷子深”、“皇帝女儿不愁嫁”的市场状况已一去不复返。对于市场经济发展潮流中的企业和个人而言，需要积极地适应市场形势转变的局面，而这种适应总是需要具体的人去实施和操作的。这些实践者如不懂得现代礼仪，将会很难在市场上站稳脚跟。例如，一个单位的业务员到其他单位洽谈合作事宜，若事先不联系而径直进入对方办公区，或者未按约定好的时间前来洽谈，都会被视为不礼貌的行为。因此，在市场经济环境下，注重加强社交礼仪知识的学习了解，将能帮助人们顺利地走向市场并稳定地立足于市场。

二、学习礼仪的方法

礼仪修养是通过有意识的学习和实践而逐步形成的。学习礼仪，应当坚持知行合一，注重个人内在修养的提高，注重发挥实践的作用。一般来说，提高礼仪修养的途径主要有以下几个方面。

(一)加强个人道德修养

道德修养是社会道德现象在个人身上的具体体现，是一定的社会的道德原则和规范在个人思想行动中所表现出的某种比较稳定的特征和倾向。道德修养和礼仪行为有着密切的联系，二者是相辅相成的统一过程。礼仪修养是道德修养的外在体现，礼仪行为从本质上说就是一种道德行为，处处渗透和体现着个人或群体的道德精神。一个人想要在礼仪方面达到较高的造诣，离开了道德品质方面的修养是不可能的；加强道德修养的过程是一个自我认识、自我解剖、自我教育、自我改造和自我提高的过程，要形成高尚的道德品质，就应该从日常礼仪规范这一基础的层次做起，经常检点自己的言行举止，加强道德修养的主动性和自觉性。

（二）提高自身文化素质

文化素质的高低决定了人们精神活动层次的高低。礼仪学是一门综合性的专门学科，它和公共关系学、传播学、美学、民俗学、社会学等许多学科都有密切关系，一个人只有具备广博的文化知识，才能深刻理解礼仪的原则和规范。只有具备较高的文化层次，才能更加自如地在不同场合具体运用礼仪。因此，要提高自己的礼仪修养，必须有意识地广泛涉猎多种科学文化知识，使自己具备见多识广的综合知识素养，提高文学、艺术欣赏能力，提高审美能力。这样，就会在社会实践中有意无意地按照美的规律来认识生活和周围的环境，同时使自身在人际交往中的言行举止更具美感，人格形象更加突出。

（三）自觉学习礼仪知识

世界各地的礼仪风俗千种万类，我国各个民族和不同地区的礼节习俗也各不相同。在人际交往或相关接待工作中，如对其他国家或某一具体活动的礼仪知识不了解，只凭以往的经验办事，轻则闹笑话，重则影响工作效果，甚至造成误解和矛盾冲突。一个人掌握的礼仪知识越广博、越全面，在社会交往中就越能得心应手，在待人接物时就越能应付自如。为此，应该注意收集、学习和领会不同国家、地区和民族的各种礼仪知识，并尽可能在实践中贯彻运用。坚持自觉地学习礼仪知识，久而久之，不但能使自己在礼仪知识方面更加博闻多识，而且也能在实践中将自身礼仪修养不断提高到新的高度。

（四）积极参加礼仪实践

实践是动机和效果由此及彼的桥梁。对礼仪知识的学习，不能仅仅满足于从理论上弄清礼仪的含义和内容，应注重发挥实践对礼仪知识学习的重要作用。在提高礼仪修养时，要以积极的态度，坚持理论联系实际，将自己学到的礼仪知识积极运用于社会交往活动实践的各个方面。积极投身到礼仪实践之中，接受文明礼仪氛围和环境的熏陶，增强文明意识，培养礼貌行为，积极发现自身在礼仪修养方面的不足，涤荡各种粗俗不雅的不良习惯。要时时处处自觉从大处着眼、小处着手，以礼仪的规范来要求自己的言谈举止，在社交场合多听、多看、多学，通过各种人际交往和社会活动的强化，不断提高自己的礼仪修养。

（五）坚持从小事做起

人们常说："于细微处见精神。"检验一个人的礼仪修养如何，很重要的一条标准就是看他（她）是否已把交际礼仪规范变成自身个性中的稳定成分，是否能在各种交际场合自然而然地遵循礼仪交际要求。因此，礼仪修养的提高应从一点一滴开始，从一言一行着手。古人云："勿以善小而不为，勿以恶小而为之。"要形成良好的礼仪行为习惯，应坚持从细节上严格要求自己，自觉地用正确的思想战胜不正确的思想，用良好的行为习惯纠正不良的行为习惯。只有坚持从小事做起，通过长期的自觉练习，将合乎礼仪规范的言行举止变成自身自觉的行为，形成一种生活的习惯，才能培养成良好的礼仪行为模式，在社会交往活动中更好地发挥礼仪的作用，达成人际交往和社会活动的良好效果。

本章小结

礼仪是人类在社会交往活动中形成的行为规范与准则，是一个国家、一个民族文明程度的重要标志，也是衡量社会公众道德水平和文化素养的重要尺度。礼仪是人类文明的产物，关于礼仪的起源有不同的说法。西方礼仪和我国礼仪有着各自发展的历史阶段及特征。

礼、礼貌、礼节、礼仪、礼宾是几个密切相关的概念，它们在内涵方面既有各自的侧重点，同时相互之间又是相辅相成、密不可分的。

现代礼仪一般可分为个人基本礼仪、交际礼仪、通联礼仪、商务礼仪、求职面试礼仪、涉外礼仪、政务礼仪等主要类别。礼仪在现代社会的生产和生活中发挥着重要的作用，具有教育、沟通、协调、塑造和维护等多种功能。一般来说，现代礼仪具有规范性、地域性、兼容性、传承性、发展性等基本特征。

学习现代礼仪具有重要而深远的意义。人们应当自觉学习和遵守现代礼仪的规范要求，按照平等、真诚、互尊、宽容、自律、合宜等现代礼仪的基本原则进行人际交往、商务活动和服务工作。一般来说，提高礼仪修养主要应从加强个人道德修养、提高自身文化素质、自觉学习礼仪知识、积极参加礼仪实践、坚持从小事做起等方面进行。

思考与练习

1. 礼仪的内涵和本质是什么？
2. 说明我国礼仪的发展演变所经历的4个阶段及各个阶段的特征。
3. 礼、礼貌、礼节、礼仪、礼宾这几个概念之间有何联系与区别？
4. 现代礼仪具有哪些基本功能？请举例说明。
5. 现代礼仪的基本原则包括哪些？
6. 结合自身经历，谈谈应如何提高个人礼仪修养。

【案例分析】

中华礼仪故事——将相和

蔺相如是春秋战国时期赵国的大臣，他很有见识和才能。在“完璧归赵”、“渑池相会”两次外交斗争中，捍卫了赵国的尊严，地位在名将廉颇之上。这使廉颇很不服气，他对别人说：“我廉颇攻无不克，战无不胜，为赵国立下了赫赫战功。蔺相如不过是凭一张嘴巴，说说而已，有什么了不起，反而爬到我的头上。我一定要侮辱他一番。”蔺相如听说后，尽量不跟廉颇会面，每次出门都避开廉颇，有时甚至装病不去上朝。有一次蔺相如外出，远远看见廉颇的车马迎面而来，连忙叫车夫绕小路而行。

蔺相如手下的人对他这样卑躬让步的做法感到委屈，纷纷要求告辞还乡。蔺相如执意挽留，并耐心地向他们解释说：“诸位认为廉将军和秦王相比，哪个厉害？”众人都说：“当然廉将军不及秦王了。”蔺相如说：“对啦，天下的诸侯个个都怕秦王，可是为了赵国，我敢在秦国的朝廷上斥责他，怎么会见到廉将军倒反而害怕了呢？你们的心情我是理解的，可是，你们想过没有，强大的秦国之所以不敢攻打赵国，就是因为赵国有我和廉将军两人的缘故。如果两虎相斗，势必两败俱伤。我不计个人恩怨，处处让着廉将军，是从国家的利益着想啊！”听了这番话，大家都消了气，打消了告辞还乡的念头，反而更加尊敬蔺相如了。

后来，有人把蔺相如的话告诉了廉颇，廉颇大受感动，惭愧万分，觉得自己心胸竟然如此狭窄，实在对不起蔺相如，决心当面请罪。一天，他脱下战袍，赤身背着荆条，来到蔺相如的府第，“扑”地跪在地上，老泪纵横，泣不成声地对蔺相如说：“我是一鄙陋的粗人，见识浅薄，气量短小，没想到您对我竟这么宽容大量，我实在无脸见您，请您用力责打我吧！就是把我打死了，也心甘情愿。”蔺相如见到这情景，急忙扶起廉颇，两人紧抱在一起。从此两人消除了隔阂，加强了团结，同心协力，保卫赵国，强大的秦国更加不敢轻易地侵犯赵国了。

请问：

1. 蔺相如对廉颇的处处避让，以及廉颇后来的“负荆请罪”，分别体现了礼仪的什么原则？

2. 结合“将相和”的故事，谈谈你对礼仪的内涵和本质的理解。

第二章

个人礼仪

个人礼仪是社会个体的生活行为规范与待人处世的准则，是个人仪表、仪容、言谈、举止、待人、接物等方面的个体规定，是个人道德品质、文化素养、教养良知等精神内涵的外在表现。其核心是尊重他人，与人友善，表里如一，内外一致。

个人礼仪对个人来说，是文明行为的道德规范与标准，就国家而论，则属于一种社会文化，它是构成社会主义精神文明的基本要素，也是一个国家文化与传统的象征，更是一国治国教民的经典。我国素有“礼仪之邦”的美誉，从古至今一直就十分崇尚“礼”，也极为重视礼仪教化。历代君主、诸路圣贤均把礼仪视作一切的准绳，认为一切应以礼为治，以礼为教。可以说，个人礼仪不仅是衡量一个人道德水准高低和有无教养的尺度，也是衡量一个社会、一个国家文明程度的重要标志。

第一节　仪容礼仪

仪容是指人的外观、外貌，其重点则是指人的容貌。在人际交往中，每个人的仪容都会引起交往对象的特别关注，并影响到对方对自己的整体评价。一个人得体的穿着、端庄的仪容体现了其较高的素养和品味。从公关的角度来讲，仪容不仅代表着个人形象，还代表着组织的形象。

社交礼仪对个人仪容的首要要求是仪容美。它的具体含义有3层。

首先，是要求仪容自然美。它是指仪容的先天条件好，天生丽质。尽管以貌取人不合情理，但丽质天生的容貌，无疑会令人赏心悦目，感觉愉快。其次，是要求仪容修饰美。它是指依照规范和个人条件，对仪容进行必要的修饰，扬长而避短，塑造美好、得体的个人形象，在人际交往中显得重视对方，自尊自爱。第三，是要求仪容的内在美。它是指通过不断提高个人的文化素质、艺术修养和思想境界、道德水准，培养出高雅的气质与美好的心灵，使自己秀外慧中，表里如一。

真正的仪容美应是上述三方面的高度统一，忽略其中任何一方面，都会使之失于偏颇。三者中，仪容的内在美是最高境界，自然美是人之所愿，而修饰美则是仪容礼仪关注的重点。

一、头发与面容

(一)讲究仪容，必须从"头"做起

俗话说："远看头，近看脚。"在社交往来中，首先映入交往对象眼帘的就是头发，所以应当自觉地做好日常护理。不论有无交际应酬活动，平日都要对自己的头发勤于梳洗，不要临阵磨枪，更不能忽略此点，疏于对头发的"管理"。

1. 洗发

对头发勤于梳洗，有助于保养头发、消除异味和异物。蓬头垢面，满头汗馊、油味，发屑随处可见，是很败坏个人形象的。

2. 理发

理发是指对头发进行适当的修整，并以将其剪短至一定程度为主要特征。在修剪自己的头发时，应注意以下3点。

第一，应定期理发。通常情况下，男士应为半个月左右一次，女士可根据个人情况而定，但最长不应长于1个月。如果经年累月拒绝理发，个人的形象必将"惨不忍睹"。

第二，应慎选理发方式。具体说来，理发又分为剪、刮、洗、染、吹、烫等各种不同的方式。选择何种方式，需要三思而行。比如，打算把自己的头发染得更黑一些，是比较正常的。因为它既是"人之常情"，也符合中国人传统的审美习惯。然而若是执意把自己的黑头发染成黄、红、绿、蓝等各色，甚至将其染成数色并存的彩色，则有时会与身份不相符。

第三,应留意头发长度。为了显示出自己的精明干练,同时也是为了方便工作,通常提倡商务或公务人员将头发剪得短一些。具体而论,比如在商界,"长发男儿"是不受欢迎的。在理短发时,男士应做到:头发前不覆额,侧不掩耳,后不及领,并且面不留须。商界女士提倡剪短发,并且一般要求不宜超过肩部,更不允许将一头秀发随意披散开来。不是说商界女士在工作中绝对不可以留披肩发,而是建议她们最好对其稍加处理,例如,暂时将其盘起来,或者束起来。

3. 梳发

就梳理头发来讲,应注意以下两点:一是要选择适当的工具。最好随身携带一把发梳,以备不时之需。二是要避免公开的操作。梳理头发是一种私人性质的活动,在外人面前梳理头发,使残发、发屑纷纷飘落的情景尽落他人的眼底,是极不雅观的。

4. 护发与养发

护发是指对头发的保护。要保护好头发,就要有意识地使之免于接触强碱或强酸性物质,并尽量防止长时间暴晒。洗头所用的洗发剂会使头发的养分受到一定的损失,为此,可在洗头之后,酌情采用适量的护发剂。

养发是指对头发的营养。如果说"护"是治表之法,那么"养"则重治本。真正要养护好头发,关键还是要从营养的调理与补充等方面着手。一般认为,辛辣刺激之物,若食用过量,将有损于头发,烟、酒对头发的危害则尤为严重。如欲减少发屑,应少吃油性大的食物,多吃含碘丰富的食品。欲使头发乌黑发亮,则适宜多吃蛋白质和富含维生素、无毒无害的食物,尤其是要多吃核桃一类的坚果,或黑芝麻一类的"黑色食品"。

5. 美发

在一般情况下,不宜使用彩色发胶、发膏美发。男士不宜使用任何发饰,女士在有必要使用发卡、发绳、发带或发箍时,应使之朴实无华。其色彩宜为蓝、灰、棕、黑,并且不带任何花饰。绝不要在工作岗位上佩戴彩色和带有卡通、动物、花卉图案的发饰。

人们在修饰头发时,往往会有意识地运用某些技术手段对其进行美化,这就是所谓美发。美发不仅要美观大方,而且要自然,不宜雕琢不合时宜或雕琢痕迹过重。在通常情况下,美发的方法有4种形式,它们分别是:

(1)烫发。即运用物理手段或化学手段,将头发做成适当的形状。决定烫发之前,先要看一下本人发质、年龄、职业是否合适。

(2)染发。发色不理想,或是头发发白,可使用染发剂令其变色。对中国人而言，将头发染黑无可非议，而若想将其染成其他色彩，甚至染成多色彩发，则需三思而行。

(3)作发。即运用发油、发露、发乳、发胶、摩丝等美发用品，将头发塑造成一定形状，或对其进行护理。作发的要求与烫发的要求大体相似。

(4)假发。头发有先天或后天缺陷者，均可选戴假发。选择假发，一是要使用方便，二是要天衣无缝，不可过分俗气。

(二)讲究仪容，面容最重要

仪容在很大程度上指的就是面容。“手如柔荑，肤如凝脂。领如蝤蛴，齿如瓠犀。螓首蛾眉。巧笑倩兮，美目盼兮”(《诗经·卫风·硕人》)，充分体现了容貌在人际交往中的重要性。

修饰面容，首先要洗脸，使之干净清爽，无油污、汗渍、泪痕及不洁之物。每天仅在早上起床后洗一次脸远远不够。午休、用餐、出汗、劳动及外出后，最好再洗一次脸。具体到脸的各个不同的部位，还有一些不尽相同的规定。

1. 眼睛

(1)保洁。这里主要是指眼部分泌物的及时清除问题。眼部是被别人注意最多的地方，所以时刻要注意眼部的清洁，还要注意避免在他人面前不停地擦拭眼睛。另外，若眼睛患有传染病，应自觉回避社交活动，免得让他人提心吊胆。

(2)修眉。如果感到自己的眉形或眉毛不美观，可进行必要的修饰。但不提倡文眉，更不要剃去所有眉毛，刻意标新立异。

(3)眼镜。戴眼镜不仅要美观、舒适、方便、安全，还应随时对其进行揩拭或清洗。有些男士喜欢戴墨镜，墨镜主要适合在室外活动时佩戴，以防止紫外线损伤眼睛，在室内时最好不要佩戴。

2. 耳朵

在洗澡、洗头、洗脸时，不要忘记清洗一下耳朵。必要之时，还须清除耳孔之中不洁的分泌物。但切记不能在他人面前这么做。

3. 鼻子

平时，应注意保持鼻腔清洁，不要让异物堵塞鼻孔，或是让鼻涕流淌。不要随处吸鼻子、擤鼻涕，更不要在他人面前挖鼻孔。参加社交应酬之前，勿忘检查一下鼻毛是否长出鼻孔之外。一旦出现这种情况，应及时进行修剪。

4. 嘴巴

牙齿洁白，口腔无味，是修饰上的基本要求。要做好这一点，一定要坚持饭后刷牙，以去除异物、异味；要经常采用爽口液、牙签、洗牙等方式方法保护牙齿；在重要应酬之前要忌食烟、酒、葱、蒜、韭菜、腐乳之类气味刺鼻的东西。

人体之内发出的所有声音，如咳嗽、清嗓、哈欠、喷嚏、吐痰等，都是不雅之声，在社交场合应禁止出现。但要注意，禁止异响，重在自律，而不必强求于人。在大庭广众之下，若他人不慎制造了异响，最明智的做法是视若不见。若本人不慎为之，不要显得若无其事，要尽快道歉。

唇间长有胡须，是男子的生理特点。男士若无特殊宗教信仰和民族习惯，最好不要蓄须，应及时地剃去胡须。青年男子尤其不要蓄须，否则既稀疏难看，又显得邋里邋遢。若女士因内分泌失调而长出类似胡须的汗毛，则应及时治疗，并予以清除。

5. 脖颈

脖颈与头部相连，属于面容的自然延伸部分。修饰脖颈，一是要防止其皮肤过早老化，与面容产生较大反差。二是要使之保持清洁卫生。只顾脸面，不顾脖颈，泾渭分明，是面容修饰的最大败笔。

二、眼神与微笑

(一)眼睛是心灵的窗户

眼睛在与人交往中起着至关重要的作用。心理学家认为：最能准确表达人的感情和内心活动的是眼睛和眼神。

1. 眼神

眼神属于表情范围。各种表情中特别是眼、眉、嘴等的形态变化最易为他人注目。眼睛是心灵的窗户，眼神是心灵的语言，要注意别人用眼睛说话，通常眼神的交流总是在先。因此，眼神要尽量让别人看起来柔和、友好。眼神受情感制约，人的眼睛的表现力极为丰富和微妙，只有把握好自己的内心情感，眼神才能充分发挥作用。

在正确把握眼神交流的同时，还要学会读懂对方的眼神语言，了解其内心活动。不同的眼神，可以表达不同的思想感情（表 2-1），兴奋、喜悦、悲苦、怨愁、恐惧、失望、猜疑、烦闷等情感均可以从眼神中一览无遗。例如：

眼神和表情和谐统一——很感兴趣，思想专注，谈兴正浓；对方的眼神长时间终止接触或游移不定——对交谈不感兴趣，应转换或终止话题；相互正视片刻——坦诚；相互瞪眼——敌意；斜扫一眼——鄙夷；上下打量——挑衅；白眼——反感；眼睛眨个不停——疑问；双目大睁、呆视——吃惊；眯着眼看 ——高兴或轻视；行注目礼——尊敬;左顾右盼、低眉偷窥——困窘;对来访者只招呼而不看对方——工作忙不愿接待,等等。

表 2-1 眼神交流分类及内涵

眼神类型	直视型	直视与长时间的凝视可理解为对私人占有空间和个人势力圈的侵犯,极不礼貌,使人有压迫感。初次见面或不太熟悉的男性用这种眼神看女性,会使女性感到很不自然,以至产生反感。若女性用这种眼神看男性,则有失稳重
	游移型	与对方谈话时,眼神四处游移,容易给人心神不定、不够坦率和诚实的感觉,不利于双方的交谈
	柔视型	直视对方,但眼神不是火辣辣的,有神又不失柔和。这种眼神给人一种自信和亲切的感觉。这种人善于运用眼神、容易与人相处且富有修养
	热情型	眼神充满活力,给人以活泼、开朗和蓬勃向上的感觉。这种眼神运用得当,可以使对方情绪渐涨,提高谈话兴趣;但如果不分对象,不分场合,一味热情相望,也可能产生相反的效果
	他视型	与对方讲话,眼睛却望着别处,容易使人产生误解,是不尊重他人的形式
	斜视型	眼神不是从眼睛正中而是从眼角看向对方。这种眼神极为失礼,让人感到被轻视、不够尊重或心术不正
	无神型	眼神疲软,视线下垂,不时视向自己的鼻尖,这种眼神透出冷漠之感,往往会使谈话兴致冷淡

2. 注视

眼神交流时,应神情专注,重在表现倾听、尊敬和理解。但注视不等于凝视。如果像鲁迅笔下的祥林嫂那样以“两眼间或一轮,方知是个活物”的方式注视对方,一定不会有好的交流效果。当然,两眼也不能在某一区域上下翻飞、左顾右盼,否则对方会觉得莫名其妙、不知所措。用眼神注视对方时,应是自然、稳重、柔和的,不能死死盯住对方某一部位,或不停地在对方身上“扫射”。交谈过程中可能出现双方眼神对视的情况,这时最好稳重一点,不必惊慌,也不必躲闪,自然地让其对视1～3秒钟,然后再缓缓移开。那种一触及对方眼神就慌忙移开的做法是拘谨、小气的表现,会影响谈话的正常进行,引起对方猜疑,也很不礼貌。

注视的区间界限也不是绝对的,应根据谈话的性质,选择更具体一些的注视区间。

(1)公务注视区间。是指在进行业务洽谈、商务谈判、布置任务等谈话时采用的注视区间。这一区间一般是以两眼为底线,以前额上部为顶点所连接成的三角区域。由于注视这一部位能造成严肃认真、居高临下、压住对方的效果,所以常为试图处于优势的商人、外交人员、指挥员所采用,以便帮助他们掌握谈话的主动权和控制权。

(2)社交注视区间。指人们在普通的社交场合中采用的注视区间。其范围是以两眼为上限,以下颚为顶点所连接成的倒三角区域。由于注视这一区域容易形成平等感,因此,常在茶话会、舞会、酒会、联欢会以及其他一般社交场合使用。注视谈话者这一区域,会让对方轻松自然,能比较自由地将自己的观点、见解发表出来。

(3)亲密注视区间。指具有亲密关系的人在交谈时采用的注视区间。主要是对方的双眼、嘴部和胸部。恋人之间,至爱亲朋之间,注视这些区域能够激发感情、表达爱意。

眼神反映的内容丰富而深奥,描述眼神的词汇是非常丰富的,它们能够活生生地勾画出一个个精彩的表情,如神采奕奕、炯炯有神、虎视眈眈、虎目圆睁、望眼欲穿、含情脉脉、眉目传情、眼若秋波、左顾右盼、东张西望、视而不见、眼神犀利、眼神交织、眼中无神等。如果你想树立一个有魅力、强大成功者的形象,你会选择哪种眼神呢?

心理学家做了这样一个实验,让采访者用 3 种眼神与实验者进行对话:①“聚精会神、专注”的眼神;②“时看时不看、躲闪”的眼神;③“几乎不看”的眼神。实验结果表明,实验者把具有“聚精会神、专注的眼神”的人列为是对自己最有兴趣、最专注的人,因而实验者也对这些采访者产生好感,对他们的评价也最高。不善于用眼神沟通的人,常常被认为对别人不感兴趣,也可能造成不必要的误解。

3.眼神交流的注意事项

(1)不要戴着墨镜或变色镜与人交谈。这样非但对方看不到你的眼睛,无法进行眼神交流,而且还给人以居高临下之感,很容易与对方产生隔阂,引发不悦。

(2)见面时,不论是见到熟悉的人,或是初次见面的人,不论是偶然见面,或是约定见面,首先要睁大眼睛,以闪烁光芒的眼神正视对方片刻,面带微笑,显示出喜悦热情。对初次见面的人,还应头部微微一点,行注目礼,表示出尊敬和礼貌。

(3)在集体场合开始发言讲话时,要用眼神扫视全场,表示“我要讲了,请予注意”。

(4)在与人交谈时,应当不断地通过各种眼神与对方交流,调整交谈的气氛。交谈中应始终保持眼神的接触,这是表示对话题很感兴趣,长时间回避对方眼神而左顾右盼,是不感兴趣的表示。不要不停眨眼,不要怒目圆睁,不要眼神呆滞。最忌讳眼神闪烁,盯住对方或逼视、斜视、瞟视,这会使对方产生不信任感。

(5)注视他人时,应以对方面部中心为圆心,以肩部为半径,这个视线范围就是眼神交流的范围。应当注意,交流中的注视,绝不是把瞳孔的焦距收束,紧紧盯住对方的眼睛,这种逼视的眼神是失礼的,也会使对方感到尴尬。交谈时正确的眼神应该是自始至终都在注视,并非紧盯。瞳孔的焦距应呈散射状态,用眼神笼罩,同时辅以真挚、热诚的面部表情。

(6)交谈中,随着话题、内容的变换,做出及时恰当的反映。或惊、或喜、或微笑、或沉思,用眼神流露出会意的万千情意,会使整个交谈融洽、和谐、生动、有趣。

(7)交谈和会见结束时,眼神要抬起,表示谈话的结束。道别时,仍用眼神注视着对方的眼睛,面部表现出惜别之情。

(二)微笑礼仪

在日常人际交往中,最能迅速传递给对方信息的,是你的面部表情。想要带给别人美好的印象和好感,其实并非完全取决于一个人的长相。微笑,一种令人感觉愉快的面部表情,展示着你的诚意,象征着你的友善,即刻会缩短你与对方的心理距离,为沟通和交往营造出和谐氛围。

1.微笑的魅力

微笑是人际交往的润滑剂,是消除芥蒂、化解矛盾、排遣紧张、缓解压力、慰藉他人、关怀友善、结交朋友的有效方式。见面时握手、问候、交换名片、交谈都需要微笑。政务人员、商务人员和服务行业人员,以至于全社会人人都需要微笑。微笑的作用主要有以下几个方面。

(1)微笑强化第一印象。第一印象又称首因效应、首次效应或者优先效应,是指人们第一次与某物或某人相接触时留下深刻的印象。第一印象形成的时间短,持续的时间长,给人的印象最深。心理学研究发现,与一个人初次会面,45秒钟内就能产生第一印象。第一印象主要是依靠性别、年龄、体态、姿势、谈吐、面部表情、衣着打扮等来判断一个人的内在素养和个性特征。而初次见面时面带微笑,就可能获得热情、善良、友好、诚挚的第一印象。

(2)微笑表现真挚友善的礼貌态度。自然大方、真实亲切和不加修饰的微笑能起到尊重他人、增进友爱、推动沟通、体现热情、愉悦心情的作用。微笑应发自内心,渗透情感,表里如一。

(3)微笑表现自信乐观的良好修养。微笑是一个人心态的标志,表示对自己充满信心,对别人以诚相待。微笑的表情让人愉快舒心,施加正面和良性的影响,它告诉对方你是善意的使者,是能信赖、能依靠的对象。

(4)微笑化解交往矛盾。俗话说“伸手不打笑脸人”,当面对一张微笑的脸,再大的怒火也会在不觉间熄灭。微笑就像温暖的春风可以化解严冬的冰冻。所以,在人与人的相处之中，微笑是至关重要的，它虽然不是动听的语言，却比任何语言都更加有力。

（5）微笑表现敬业精神。敬业是中国人民的传统美德，是积极向上的人生态度的体现。在众多服务行业中，大多数都要求从业者微笑服务，它是敬业精神的一种体现。

2. 微笑的特点

（1）微笑是动态的。微笑是所有表情中最美的一种。一瞬间的微笑是最美的，但是如果将这个瞬间定格，让其保持在整个交往活动过程中，就失去了表情的灵动性，失去了生机。正确的微笑应该体现出动态的特点。其要点在于：

①把握微笑的展现时机。什么时候展现出笑容是至关重要的。应该在与交往对象眼神接触的瞬间展现微笑，表达友好。如果与对方眼神接触的瞬间仍然延续之前的表情，即使是微笑也会让人感觉有些虚伪，是做作的姿态。

②把握微笑的层次变化。在整个交往过程中微笑的程度要有所变化，要保持微笑，但要有收有放。微笑的程度有很多层次，有浅浅一笑、眼中含笑，也有热情的微笑、开朗的微笑。

③注意微笑维持的长度。当我们与人交谈时，这个过程可能是几分钟也可能是几小时，为了表达良好积极的情绪，为了展现自信与涵养，在整个过程中可能要求我们始终保持微笑。如何控制表情，也是一个人修养的体现。在交往过程中，眼神停留在对方身上的时间应该占整个过程的 1/3～2/3，在这段时间里，在与对方眼神接触的时候是应该展现出灿烂笑容的。其余的时间段内，应该适当地将笑容稍微收拢，保持亲和的态度就可以了。

（2）微笑是自然的。有人指出，中国的礼仪习惯是笑不露齿。也有很多礼仪培训教材中提到，微笑要露出 6～8 颗牙。可见，微笑是一种个性化的表情，不应该以技术化、标准化的形式加以规定，对微笑要求表现得整齐划一是不符合礼仪的。每个人要训练自己感人的微笑，不是尝试露出几颗牙，嘴角上提到什么位置，眼睛变化成哪种形状，而是要发现自己最美的瞬间，展现自己独特的气质。

微笑要诚恳和发自内心，做到“诚于中而形于外”，切不可故作笑颜，假意奉承。在生活中用善良、包容的心对待他人，用敬业奉献的热情对待工作。只有调整好自己的心态，才能够表现出表里如一的微笑。

（3）微笑是协调的。笑是人们的眉、眼、鼻、口、齿以及面部肌肉所进行的协调行动。“发自内心的微笑，会自然调动人的五官：眼睛略眯起、有神，眉毛上扬并稍弯，鼻翼张开，脸肌收拢，嘴角上翘。做到眼到、眉到、鼻到、肌到、嘴到，才会亲切可人，打动人心。”微笑训练中有一种方法就是将眼睛以下的部分挡住，练习微笑，要求从眼中要看出笑的表情，这就是所谓的"眼中含笑"。这种训练方法的目的就在于：微笑时要调动多部位器官协调动作，来形成微笑的表情。

3. 微笑的简易训练法

有魅力的微笑是天生的，但依靠自身的努力也完全可以拥有。因此，演员或空姐通过微笑练习，能练出迷人的微笑，你也可以在没人的时候揽镜自我训练。

笑脸中最重要的是嘴型。因为嘴型如何动，嘴角朝哪个方向，形成的微笑也不同。面部肌肉跟其他的肌肉一样，使用得越多，越可以形成正确的移动。用门牙轻轻地咬住木筷子，把嘴角对准木筷子，两边都要翘起，并观察连接嘴唇两端的线是否与木筷子在同一水平线上，保持这个状态 10 秒。在这一状态下，轻轻地拔出木筷子之后，练习维持那种状态。认真练习，就会发现只有自己才拥有的有魅力的微笑。一旦寻找到满意的微笑，就要至少维持那个表情 30 秒。

应该强调的是，"笑容"是上苍给每个人最公平的恩典，无论学历高低、年龄老少、社会地位高低、一个人个性强弱，或脸部轮廓如何，只要自己去挖掘，都可以拥有。但是，如何才能使笑容给人以甜美、而不是矫揉造作之感呢？还要"解读笑容"。"笑脸"和"笑的脸"在内心的感觉是不一样的，发自内心的笑脸也是从内心接受对方的表情，而"笑的脸"则是心中不以为然而又不得不笑的脸，这是皮笑肉不笑的笑容，看到的人都会难以接受。所以说，微笑不能单纯从动作分解出发，要给人一张笑脸，必须将"心"融入其中，有真诚的心态、心地和心境。

三、手臂与腿部

(一)手臂

手臂是肢体中使用最多、动作最多的部分，要完成各种各样的手语、手势，而且，其动作还被附加了多种多样的含义。如果手臂的"形象"不佳，整体形象将大打折扣。

1. 手掌

手掌是手臂的中心部位，也是手语的关键部位。对它的修饰必须注意以下几点。

(1)干净。在日常生活中，手是接触他人和物体最多的地方，应当勤洗。餐前便后、外出回来及接触到各种东西后，都应及时洗手。在人际交往中，应使其干净、光洁、细腻，既非粗糙不堪，又不要过分艳丽。

(2)修剪指甲。指甲应定期修剪，长度以不超过指尖为宜。修指甲时，指甲沟附近的"暴皮"要同时剪去。特别值得提出的是，在任何公共场合修剪指甲，都是不文明、不雅观的举止。

(3)健康。对于手部要悉心呵护,发现死皮后,应立即将其修剪掉,但不要当众进行。手部皮肤粗糙、红肿、皲裂,要及时护理、治疗。若长癣、生疮、发炎、破损、变形,不仅要治疗,还要避免接触他人。

2. 肩臂

在正式的政务、商务、学术、外交活动中,手臂,尤其是肩部,不应当裸露在衣服之外。由于个人生理条件不同,个别女性手臂上汗毛生长得过浓或过长,这种情况,最好是采用适当的方法进行脱毛。在他人面前,尤其是外人或异性面前,腋毛是不应为对方所见的,否则即为失礼。它属于个人隐私,女士要特别注意这一点。

(二)腿部

“远看头,近看脚,不远不近看中腰。”腿部在近距离之内为他人所注目,在修饰仪容时自然不能忽略。

1. 腿部

男士成年以后,腿部的汗毛大都较重,所以在正式场合,不允许男士暴露腿部,即不允许男士穿短裤或卷起裤管。女士在正式场合穿裙子时,不允许光着大腿不穿袜子,尤其不允许袜子以外的部分暴露出裙子之外。女士的腿部汗毛如果过于浓密,应脱去或剃掉,或选穿深色丝袜,加以遮掩。没有剃掉或脱掉过于浓密的汗毛之前,切忌穿浅色的透明丝袜。在正式场合,女士可以穿长裤、裙子,但不得穿短裤,或是暴露大部分大腿的超短裙。

2. 脚部

注意保持脚部的卫生,坚持每天洗脚。鞋、袜要勤洗勤换,袜子最好每日一换,以防止有异味。在正式的社交场合不允许光着脚穿鞋子,特别是穿那种使脚部过于暴露的鞋子(如拖鞋、凉鞋)。在非正式场合光脚穿鞋子时,要确保脚的干净、清洁。脚趾甲要勤于修剪,最好每周修剪一次。趾部通常不应露出鞋外。

四、化妆礼仪

化妆是修饰仪容的一种高级方法。它是指采用化妆品按一定技法对自己进行修饰、装扮,使自己变得更加靓丽、端庄。对一般人而言,化妆最实际的目的是扬长避短,使自己更加光彩照人。在人际交往中,进行适当的化妆是必要的,这既是自尊的表现,也意味着对交往对象的尊重。

在现代社会,化妆不只是女士的专利,男士也有必要进行适当的化妆。要学会化妆,首先必须对化妆品的种类、化妆品的用法、化妆的程序和化妆的重点,有一定程度的正确认识。否则，就很有可能“画虎不成反类犬”，自认为化妆的水平甚佳，其实不然，则会贻笑大方。

(一)化妆的内容

在日常生活中，化妆的重点一般包括护肤、美发、修眉、画眼、修饰唇形等。

(1)皮肤。应当对自己面部与手部的皮肤百般爱护，除多加清洗和使用适当的化妆品外，有条件的人还应定期进行皮肤按摩。在选择润肤品时，一定要考虑它是否适合自己，务必要使皮肤保持清爽、卫生、光洁、细腻。

(2)头发。在美发方面，应强调爱护头发。不要因疏于护理，而让它发干、发黄、发脆、开叉，或是脱落。对中国人而言，一头乌黑发亮的黑发与黄皮肤、黑眼睛一样，都是自己应当为之自豪的民族特色。因此，不允许有意将一头乌发染成其他颜色，也不允许戴其他色彩的假发套。

(3)眉毛。不管是男士还是女士，不少人的眉形都有一定的缺陷。比如眉毛稀疏、眉棱不清、眉毛残缺等。有些人因眉毛过分高扬，看上去十分凶狠；还有人天生一对“倒八字眉”，让人觉得城府颇深，必要时，应对眉毛进行修剪或补描。一般来说，男士的眉毛尽量不要描画。女士可以描眉，但最好不要文眉。女士在修眉或描眉时，不要把眉毛修得过细或过粗，过短或过长，过弯或过直，也不要使之下拖或上吊。

(4)眼睛。画眼一般只限于女士。如在正式场合露面，商界女士在画眼时，只需画眼线，涂眼影，上睫毛膏。画眼线时，不宜过于浓重。涂眼影时，切勿过量使用只有西方人适用的蓝色眼影。上睫毛膏时，也不要用得过量，让它把睫毛黏成一撮，那样未见其美，反显其脏。

(5)嘴唇。修饰唇形时，男士可使用无色唇膏或润唇膏，以保持嘴唇的丰满圆润。女士用唇膏时，一定要先用唇笔画出轮廓，不要乱涂一气，也不要轻易“吃”唇膏。

(二)化妆礼仪规范

在化妆的问题上，必须了解并认真遵守如下基本礼仪规范。

1. 化妆的浓、淡要视时间、场合而定，公关人员应当淡妆上岗

通常化妆有晨妆、晚妆、上班妆、社交妆、舞会妆、少女妆、主妇妆、结婚妆等多种形式，它们在浓淡的程度和化妆品的选择使用方面，都有一定的差异。在商界，一般要求职员上班时间应化淡妆，实际上就是限定在工作岗位上不仅要化妆，而且只宜选择工作妆这一具体形式。因此，有人将这一规定简洁地叫做“淡妆上岗”。

男士所化的工作妆，一定包括美发定型、清洁面部与手部，并使用护肤品进行

保护等几项内容。女士所化的工作妆，在以上基础上，还要使用相应的化妆品略施粉黛、淡扫蛾眉、轻点红唇，恰到好处地强化可以充分展现女性面颊、眉眼与唇部的光彩与魅力。

应当强调，与晨妆的明朗、晚妆的亮丽、社交妆的美艳、舞会妆的浓郁、少女妆的妩媚、主妇妆的柔美、结婚妆的清纯俱不相同，工作妆强调一个“淡”字。它要求着妆者化妆后若有若无，好似自然天成，清淡而传神，目的在于不过分地突出商务人员的性别特性，不过分地引人注目。一位商界女士，在工作场合妆化得过于浓艳，往往会使人觉得她过分招摇和粗俗。在西方，这种妆型的女士还有“应召女郎”之嫌。

2. 应当避免过量地使用芳香型化妆品

在工作岗位上，使用任何化妆品都不能过量。对于芳香型化妆品，尤其是香水，更应当铭记这一点。其实，化妆与为人处世一样，也要含蓄一些，才有魅力。通常，身上的香味在 1 米内能被对方闻到，不算是过量。如果香味能传到 3 米之外，则肯定是使用过量了。

3. 应当力戒与他人探讨化妆问题

在工作岗位上随便与他人一起切磋化妆术的人，谁都会觉得他有些不务正业。在工作岗位上，不允许介绍自己化妆的心得，也不允许评价、议论他人妆容的得失。每个人的审美观未必一样，所以不值得在这方面替别人“忧心忡忡”，否则很可能“费力不讨好”。

4. 应当力戒妆面出现残缺

在工作岗位上，假如化了彩妆，那么就要有始有终，努力维护其妆面的完整性。对于用唇膏、眼影、腮红、指甲油等化妆品所覆盖过的妆面，尤其要“常备不懈”。用餐之后、饮水之后、休息之后、出汗之后，一定要及时补妆。

妆面一旦出现残缺，不仅会直接损伤自身形象，更会让人觉得你是一个做事缺乏条理、为人懒惰、邋里邋遢、不善自理的人。所以，白领丽人必须努力避免。

5. 应当避免当众化妆或补妆

常常可以见到一些女士，不管置身于何处，只要稍有闲暇，便会掏出化妆盒来，一边“顾影自怜”，一边“发现问题，就地解决”，补一点香粉，涂两下唇膏，描几笔眉形。她们珍惜自我形象这一点固然正确，但若当众进行，尤其是在工作岗位上当众如此，则是很不庄重的，并且还会使人觉得她们对待工作用心不专，只把自己当成了一种“摆设”或是“花瓶”。

不是不允许在工作岗位上进行必要的化妆或补妆，只是不允许当众这样做。

许多单位一般都设有专门的化妆间，它就是为有必要随时化妆或补妆的人所预备的。

特别需要提到一点，就是活跃于商界的女士们千万不要当着一般关系的异性的面，为自己化妆或补妆。

第二节　举止礼仪

举止是一种非文字语言，也就是不说话的“语言”，指的是人们在外观上可以明显被觉察到的活动、动作，以及在活动、动作之中身体各部分所呈现出的姿态。所谓举手投足之间彰显个人素质，站立行走之间彰显个人魅力。在社会交往中，一个人的举止既体现其道德修养、文化水平，又能表现出他与别人交往是否有诚意，更关系到一个人形象的塑造，甚至会影响国家民族的形象。

举止在人际交往中的作用表现在以下 5 个方面：其一，表露功能。它可以表达口语难以表达的信息，使双方免于受窘。其二，替代功能。它可以代替口语，直接与对方交流，沟通。其三，辅助功能。它可以辅助口语，使人“言行一致”，思想得以强化，表达得更清楚、更深刻。其四，适应功能。它可以适应本人的心理、生理需要。其五，调节功能。它可以发出暗示，调节双方关系，使对方做出积极反应。

从容潇洒的动作，给人以清新明快的感觉；端庄含蓄的行为，给人以深沉稳健的印象。拥有优雅的举止不仅能赢得喝彩，也能赢得尊重。因此，我们在交往中应该使自己成为举止优美的人，做到彬彬有礼，落落大方，遵守一般的进退礼节，尽量避免各种不礼貌、不文明、不优雅的举止习惯。

一、站姿

站姿又称站相，指人在站立时所呈现出的具体姿态。通常它是一种静态姿势。优美的站姿是培养仪态美的起点，也是培养其他动态美的基础。

(一)正确的站姿

正确的站立姿势应该是：身体与地面垂直，重心放在两个前脚掌。抬头望前，头正颈直，双目平视；挺胸收腹，腰直肩平；脚尖分开，脚跟略微收拢，男士两腿大致与肩同宽，女士呈“丁”字形，重心落于后腿；两臂自然下垂，两腿相靠站立，手指自然弯曲，双手放于身体两侧，或者双手相握，握指、握掌、握腕均可，看上去似乎有一根绳子，自上而下，把全身拉直(图 2-1)。若站立时间较长，脚和手的姿势方向可以交替。

站姿应精神饱满，挺拔俊美，稳重大方。站姿最要紧的是头正、肩平、身直。国际商务场合保持身体正直，表示尊敬和恭顺。政务人员和商务人员应经常训练站姿，体会正确体态，养成良好习惯。

图 2-1 正确的站姿

(二)站立时的注意事项

(1)非正式场合，双足的位置较自由，既可并之，也可一前一后，自然成形。肌肉放松，但应保持身体的挺直。

(2)穿礼服或旗袍，可让双脚之间前后距离约 5 厘米，以一只脚为重心，不要双脚并拢。

(3)向人问候或做介绍时，不论握手或鞠躬，双足应并立，相距约 10 厘米，膝盖要挺直。

总之，站姿应该自然、轻松、优美，不论呈何种姿势，改变的只是脚的位置和角度，而身体要保持绝对的端正挺拔，这便是古人所谓之“站如松”。

二、坐姿

坐姿，即人在就座后所呈现出的姿态，它是一种静态姿势。在社交应酬中，坐姿往往是人们采用最多的姿势。端庄优美的坐姿，会给人以文雅、稳重、自然大方的美感，这是体态美的重要内容。

(一)正确的坐姿

腰背挺直，肩放松。女子两膝并拢，男子膝部可分开一些，但不要过大，一般不超过肩宽。双手相交自然放在腹部、膝上或椅子扶手上，两脚平落地面。结合具体情况，应注意以下几点。

(1)入座时，人走到座位前，转身背对，从容地慢慢坐下，然后把双足脚跟并拢。两脚呈内、外八字的姿态都不雅观，应尽量避免。女子入座要优雅，用手把裙子拢一下再坐，起立时，右脚先向后收半步，站起，向前走一步，再转身走出去。

(2)两腿交叠而坐时，悬空的小腿要向回收，并将脚尖屈向下。这样才给人高贵、大方的感觉。切忌脚尖向天，更不可上下抖动。

(3)在正式场合，入座要轻柔和缓，起立要端庄稳重，不可猛起猛坐。

(4)穿裙装的女士坐沙发时要注意臀部位置。若沙发的座位又大又深，坐下来时不要太靠里面，保证双腿能着地。女士的坐姿是否优美，是影响印象的重要因素。女子入座后双腿应完全并拢，尤其是膝部以上，必须完全并拢。

(5)通常男士入座后，人体重心要垂直向下，腰部挺起，上身垂直，切忌给人以“瘫倒在椅子上”的感觉。男士在第一次见面时要坐沙发的1/3处，双腿微开。坐时，大腿与小腿基本上成直角，两膝应并拢，或微微分开，两脚平放地面，两脚间距与肩同宽，手自然放在双膝上或椅子扶手上。需要侧坐时，应上体与腿同时转向一侧，头部向着前方。叠腿和用手把叠起的腿扣住的方式，是绝对禁止的。叠腿、晃动足尖会显得目中无人和傲慢无礼，也是不允许的。此外，不能将两腿叉开，伸得老远，或是把脚藏在坐椅下，甚至用脚勾着坐椅的腿，这都是无礼的举止，会给人传递错误的信息，造成不必要的麻烦。

坐姿正确，还应当是在允许入座时方才入座，这就要求在适当之时、合礼之处就座。比如，不应先于主人、主宾入座，除非你自己就是主人、主宾；不能在迎送、问候、介绍、握手、交换名片时坐着不动；入座时还要养成整理衣饰、轻轻坐下的好习惯。

(二)女士常见坐姿

通常女士坐姿的区别主要在于坐定之后腿位与脚位的不同。

1. 双腿垂直式

具体要求：双腿垂直于地面，双脚的脚跟、膝盖直至大腿部要并拢在一起，双手自然放在双腿上(图2-2)。这是正式场合最基本的坐姿，给人以诚恳、认真的印象。须注意这种坐姿脊背一定要伸直，头部摆正，目视前方。如两膝张开，会给人很散漫的印象。

2. 双腿叠放式

这种坐姿要求上下交叠的膝盖之间不可分开，两腿交叠呈一直线，这样才会造成纤细的感觉。双脚的置放可视坐椅的高矮而定，既可以垂直，也可与地面成45°角斜放(图2-3)。脚尖不应翘起，更不应直指他人，采用这种坐姿时，切勿双手抱膝，更不能两膝分开。穿超短裙时应慎用。

3. 双腿斜放式

坐在较低的椅子上时，双脚垂直放置的话，膝盖可能会高过腰，较不雅观。这时最好采用双腿斜放式，即双腿并拢之后，双脚同时向右侧或左侧斜放，并且与地面形成45°左右的夹角(图2-4)。这样，就座者的身体就会呈现优美的“S”

形。当坐沙发时，这种姿势最实用。须注意两膝不宜分开，小腿间也不要有距离。

图 2-2　双腿垂直式

图 2-3　双腿叠放式

图 2-4　双腿斜放式

4. 双脚交叉式

双腿并拢，双脚在踝部交叉之后略向左侧或右侧斜放，如图 2-5 所示。采用这种坐姿时，膝部不宜打开，也不宜将交叉的双脚大幅度地分开，或是向前方直伸出去，否则可能会影响到从前面通过的人。

5. 双脚内收式

两条小腿向后侧屈回，双脚脚掌着地，膝盖以上并拢，两脚稍微张开，如图 2-6 所示。这也是变化的坐姿之一，尤其在自己并不受注目的场合，这种坐姿显得轻松自然。

6. 脚跟盘收式

椅子较低时，除了可斜坐之外，还可以将脚跟盘起，往椅子下面靠，如图 2-7 所示。但像沙发这样下面没有空间的椅子，就不可采取这种姿势，若是柜台或酒吧内的高脚椅，就可以采取这种坐姿。

另外，女士在乘坐小汽车时也应注意坐车的姿势。要想在汽车上显得稳健、端庄、大方，做起来并不难。上车前应首先背对车门，款款坐下，待坐稳后，头和身体进入车内，最后再将并拢的双腿一并收入车内，依次如图 2-8、图 2-9、图 2-10 所示。然后方才转身，面对行车的正前方向，同时调整坐姿，整理衣裙。坐好之后，两脚亦应靠拢。下车的姿势也不能忽略，一般应待车门打开后，转身面对车门，同时将并拢的双腿慢慢移出车外，等双腿同时落地踏稳，再缓缓将身体移出车外。

图 2-5　双脚交叉式

图 2-6　双脚内收式

图 2-7　脚跟盘收式

图 2-8　背对车门，款款坐下

图 2-9　坐稳后，头和身体进入车内

图 2-10　将并拢的双腿收入车内

三、行姿

行姿，亦称走姿，是指人在行走过程中所呈现的姿势，它是一种动态姿势。走，作为人类行为的重要内容，历来为人所重视。对行姿总的要求是：轻松、矫健、优美、匀速，不慌不忙、稳重大方。

（一）正确的行姿

行走的姿态以优雅、端庄的站姿为基础。正确的行姿是：步履自然、轻盈、稳健，胸要挺，头要抬，肩要松，两眼平视，面带微笑。“行如风”就是用风行水上来形容那种轻快自然的步态。

（二）行走时的注意事项

（1）最基本的行姿是使自己的脊背和腰部伸展放松，并使脚跟首先着地。注意行走时移动的中心是腰部，而不是胸部，所以行走应被首先视为腰动，要用腰力，走出韵律感，膝盖和脚踝都应轻松自如。

(2)行走时腿应伸直，因此在走动时务必要使膝盖向后方伸直。通过后腿将身体的重心移送至前脚，促使身体前移。行走时的注意力应集中于后脚，而不是向前跨出的那只脚。

(3)行走时双肩要放松，双臂要伸直，手指要自然并拢并略微弯曲，自然摆动双臂，幅度不可太大，前后摆动的幅度不要超过 30°。切忌做左右式的摇摆。

(4)行走时要有一定的节奏。男性步伐应矫健、稳重、刚毅、洒脱，尽显阳刚之气，步伐频率每分钟约 100 步，步幅(前后脚之间的距离)约 25 厘米；女士走姿应表现轻盈和阴柔之美，步伐频率每分钟约 90 步，步幅约 20 厘米。

(5)行走时应保持身体的挺直端正。忌左顾右盼，左摇右摆。在日常生活中，人们走路姿态不可能呈现一个模式，个人的行姿在很多情况下还与其年龄、职业、着装及所处场合有关。不同的服装样式，在举止步态上，应有区别。一般来讲，以直线条为主的服装特点是舒展、矫健、庄重、大方，而以曲线条为主的服装特点是妩媚、柔美、优雅、飘逸。应根据着装来调整自己的步态，达到举止与服装的和谐。如穿着西装要注意挺拔，保持后背平正，两腿直立，走路的步幅可略大些，手臂放松、伸直摆动，行走时男士不要晃肩，女士肩、胯都不要左右摇动。而穿旗袍就要走出女性柔美的风韵，要求身体挺拔，胸微含，下颌微收，忌塌腰撅臀。穿旗袍无论是配以平底鞋还是高跟鞋，走路的幅度都不宜大，两脚跟前后要走在一条线上，脚尖略外开，呈“柳叶步”，手臂在体侧摆动，幅度也不宜过大，肩胯部可随着脚步和身体重心的转移稍稍左右摆动。也就是说，每一处都要保持轻柔、高雅的姿态。又如，男士若想给人以严肃、威严的印象，就应挺起腰板，摆平头部，步伐大而稳健；若想给人以儒雅、谦和的印象，则可以放慢、放轻脚步；若希望让人觉得你年轻，富有活力，就尽可能地增加步履节奏感。无论怎样，都不要拖沓委靡。

在一些具体场合中，行姿也有不少特殊之处。比如，与人告辞时，不宜立即扭头便走，给人以后背。为了表示对在场的其他人的敬意，在离去时，可采用后退法，其要领是：目视他人，双脚轻擦地面，向后小步幅地退三四步，然后转身，轻轻地离去。重要场合，要避免多人一起并排行走。如遇领导、贵宾、尊长，应礼让先行。在楼道、走廊等道路狭窄之处需要为他人让行时，应采用侧行步，即面向对方，双肩一前一后，侧身慢行。这样做，是为了对人表示“礼让三分”，也是意在避免与人争抢道路，发生身体碰撞或将自己的背部正对着对方。

作为社会中的一员，应当懂得稳重大方和不妨碍他人的重要性，所以在公共场合，即使遇上急事，也轻易不要表演“百米冲刺”。稍微快走几步是许可的，但走路不要用力过猛。尤其是女士，在穿着带有金属跟的高跟鞋行走时，更不要忘记这一点。这种声音对你可能没什么，对别人来说则绝对是噪声。

四、蹲姿

日常生活中，路上拾遗和自我照顾需要蹲姿，服务行业工作人员因整理环境和提供服务也特别需要蹲姿。不可想象，一位衣冠楚楚的先生或女士，在众目睽睽之下，猫腰撅臀去捡东西。从仪态美的角度看，也是很不雅观的。与站姿、坐姿和走姿一样，蹲姿也有礼仪要求，即蹲也要有"蹲相"。

(一)正确的蹲姿

(1)下蹲捡物时，应自然、得体、大方，不遮遮掩掩。

(2)下蹲时，两腿合力支撑身体，避免滑倒。

(3)下蹲时，应使头、胸、膝关节在一个角度上，使蹲姿优美。

(4)女士无论采用哪种蹲姿，都要将腿靠紧，臀部向下。

蹲姿的要点是：迅速、美观、大方。若用右手捡东西，可以先走到东西的左边，右脚向后退半步后再蹲下来。脊背保持挺直，臀部一定要蹲下来，避免弯腰翘臀的姿势。

(二)常见蹲姿

1. 交叉式蹲姿

下蹲时右脚在前，左脚在后。右小腿垂直于地面，全脚着地。左腿在后与右腿交叉重叠，左膝由后面伸向右侧，左脚跟抬起，脚掌着地。两腿前后靠紧，合力支撑身体。臀部向下，上身稍前倾(图 2-11)。

2. 高低式蹲姿

下蹲时右脚在前，左脚稍后，不重叠。两腿靠紧向下蹲，右脚全脚着地，小腿基本垂直于地面，左脚跟提起，脚掌着地。左膝低于右膝，左膝内侧靠于右小腿内侧，形成右膝高左膝低的姿态，臀部向下，基本上以左腿支撑身体(图 2-12)。

男士可选用第二种姿态，两腿之间可有适当距离，而女士无论是采用哪种蹲姿，都要切记将腿靠紧，臀部向下，穿旗袍或短裙时需更加留意，以免尴尬。

(三)蹲姿禁忌

(1)忌弯腰捡拾物品。两腿叉开，臀部向后撅起，是很不雅观的姿态。两腿分开平衡下蹲，其姿态也不优雅。

(2)下蹲时内衣忌"露、透"。女士在穿裙装下蹲时，要特别注意遮掩，瞻前顾

图 2-11　交叉式蹲姿

图 2-12　高低式蹲姿

后，以免隐私暴露，有碍观瞻。

在公共场所的蹲姿还应注意，不要行进中突然止步蹲下，不要与他人距离太近，以免影响他人。不要正面或背对他人下蹲，而应侧面面对，否则不太礼貌。也不要蹲在高于地平面处。

五、手势

手势，也称手姿。由于手是人身体上最为灵活自如的一个部位，所以手势是体语中最丰富，最有表现力的。手势，实际所指的就是人的两只手臂所做的动作。其中，双手的动作是其核心所在。古罗马政治家西赛马说过："手势恰如人体的一种语言，这种语言甚至连野蛮人都能理解。"法国大画家德拉克洛瓦则指出："手应当像脸一样富有表情。" 恰当地运用手势，能够交流思想，沟通感情，展示风度。相反，倘若错误地运用或滥用手势，将会招来很大的麻烦。

手势在人际交往中，主要具有表示形象，传达感情等两个方面的作用。基本的手姿有垂放、背手、持物、鼓掌、夸奖、提示等。

(一)手势的分类

根据手势语义来划分，习惯上可以分为 4 类。

(1)情意手势。表达动作者的情感，使其内含丰富。例如，人们常用握手、鼓掌表达动作者的情感。

(2)象征手势。表示某种抽象的信念，让他人予以理解。例如，一些人用手抚心口，表示对天发誓；法庭作证将手掌高高举起，表示下面所说的每句话真实无误。

(3)形象手势。在交往中摹仿某种事物，给人一种具体、形象的感觉。例如，以拇指与食指或其他指尖摩擦，通常暗示对金钱的期望，在想借钱、要钱及点钞票时常作出这种手势。

(4)指示手势：指示具体事物的手势。如在接待宾客时，单臂挥摆以示请进、请坐。

(二)不同地区的手势

手势因国家地区、民族传统、文化背景以及礼仪习俗的迥异而不同。即使相同的手势，含义也千差万别，有的甚至大相径庭。仅以手势中的竖起大拇指、其余四指握拢为例，在我国表示顺利或夸奖别人；在英美等国表示要求搭车；在德国表示数字“1”；在日本表示数字“5”；在澳大利亚则代表骂人。再如，用拇指和食指弯曲合成一个圆圈，其余三指朝上，在我国表示“零”；在美国表示“OK”，是赞扬和允许之意；在法国则解释为“毫无价值”之意；在日本表示“金钱”；而在地中海国家则是某种下流动作的表示。

超越区域文化界限的手势，若运用不慎，轻者造成笑话，重者惹人恼怒，甚至反目成仇。在人际交往中，运用手势必须了解和掌握对方国家和地域的文化差异，以及特定的手势所表达的特定含义，以免犯忌。换言之，对不了解的不用，不要依样画瓢，贻笑大方；对自己了解、别人不了解的也不用，以免造成误会。

随着世界交流的增加，有些手势已逐渐被大家所认可，成为通用的手势语。如用食指与中指伸出，张开形成“V”字形，表示“胜利”；在马路上伸出一只手臂是招呼出租汽车等。

手势的运用还要考虑对方的地域习惯。如美国人、法国人用手势较多。北欧人很少使用手势，过多的无意识的手势会令人心烦意乱，有时甚至被认为是粗鲁放肆的表现。与亚洲人交谈，也应尽量少用手势。

(三)手势的注意事项

手势美是一种动态美，能够自然、大方、得体、恰当地运用手势来表达情意，会为交际形象增辉。做手势应注意：

(1)手势动作幅度不宜过大，上限不超过对方视线，下限不低于自己胸前。

(2)手势不要重复，次数不宜频繁。

(3)不能用手指他人或自己的鼻尖。谈到自己时应用手掌轻按左胸，那样显得端庄、大方、可信。

(4)不应用大拇指指自己，用食指指点他人，那样既缺乏礼貌，又不尊重别人。

(5)手势动作要准确到位，恰如其分地表达正确意思，不可随意操作，弄得对方一头雾水。

(6)指示时应掌心向上,手指并拢,不要手指分开或呈弯曲状。

(7)手臂不要过于弯曲,动作要舒展,也不要僵直、缺乏弧度,那样显得生硬。

总之,手势的运用要优雅、含蓄和得体。运用手势忌不自信、不明确,简单含混,缺乏热情,或与全身配合不协调。

第三节 服饰礼仪

服饰是一个人外在美的表现,也是一个人精神面貌的体现。服饰着装是一门艺术、一种文化、一种"语言",是一个人给他人第一印象的重要组成部分,也是评价个人礼仪修养的一个重要因素。正确得体的着装,不仅能体现个人较好的精神面貌和文化修养,给人留下良好印象,而且还能够提高其与人交往的能力。

一、服装的色彩与款式

(一)服装的色彩

色彩对人的视觉刺激是最敏感、最领先的。在对某人的服饰造型和质料尚未有明确印象时,色彩已在不知不觉中作为第一可视物引起了他人的注意。所以说,服饰的色彩的影响力和感染力远远超过款式造型及质料等其他因素。

1. 色彩的分类与属性

一种颜色区别于其他颜色的独特的相貌特征,就是所谓的色相,亦即色彩本身的名称。其中红、黄、蓝为"三原色",也称为母色。颜色因色相不同可以产生寒冷或温暖的感觉。由此大致可把颜色分为暖色调、冷色调和中和色调。暖色调包括红色、橙色、黄色,冷色调包括紫色、蓝色、绿色,中和色调包括白色、黑色、灰色。一般而言,暖色给人兴奋、热烈、扩张之感,冷色给人清素、文雅、收敛之感,中和色给人平和、稳重、可靠的感觉。

色彩不仅给人视觉感官的享受,而且还能影响人的心理,所以在观察不同色彩时,往往会产生不同的联想。虽然人们对颜色的联想会因生活经历的差异有所不同,但这种联想具有相当程度的共性。如:红色代表热情奔放、感情丰富和精力充沛,带给人希望、信心和力量,在我国,还是吉祥、喜庆的象征;黄色鲜明而高贵,自古以来就是财富和权威的象征;橙色代表活泼、热闹、光明;紫色代表神秘和忧郁,往往具有悲哀、抑郁的意味,同时也是象征高贵、雍容、权力、威严的颜色;绿色被誉为生命之色,代表希望与活力;蓝色是高深莫测而严肃的颜色,使人感到清新、自然和安宁;白色则象征着纯洁和神圣;黑色高贵、深沉,给人以庄重、凝炼、肃穆和洒脱的感觉;灰色标志着稳重和可靠,给人以平凡、朴实之感。在选择服装色彩时,必须了解一些常用色彩的主要特征、情感倾向与象征意义。

2.服饰配色的技巧

常言道:没有不美的色彩,只有不美的搭配。服饰配色有以下几种常见的配色法:一是统一色相配,即相同色调或近似色调相搭配。如浅蓝配深蓝、墨绿配浅绿、咖啡配米色等。在同色搭配时,宜上浅下深、上明下暗,这样服饰整体上就有一种稳重踏实之感。二是对比色相配。色差较大的不同色彩搭配,如白色配黑色、浅红配青绿等。三是点缀配色。即以某种色相为主色,配以醒目的其他小块色相为点缀,起到烘托作用。如黑色的套服配红色的围巾。男士常穿的深色西服系上色彩鲜艳的领带,露出白色的衣领、袖口,就是典型的点缀配色法。

最后要强调一点,服装的色彩虽然多种多样,但要遵守服装穿着的"三色"原则,也就是服饰颜色不能超过3种。

3.服饰色彩选择应考虑的因素

在选择服饰色彩的时候,不仅要考虑色彩之间的搭配,还要考虑色彩与着装者的年龄、体形、肤色、性格、职业以及季节等因素是否相配。

(1)年龄。不论年轻人还是年长者都有权利打扮自己,但是在打扮时要注意,不同年龄的人有不同的着装要求。年轻人的穿着可以鲜艳、活泼和随意些,体现年轻人朝气蓬勃的青春美;而中老年人的着装则要注意庄重、雅致、含蓄,体现其成熟和端庄,充分表现出成熟之美。无论何种年龄段,只要着装与年龄相协调,都可以显示出独特的韵味。

(2)体形。人的体型各异,高矮胖瘦各不相同,但是不同的体形着装应有所区别。对于高大的人而言,选择深色、单色为宜,太亮、太淡、太花的色彩都有一种扩张感,使着装者显得更高更大;对于较矮的人而言,服色宜稍淡,因为上下色彩一致可以造成修长之感;对于较胖的人而言,应以冷色调为好,过于强烈的色调就更显得胖;对于偏瘦的人而言,应以明亮柔和为宜,太深太暗的色彩反而更显瘦弱。

(3)肤色。肤色影响服饰搭配的效果,反过来说,服饰的色彩同样作用于人的肤色,使肤色发生一些变化。一般认为,肤色发黄或略黑,皮肤粗糙的人,在选择服装色彩时应慎重。服装色彩的调子过深,会加深肤色偏黑的感觉,使肤色毫无生气;服装色彩的调子过浅的服色,会反衬出肤色的黝黑,同样会令人显得暗淡无光。这种肤色的人最适宜选用的是与肤色对比不强的粉色系、蓝绿色。最忌色泽明亮的黄、橙、蓝、紫或色调极暗的褐色、黑色等。肤色略带灰黄，则不宜选用米黄、土黄、灰色的服色，否则会显得精神不振。肤色发红，则应配以稍冷或浅色的色彩，但不宜使用浅绿和蓝绿色，因为这种强烈的色彩对比会使肤色显得发紫。

(4)季节。季节的变化对服装色彩选择有天然的制约作用，比如，春天以淡色服装为宜，不宜穿色彩浓重或黑色的衣服，否则会给人沉重的感觉。

(5)性格。不同的性格可由不同的色彩来表现。性格内向的人，一般喜欢选择较为沉着的颜色，如青、灰、蓝、黑等；性格外向的人，一般以选用暖色或色彩纯度高的服色为佳，如红、橙、黄、玫瑰色等。

(6)职业。不同的职业有不同的着装要求。如法官的服装色彩一般为黑色，以显示其庄重、威严；银行职员的服装色彩一般选用深色，这样可以给客户牢靠、可信任的感觉。

(二)服装的款式

服装的款式指的是服装的种类、式样及造型。在现代社会，美观、大方、时髦的款式可谓日新月异，层出不穷，但总的设计原则都是显示人体美，或者通过款式的设计来弥补人体比例的不协调。在社交场合，对服装款式的选择有着很高的要求。一般来说，服装款式的选择，最重要的是要使之合乎身份、扬长避短、切合体型、提升形象，并且体现对交往对象的尊敬。

粗略地划分，服装可以分为便服和事业服两大类。相比较而言，前者用在非正式场合，后者用在较为正式的场合；前者比较注重自我感觉，显得方便、舒适、轻松；后者较为注意社会的看法和评价，显得谨慎和庄重。下面简单介绍这两类服装的特点和功能。

1. 便服

(1)家居服。特点是舒适、宽松、随意。可用于做一般性的家务劳动，或接待较熟悉的朋友，不宜进办公室。

(2)休闲服。轻松、随便，便于运动，色彩比较艳丽、明快，常同旅游鞋、运动鞋和便装鞋组合，形成一种活泼、好动、向上的情绪。主要适用于旅游、参观、度假、娱乐等运动。

(3)街市服。是逛街、购物、外出时穿的服装，比办公服随便、轻松，但又比家居服正规华丽，比休闲服更都市化，是时装流行的先驱。在实际生活中，这类服装与休闲服没有严格的区分。

2. 事业服

(1)办公服。上班时穿的服装，有一定的严肃性和庄重感，其色彩不能过分艳丽、耀眼，不过分强调装饰点缀，裙子不能过短，上身不能过紧，领口不能过低，开衩不能过高，面料不能过透。

(2)特殊职业服。一般是某个职业的标记。如空中小姐的制服，铁路制服，公检法制服，解放军军装等。此外，许多酒店、大企业也有自己的职业服，主要作用是突出职业特点，体现团体风貌，易于识别等。

(3)社交服。又称下午服和鸡尾酒服，主要用于聚会、社交等场合。社交服款式新潮，面料华丽，具有浪漫情调，这类服装也称高级时装。

(4)宴礼服。用于参加非常隆重的活动、宴会和晚间的一些正式的、高级别的社交活动。其特点是面料上乘，做工精美，高贵华丽。如男性的黑色燕尾服(配领结)、女性无领无袖的长裙(配长纱手套)。

二、服装的面料与饰物

(一)服装的面料

面料就是用来制作服装的材料，作为服装三要素之一，面料不仅可以诠释服装的风格和特性，而且直接左右着服装的色彩、造型的表现效果。

服装的面料可谓五花八门、日新月异。但从总体上讲，优质、高档的面料，大都具有穿着舒适、吸汗透气、悬垂挺括、视觉高贵、触觉柔美等几个方面的特点。正式社交场合的服装，宜选择纯棉、纯毛、纯丝、纯麻制品，用这 4 种纯天然质地的面料制作的服装，档次都比较高。

(二)饰物

饰物，指的是与服装同时使用的、发挥装饰作用的物品，包括首饰、手表、领带、帽子、手套、包袋、眼镜、钢笔等。其中最重要的应是首饰、手表和领带。

与人类须臾不可离开的服装有所不同，饰物的实用价值不是很强，可以使用，也可以不使用。它对于人们的穿着打扮，只起着辅助、烘托、陪衬、美化的作用。然而，从审美的角度来看，它较之于服装更能装饰、美化人体，因此，它与服装、化妆一道被列为人们用以装饰、美化自身的三大方法之一。所以有人将饰物视为服装的一个有机组成部分。

在社交场合，饰物不仅引人注目，而且还发挥着一定的交际功能。首先，它是一种无声的语言，可借以表达使用者的知识、阅历、教养和审美品位。其次，它是一种有意的暗示，可以暗示使用者的地位、身份、财富和婚恋现状。

1. 首饰

首饰，现在泛指各类没有任何实际用途的饰物。倘若对首饰礼仪一无所知，难免会弄巧成拙、招人笑话。

（1）首饰佩戴规则。

①数量规则。以少为佳。漂亮女孩最好不戴；即便要戴，也不多于 3 种。

②同质同色规则。若同时佩戴两件或两件以上的首饰，应力求同色，争取同质。戴镶嵌首饰时，应使其主色调保持一致，镶嵌物质一致，托架也应力求一致。

③身份规则。首饰应符合本人的身份，与自己的性别、年龄、职业、工作环境一致。

④体形规则。选择首饰时充分正视自身的形体特色，努力用佩戴的首饰为自己扬长避短。

⑤季节规则。所戴首饰要合乎时令。金色、深色首饰适于冷季；银色、艳色首饰则适合暖季。

⑥搭配规则。首饰的佩戴要兼顾服装的质地、色彩、款式，使整体协调、般配。

⑦习俗规则。不同的地区、不同民族在佩戴首饰时习惯做法不同。对此一要了解，二要尊重。

（2）首饰佩戴方法。首饰的种类很多，就使用的部位而论，有头饰、颈饰、胸饰、手饰、足饰等。就具体品种而言，有戒指、项链、挂件、耳环、手链、手镯、脚链、胸针、领针等。因此、佩戴方法，除必须遵守上面的通用的佩戴规则外，不同首饰，还有着各自不同的要求。

①戒指。又叫指环，一般讲究戴在左手，而且最好仅戴一枚，至多可戴两枚。戴两枚戒指时，可戴在一只手的两个相邻的手指上，也可以戴在两只手对应的手指上。拇指通常不戴戒指。一个手指上不应戴多枚戒指。表示已婚的结婚戒指，一般戴在左手无名指上。

②项链。通常，所佩戴的项链不应多于一条，但可将一条长项链折成数圈佩戴。项链的粗细应与脖子粗细相匹配。项链的长度有区分，其中短项链适合佩戴低领上装，中长项链可广泛使用，长项链适合于一般社交场合，特长项链适合于隆重社交场合。男士佩戴的项链一般不应外露。

③挂件。又叫项链坠，多与项链配套使用。挂件要与项链般配，在整体上协调一致。在正式场合不要选择过分怪异的挂件，也不要同时使用两个或两个以上的挂件。

④耳环。分为耳环、耳链、耳钉、耳坠等。一般情况下，耳环仅为女性所用，并且讲究成对使用。不宜在一只耳朵上同时戴多只耳环。在国外，男子也可戴耳环，但习惯做法是左耳上戴一只，右耳不戴。双耳都戴的话，会被人认为同性恋。

佩戴耳环应兼顾脸型。不要选择与脸型相似形状的耳环，因为同型相斥，这样会使脸型方面的短处被强化、夸大。若无特殊要求，不要同时戴链形耳环、项链与胸针。因为三者都集中在齐胸一线，显得过分张扬，繁杂凌乱。

⑤手镯。佩戴手镯，强调的是手腕与手臂的美丽。如果两者都不够美则应慎戴手镯。手镯可以只戴一只，也可以同时戴两只。戴一只时，通常应戴于左手。戴两只时，可一只手戴一只，也可以都戴在左手上。男人一般不戴手镯。

⑥手链。一般手链应只戴一条，并戴于左手。在一只手上戴多条手链，双手同时戴手链，手链与手镯同时佩戴，是不允许的。手链、手镯均不能与手表同戴在一只手腕上。

⑦脚链。主要适用于非正式场合。脚链一般只戴一条。如果穿丝袜，应戴在袜子外面。

⑧胸针。又称为胸花，多为女士所用。别胸针的部位很有讲究。穿西装时，应别在左侧衣领上。穿无领上衣时，则应别在左侧胸前。发型偏向一侧时，胸针应当居另一侧。其具体高度，应在从上往下数的第一、二粒纽扣之间。

⑨领针。专用于别在西式上装左侧衣领上的饰物，是胸针的一个分支，男女皆可选用。佩戴领针，数量以一枚为限，且不宜与胸针、纪念章、奖章、企业徽记等同时使用。在正式场合，不要佩戴有广告作用的领针。

2. 手表

手表又叫腕表，是佩戴在手腕上用以计时的工具。在社交场合，佩戴手表通常意味着时间观念强、作风严谨。在正规的社交场合，手表形同首饰。对于只有戒指一种首饰可戴的男士而言，更是备受重视。与首饰相同的是，在社交场合人们所戴的手表往往体现其地位、身份和财富状况。因此，在人际交往中人们所戴的手表，尤其是男士所戴的手表，大都引人注目。

(1)手表的分类。在社交场合是依据手表的价格来分类的。按照这个标准，手表可分为豪华表(价格在 10 000 元人民币以上)、高档表(价格在 2 000～10 000 元人民币之间)、中档表(价格在 500～2 000 元人民币之间)和低档表(价格在 500 元人民币之下)4 类。选择手表时，既要量力而行，还要顾及个人的职业、场合、交往的对象以及服饰等一系列相关因素。

(2)手表的造型。手表的造型与其身价、档次有关。在正式场合所戴的手表，造型方面应当庄重、保守，避免怪异、新潮。男士，尤其是年龄大的男士更要注意这一点。造型新奇的手表一般只适用于少女和儿童。正圆形、椭圆形、正方形、长方形及菱形手表，是正式场合佩戴的首选。

(3)手表的色彩。在正式场合所戴的手表，色彩要清晰、高贵、典雅，宜选择单色或双色手表。金色、银色、黑色，是最理想的选择。不应选择 3 色或 3 色以上的手表。

(4)手表的图案。除数字、商标、厂名、品牌外,手表上没有必要出现其他图案。

(5)手表的功能。计时是手表最主要的功能。因此,正式场合所戴的手表必须精确,最好能精确到秒,其他功能则可有可无。

3. 领带

西装翻领的"V"字区最显眼,领带处于这个区域的中心部位,如果搭配得好可以起到画龙点睛的作用,使人更显潇洒和飘逸。可以说,"领带是西装的灵魂"。

(1)领带的选择。

①面料。领带的面料有丝质、羊毛质、丝涤混纺、化纤、缎类等多种。在正式场合,领带最好是真丝或羊毛质地。

②色彩与图案。领带颜色的选择可以从两个方面考虑。一是西装的颜色,可以选择与西装颜色一致,但深浅有别的领带,也可以选择与西装颜色成对比色的领带。另一个是出席的场合。在较正式的场合,领带颜色不宜过于鲜艳,以单色无图案为好,单色有条纹、圆点、方格等规则的几何图形也可。

③长度及宽窄。领带的长度一般为130~150厘米,系好后下端的大箭头应正好抵达皮带扣的上端。太长显得笨拙,太短显傻气。领带的宽窄应根据衬衣领子的宽窄选择。

(2)领带的系法。领带最主要的部位是领带结,打领带水平的高低就反映在领带结上。立体、紧凑、正中是打领带的基本要求。领带的系法主要有3种,如图2-13所示。为了防止领带来回摆动,可以用领带夹固定,领带夹的位置应在衬衣第三和第四个纽扣之间。穿西装背心或羊毛衫时领带应置于其内。

总之,服饰美是款式美、质料美和色彩美三者完美统一的体现,形、质、色三者相互衬托、相互依存,构成了服饰美统一的整体。在生活中,服装、色彩与饰物之间应色调和谐,层次分明。饰物只能起到"画龙点睛"的作用,而不应喧宾夺主。服饰色彩在统一的基础上应寻求变化,肤与服、服与饰、饰与饰之间在变化的基础上应寻求平衡的完美。

三、男子西装的着装规范

西装,又称西服、洋服,起源于欧洲,目前是全世界公认的正规服装。西装使人感到庄重、严肃、大方,是男士在正式场合着装的最优选择。西装有着独特的着装标准,男士要想使自己所穿的西装真正称心合意,就要了解西装在选择、穿法和搭配上相关的礼仪规范和要求。

(一)西装的选择

挑选一套面料上乘、做工精细、款式大方、适合于多种场合穿着的西装,需要关

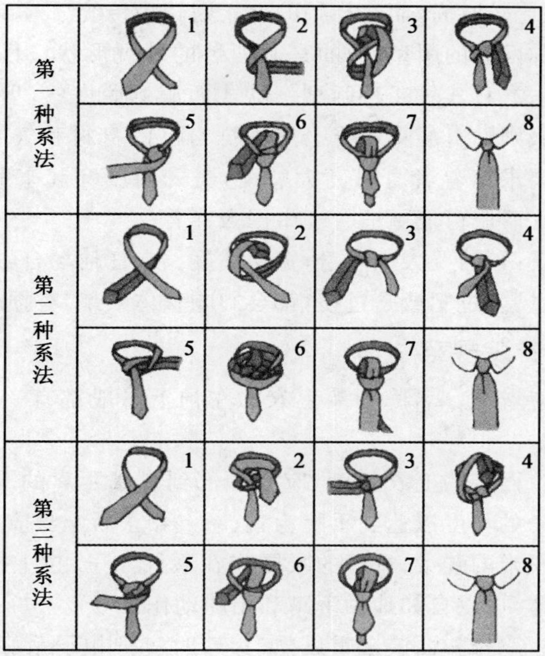

图 2-13　领带的系法

注面料、色彩、图案、款式、造型、尺寸等方面的细节。

(1)面料。鉴于西装适用于多种场合，在正式场合充当正装或礼服，其面料的选择应力求高档，多数情况下，毛料是首选面料。

(2)色彩。西装的色彩必须庄重、正统，不宜过于亮丽和花哨。据此，适合于男士在正式场合穿的西装的颜色，应当首推藏蓝(青)色。除此之外，还可以选择灰色、棕色或黑色的西装。按照惯例，男士在正式场合不宜穿色彩过于鲜艳或发光发亮以及过渡色的西装。越是正式的场合，越要求穿纯色的西装。

(3)图案。男士要求看上去成熟稳重，故一般以穿纯色无图案的西装为好。

(4)款式。西装的具体款式有两种最常见的分类方法。一是按照西装的件数来划分，西装有单件与套装之分。西装套装又分为两件套和三件套。在非正式场合如旅游、参观或节假日，可以穿单件西装或西装式便装。在比较正式的场合如会见、访问、会谈、宴会、庆典仪式、婚丧仪式等活动中应穿正式的套装。在参加高层次的商务活动时，以穿三件套的西服套装为好，因为它看起来要更加正规一些。二是按照西装上衣的纽扣数量来划分，西装上衣有单排扣与双排扣之分。一般认为，单排扣的西装上衣比较时尚，而双排扣的上衣则较为传统。

(5)造型。又称西装的版型，指的是其西装的外观形状。目前，世界上西服主要有欧式、英式、美式、日式等 4 种版型。欧式西服洒脱大气，剪裁得体，美式西服宽大飘逸，日式西服则贴身凝重。男士应根据自己的身材和气质来选择西装。一般来说，欧式西服要求穿着者身材高大魁梧，美式西服穿起来稍显散漫。比较而言，英式西服和日式西服可能更适合于中国人穿着。

(6)尺寸。穿着西装，要大小合身，宽松适度。在任何场合，所穿的西装过大或是过小，过松或是过紧，过肥或是过瘦，都会影响整体效果，有损个人形象。

(二)西装的着装规范

(1)袖口商标应取下。名牌西装上衣的左袖上一般都有一个商标，在穿着之前，应将此商标拆去。

(2)尺寸合体。西装的上衣长度，应为颈部到脚跟距离的 1/2，穿上后下摆应超过虎口；西装袖子的长度以达到手腕为宜；系上扣子后上身应稍有宽度。裤脚接触脚背，盖住约 1 厘米的鞋帮；裤子的腰围应在系好扣子、拉上拉链后能插入一个手掌宽度；臀围合体，可以自如地做下蹲和抬腿动作。

(3)系扣规范。双排扣西装庄重成熟，穿着时应把扣子系好，以突出其稳重的着装风格。单排扣西装有一粒扣、两粒扣、三粒扣等。无论哪种，在穿着时既可以系扣子，也可以不系，系住扣子显得端庄，不系扣子显得潇洒。但如果系扣子要注意系扣子的规范，两粒扣西装系上边一粒表示正规，不要只系下边一粒扣子，有这样一种说法“系上扣是正规，两个都系是土气，只系下扣是流气”。三粒扣西装可以系中间一粒，也可以系上面两粒，其他系法均不合适。

(4)保持挺括。穿西装时，搭配的内衣要单薄，除了衬衣之外，最多再穿一件羊毛衫。如果天气寒冷，可以外加风衣、大衣等，但不能在西装里边穿棉袄之类过厚的衣服。

西装衣袋使用安排是否合适，直接影响西装穿着的外观效果。上衣胸部的衣袋是装饰袋，除了可以装手帕绢花、干花、鲜花外，不放其他物品。左胸内侧衣袋可以装钞票夹、记事本、笔，右胸内侧衣袋可以装名片、香烟，上衣两侧的衣袋一般不应装东西。西裤腰左边有一小袋是存放手表的，西裤后兜可以装手帕、零用钱，但不能装香烟、打火机之类的东西，否则衣袋鼓鼓囊囊，容易破坏西裤的臀围线，影响整体美观。

(5)讲究程序。一般应先梳头，然后按顺序穿衬衫、西裤、皮鞋，再系领带，最后穿西装上衣。

(三)西装的搭配

1.选好衬衫

衬衫是西装的一个点缀,具有美化着装的功能,一般以浅色为宜。白色衬衫最佳,可以搭配所有颜色的西装,也适合于各种场合。艳色西服宜配灰色、黑色、白色衬衫;暗色西装内宜衬浅色衬衫。注意,花衬衣在正式场合是不能穿的。

衬衫的袖子应比西装袖子长1~2.5厘米,这样既可避免西装袖子磨损,又能起到衬托作用。

衬衫最重要的是领口,领子要硬挺平整。软领子衬衫是不适合配西装穿的。衬衫领应高于西装领1厘米左右。这样,西装穿好后,露出的衬衣领部分与袖口露出部分相呼应,会显得更干净、利索、活泼和有生机。系领带时,领扣和袖扣必须系上。衬衫的下摆不能露在外面,必须塞进裤内。无论是衬衫还是西装袖子都不能翻起。

2.配好领带

领带是西装的灵魂,搭配得当可以起到画龙点睛的作用,使人更显潇洒和飘逸。在正式场合,领带质地以真丝为佳。领带的色调应与西装、衬衣的颜色和谐一致,但西服、衬衫、领带的颜色不能过于接近。打好的领带宽的一片在上面盖住窄的一片,领带的打法和其他注意事项参见饰物部分。

3.服装与鞋袜的搭配

(1)鞋的选择。“西装革履”说的就是西装与鞋的搭配,漂亮的服装还要有得体的鞋与之相配。无论男士还是女士,穿西装不能配旅游鞋、布鞋和球鞋,必须穿皮鞋。男士在正式场合以穿黑色、深咖啡色皮鞋为宜,它们可以与黑色、灰色、藏青色以及深咖啡色西装相搭配。穿白色、米色西装可以搭配白色皮鞋,穿黑色皮鞋也符合礼节要求。有些隆重的庆典仪式对男士皮鞋的颜色、样式要求很严格,一般只能穿黑色有鞋带的皮鞋,而不能穿咖啡色、无鞋带皮鞋。鞋尖儿太长、太宽,鞋跟太高,鞋面缀花等时髦款式都不适合在正式场合穿用,而传统、保守型皮鞋较为高贵,适合于各种场合。

(2)袜子的选择。男士袜子是裤子与皮鞋之间衔接的桥梁,袜子一定要与西裤、皮鞋融为一体,不能“格外耀眼”。标准的西装袜以黑、褐、灰、藏蓝等几种单色为主、袜子上可以有简单的提花。男士袜子的材质多是纯棉或弹性纤维,冬季为了保暖可增加羊毛或羊绒。为了防止袜边露出裤脚影响美观,袜筒一般要长到小腿处。

4. 男士饰品

男士饰品不宜多，重在表现个人的风格和品位。在正式场合，一块造型凝重的高档手表是男士饰品的第一选择，它能使人感到你是一位务实、时间观念强、训练有素的人。已婚男士还可以戴上一枚婚戒，它能提升你的形象，让人觉得你是一位对社会、家庭有责任感的人。

5. 男士整体服饰搭配的“三色原则”

“三色原则”是在国外经典商务礼仪规范中被强调的原则，国内著名的礼仪专家也多次强调过这一原则。简单说来，“三色原则”就是男士身上的色系不应超过3种，很接近的色彩视为同一种。男士正装的色彩应该是深色系的，附件中的皮带、皮鞋和公文包，应当保持同一个颜色。黑色是这些皮具的最佳选择。另外应注意，穿着正装的男士应当梳剪干净的短发，中国的审美观认为，男士不可染发，除非您从事的是娱乐和艺术行业。

（四）西装着装忌讳

西装着装应注意以下禁忌：一忌西裤过短；二忌衬衫放在西裤外面；三忌衬衫不系扣子；四忌西服袖子长于衬衫袖子；五忌西服的上衣口袋和裤袋内鼓鼓囊囊；六忌领带太短；七忌西服上装两个扣子都扣上；八忌穿西服配便鞋。

四、女士裙装的着装规范

俗称“男穿牌子，女穿样子”。女士在穿着上比男士有更多选择空间。尽管如此，女士在从事公务活动时，还是应该遵守穿戴礼仪，做到大方得体，并符合身份与职业。女性职业装以裙装为主，正式场合要以典雅大方的套装为主。传统礼服、民族服装适合在一些娱乐场合穿着，服装不能过于华丽和时髦，更不能“薄、透、露、短”。

（一）女性裙装的选择

(1)面料。正式场合的套裙必须选用质地上乘的纯天然面料，上衣、裙子和背心等必须选用同种面料。面料要求不起皱、不起毛、不起球，匀称平整柔软丰厚，悬垂挺括，手感较好。

(2)色彩。应以冷色调为主，借以体现出着装者的典雅、端庄与稳重。还须使之与正在风行一时的各种“流行色”保持一定距离，以示自己的传统与持重。套裙的全部色彩至多不要超过两种，不然就会显得杂乱无章。

(3)尺寸。女士的套裙要求上衣不宜过长，最短可以齐腰；下裙不宜过短，最长则可以达到小腿的中部。一般裙子下摆恰好抵达着装者小腿肚子上的最丰满处，是最标准的。上衣的袖长以恰恰盖住着装者的手腕为好。以宽窄而论，套裙之中的上衣有紧身式与松身式两种。一般认为，紧身式上衣显得较为传统，松身式上衣则更加时髦一些。上衣或裙子均不可过于肥大或包身过紧。

（二）穿着到位

女士在正式场合穿套裙时，上衣的衣扣必须全部系上。不要将其部分或全部解开，更不要当着别人的面随便将上衣脱下。上衣的领子要完全翻好，有袋的盖子要拉出来盖住衣袋。不要将上衣披在身上，或者搭在身上。

裙子要穿得端端正正，上下对齐。应将衬衫下摆掖入衬裙裙腰与套裙裙腰之间，切不可将其掖入衬裙裙腰之内。

穿着套裙还需要考虑年龄、体型、气质、职业等特点。年纪较大或较胖的女性可穿一般款式，颜色可略深些；肤色较深的人不适宜穿蓝色、绿色或黑色。

（三）妆饰

套裙上不宜添加过多的点缀。一般而言，以贴布、绣花、花边、金线、彩条、扣链、亮片、珍珠、皮革等点缀或装饰的套裙，都不适宜穿在白领女士的身上。

另外，在穿套裙时，既不可以不化妆，也不可以化浓妆。

一般职业工作者佩戴与个人工作有关的首饰要慎重，也不宜佩戴过度张扬的耳环、手镯、脚链等首饰。

（四）搭配

衬衫应轻薄柔软，色彩与外套和谐。内衣的轮廓最好不要从外面显露出来。

衬裙应为白色或肉色，不宜有任何图案。裙腰不可高于套裙裙腰而暴露于外。

商界女士所穿的用以与套裙配套的鞋子，宜为皮鞋，并以棕色或黑色牛皮鞋为上品。

袜子不可随意乱穿。袜子可以是尼龙丝袜或羊毛袜。千万不要将健美裤、九分裤当成袜子来穿。国际上通常认为袜子是内衣的一部分，因此，绝不可露出袜边。为避免这种尴尬，女士们要穿长到大腿的长筒袜或连裤袜，绝不能穿那种半长不短的丝袜，这样做还不如不穿袜子。

（五）女士裙装的忌讳

一忌穿黑皮裙（国际上认为黑皮裙是妓女装）；

二忌光脚，要穿一双包脚的鞋，以把脚易磨的前后部分都包住；

三忌光腿，不能穿半截袜子，应以连裤袜为宜；

四忌在裙子下加健美裤，弄出三截腿，这样做专业术语称之为恶意分割；

五忌“透”，夏天穿裙装时应有衬裙、内衣，忌着色彩鲜艳的内裤；

六忌“露”，文胸肩带和衬裙边以及长筒袜边绝不能露出来。

此外，还要注意不穿脱线袜子，不要穿过厚的袜子，更不要在长袜内穿棉毛裤。

五、服饰的“TPO”原则

一个人的穿着打扮不但要与自己的具体条件相适应，而且还必须时刻注意当时所处的具体环境及该环境对着装者提出的具体要求。简而言之，就是要遵守服饰的“TPO”原则。

“TPO”原则是人们着装的总原则。“TPO”在英语中是 Time（时间）、Place（地点）、Object（目的）3 个单词首字母的缩写。它是指人们在服装穿着、首饰佩戴、配件选择等与穿着打扮相关联的一切问题上，要注意与时间、地点、目的相适应。

（一）时间

这里的时间，包含两个含义。一要考虑春夏秋冬四季变化对着装的心理和生理的影响。如夏天的服饰应以简洁、凉爽、大方为原则，冬天的服饰以保暖、轻快、简洁为原则。服饰颜色的搭配也应考虑季节的变化，春装配色求鲜艳，秋装配色求丰富，夏装配色求清凉，冬装配色则求稳重。女士佩戴金属首饰也应因时间而有所不同，纯黄金制作的首饰，主要适合于秋冬等较为寒冷的季节佩戴，而纯白金、纯白银制作的首饰，则比较适合于春、夏等温暖的季节佩戴。第二个含义是指时间的差异，就是指着装要顺应时代的潮流和节奏，既不要过分复古，也不要过分新奇，否则会拉大与公众的心理距离，令人侧目。

（二）地点

在不同的地点，需要不同的装束与之相协调。要根据不同国家、不同地区所处的地理位置和自然条件的要求来着装。例如，在气候炎热的地方，服装以浅色或冷色调为主；在寒冷的地区，服装则以深色或暖色调为主。

（三）目的

从目的上讲，人们着装往往体现其一定的意愿，即以自己的着装留给他人的印象如何为标准，着装是有一定预期的。着装应适应自己扮演的社会角色，服装的款式在表现服装的目的性方面发挥着一定的作用。着装者自尊还是敬人，颓废还是消沉，放肆还是嚣张，皆可由着装得知。一个人身着款式庄重的服装前去应聘新职、洽谈生意，说明他郑重其事、渴望成功。而在这类场合，若选择款式暴露、性感的服装，则表示自视甚高，对求职、业务的重视远不及对其本人的重视。

社交时的穿着打扮，基本要求是新潮、有个性。以女性为例，参加社交活动，可以穿时装、旗袍和连衣裙，还可佩戴与时装相搭配的各种首饰。参加正式宴会，着装应庄重，避免轻佻。对中国女性而言，最经典的社交装应是旗袍。

休闲装要穿得宽松、舒适、随意，棉制的衬衣、T恤、牛仔装是野外郊游的首选，穿上它们可以使你显得轻松和惬意。

第四节 出行礼仪

一、行路

两人并行，右者为尊；两人前后行走时，前者为尊；三人并行，中者为尊，右边次之，左边再次之；三人前后行时，前者最尊。如果道路狭窄又有他人迎面走来时，则应该退至道边，请对方先走。路过居民住房时，不可东张西望，窥视私宅。

1. 街道行走礼仪

(1)行走路线要固定。一个人独步街头，应尽量沿直线行走。如果不是寻找失物，就不要在行进中左顾右盼，东张西望。

(2)遵守行走规则。步行要走人行道，行人靠右，并且让出盲道。过马路宁停三分，不抢一秒，走人行横道、天桥或地下通道，切忌图快捷翻越绿化带和隔离栏。

(3)行走也要有风度。男女同行的时候，男士应该主动走在靠近街心的一边，让女士在自己的右侧行走。恋人同行，不要勾肩搭背、搂搂抱抱，女士只能轻挽住男士手臂。街上行走时，随带物品最好提在右手上，若有同龄男士在，应主动代劳。

(4)约束不良行为。行走时不要吃食物，不要在路上久驻攀谈或是围观看热闹，更不能成群结队在街上喧哗打闹。

2. 上下台阶礼仪

(1)行走讲究次序。上下台阶，应注意一步一阶，不可并排而行挡住后人；上楼梯时，应让尊者或女士走在前面；下楼梯时，尊者或女士应走在一人之后。

(2)上下注意安全。雨天地面潮湿，台阶容易湿滑，上下台阶不可推搡前面的行人或硬行抢道。

二、乘车

有人说，一个国家的国民素质最能在乘公共交通工具时体现出来。下面简单介绍乘坐几种常用交通工具的礼仪：

1. 乘坐公交车礼仪

①上车前应排队候车；上车时要先下后上，礼让老弱妇孺；上车后应主动购票、

自动投币或刷卡。

②进入车内要向里面走，不要站在车门处，影响他人上下车。后下车的应主动给先下车的乘客让路。应主动给老、弱、残、孕及带小孩的乘客让座。

③不应在车上谈论公事或涉及他人隐私之事。即使是情侣也不要搂搂抱抱，做不雅的动作。

④搭乘观光巴士，车上切勿喧哗，干扰司机驾车，危及乘客安全。

2. 乘坐火车礼仪

①候车时不要喧哗，不要躺在座位上，不要随地吐痰或乱扔垃圾。

②进站、检票及上车时，不要拥挤、插队，要礼让老弱妇孺，站台候车要在安全线后。

③行李必须包扎捆牢，放在行李架上，不要堆放在过道或小桌上。

④应对号入座，不要侵占他人座位，不要东倒西歪，靠在他人身上，不要把脚搭到对面座上。卧铺车厢中，应让妇孺老弱睡下铺。

⑤禁止在车厢内吸烟。如果需要，应到指定地点进行，以免影响他人。

⑥旅客间谈话音量应该控制。如携带幼童，应限制其随意奔跑或大声喧扰。

⑦在自己座位上用完餐，餐具要收拾干净。在餐车进餐，用餐时间不宜过久。

⑧使用卫生间，不宜久占，用后要保持清洁。火车是公共场所，无论大人小孩都不可以不敲门进入卫生间。等候时如果人多，必须排队循序使用。

⑨在到达目的地前半小时即应为下车做准备。下车前，应与邻人道别。

⑩如果是团体行动，上下车时还须遵守行进礼仪，位低者先上后下，位高者后上先下。

3. 乘坐出租车礼仪

①拦出租车的时候，最好选择安全适当的地点搭车，不要妨碍交通。

②如不知道明确的路径，上车后不要胡乱指挥。

③避免与司机长时间攀谈，干扰其安全驾驶；也不应一上车就催促司机，给司机造成压力。

④有些地区的出租车不可以随意乱停，必须停在停靠站内，乘客对此应予以配合。

⑤下车前，要提前通知司机；下车时，应与司机道别。

4. 乘坐地铁礼仪

①进入地铁站后，靠右行走。搭乘电动扶梯时应面向行进方向靠右站立，以免阻挡后面赶路的人。

②按月台指示线，自觉排队。上地铁时，应有秩序地先下后上，礼让老弱妇孺。

③进入车厢要向里面走，不要站在车门处。应主动给老、弱、残、孕及带小孩的乘客让座。

④地铁车厢内应保持安静，车厢内不可吃东西或喝饮料，应保持车厢清洁。

5. 驾车礼仪

随着物质生活水平不断提高，私家车的数量急剧增加，越来越多的人出行时选择以车代步，驾车外出时应该注意驾车礼仪。

①车辆行驶中要各行其道，礼让三先(先慢、先让、先停)。

车辆在通过没有信号控制的人行横道时，要注意避让来往行人。车辆出入胡同或门口时，必须减速慢行，注意行人安全。遇有儿童列队通过未划人行横道的道路时，要减速让行。

支路车让干路车，左转弯的让直行或右转弯的车先行；让警车、消防车、救护车、工程抢险车先行；超车一定要看好时机，左侧超车；超车后要迅速回到自己的车道行驶。

②驾驶时一定要遵守行驶速度的规定。不要打开车窗将果皮废纸等垃圾随手扔向窗外。

③机动车驾驶者与外界的信息交换方式只能使用灯光和鸣笛。

转弯或变更车道要开转向灯示意。使用远光灯、近光灯、示宽灯、尾灯等以路灯开关时间为准。会车时，要暂时关闭远光灯。同向行驶的车辆，后车要关闭远光灯。

汽车的喇叭就像学校的铃声一样，要正确使用喇叭：一声短“嘀”表示打招呼；两声短“嘀嘀”，表示提醒；一短一长“嘀、嘀——”表示紧急提醒别人“有危险”；一声长“嘀——”意在催促前面的人让路；另外连续按鸣不准超过 3 次，不要用喇叭唤人。

④随着机动车数量的增加，停车难的问题也日益突出。车辆必须在停车场或准许停放车辆的地点依次停放。不准在车行道、人行道或其他妨碍交通的地点任意停放。

⑤宾主同行时，主方车辆应先行带路。客方车辆在后边跟随。如果宾主双方的车都不止一辆，那么，主方与客方车队内部的先后顺序均应按前尊后卑的原则排列。主方还应派一辆车在车队最后负责收尾工作。

另外，驾车时还要注意一些细节，不要给别人造成麻烦，给自己带来危险。下雨天，路面积水，看到路旁有行人，就要放慢车速，平稳通过，以防脏水溅行人一身。遇到儿童、老年人、残疾人要提前减速，留有一定的安全距离，缓缓驶过。

6. 工作期间乘车礼仪

工作中，同一单位的同事一起出行公干，不同单位的宾主双方同车出行，这是工作中几乎每天都会发生的事情。小小车厢内，怎样做才符合礼仪原则呢？主要是座次的尊卑安排。

一般来说，车中的座位遵循前卑后尊、左卑右尊的原则。以最常见的双排五座小轿车为例：除了驾驶座之外，最尊贵的座位是靠右后门的座位，这是属于上级和客人的位置。次之，是靠左后门的位置。再次，就是后排中座。最后才是副驾驶座。

前卑后尊、左卑右尊的原则同样适用于其他种类的轿车。如三排七座的小轿车，其座位尊卑顺序依次为右后座、左后座、后排中座、二排右座、二排左座、副驾驶座、驾驶座。车型再大一些的轿车，位置尊卑就要视具体情况，区别对待。但要注意，小轿车的后中座一般不安排坐人，因为中间位子一般没有靠枕，脚下还有汽车底盘的隆起，坐上去很不舒服。所以，除非万不得已，中间一般不坐人。

上述情况适用于车辆由专门司机驾驶。如果由主人亲自驾车，座位的尊卑顺序就会发生变化。最主要的就是副驾驶座的尊卑变换。当主人亲自驾车时，副驾驶座成为最尊贵的位置。即使后排坐得下，客方也应派一人陪同主人坐在前面，而且，通常是由客方级别最高者奉陪，其余人在后排按尊卑次序就座。

关于副驾驶座还要注意，一般女士不在副驾驶座上就座。但如果夫妇二人都在车上，而且是丈夫驾车，那么，副驾驶座就非其妻子莫属。另外，一个职员与上级同车外出，即使后座上有足够的位置，也要主动在副驾驶座上就座，千万不要给上级留下你要与他平起平坐的印象。

乘车时，上下车的动作及自己在车子行进途中的行为举止也要加以注意。坐在副驾驶座上的人要抢先一步为坐在后排的人拉开车门。正确的开门姿势应该是：用双手或右手拉开车门，站在门后，左手拉住车门，右手顺车门框上边缘划至车门上框中间，以防上车者不小心碰到头部。待其上车坐稳后，用双手轻轻将车门合拢关严。这样，既礼貌又可以防止动作过猛，夹伤乘客。对于信奉佛教的人，只为其开门关门即可，不要用手为其封门。因为佛教徒认为其头顶有佛光保佑，很忌讳别人用手在其头顶做动作。下车时，位卑者要先行下车为尊者开门，动作大体与上边所述相同。

注意，为他人开关车门后如需要绕行到车的另一侧上车，这时，要从车后绕过去，千万不能从车头处绕过去。

三、乘船

①不得携带易爆品、易燃品、易腐蚀物品、枪支弹药、腐烂性物品、家畜动物以

及其他一些违禁品。应自觉接受有关人员对人体和行李的安全检查，不要对安检加以非议或给予拒绝。

②要按次序排队上下船，不要拥挤；要礼让老弱妇孺。

③乘客可在甲板上散步、观景，但不可闯入别人的房间，更不可游逛到“旅客止步”的场所。

④不能随意在舱内的走道和甲板上奔跑追逐，不要随意触摸船上的各种开关和设施。

⑤白天不要在船舷上舞动花衣服和手绢，晚上不要拿手电筒乱照，避免被其他船只误会。

⑥船长是客轮的首长，没有要事不要去打扰；应对客轮上的服务人员表示尊重。

⑦没有受到邀请时，不要冒昧探访他人客舱；在凌晨、正午、深夜等时间，也不要探访其他客舱的朋友。

⑧途中如遇难以预料的意外，要听从指挥，不要惊慌失措，或是慌不择路，或是跳水而逃。

四、乘飞机

飞机搭载各国籍人员，往来世界各国，这是最能展现国际礼仪的地方。乘坐飞机时，要遵守乘机礼仪，这也是维护乘客安全的需要。

首先需要了解乘飞机的常识。飞机从始发城市到终点城市飞行一次为一个航班。每一个航班都有自己的航班号。国际航班号由航空公司的英文字母代码和 3 个阿拉伯数字组成。国内航班号由航空公司的英文字母代码和 4 个阿拉伯数字组成。末尾是奇数，表示去程航班；末尾是偶数，表示回程航班。免费托运的行李，除了美国外，其他国家都是头等舱 30 千克，经济舱 20 千克，超重部分需付相当昂贵的运费，故行李以简单为宜。

(1)候机礼仪。乘坐国内航班应提前 90 分钟到达机场，乘坐国际航班应提前 120 分钟到达，以便办理登机手续。在办理手续时，要耐心等待，认真配合例行的安全检查。

(2)安全管制。飞机上不得携带枪支、弹药、刀具及其他易燃、易爆、剧毒或放射性物品，另外注意，过安检时，指甲刀、饮料等不可放在随身背包里；机舱内严禁使用手机及有可能干扰无线信号的物品，如手提电脑、调频收音机、电子玩具等。

(3)登机礼仪。进入机舱时，当空中小姐或是机长礼貌迎客的时候，应该友好地回应。

(4)对号入座。一旦拿到了登机牌,登机后就要对号入座,如同行者无法毗邻而坐,应请空服员代为协调,勿未经同意就坐在他人位置上。

(5)行李要安置妥当。小背包要放在行李置物柜内,小件物品要放好,以免掉落。手提包可放在椅座下方,勿占用走道。

(6)服从乘务人员管理。飞机在飞行时一定要遵守有关安全乘机的各项规定。登机后,乘务员会先示范救生衣的使用,并且提醒乘客椅背竖直和安全带扣紧。不要乱动飞机上的各种设施,不要在飞机上做大幅度的运动。飞机升空或降落前,乘务人员都要巡视、检查乘客的安全带是否系好、小桌是否收起、座位是否端正,此刻必须服从指挥。遇到重大干扰气流时候,也要听从空服员的指示行动。

(7)机上用餐礼仪。用餐时,将椅背竖直,放下前座背后的小桌,以方便服务人员将餐盘放上。用餐时间,不要在座位间进出行动。用餐期间,无论个人是否需要用餐,均应将椅背竖直,以便后座乘客可以顺利用餐。

(8)卫生间的使用。若有多人等候,应排队按次序进行;使用后要冲水;卫生间内禁止吸烟。

(9)下机礼仪。离开座位时,如需经过其他乘客,应先打声招呼。毛毯应稍整理后搁在椅座上。下飞机时,对乘务人员的送别,应该礼貌地回应。

五、宾馆住宿

宾馆是四方游客在异乡的家,它为旅途中的人们提供了休息整顿的场所、安全舒适的住宿环境以及周到的服务。当我们成为住宿客人时,也应该注意在外住宿的礼仪。这些礼仪不但体现了我们个人的素质和教养,在很大程度上更方便了我们的出行。

1.客房预定

由于宾馆在接待上具有明显的旺季与淡季之分,为了确保自己在住宿方面称心如意,可以提前预订房间,这其实就是住宿礼仪,既方便了自己,又利于宾馆的管理。我们可以通过电话、上网等方式预定。但无论选择何种方式,都须说明住宿要求以及入住和停留的时间、入住人数、房间类型等,并问清房费。

2.遵守店规

当我们享受着旅途带来的愉快心情时,也不要忘记遵守宾馆的住宿规定。一般星级酒店,尤其是高档酒店都有以下规定:不允许两名成年异性共用一室,除非是夫妻或者是一家人;不允许住客在自己的客房内留宿外来人士;不提倡素不相识的客人相互登门拜访等,客人应自觉遵守。

3. 爱护公共财物

在宾馆里一般都备有一份客房财产明细清单，上面列有为旅客提供服务的各种硬件设施和所必需的各种物品。这是旅馆的公共财物，每位旅客都必须爱护，不随便拿走宾馆的公共物品，如有损坏应及时告知服务员，以便及时处理。

4. 尊重他人

要牢记走廊是宾馆中的公共场合，因此不要表现得像在自己家中一样，甚至穿着睡衣转来转去，不允许衣冠不整出入公共场所，也不要乱跑乱跳；在住宿过程中，对于其他的房客应以礼相待；在通过走廊、进入电梯或是接受服务时应懂得礼待他人，尤其是专门为自己服务的酒店工作人员，更应予以充分的尊重和体谅。如果你连续住上几天，不妨通知客房服务员，你的床单和牙刷不必每天都换，牙膏和洗发水也可以等用完了再换新的，这样的客人一定会受到宾馆的尊重和欢迎；离开宾馆时，应及时到服务台结账，与工作人员道别。

5. 保持肃静

宾馆是专供人们住宿休息的场所，所以，保持肃静被视为基本规则之一。在公共场所，应注意降低自己说话的音量，轻轻地走路。即使是在自己的房间里，也要注意保持安静，不应大声说话和吵闹，不要将电视机的音量调得太大，或长时间打电话，以免与周围环境不和谐，影响他人休息。

6. 讲究卫生

在宾馆里，包括在客房之内，最好不要吸烟；住进客房后应讲究卫生，不要到处乱扔果皮、纸屑，应将废弃物扔进纸篓；东西尽量摆放得整齐有序；在洗手间，不要把水弄得到处都是。淋浴的时候，浴帘的下部要放到浴缸里面，否则浴室的地面将难以下脚；不要在宾馆的公共场所里悬挂私人衣物，自觉维护好宾馆的卫生。

本章小结

个人礼仪是一个人仪容、仪貌、仪态、举止、行为的整体规范。举手投足之间彰显个人素质，一颦一笑之间彰显个人魅力，于细微处见精神。一个人的仪表不仅可以体现出他的文化修养，还可以反映出其审美趣味。面容整洁、穿着得体、举止优雅，不仅能提高个人的整体素养，还有助于人际交往，提高社交活动的成功率。本章从个人的礼仪细节入手，从头到脚，从梳洗到养护，从着装到佩饰，从举手到投足，从站立到坐卧，从出行到住宿等进行了详细的阐述，以提高个人整体形象。

思考与练习

1. 仪容礼仪需要注意哪些方面?
2. 简述微笑的魅力。
3. 着装的"TPO"原则是指什么?
4. 仪态礼仪的规范有哪些?在公众场合礼仪举止应注重哪些细节?
5. 行走礼仪包括哪些内容?
6. 乘机礼仪有哪些?
7. 外出住宾馆须注意的礼仪有哪些?

【案例分析】

案例一:微笑的魅力

飞机起飞前,一位乘客请空姐给他倒一杯水吃药,空姐很有礼貌地说:"先生,为了您的安全,请稍等片刻,等飞机进入平衡飞行后,我会立刻把水给您送过来,好吗?"15 分钟后,飞机早已进入平衡飞行状态。突然,乘客服务铃急促地响了起来,空姐猛然意识到:糟了,由于太忙,她忘记给那位乘客倒水了。当空姐来到客舱,看见按响服务铃的果然是刚才那位乘客,她小心翼翼地把水送到那位乘客眼前,微笑着说:"先生,实在对不起,由于我的疏忽,延误了您吃药的时间,我感到非常抱歉。"这位乘客抬起左手,指着手表说道:"怎么回事,有你这样服务的吗? 你看看,都过了多久了?"空姐手里端着水,心里感到很内疚,但是,无论她怎么解释,这位挑剔的乘客都不肯原谅她的疏忽。接下来的飞行途中,为了弥补自己的过失,每次去客舱给乘客服务时,空姐都会特意走到那位乘客面前,面带微笑地询问他是否需要水,或者别的什么帮助,然而,那位乘客余怒未消,并不理会空姐。

临到目的地前,那位乘客要求空姐把留言本给他送过去,此时空姐心里很委屈,但是仍然不失职业道德,显得非常有礼貌,而且面带微笑地说道:"先生,请允许我再次向您表示真诚的歉意,无论您提出什么意见,我都会欣然接受您的批评!"等到飞机安全降落,她打开留言本,却惊奇地发现,那位乘客在本子上写下是一封热情洋溢的表扬信。"在整个过程中,你表现出的真诚的歉意,特别是你的 12 次微笑深深打动了我,使我最终决定将投诉信写成表扬信! 你的服务质量很高,下次如果有机会,我还将乘坐你们的航班。"

请问:

1. 微笑有何作用?
2. 微笑应注意什么?

案例二:介　绍　信

某公司经理在解释他为什么要录用一个没有任何人推荐的小伙子时如是说："他带来了许多介绍信。他神态清爽，服饰整洁；在门口蹭掉了脚下带的土，进门后随手轻轻地关上了门；当他看见残疾人时主动让座；进了办公室，其他的人都从我故意放在地板上的那本书上迈过去，而他却很自然地俯身捡起并放在桌上；他回答问题简洁明了，干脆果断。这些难道不是最好的介绍信吗？"

请问：

1. 经理话中的"介绍信"指的是什么？
2. 这些"介绍信"介绍了小伙子哪些优点？
3. 小伙子在应聘中遵守了哪些礼仪规范？

第三章

日常交际礼仪

中华民族素有“礼仪之邦”的美称，待人接物、言谈举止，往往反映一个人的素质和修养，体现着文明与教养的程度。随着生活水平与文化水平的不断提高，人们越来越关注自己在社交场合的一言一行、一举一动、一颦一笑，希望以此展示个人素养，赢得交往对象对自己的尊重和信任，帮助自己走上成功之路。

良好的个人礼仪修养体现在日常交往活动中，主要表现在称呼、介绍、握手及言谈礼仪中，只有了解并熟练掌握日常交际的礼仪规范，才能够在社交活动中礼貌周到、热情谦和，充分展示自身修养，成为受人欢迎的人。

第一节　称呼礼仪

在日常交往中，路遇行人、登门拜访、给人写信、打电话、发邮件，遇到的第一个问题就是如何称呼他人，准确的称呼是迈入社交之门的第一道门槛。称呼指的是人们在日常交往应酬中所采用的彼此之间的称谓语。在人际交往中，选择准确、适当的称呼，既反映着自身的教养及对交往对象的尊敬程度，也体现着双方关系发展所达到的程度，更反映良好的社会风尚。

一、不同社交场合的称呼

社交场合不同，对他人的称呼亦不同，根据家庭交往、社交活动、公务活动及涉外活动等不同场合，称呼他人的具体礼仪要求也不同。

(一)家庭交往

家庭交往指的是同与自己有血缘、地缘和姻亲关系的对象交往沟通时使用的称呼。

中国有着源远流长的文化，在家庭称谓中，有些传统的称谓一直延续至今，在一些社交场合仍然使用，对这类称谓，我们应该有所了解。

1. 对本人亲属及对交往对象亲属的称呼

亲属，就是与本人有直接或间接血缘关系的人。在日常生活中，对亲属的称呼是约定俗成、人所共知的。

在与外人交谈时，对自己的亲属一般应采用谦称。比如，称辈分比自己高或年龄比自己大的亲属，可在称呼前加"家"字，如"家父"、"家母"、"家兄"、"家姐"；称年龄比自己小、辈分比自己低的亲属，可在称呼前加"舍"，如"舍弟"、"舍妹"、"舍侄"；称自己的子女，可在称呼前加"小"字，如"小儿"、"小女"、"小婿"、"小媳"等。

对他人的亲属，则应采用敬称。对长辈，应前加"尊"字，如"尊母"、"尊兄"；对平辈或晚辈，应在称呼前加"贤"字，如"贤妹"、"贤弟"、"贤侄"；在他人亲属的称呼前加"令"字，一般可不分辈分与长幼，如"令堂"、"令尊"、"令兄"、"令爱"、"令郎"。这类延续至今的谦称和敬称，使用时有一个诀窍，即"家大、舍小、令外人。"

2. 对朋友和熟人的称呼

对朋友、熟人，可以称"你"或"您"。以"您"称呼他人，是为了表示自己的恭敬之意。

3. 以姓名称呼

平辈的朋友、熟人，彼此间可直呼其姓名，长辈对晚辈也可以这样称呼，但晚辈对长辈却不能如此称呼。为了表示亲切，可免称其名，在被称呼者的姓前加上"老"、"大"或"小"字相称，如"老马"、"大李"、"小王"。对关系极为亲密的同性朋友、熟人，可不称其姓而直呼其名，如"若琳"、"晓鹏"、"宜丹"等。但不可对异性这样称呼，因为只有其家人、恋人和至爱亲朋之间才允许这样亲密的称呼。

4. 拟亲属称呼

先生、女士的称呼虽好，但目前在普通老百姓中并未广泛使用。我们可以借鉴百姓多年流传下来的习惯称呼方法，如“拟亲属称呼”，就是一种被普遍采用的喜闻乐见的称呼方式。

所谓“拟亲属”就是假设对方与自己有一定亲属关系，再根据性别、年龄加以类比。比如，对年长男子叫大爷，对年长女子叫大娘，对中年的男子、女子叫大哥、大嫂，对较年轻的女子叫大姐，对显然比自己小的男子叫大兄弟，对高寿者称老爷爷、老奶奶，也可以在这些称呼前加上姓氏，如：“王爷爷”、“宋奶奶”等。虽然称呼者与被称呼者并不存在亲属关系，但这些称呼却都是亲属称谓，因此称之为“拟亲属称呼”。

拟亲属称呼的最大优点是在称呼中溶进了强烈的亲情色彩，显得亲切融洽，易于交流。试比较：“先生，请问去水立方坐几路汽车？”“大爷，劳您驾这儿有上鸟巢的车吗？”在欧美，前者更合适，但后者在中国更恰当，包含更多的人情味。

使用拟亲属称呼时，注意宁可将自己的辈分放低，也不可将对方低称。相反，把对方称高了是有益的。一个三四十岁的男子可以称20来岁的女子为大姐，称妹子则有占人便宜的嫌疑；老妇人称年轻女子为闺女，显得亲切，而中年人对显然是自己子女年龄的儿童或少年，只可叫小弟弟、小妹妹，自己成心放低辈分显得谦逊。

（二）社交活动

社交活动与公务活动有时很难明确区分与界定，为明确表述，本章的社交活动主要指的是公务之余，在购物、问路、参加舞会和宴请、假日游园等场合对他人的称谓。

中国社交场合的称呼以1949年新中国成立为起始，20世纪五六十年代，彼此之间称呼“同志”，意为志同道合者，当时，这是政治色彩比较浓厚的称呼。“文革”结束后，为了淡化这种政治色彩，彼此之间称呼“师傅”，“师傅”可以称呼几乎所有阶层与行业的人。“师傅”传统上是特指有技艺的人，如此宽泛的使用，第一有失准确，第二有失文雅。

一般而言，在社交场合，对朋友、熟人的称呼，要做到亲切、友好，不失敬意，通常有以下几种称呼的方式。

1. 以敬称称呼

通常使用的敬称有“您”、“您老”、“您老人家”、“君”、“公”等。称呼长辈时，应用“您”或“您老”、“您老人家”等。对德高望重的年长者、资深人士称呼时，可在其姓氏后加“公”或“老”。如“周公”、“德老”。

对有身份者和年长者，也可以“先生”相称，在“先生”前加上被称呼者的姓氏。如“李先生”、“季先生”等。不过，有一个特殊情况需要引起注意，在中国、日本及亚洲的其他国家，对于地位很高或成就突出的女性也以“先生”相称，如何香凝先生、宋庆龄先生、杨绛先生、冰心先生、周小燕先生等。

对文艺界、教育界的人士，以及有成就、有身份者，可称其为“老师”，并将“老师”一词加在其姓氏后，如“李老师”、“张老师”等。

2. 以拟亲属称呼

对邻居、年长者、至交，有时可以用拟亲属称呼。如“爷爷”、“大妈”、“叔叔”、“阿姨”。在这类称呼前也可加上姓氏，如“王大爷”、“李阿姨”等。

3. 以姓名称呼

以姓名称呼一般有以下几种情况：

平辈之间、熟人之间，可以直接用姓名来称呼对方。如“李通”、“王月”等。但要注意，这类直呼姓名的称呼只能用在长辈对晚辈或平辈之间，而晚辈是不能对长辈直呼其名的。在这种称呼方式中，为了表示亲切，也可以在被称呼者的姓氏前分别加上“老”字或“大”、“小”字，而不呼其名。如对年长者，可称其“老李”；对同辈，可称其“大刘”；对年幼者，可称其“小杨”等。

对同性的朋友、熟人，如果关系极为密切，可以不称其姓，而直呼其名。如“志鹏”、“雨桐”等。而对异性，则一般不能这样称呼，要直接称呼其姓名，如“张志建”、“王玉华”等。如果对异性只呼其名，不称其姓，那就意味着彼此不是家人就是恋人、配偶或者非常亲密的朋友。否则，会让人感到失礼与唐突。

4. 以“老师”称呼

近几年，在一些层次较高的交往中，比较流行“老师”的尊称。因为事实上彼此不存在师生关系，所以这是一个含有敬意的泛尊称。它的最大优点是适应性强，凡是对比自己年龄大的(或相仿)、有一定文化水平的人，不分性别，叫一声“老师”，显得文雅而礼貌。而且它比“老某”客气，比“某先生”亲切，比“某师傅”文雅，比“某同志”亲近，所以很多人喜欢如此称呼。

当然，“老师”本是对以教师为职业的人的专用称呼，对于不从事教师职业的人，如果不管什么情况，见面就叫“老师”，有时也不甚得体。所以要区别不同的对象和场合，不可一概而论。

5. 西式泛尊称

改革开放以来，随着东西方文化的交流与融合，西式称呼成为一种得体而优雅的时尚，被中国人广泛接受和使用。具体而言，一般称男子为先生，没有大小之分，前面冠以姓氏或姓名。对于女子的称呼，要求则比较严格，“夫人”只适用于已婚女子，“小姐”一般适用于未婚女子，如果在某一社交场合，你不能准确判断某女士的婚姻状况,可以称其为“女士”或“小姐”。当然,这些称呼前可冠以姓氏或姓名。

(三)公务交往

公务交往指的是因公而与他人进行的交往,如洽商、谈判、展业、营销等活动。公务交往中的称呼可以分为职务性称呼、职称性称呼、学衔性称呼、行业性称呼等。

1.职务性称呼

在工作中,为表示身份有别、敬意有加,人们常以交往对象的职务相称,具体可分为以下3种情形:

仅称呼职务:如“董事长”、“总经理”等。

职务前加姓氏:如“王总经理”、“张主任”等。

职务前加上姓名,适用于极为正式的场合。如:“某某市长”等。

2.职称性称呼

对有职称的人,尤其是具有中级、高级职称者,可以在公务交往中直接以其职称相称,也可分为以下3种情形:

仅称呼职称。如“教授”、“律师”、“工程师”等。

在职称前加上姓氏。如“赵主编”、“叶工程师”,也可简化,如“叶工程师”简称为“叶工”。在职称前加上姓名,适用于正式场合。如“杨振宁教授”等。

3.学衔性称呼

称呼学衔,可以增加被称呼者的权威性,同时有助于增强现场的学术气氛。称呼学衔,有以下4种情形:

仅称学衔。如“博士”。

在学衔前加姓氏。如“刘博士”。

在学衔前加姓名。如“刘凯博士”。

将学衔具体化,说明其所属学科,并在其后加上姓名。如“法学博士刘凯”,这样称呼最为正式。

4.行业性称呼

在工作中,按行业称呼,具体分为以下两种情形:

称呼职业。直接以职业作为称呼。如教员称“老师”,教练员称“教练”,会计师称“会计”,医师称为“医生”或“大夫”等。在一般情况下,在此类称呼前,均可加上姓氏或姓名,如“吴老师”、“王玉教练”、“张会计”、“孙医生”、“李林大夫”等。

5.姓名性称呼

在工作岗位上称呼姓名,一般限于同事、熟人之间。有以下3种情况:可以直呼其名；只呼其姓，要在姓氏前加上“老、大、小”等前缀；只称其名，不呼其姓，通常限于同性之间，尤其是上级称呼下级。

最后强调两点：一是礼仪的特点就是它的发展性，随着时代的发展而处于动态的变化中，当然称呼也不例外。如“同志”、“小姐”的称谓，现在又有了其他的含义，“同志”在国外指同性恋者，“小姐”在国内某些场合指从事特殊职业的女子，因此，在社交场合要谨慎使用。二是根据中国的实际情况灵活掌握使用技巧，即称呼职衔时就高不就低。因为行政职务都有相应的副职，如副校长、副处长、副院长等，在正职不在现场的情况下可以把“副”字去掉。

（四）涉外交往

在国际交往中，称呼的问题，因国家和民族的不同，称呼上也有一些差异。一般而论，在国际交往中，以下 3 种称呼最为通用。

1. 称行政职务

一般在正式的官方交往中使用。对地位高的官方人士，一般为部长以上的高级官员，按国家情况称“阁下”、职衔或先生。如“部长阁下”、“总统阁下”、“主席先生阁下”、“总理阁下”、“总理先生阁下”、“大使先生阁下”等。但美国、墨西哥、德国等国没有称“阁下”的习惯，因此在这些国家可称先生。对有地位的女士可称夫人，对有高级官衔的妇女，也可称“阁下”。君主制国家，按习惯称国王、皇后为“陛下”，称王子、公主、亲王等为“殿下”。对有公、侯、伯、子、男等爵位的人士既可称爵位，也可称阁下，有时也称先生。

2. 称技术职称和学衔

对医生、教授、法官、律师以及有博士学位的人士，均可单独称医生、教授、法官、律师、博士等。同时可以加上姓氏，也可加先生。如“卡特教授”、“法官先生”、“律师先生”、“博士先生”、“马丁博士先生”等。

对军人一般称军衔，或军衔加先生，知道姓名的可冠以姓或名。如“上校先生”、“莫利少校”、“维尔斯中尉先生”等。有的国家对将军、元帅等高级军官称“阁下”。

对教会中的神职人员，一般可称教会的职称，或姓名加职称，或职称加先生。如“福特神父”、“传教士先生”、“牧师先生”等。有时主教以上的神职人员也可称“阁下”。

凡与我国以“同志”相称的国家，对各种人员均可称同志，有职衔的可加职衔。如“主席同志”、“议长同志”、“大使同志”、“秘书同志”、“上校同志”、“司机同志”、“服务员同志”等，或姓名加同志。有的国家还有一些习惯称呼，如称“公民”等。

3. 泛尊称

在国际交往中可使用泛尊称，即先生、小姐、夫人、女士等称呼。这些称呼可冠以姓名、职称、衔称等。如“布莱克先生”、“议员先生”、“市长先生”、“上校先生”、“玛丽小姐”、“秘书小姐、”“护士小姐”、“怀特夫人”、“珍妮女士”等。

二、称呼禁忌

在人际交往中，使用称呼时，一定要避免以下几种情况：

(1)忌用错误的称呼。

①误读。一般表现为念错被称呼者的姓名，有的人取的名字不是常用字，有的是多音字，对文化水平不高的人容易产生误读现象。在这种情况下，一定要不耻下问，虚心请教他人。否则，闹出笑话事小，造成被称呼者心中不悦，不仅会影响人际交往，甚至会影响业务往来。

②误会。指对被称呼者的年纪、辈分、婚否以及与其他人的关系作出错误的判断。比如，将未婚女子称为“夫人”，就属于误会。

(2)忌用庸俗低级的称呼。在人际交往中，有些称呼在正式场合切勿使用。如“兄弟”、“朋友”、“哥们”、“姐们”、“小鬼”、“小蜜”、“伙计”等，这样称呼显得庸俗低级。

(3)忌用绰号作为称呼。对于关系一般的人，切勿自作主张给对方起绰号，一般的绰号普遍带有明显的侮辱性，如“大胖子”、“瘦猴子”、“老罗锅”、“四眼”(指戴眼镜)等。另外，还要注意，不要随便拿别人的姓名乱开玩笑。要尊重一个人，必须首先学会尊重他的姓名。每一个正常人，都极为看重自己的姓名，对此，在人际交往中一定要切记。

(4)忌用过时的称呼，如“拙荆”、“贱内”等。

(5)忌用不通行的称呼，如“胖金哥”、“胖金妹”等。

(6)忌用不当的行业称呼，如“扫大街的”、“看大门的”、“教书的”、“看病的”等。

第二节　介绍礼仪

在社交活动中，介绍是一个常见而重要的问题，是人与人沟通的出发点。人际交往始于介绍，介绍意在说明情况。既然是说明情况，自我介绍也好，为别人介绍也好，介绍业务也好，介绍就是向外人说明情况。

以何人担当介绍人为依据来划分，介绍可以分为 3 大类：自我介绍、介绍别人和集体介绍。

一、自我介绍

当今社会日益开放，交往的圈子越来越广，交往的频率越来越高，自我介绍也显得越来越重要。在某些社交场合，你想认识某一个人，又苦于没有一个合适的中间人做介绍，那么，最好的方式就是进行自我介绍，这种自我介绍叫做主动性的自我介绍。在某些社交场合，人们有时会应其他人的要求，将本人某些方面的具体情况进行简单介绍，这种自我介绍叫做被动性的自我介绍。不论是主动性的自我介绍，还是被动性的自我介绍，在人际交往中，都是经常被采用的介绍方式。由于没有彼此双方都认识的中间人作介绍，交往双方彼此的信任程度是很低的，因此，为赢得交往对象的接受与认可，礼貌是至关重要的。

根据社交礼仪的具体规范，进行自我介绍时，应该注意自我介绍的时机、内容和分寸等方面的问题。

(一)自我介绍的时机

自我介绍的时机涉及具体的时间、地点、场合、当事人、旁观者、现场气氛等多种因素。一般情况下，下列时机有必要进行一番自我介绍。

①在社交场合，与不认识者相处时。

②在社交场合，有不认识者表现出对结识自己感兴趣时。

③在社交场合，有不相识者请求自己做自我介绍时。

④在公共聚会上，与身边的陌生人共处时。

⑤在公共聚会上，打算介入陌生人组成的交际圈时。

⑥交往对象因为健忘而记不清自己，或担心这种情况可能出现时。

⑦有求于人，而对方对自己不甚了解，或一无所知时。

⑧拜访熟人遇到不相识者挡驾，或是对方不在，需要请不相识者代为转告时。

⑨前往陌生单位，进行业务联系时。

⑩在出差、旅行途中，与他人不期而遇，并且有必要与之建立临时接触时。

⑪因业务需要，在公共场合进行业务推广时。

⑫初次利用大众传媒向公众进行自我推荐、自我宣传时。

⑬初次前往他人住所、办公室，进行登门拜访时。

⑭应聘求职时。

⑮应聘求学时。

(二)自我介绍的内容

自我介绍的内容指的是自我介绍时所表述的主体部分及具体形式。进行自我介绍的时机不同，自我介绍的内容各异，应该兼顾实际需要、所处场景等因素，具有一定的针对性。依照自我介绍时表述的内容不同，自我介绍可以分为下述5种形式。

1. 应酬式

应酬式自我介绍，适用于某些公共场合和一般性的社交场合，如旅行途中、宴会厅里、舞会之上、通电话时。它的对象主要是进行一般性接触的人。进行自我介绍主要是为了确认身份。这种自我介绍要简洁，少而精，通常只包括姓名一项即可。例如：

"你好，我叫章强。"

"你好，我是刘洋。"

2. 工作式

工作式的自我介绍，也称公务式自我介绍，主要用于工作场合，以职衔和负责的具体工作作为自我介绍的中心内容。工作式的自我介绍的内容应包括本人姓名、供职单位及其部门、担任的职务或负责的具体工作等。例如：

"你好，我叫齐勇，是华瑞电脑公司的销售经理。"

"你好，我叫丛波，在北京大学中文系教古代文学。"

3. 交流式

交流式的自我介绍，主要适用于社交活动中，它是一种刻意寻求与交往对象进行深入交流与沟通，与自己建立联系的自我介绍。交流式自我介绍的内容，一般应包括介绍者的姓名、工作、籍贯、学历、兴趣及与交往对象的某些熟人的关系等。当然无需时时处处面面俱到，应该依据具体情况灵活确定。例如：

"你好，我叫顾勇，我在伟达电脑公司上班。我是王波的高中同学，都是广东人。"

"你好，我叫李斌，是王波的同事，也在中山大学中文系，我教中国传统文化。"

4. 礼仪式

礼仪式的自我介绍，适用于讲座、报告、演出、庆典、仪式等一些正规而隆重的场合。它是一种意在表示对交往对象友好、敬意的自我介绍。礼仪式的自我介绍的内容，包括姓名、单位、职务等，同时还应加入一些适当的谦辞、敬辞，以示自己礼待交往对象。例如：

"各位来宾，大家好！我叫张先，我是绿石谷公司的销售经理。我代表本公司热烈欢迎大家光临我们的展览会，谢谢大家的支持！"

5. 问答式

问答式的自我介绍，一般适用于应试、应聘和公务交往。在普通的交际应酬场合，经常发生，并不鲜见。问答式自我介绍的内容，应该是有问必答。例如：

甲问："先生，您好！请问怎么称呼您？（请问您贵姓）"

乙答："您好！先生，我叫李林。"

主考官问："考生你好，请介绍一下你的基本情况。"

应聘者："考官您好！我叫李洋，现年 26 岁，山东青岛市人，汉族，中共党员，未婚。毕业于北京师范大学数学系。"

(三)自我介绍的注意事项

进行自我介绍时，除了掌握介绍时机、介绍内容外，还有以下问题需要注意。

1. 注意时机

要抓住时机，在适当的场合进行自我介绍，如对方有空闲、情绪较好、对本人有兴趣时，这样就不会打扰对方。自我介绍时还要简洁，尽可能节省时间，以半分钟左右为佳。为了节省时间，作自我介绍时，还可利用名片、介绍信等加以辅助。

2. 讲究态度

进行自我介绍时，态度一定要自然、友善、亲切、随和。应落落大方，彬彬有礼。既不能唯唯诺诺，又不能虚张声势，轻浮夸张。语气要自然大方，语速要正常，语音要清晰。

3. 真实诚恳

进行自我介绍时所表述的各项内容，一定要实事求是，真实可信。忌过分谦虚，一味贬低自己去讨好别人，或者自吹自擂，夸大其词。

总之，当本人希望结识他人，或他人希望结识本人，或本人认为有必要令他人了解或认识自己的时候，自我介绍就会成为重要的交往方式。自我介绍常常会成为社交活动的组成部分，承担着拓展交际范围、扩大交往圈子的重任。

二、他人介绍

他人介绍，又称第三者介绍，是为彼此不相识的双方引见、介绍的一种交际方式。他人介绍，通常是双向的，即对被介绍的双方各自作一番介绍。有时，也会进行单向的他人介绍，即只将被介绍者中某一方介绍给另一方。

为他人做介绍，需要把握下列要点。

(一)了解介绍的先后顺序

在为他人作介绍时,先介绍谁后介绍谁,有一定之规。

根据社交礼仪规范,在处理为他人做介绍的问题上,必须遵守"尊者优先了解"的规则。先要确定双方地位的尊卑,然后先介绍位卑者,后介绍位尊者。这样,可使位尊者优先了解位卑者的情况。

根据规则,为他人作介绍时的礼仪顺序大致有以下几种:

①介绍上级与下级认识时,应先介绍下级,后介绍上级。

②介绍长辈与晚辈认识时,应先介绍晚辈,后介绍长辈。

③介绍年长者与年幼者认识时,应先介绍年幼者,后介绍年长者。

④介绍女士与男士认识时,应先介绍给男士,后介绍女士。

⑤介绍已婚者与未婚者认识时,应先介绍未婚者,后介绍已婚者。

⑥介绍同事、朋友与家人认识时,应先介绍家人,后介绍同事、朋友。

⑦介绍客人和主人认识时,应先介绍主人,后介绍客人。

⑧介绍先到者与后来者认识时,应先介绍后来者,后介绍先到者。

(二)掌握介绍的方式

由于实际需要的不同,为他人作介绍时的方式也不尽相同。

1. 一般式

一般式也称标准式,以介绍双方的姓名、单位、职务等为主,适用于正式场合。例如,"请允许我来为两位引见一下。这位是雅秀公司营销部主任李皓女士,这位是新河集团副总江觅女士。"

2. 简单式

只介绍双方姓名一项,甚至只提到双方姓氏而已,适用一般的社交场合。例如,"我来为大家介绍一下:这位是谢总,这位是徐总。希望大家合作愉快。"

3. 附加式

附加式也可以叫强调式,用于强调其中一位被介绍者与介绍者之间的关系,以期引起另一位被介绍者的重视。例如,"大家好!这位是新月公司的业务主管张先生,这是小儿刘放,请各位多多关照。"

4. 引见式

介绍者所要做的,是将被介绍的双方引到一起即可,适用普通场合。例如,"你们好!两位认识一下吧。大家其实都曾经在一个公司共事,只是不在一个部门。接下来的,请自己说吧。"

5. 推荐式

介绍者经过精心准备将某人举荐给某人，介绍时会对前者的优点加以重点介绍。通常适用于比较正规的场合。例如，“这位是张峰先生，这位是海天公司的赵海天董事长。张峰先生是经济学博士，管理学专家。赵总，我想您一定有兴趣和他聊聊吧。”

6. 礼仪式

这是一种最为正规的他人介绍，适用于正式场合。其语气、表达、称呼上都更为规范和谦恭。例如，“孙女士，您好！请允许我把北京远方公司的执行总裁姚滨先生介绍给你。姚先生，这位就是广东润发集团的人力资源部经理孙晓女士。”

(三)注意介绍的细节

在社交活动中，东道主、长者、家庭聚会的女主人、专职人员，在正式活动中地位、身份较高者或主要负责人，熟悉双方者，指定介绍者，都可以适当地为他人进行介绍。

在介绍他人时，介绍者与被介绍者都要注意一些细节。

(1)介绍者要注意自己的姿态。作为介绍者，无论介绍哪一方，都应手势动作文雅，目前社交场合以右为尊、以右为上，因此最好伸出右手手掌，手心向上偏左，四指并拢，拇指微张，胳膊略向外伸，指向被介绍的一方，并向另一方点头微笑，上体略前倾，手臂与身体呈 50°～60°。千万不能用手指指点，显得极不礼貌。在介绍一方时，应微笑着用自己的视线把另一方的注意力引导过来，态度热情友好，语言清晰明快。

(2)介绍者为被介绍者作介绍之前，要先询问双方是否有认识对方的意向。

(3)被介绍者在介绍者询问自己是否有意认识某人时，一般应欣然表示接受。如果实在不愿意，应向介绍者说明缘由，取得谅解。

(4)当介绍者走上前来为被介绍者进行介绍时，被介绍者双方均应起身站立，面带微笑，大方坦荡地目视介绍者或者对方。

(5)一般情况下，被介绍者应起立，站姿应优雅端庄。女士、长者有时可不站起，但应欠身致意。

(6)在介绍时，先称呼谁的名字，是表示对谁的尊重。如果你要为科长和处长作介绍，应该这样说：“王局长您好，请允许我来介绍一下，这位是滨海市质检局的刘科长；刘科长，这位是省质检局的王局长。”如果你要为博导和年轻的研究生作介绍，可以这样说：“王教授您好，我来介绍一下，这位是新分来的研究生刘辉；刘辉，这位是本校资深博导王教授。”

(7)巧妙地引导话题。为他人作介绍时,还可以简要地提供一些彼此的背景情况,应简洁明了,不能含糊其辞。同时,介绍人还有一个任务,那就是积极寻找话题,让被介绍的双方有话可说,不至于冷场。根据心理学家和语言学家的研究表明,两个陌生人靠什么可以在短时间内彼此信任,融洽交流,有两个突破点,第一看是否有相同的籍贯,是否是同乡。既然是同乡,那么乡音亲切、习俗一致,有许多可谈的话题。第二看是否有相同的兴趣爱好,如足球、垂钓、旅游、音乐、攀岩等。

介绍他人认识,是人际沟通的重要组织部分。良好的合作,可能就是从这一刻开始。

三、集体介绍

集体介绍是他人介绍的一种特殊形式,被介绍者一方或双方都不止一人,大体可分两种情况:一是为一人和多人作介绍;二是为多人和多人作介绍。

(一)集体介绍的时机

①规模较大的社交聚会,有多方参加,各方均可能有多人。

②大型的公务活动,参加者不止一方,而各方不止一人。

③涉外交往活动,参加活动的宾主双方皆不止一人。

④正式的大型宴会,主人一方人员与来宾均不止一人。

⑤演讲、报告、比赛,参加者不止一人。

⑥会见、会谈,各方参加者不止一人。

⑦婚礼、生日宴会,当事人与来宾双方均不止一人。

⑧举行会议,应邀前来的与会者不止一人。

⑨接待参观、访问者,来宾不止一人。

(二)集体介绍的顺序

进行集体介绍的顺序可参照他人介绍的顺序,也可酌情处理。但注意越是正式、大型的交际活动,越要注意介绍的顺序。

(1)少数服从多数。当被介绍者双方地位、身份大致相同时,应先介绍人数较少的一方。若被介绍者双方地位、身份存在差异,位尊者虽人数较少或只有一人,也应最后加以介绍。

(2)单向介绍。在演讲、报告、比赛、会议、会见时,往往只需要将主角介绍给广大参加者。

(3)人数多一方的介绍。若一方人数较多,可采取笼统的方式进行介绍。如:“这是我的家人”、“这是我的同学”等。

(4)人数较多各方的介绍。若被介绍的不止两方,需要对被介绍的各方进行位次排列。排列的方法是:①以其负责人身份高低为准;②以其单位规模大小为准;③以单位名称的英文字母顺序先后为准;④以抵达时间的先后顺序为准;⑤以座次顺序为准;⑥以距介绍者的远近为准。

(三)集体介绍注意事项

集体介绍的注意事项与他人介绍的注意事项基本相似。除此之外,还应再注意以下两点:

①不要使用容易产生歧义的简称,在首次介绍时要准确地使用全称,第二次方可用简称。

②集体介绍很正规,介绍时要庄重、亲切,切忌开玩笑。

第三节　握手礼仪

握手是一种国际上通用的礼节,通常称为见面礼或告别礼,因为它常常发生在见面之初或告别之时。也是表示祝贺、感谢、安慰时的常见礼节。握手是一个简单的手势动作,虽然只有短短的几秒钟,但是它的寓意却非常丰富。关于握手,美国著名的盲聋女作家海伦·凯勒有一段名言:“我接触的手虽然无言,但却极富表现力,有的人握手能拒人于千里之外,而有的人的手则充满阳光,他们伸出来与你相握时,你会感到很温暖。”实际情况也是这样,握手的时间、力度、手语、表情等,都在无声地告诉对方你对他的礼遇和态度。同时显露自己的个性,给人留下不同印象;当然,也可通过握手了解对方的个性,从而赢得交际的主动。

一、握手的起源

握手的起源有两种说法,一种说法是:史前时期,人类的祖先以打猎为生,世界对他们来说充满危险,因此,当陌生人相遇时,如果双方都怀有诚意,便伸出一只手,手心向前,向对方表示自己的手中没有石头或武器,走近之后,两人互相摸摸右手,以示友好。关于握手的起源的另一种说法是:中世纪时,骑士们都穿着铠甲,全身披挂后,除两只眼睛外,其余的都包裹在铠甲里,随时准备冲向对方。如果表示友好,互相走近时就应脱去右手的甲胄,伸出右手,表示没有武器,互相握手,这是和平友好的象征。这种方式沿袭下来,便成为今天社交场合人们表示友好的握手礼。

二、握手的时机

何时宜行握手礼？这是一个非常复杂而微妙的问题，它通常取决于交往双方的关系、现场的气氛以及当事人个人的心情等多种因素，所以往往不可一概而论。不过一个人若是希望在人际交往中令自己显得彬彬有礼，那么就该明确：何时应当与人握手，何时不必与人握手。

（一）必须握手的场合

一般情况下，下列场合应该握手。

①遇到较长时间没见面的熟人，应与之握手，以示为久别重逢而高兴。

②比较正式的场合与认识的人道别，应与之握手，以示惜别之意。

③在以本人作为东道主的社交场合，迎接或送别来访者时，应与之握手，以示欢迎或欢送。

④拜访他人后，在辞行的时候，应与之握手，以示再会之意。

⑤被介绍给不认识的人时，应与之握手，以示本人乐于结识对方。

⑥在社交场合，偶然遇上亲朋故旧或上司的时候，应与之握手，以示高兴与问候。

⑦别人给予你一定的支持、鼓励或帮助时，应与之握手，以示真诚感谢之意。

⑧对他人表示感谢、慰问、恭喜、祝贺时，应与之握手。

⑨对别人表示理解、支持、肯定时，应与之握手。

⑩得知别人患病、失恋、失业、降职或遭受其他困难和不幸时，应与之握手，以示安慰与鼓励。

⑪给别人赠送礼品或颁发奖品时，应与之握手，以示祝贺之意。

⑫他人给自己赠送礼品或颁发奖品时，应与之握手，以示感谢之意。

⑬应邀参加社交活动，如宴会、舞会之后，应与主人握手，以示谢意。

⑭在重要社交场合，如宴会、舞会开始前与结束后，主人应与来宾握手，以示欢迎与道别。

（二）不必与人握手的场合

在下述情况下，因种种原因，人们不宜同交往对象握手为礼：

第一，对方手部负伤。

第二，对方手部负重。

第三，对方手中忙于其他事。

第四，对方与自己距离较远。

第五，对方所处环境不适合握手。

三、伸手的先后次序

在正式的场合行握手礼的时候，谁先伸手谁后伸手也有一定之规。倘若对此一无所知，在与他人握手时轻率地抢先伸出手去而得不到对方的回应，则场面尴尬。

(一)遵循尊者为先原则

根据礼仪规范，握手时双方伸手的先后次序，应当在遵守“尊者为先”原则的前提下，具体情况具体对待。“尊者为先”原则的含义是：在两人握手时，各自应首先确定握手双方彼此身份的尊卑，然后以此决定伸手的先后。通常应由位尊者首先伸出手来，即尊者先行。位卑者只能在位尊者伸手后予以响应，而决不可贸然抢先伸手，不然，就是违反礼仪的举动。握手时强调要遵守“尊者为先”原则，既是为了恰到好处地体现对位尊者的尊重，也是为了维护在握手之后的寒暄应酬中位尊者的自尊。因为握手往往意味着进一步交往的开始，如果位尊者不想与位卑者深交，则可不必伸手与之相握。

(二)常见的握手的先后次序

具体而言，握手时双方伸手的先后次序大体包括以下几种情况：

第一，年长者与年幼者握手，应由年长者首先伸出手来，年幼者方可接握。

第二，长辈与晚辈握手，应由长辈首先伸出手来，晚辈方可接握。

第三，老师与学生握手，应由老师首先伸出手来，学生方可接握。

第四，同龄或同地位的女士与男士握手，应由女士首先伸出手来，男士方可接握。

第五，已婚者与未婚者握手，应由已婚者首先伸出手来，未婚者方可接握。

第六，社交场合的先到者与后来者握手，应由先到者首先伸出手来，后来者方可接握。

第七，上级与下级握手，应由上级首先伸出手来，下级方可接握。

第八，职位、身份高者与职位、身份低者握手，应由职位、身份高者首先伸出手来，职位、身份低者方可接握。

(三)特殊情况下的握手次序

若是一个人需要与多人握手，则握手时亦应讲究先后次序，由尊而卑，即先年长者后年幼者，先长辈后晚辈，先老师后学生，先女士后男士，先已婚者后未婚者，先上级后下级，先职位、身份高者后职位、身份低者。在社交、休闲场合，则主要取决于双方的具体年纪、性别、婚否。在接待来访者时，这一问题往往变得较为特殊一些。当客人抵达时，通常应由主人首先伸出手来与客人相握。而在客人告辞时，则应由客人首先伸出手来与主人相握。前者意在表示“欢迎”，后者则表示“再见”。若这一次序颠倒，则极易让人产生误解。

应当强调的是，上述握手时的先后次序可用以律己，却不必苛求于人。如当自己处于尊者之位，而位卑者抢先伸手要来相握时，最得体的做法，是要积极与之配合，立即伸出自己的手去配合对方。若过分拘泥于礼仪，对其视若不见、置之不理，使其进退两难、当场出丑，则会失礼于对方。

四、握手的方式

握手的标准方式是：行礼时行至距握手对象约 1 米处，双腿立正，上身略向前倾，伸出右手，四指并拢，拇指张开，虎口相对，与对方相握。握手时，应用力适度，上下稍许晃动几次，随后松开手，恢复原状。

具体来说，握手时应加以注意的问题如下。

(一)神态

与人握手时，理当神态专注、热情、友好、自然。在正常的情况下，与人握手时应面带微笑，平视对方双眼。不能左顾右盼，把对方扫除自己的视线之外。在握手时，切勿显得自己三心二意、敷衍了事、漫不经心、傲慢冷淡。如果在此时迟迟不握他人早已伸出的手；或是一边握手，一边东张西望、目中无人，甚至忙于跟其他人打招呼，都是极不应该的。

(二)姿势

向他人行握手礼时，只要有可能，应起身站立，坐着与人握手是不合适的。除非年龄很大、地位很高、身体很差或女士，可以不站起来，但是也应欠身示意，并说声“对不起。”握手之时，双方均应主动地向对方靠拢。若双方距离过大，就会显得像是一方有意讨好或冷落一方。若双方握手时距离过小，手臂难以伸直，给人拘谨局促之感。握手时最好的做法，是双方将要相握的右手手掌掌心向左，拇指张开，手掌与地面成垂直状态，伸直相握后相互形成一个直角。

(三)手语

在握手时，手语即手的姿势至关重要。常见的手语有以下两种：

1. 单手相握

以右手单手与人相握，是最常用的握手方式。进而言之，单手与人相握时，手掌垂直于地面则最为适当。它称为平等式握手，意在表示自己不卑不亢。与人握手时掌心向上，意在表示自己谦恭、谨慎，这一方式叫做友善式握手。但不是适用于所有交往对象，一般适用于德高望重者。与人握手时掌心向下，则表示自己感觉甚佳、自高自大，有傲慢之意。这一方式叫做控制式握手，此种方式，往往最不可取。

2. 双手相握

双手相握，即用右手握住对方右手后，再以左手握住对方右手的手背。这种方式适用于久别重逢、遭遇大难后及亲朋故旧之间，可用以表达自己的深厚情意。一般而言，此种方式的握手不适用于初识者或异性，因为它有可能被理解为讨好或失态。这一方式，有时亦称手套式握手。双手相握时，左手除握住对方右手手背外，还有人以左手握住对方右手手腕、握住对方右手手臂、按住或拥住对方右肩。这些做法若非面对至交，则最好不要滥用。

（四）力度

与人握手之时，为了向交往对象表示热情友好，应当稍许用力，大致握力以在两千克左右为宜。与亲朋故旧握手时，所用的力量可以稍微大一些，甚至可以上下或左右摇晃几下；而在与异性、初次相识者、上级、老年人等交往对象握手时，则力度宜小不宜大，宜轻不宜重。总之，在与人握手时，不可以毫不用力，不然就会使对方感到缺乏热忱与朝气。但也不宜矫枉过正，如果在握手时拼命用力，不将对方握得龇牙咧嘴不肯罢休，则难免有示威或挑衅之嫌。

（五）时间

在一般情况下，与他人握手的时间不宜过短或过长。大体来讲，握手的全部时间应控制在 3 秒钟以内，握上一两下即可。握手时两手稍触即分，则时间过短，好似在走过场，又像是对对方怀有戒意。而与他人握手时间过久，尤其是拉住异性或初次见面者的手长久不放，则显得有些虚情假意，甚至会有占人便宜之嫌。

五、握手的禁忌

在人际交往中，握手虽然司空见惯，看似寻常，但是由于它可被用来传递多种信息，因此在行握手礼时应努力做到合乎规范，需要特别注意以下几点。

第一，不要用左手与他人握手。尤其是在与阿拉伯人、印度人打交道时要牢记此点，因为在他们看来左手是不洁的。

第二，不要在握手时争先恐后。多人或多方握手时，应当注意握手的秩序，并依次而行。与基督教信徒交往时，要避免两人握手时与另外两人相握的手形成交叉状。这种形状又称十字架式握手或交叉式握手，在基督教信徒眼中是很不吉利的。

第三，不要在握手时戴着手套。只有女士在社交场合戴着薄纱手套与人握手，才是被允许的。

第四，不论在室内外，都不要在握手时戴着墨镜。患有眼疾或眼部有缺陷者例外。

第五，不要在握手时将另外一只手插在衣袋里。否则，会显得自己傲慢无礼。

第六，不要在握手时左手依旧拿着东西而不肯放下。例如，仍然拿着香烟、报刊、公文包等。

第七，不要在握手时面无表情或不置一词，那样显得你根本无视对方的存在，而纯粹是为了应付。

第八，不要在握手时长篇大论。切莫与人握手时点头哈腰，滥用热情，显得过分客套，过分的客套会令对方不自在。

第九，不要在握手时仅仅握住对方的手指尖，称为抓指尖式握手。现在时尚的握手的做法是，男子之间握手要握住对方的整个手掌；男子与女士握手要握女士的手指部分，但是不能圈握；女士之间的握手有两种方式：或参阅男子之间的握手，或握手掌与手指之间的位置。

第十，不要在握手时只递给对方一截冷冰冰的手指尖。这种握手方式在国外叫做死鱼式握手，被公认是冷漠失礼的做法。

第十一，不要在握手时把对方的手拉过来、推过去，或者上下左右抖个没完。

第十二，不要以肮脏不洁或患有传染性疾病的手与他人相握。那样的话，会令对方进退两难。

第十三，不要在与人握手之后立即揩拭或擦洗自己的手掌。那样的话，会令对方认为你嫌恶他。

第十四，不要拒绝与他人握手。在任何情况下，都不应该这么做。

第十五，如果你不掌握握手的主动权，要等别人先伸出来，你才能够接握。那么，你应该用眼的余光留意对方的右手，一旦发现对方有握手的意向，应马上伸手接握。否则，无视别人伸出的手，是非常失礼的。

第四节　名片礼仪

名片，是当代社会人际交往中一种最常用的介绍性媒介。由于它印制规范、文字简洁、使用方便、便于携带、易于保存，而且不讲尊卑、不分职业、不论男女老幼均可拥有和使用，因此它的用途十分广泛，颇受社会各界的欢迎。

名片是一个人身份的象征，你对待名片的态度也体现了对交往对象的态度，不能掉以轻心。

在社交场合与他人进行交际应酬时，都离不开名片的使用。而名片的使用是否正确，已成为影响人际交往成功与否的一个重要因素之一。要正确使用名片，就要对名片的来历、类别、制作方式、用途和交换方式等礼仪予以充分的了解，遵守相应的规范和惯例。

一、名片的起源

名片起源于交往，而且是文明时代的交往，因为名片离不开文字。

原始社会没有名片，那时人烟稀少，环境险恶，人们生存艰难，交往很少，文字还没有正式形成，早期的结绳记事也只存在于同一部落内部，部落与其他部落没有往来。

到了奴隶社会，尽管出现了简单的文字，但经济还不发达，绝大部分人都固守在土地上，奴隶没有受教育的权利；少量世袭奴隶主，形成小的统治群体，由于统治圈子长期变化不大，也没有形成名片的条件。

名片最早出现始于封建社会。据清代学者赵翼在其著作《该余丛考》中记载："古人通名，本用削本书字，汉时谓之谒，汉末谓之刺，汉以后则虽用纸，而仍相沿曰刺"。秦始皇统一中国后，统一全国文字，分封了诸侯王。咸阳成了中国的中心，各路诸侯王每隔一定时间就要进京述职，诸侯王为了拉近与朝廷当权者的关系，经常联络感情，于是开始出现了最早的名片——"谒"。所谓"谒"就是拜访者把名字和其他介绍文字写在竹片或木片上(当时纸张还没发明)，作为给被拜访者的见面介绍文书，也就是现在的名片。

到了汉代，"谒"的使用越来越普遍。进入东汉末期，"谒"又被改称为"刺"，由于东汉蔡伦发明的纸张开始普遍采用，于是"刺"由竹木片改成了更便于携带的纸张。

唐宋时期，中国封建社会进入了全盛期，带动了社会经济与文化大发展。唐初科举制度开始实行，每次科举考试后，新科及第考生都要四处拜访前科及第、位高权重者，并拜为师，以便将来被提携。要拜访老师，必须先递"门状"，这时的"刺"名称也就被"门状"代替了。

到了明代，统治者沿袭了唐宋的科举制度，并使之平民化，人们交往的机会增加了，学生见老师，小官见大官都要先递上介绍自己的"名帖"，即唐宋时的"门状"。"名帖"这时才与"名"字有了联系，明代的"名帖"为长方形，一般长七寸、宽三寸，递帖人的名字要写满整个帖面。如递帖给长者或上司,“名帖”上所书名字要大,“名帖”上名字大表示谦恭,“名帖”上名字小会被视为狂傲。

清朝才正式有“名片”称呼。清朝的名片,开始向小型化发展,特别是在官场,官小使用较大的名片以示谦恭,官大使用较小的名片以示显赫地位。

到了近代,名片主要用于商业,早期只用于少数特权阶层的交往,到了近代,才开始走向平民化。早期名片与近现代名片的主要区别是用手写而不是印刷。

民国时期,中西商业交往频繁,并开始接受西方文化,名片沿用了西方广泛应用的黄金分割来制作长方形名片。由于电话没有普及,名片的内容很简单,开始用铅字印刷,作为时髦的高档消费品,只有身份地位高的人才能拥有。

新中国成立后,由于计划经济盛行,人口流动少,一切服从国家安排,名片使用减少,盖有单位图章的介绍信开始流行,并取代了名片。一张介绍信可以重复使用,并且盖过章的介绍信值得信赖。

改革开放后,由计划经济向市场经济转变,人们重新关注经济利益和市场,业务繁忙,介绍信显得极为不方便,于是名片得以广泛使用。

二、名片的类别

根据名片用途、内容及使用场合的不同,在日常生活和工作中使用的名片可以分为社交名片和公务名片两类;而根据名片主人数量和身份的不同,名片又可分为个人名片、夫妇联名名片以及集体名片 3 类。在不同的场合,根据不同的需要,面对不同的交往对象,应当使用不同的名片。

(一)社交名片

社交名片,亦称私用名片,指的是在工作之余,以私人身份在社交场合进行交际应酬时所使用的名片。一般而言,社交名片为个人名片。社交名片的基本内容包括两个部分:一是本人姓名,以大号字体印在名片正中央,姓名之后无需添加任何公务性职衔。二是联络方式,以较小字体印在名片右下方。具体内容包括家庭住址、邮政编码、住宅电话、互联网址等,一般不宜将自己的手机号留在名片上。社交名片只用于社交场合,通常与公务无关,因此一般不印有工作单位以及行政职务,以示“公私有别”。如果本人不喜欢被外界打扰,则可根据具体情况对自己的联络方式的内容有所删减,例如,可删去住宅电话一项。必要时,可以不印任何联络方式,而仅留姓名一项内容。

(二)夫妇名片

在社交场合,人们往往会携同其配偶一起参与交际应酬。此时与人交换名片,如果夫妇俩各自为政，先后与人交换，显然较为麻烦；而如果夫妇中只选一个"代表"与人交换名片，则会失礼于人。在这种情况下，使用夫妇联名名片，即夫妇名片是最合适的。夫妇名片实质是社交名片的一种特例，名片上的基本内容同样只包括姓名和联系方式两项，或只有姓名一项，所不同的是，夫妇名片同时印有夫妇两人的姓名。一般而言，两人姓名印刷成一行，而不宜印成上下两行，夫妇名片较多地应用于两人联名赠送礼品或投寄问候信函的场合。但若以某一方名义使用名片时，不要因此而涂去另一方姓名，涂抹名片是一种很不得体的做法，此时还是使用个人名片为好。

（三）公务名片

公务名片，指正式用于公务活动之中的名片。值得注意的是，身边如果没有公务名片，可用社交名片代替，但如果没有社交名片，则不能用公务名片代替。一张标准的公务名片，按惯例应由具体归属、本人称呼、联络方式等3项基本内容构成。一是具体归属，它由供职的单位、所在的部门等内容组成，二者均应采用正式的全称。但一张名片上所列的单位或部门不宜多于两个。如果确实有两个以上的供职单位和部门，或同时承担着不同的社会职务，则应分别印制不同的名片，并根据交往对象、交际内容的不同分发不同的名片。二是本人称呼。它应由本人姓名、行政职务、技术职务、学术头衔等构成。但后面两项内容，尤其学术头衔往往可有可无。名片上所列的行政职务一般不宜多于两个，且应与同一名片上的具体归属相对应。三是联络方式。它通常由单位地址、邮政编码、办公电话等内容构成，家庭住址、住宅电话和手机号码则不宜列出。至于传真号码、互联网址等内容则应根据具体情况，决定是否印于其上。单位的联络方式同样应与同一名片上所列的具体归属相对应。上述三项内容既要完整无缺，又应排列美观。通常，具体归属与联络方式应以大小相似的小号字体分别印于名片的左上角与右下角；本人姓名应以大号字体印于名片正中央；职务学衔则应以较小字体印于姓名的右侧。

（四）集体名片

集体名片，实际是公务名片的一个变种，它通常是指某一政府部门，尤其是那些对外交往较为频繁的政府部门，其主要成员集体对外使用的名片。集体名片在基本内容构成上与公务名片没有任何区别，其特殊之处在于在名片上应列出某一集体的每一位主要成员的具体称呼，并按职务高低自上而下依次排列。使用集体名片不仅可以节省费用，而且还有助于维护和宣传集体形象。

三、名片的制作

名片制作是否规范，往往会影响交往对象对自己的看法，进而影响双方的进一步交流与合作。一张粗制滥造的名片显然不会让人对名片主人产生好感和接近之意，在订制名片时应当对下述问题予以关注。

（一）规格材料

各国名片的规格是不尽相同的。目前我国通行的名片规格为 9 厘米×5.5 厘米，而在国际上，较为流行的名片规格则为 10 厘米×6 厘米。在一般情况下，应该以前一种规格订制名片，如果参与的公务活动多为涉外性质，则可采用后一种规格。夫妇名片和集体名片可在原有基础上再扩大一些。若无特殊原因，不必制作过大或过小的名片，更无必要将名片作成折叠式或书本式。名片通常应以耐折、耐磨、美观、大方、便宜的纸张作为首选材料，如白卡纸、再生纸等。选用布料、塑料、真皮、化纤、木材、钢材甚至黄金、白金、白银等材料制作名片是毫无必要的，将纸质名片烫金、镀边、压花、过塑、薰香，也是不合适的。

（二）色彩图案

名片宜选用单一色彩的纸张，并且以米白、米黄、浅蓝、浅灰等庄重朴实的色彩为佳，切勿选用过多过杂的色彩，让人眼花缭乱，妨碍信息的接收。也不宜采用红色、紫色、绿色、黑色、金色、银色的纸张制作名片。一般而言，名片上除了文字符号外不宜添加任何没有实际效用的图案，如果本单位有象征性的标志图案，如校徽、厂徽等，则可将其印于归属一项的前面，但不可过大或过于突兀。将照片、漫画、花卉等内容印在名片上，会给人以华而不实之感，有损个人形象。

（三）文字版式

名片在正常情况下应采用标准的汉字简化字，如无特殊原因不得使用繁体字。从事民族工作或涉外工作的人则可酌情使用少数民族文字或外语。汉字、少数民族文字或外语同时印刷时，应将汉字印于一面，而将少数民族文字或某种外文印于另一面，不要在同一面上混合使用不同文字，一张名片上不宜使用两种以上文字。以汉字印制名片时，一般采用楷体或仿宋体，尽量不要采用行书、草书、篆书等不易识别的字体；以外文（主要采用英文）印制名片时，一般采用黑体字，在涉外交往中使用的名片亦可采用罗马体，但很少用草体。不论采用何种字体，文字印刷都要清晰易识，不可模糊难辨，不宜自行手写名片，不能在印刷的名片上以笔增减、修改内容。名片上文字的排列版式大体有两种：一是横式，即文字排列的行序为自上而下，字序为自左而右；二是竖式，即文字排列的行序为自右而左，字序为自上而下。一般而言，采用简化汉字的名片宜用横式。同一张名片上，既可以两面均印有文字不同而本意相似的内容，也可以空出一面，而只在一面印有内容，没有必要在名片的一面印上名言警句。名片两面的内容相同时，不可使其一面为横式，一面为竖式。

(四)印法与费用

名片最好不要随意自行制作,也不要采用复印、影印、油印等方式制作。使用名片意在便于沟通交流,而不是为了炫耀。因此,在制作名片时,应当尽可能地降低其制作成本。

四、名片的用途

在现实生活中,名片是一种不可或缺的交往工具,名片的基本用途有如下几种。

(一)常规用途

1. 介绍自己

初次与交往对象见面时,除了必要的口头自我介绍外,还可以名片作为辅助的介绍工具。这样不仅能向对方明确身份,而且还可以节省时间,强化效果。

2. 结交他人

在人际交往中,如欲结识某人,可以本人名片表示结交之意。因为主动递交名片给初识之人,既意味着信任友好,又暗含"可以交个朋友吗?"之意。在这种情况下,对方一般会"礼尚往来",将其名片也递过来,从而完成双方结识的第一步。

3. 保持联系

名片都印有联络方式,利用他人在名片上提供的联络方式,可与对方取得并保持经常性联系,加深交往。

4. 通报变更

如果本人单位变换、职务调整、电话号码改变或者乔迁新居后,都会重新制作自己的名片。向认识的交往对象递交新名片,就能把本人的最新情况通报给对方,以一种更简单的方式避免联系上的错误。

(二)特殊用途

在社交场合,尤其是国际交往中,人们往往以名片代替一封简洁的信函使用,此即名片的特殊用途。具体做法是:在社交名片的左下角写上一行字或一句短语,然后放入信封寄交他人。如果是本人亲自递交或托人带给他人,要用铅笔书写;如果采用邮寄方式,则应用钢笔书写。书写时多采用法文缩略语,较常见的法文缩略语及其对应含义如下:

n. b. 意为"注意";p. c. 意为"谨唁",凭吊、追悼时用;p. f. 意为"祝贺",庆祝节日时用;p. m. 意为“备忘”,提请对方注意某事时使用;p. r. 意为“谨谢”,接受礼物、款待、祝词之后,或者收到别人庆祝、吊唁之类名片后使用;p. p. 意为“介绍”,向对方介绍某人时用;p. p. c. 意为“辞行”,调离、离任时,向同事告别时使用;p. p. n. 意为“慰问”,问候病人时用;p. f. n. a. 意为“新年愉快”。

名片代替信函使用时,往往有不同的使用方法和注意事项。

(1)充当礼单。以私人身份向他人馈送礼品时,可将本人的社交名片充当礼单,置于礼品包装之内。但最好是将其装在一个与名片大小相当的信封里,信封上写收礼者姓名,信封可以不封口。名片上可根据实际情况简单留言。

(2)介绍相识。如欲向自己相识之人介绍某人,亦可使用名片。具体做法是:在自己名片的左下角写上“p. p.”,然后在后面附上被介绍人的名片,并由被介绍人交给对方,或直接邮寄给对方。在把名片交给被介绍人之后,应当先用电话告诉对方:有人将拿着自己的名片去见对方,否则就会使对方有点摸不着头脑,而被介绍者也会因为对方没接到任何通知而感到尴尬。

(3)简短留言。如拜访某人而没有见到,或需要向某人传达某事而对方不在时,可留下自己的名片,并在名片上简单写上具体事由,然后委托他人转交。

(4)拜会他人。在初次前往他人工作单位或私人居所进行正式拜访时,可先把本人名片交于对方的门卫、秘书或家人,然后由其转交给拜访之人,意即“我是×××,我可以拜访您吗?”,对方确认了拜访者的身份后,再决定双方是否见面。

五、名片的交换

名片的交换是名片礼仪中的核心内容,如何交换名片,往往是其个人修养的一种反映,也是对交往对象尊重与否的直接体现,因此交换名片务必要遵守一定之规。

(一)携带名片

参加正式的社交活动时,应随身携带自己的名片,以备交往之用。名片的携带应注意以下 3 点。

(1)足量适用。携带的名片一定要数量充足,确保够用。所带名片要分门别类,根据不同交往对象使用不同名片。

(2)完好无损。名片要保持干净整洁,切不可出现折皱、破烂、肮脏、污损、涂改的情况。

(3)放置到位。名片应统一置于名片夹、公文包或上衣口袋之内,在办公室时还可放于名片架或办公桌上,切不可随便放在钱包、裤袋之内。放置名片的位置要固定,以免需要名片时东找西寻,显得毫无准备。

(二)递交名片

在递交名片时,要注意以下几个要点。

(1)观察意愿。除非自己想主动与人结识,否则名片务必要在交往双方均有结识对方并欲建立联系的意愿的前提下发送。这种愿望往往会通过“幸会”、“认识你很高兴”等一类谦语以及表情、体姿等非语言符号体现出来。如果双方或一方并没有这种愿望,则无需发送名片,否则会有故意炫耀,强加于人之嫌。

(2)把握时机。发送名片要掌握适宜的时机,只有在确有必要时发送名片,才会令名片发挥功效。发送名片一般应选择初识之际或分别之时,不宜过早或过迟。不要在用餐、跳舞之时发送名片,也不要在大庭广众之下向多位陌生人发送名片。

(3)讲究顺序。双方交换名片时,应当首先由位低者向位高者发送名片,再由后者回复前者。但在多人之间递交名片时,不宜以职务高低决定发送顺序,切勿跳跃式进行发送,甚至遗漏其中某些人。最佳方法是由近而远,或由外而里,按顺时针或逆时针方向依次发送。

(4)先打招呼。递上名片前,应当先向接受名片者打个招呼,令对方有所准备。既可以先作一下自我介绍,也可以说声“对不起,可否与您交换一下名片?”之类的提示语。

(5)表现谦恭。对于递交名片这一过程,应当表现得郑重其事。要起身站立,主动走向对方,面含微笑,上体前倾 15°左右,以双手持握名片,举至胸前,并将名片正面面对对方,同时说声:“请您多多指教”、“欢迎光临”等礼节性用语,切勿以左手持握名片。递交名片的整个过程应当谦逊有礼,郑重大方。

(三)接受名片

接受他人名片时,主要应当做到以下几点。

(1)态度谦和。接受他人名片时,不论有多忙,都要暂停手中一切事情,并起身站立相迎,面含微笑,视具体对象,使用双手或单手接过名片。如果用单手,最好用右手,而不得使用左手。

(2)认真阅读。接过名片后,先向对方致谢,然后至少要用 1 分钟时间将其从头至尾默读一遍,遇有显示对方荣耀的职务、头衔不妨轻读出声,以示尊重和敬佩。若对方名片上的内容有所不明,可当场请教对方。

(3)精心存放。接到他人名片后,切勿将其随意乱丢乱放、乱揉乱折,而应将其谨慎地置于名片夹、公文包、办公桌或上衣口袋之内,且应与本人名片区别放置。

(4)有来有往。接受了他人的名片后,一般应当即刻回敬对方一张自己的名片,如果没有名片、名片用完了或者忘记带名片时,则应向对方作出合理解释并致以歉意，切莫毫无反应。

(四)索要名片

依照惯例，最好不要直接开口向他人索要名片。但若想主动结识对方或者因其他原因有必要索取对方名片时，可采取下列办法。

(1)互换法。即以名片换名片。在主动递上自己的名片后，对方按常理会回给自己一张他的名片。如果担心对方不回送，可在递上名片时言明此意："能否有幸与您交换一下名片?"

(2)暗示法。即用含蓄的语言暗示对方。例如，向尊长索要名片时可说："请问今后如何向您请教?"向平辈或晚辈表达此意时可说："请问今后怎样与您联络?"面对他人的索要，一般不应直接加以拒绝。如确有必要这么做，则需注意分寸。最好向对方表示自己的名片刚用完，或者说自己忘记带名片。但若自己手里正拿着名片或刚与他人交换过名片，显然不能以此为理由。

第五节　言谈礼仪

言谈礼仪是指人们在交谈中所应该注意的礼节、仪态，它是个人形象塑造的重要组成部分。社交中言谈是最为重要的沟通手段，是双方信息沟通的桥梁和思想感情交流的渠道，在人际交往中占据着最基本、最重要的位置。言谈作为一种表达方式，能随着时间、场合、对象、气氛的不同，表达出各种各样的信息和丰富多彩的思想感情，具有不可替代的重要作用。若想通过言谈达到交流的预期目的，必须掌握言谈中的一些基本规则和技巧。

一、言谈的作用与原则

在学习言谈技巧之前，有必要先了解言谈的作用与原则。

(一)作用

在社交场合，言谈起着交流信息、沟通感情、增长知识的重要作用。

1. 言谈是交流信息和表达思想情感的重要工具

言谈作为一种社会形象，是和人类的劳动、生活、交际活动一起发展起来的。尽管有正常发音系统的人都能开口说话，然而效果却大不一样。所谓"酒逢知己千杯少，话不投机半句多"，恰好说明了言谈的优劣直接决定着言谈的效果。与人进行一次成功的谈话，不仅能获得知识和信息，而且会得到精神的愉悦和满足。否则，会影响自身形象，甚至令人生厌。

2. 言谈是建立良好人际关系的重要途径

言谈是连接人与人之间思想感情的桥梁，是增进友谊、加强团结的一种动力，在相互的交谈中，彼此之间不断深化了解，由认识到熟悉到成为知己，使自己的社交面越来越广，逐渐建立起丰富的人脉关系，痛苦有人与你分担，欢乐有人与你分享。

3. 言谈是学习知识和增长才干的重要方式

善于同有思想、有修养的人交谈，能学到很多有用的知识，"与君一席谈，胜读十年书"，就是对言谈作用最好的总结。英国文豪萧伯纳曾说过："你有一个苹果，我有一个苹果，我们彼此交换一下，一人还是一个苹果；你有一个思想，我有一个思想，我们彼此交换一下，一个人就拥有两个思想。"可见，广泛地交谈可以使人见贤思齐，增强认知能力及处理问题和解决问题的能力。

由此可见，掌握交谈的礼仪要求，提高交谈的语言艺术，对于提升自身素养，融入社交场合，具有极其重要的作用。

（二）言谈的原则

社交场合的交谈，应掌握基本的原则。

1. 相互尊重的原则

交谈是双方思想感情交流的双向活动，要取得满意的交谈效果，就必须顾及对方的心理需求。交谈中，来自对方的尊重是任何人都渴望得到的。交谈双方无论地位高低、年纪大小、长辈晚辈，在人格上都是平等的。所以，谈话时，要把对方作为平等的交流对象，在心理上、用词上、语调上，体现出对对方的尊重。尽量使用敬语、谦语等礼貌语，尤其是谈到自己时要谦虚，谈到对方时要尊重。

2. 真诚坦率的原则

真诚是做人的美德，也是言谈的原则。交谈双方态度要认真、诚恳，有了直率诚笃，才能有融洽的交谈环境，才能奠定言谈成功的基础。应该认真对待交谈的主题，双方坦诚相见，直抒胸臆，恰当委婉地表达各自的观点和看法。真心实意的交流是自信的展示，也是彼此信任的表现，只有用自己的真情及与对方感情的共鸣和互动，言谈才能取得满意的效果。

二、言谈的语言要求

通过言谈达到交流的预期目的，应以"礼"取胜。优雅的言谈，要注意以下几点。

(一)语言要文明

作为有教养的人,在交谈中,一定要使用文明语言,杜绝采用以下用语:

荤话。把绯闻、色情、"荤段子"挂在嘴边,只会显得趣味低级。

气话。说话时意气用事、发牢骚、口不择言或指桑骂槐,很容易伤害人、得罪人。

怪话。说话怪声怪气、黑白颠倒,让人难生好感。

黑话。一说话就显得匪气十足,令人反感、厌恶并生戒备之心。

脏话。不骂人就不会说话,非但不文明,而且自我贬低,十分无聊。

粗话。动辄口中吐出"老头儿"、"老娘们"、"小妞"等称呼,显得有失身份。

(二)语言要礼貌

在社交场合应多使用敬语、谦语、雅语等礼貌用语。

1. 敬语

敬语主要指的是在人际交往活动中蕴涵着的对他人表示敬重、礼让、客气等内容的语言表达方式。敬语是谈吐文雅的重要体现,是展示谈话人风度和魅力的必不可少的基本要素之一,是尊重他人并获得他人尊重的必要条件,是人际交往达到和谐融洽境界的推动因素。如第二人称中的"您"字,代词"阁下"、"尊夫人"、"贵方"等。

敬语使用的场合是:

第一,比较正规的社交场合。

第二,与师长或身份、地位较高的人交谈。

第三,与人初次打交道或会见不太熟悉的人。

第四,会议、谈判等公务场合等。

2. 谦语

谦语亦称"谦辞",它与"敬语"相对应,是向人表示自谦的一种词语。谦语常用的用法是在别人面前谦称本人或自己的亲属。例如,称自己为"愚"、"敝"、"小",称家人为"家严"、"家慈"、"家兄"等。自谦和敬人,是一个不可分割的统一体。尽管日常生活中谦语使用不多,但其精神无处不在。只要你在日常用语中表现出你的谦虚和诚恳,人们自然会尊重你,所谓"敬人者,人恒敬之"。

3. 雅语

雅语是指一些比较文雅的词语,常在一些正规的场合以及一些有长辈和女性在场的情况下，被用来替代那些比较随便、甚至粗俗的话语。在待人接物中，如果你正在奉茶招待客人，应说“请用茶”。如果用点心招待，可以说“请用点心”。假如你先于别人结束用餐，应向其他人打招呼说“请大家慢用”。雅语的使用不是机械的、固定的，要善于随机应变。只要你的言谈举止彬彬有礼，人们就会对你的个人修养留下较好的印象。

4. 常用礼貌用语

礼貌是人们之间在频繁的交往中彼此表示尊重与友好的行为规范，礼貌用语则是尊重他人的具体表现。在社交场合中，礼貌用语十分重要。多说礼貌用语不仅表示尊重别人，而且表明自身修养；多用礼貌用语，不仅有利于双方融洽气氛，而且有益于交际。常用的礼貌用语包括书面化的礼貌用语和口语化的礼貌用语两种。

一是书面化的礼貌语：

初次见面应说：幸会　　看望别人应说：拜访
等候别人应说：恭候　　请人勿送应用：留步
对方来信应称：惠书　　麻烦别人应说：打扰
请人帮忙应说：烦请　　求给方便应说：借光
托人办事应说：拜托　　请人指教应说：请教
他人指点应称：赐教　　请人解答应用：请问
赞人见解应用：高见　　归还原物应说：奉还
求人原谅应说：包涵　　欢迎顾客应叫：光顾
老人年龄应说：高寿　　好久不见应说：久违
客人来到应用：光临　　中途先走应说：失陪
与人分别应说：告辞　　赠送作品应用：雅正

二是口语化的礼貌语：

口语化的礼貌语包括“请”、“谢谢”、“对不起”、“你好”、“再见”等。

(1)“请”字开路。不论在欧美国家，还是在中国，日常生活中“请”字不绝于耳。当一个人需要别人帮忙时，总是“请”字开路。当要从人群中穿过时，要说“请让一下”；当坐汽车嫌空气闷热时，要说“请开一下窗户”；当乘车要在中途下车时，要说“请停一下车”；当上下火车时，乘务员要对乘客说“请出示您的车票”。在机场，海关人员要对旅客说“请出示您的护照”。在饭店，顾客要对服务员说“请你给我一杯咖啡”或“请你给我来一份牛肉面”；服务员要对顾客说“请稍等”，“请买单”。在旅店，旅客对服务员说“请给我一个单人间”；服务员会对旅客说“请办理住店手续”。在商店，顾客会对营业员说“请给我一瓶纯净水”、“请递给我那把蓝色的太阳伞”；

营业员会对顾客说“请走好，欢迎再次光临”。总之，不管何时何地，也不管何人何事，只要你需要别人帮忙时，必须“请”字开路。

(2)“谢谢”压阵。凡是他人给你服务、做事和帮忙，无论对你的帮助是大是小，都要真诚地说声“谢谢”。当顾客买到称心如意的东西时要说声“谢谢”。售货员对付了款的顾客要说声“谢谢”。服务员为就餐者送来一杯咖啡时，就餐者要说“谢谢”。而旅客付给服务小费时，服务员也要说声“谢谢”。在海关、车站、码头，当旅客应要求出示证件后，工作人员都要说“谢谢”。在学校，学生回答问题后，老师要说“谢谢”。在街上，向人问路后要说“谢谢”。到亲友家做客，当主人端来咖啡或茶时，要说“谢谢”。甚至家庭成员之间，包括长辈请求晚辈帮个忙，同样也要说“谢谢”。当人们称谢时，接受者也要用“不用谢”、“别客气”、“没关系”、“这算不了什么”等礼貌用语回敬，以示尊重对方。

(3)“对不起”不离口。无论何时何地因何事打扰别人，都必须说声“对不起”。当一个人要经过别人的面前时，要说“对不起”。在公共汽车上，不小心踩了别人的脚，要说“对不起”。在提前离开宴会时要说“对不起”。在公共场合，无意之中打了个饱嗝、喷嚏、哈欠时要说“对不起”。在中途离开会议时要说“对不起”。约会、上课、上班迟到了要说“对不起”。当一方说“对不起”时，另一方也应用“别客气”、“没关系”、“请便”之类的礼貌用语来应答，以示相互尊重与谅解。

(4)“你好”天天讲。根据具体时间可演变为“上午好”、“下午好”、“晚上好”、“晚安”之类的问候语。新知故友和街坊四邻相遇时，要相互打招呼。同事之间每天在办公室见面时要相互问候，同学之间在学校碰面时要相互问候一声，甚至家庭成员在早晨见面和晚上睡觉前都要相互道一声“早安”或“晚安”。

(5)“再见”告别说。再见是一句道别的礼貌语。在交谈结束之时、与人作别之际，主动地道上一句“再见”，可以表达惜别之意与恭敬之心。

除此之外，口语化的礼貌语还包括：

拜托的语言：请您多关照、您受累了、麻烦您了。

赞赏的语言：太好了、真棒、美极了。

挂念的语言：身体好吗？怎么样了？近来好吗？

祝福的语言：托您的福、一路平安、寿比南山，福如东海。

祝贺的语言：祝你节日愉快、恭喜、恭贺、恭祝。

征询的语言：您有什么事情？需要我帮您做什么？如果您不介意的话，我可以进来吗？

婉言谢绝语：很遗憾，不能帮您的忙；谢谢您的好意，但我还有许多工作。

（三）语言要准确

在交谈中，语言必须准确，否则不利于各方之间的沟通和交流，需要注意的问题主要有以下几点。

1. 发音准确

交谈之中，要求发音准确，其含义有三：一是发音要标准。不能读错音、念错字，让人见笑或误会。二是发音要清晰。要令人听得一清二楚，而不是口齿不清、含含糊糊、模棱两可。三是音量要适中。音量过大令人震耳欲聋，过小则让人听来费劲，都不合适。

2. 语速适度

语速，即讲话的速度。在讲话时，对其应加以适当控制，使之保持匀速，快慢适中。交谈过程中，语速过快、过慢或忽快忽慢，都会影响谈话的效果。

3. 口气谦和

在交谈中，讲话的口气一定要亲切谦和、平等待人。不要端架子、摆派头，不要以上压下、以大欺小、官气十足、倚老卖老、盛气凌人，也不要随便教训和指责别人。

4. 内容简明

交谈时，应力求言简意赅、简单明白、节省时间，少讲废话。不要没话找话、短话长说、啰里啰唆、废话连篇、节外生枝、任意发挥、不着边际，让人听起来不明不白。

5. 少用土语

交谈对象若非家人、乡亲，则最好在交谈之中不采用对方有可能听不懂的方言、土语。那样做，就是对对方不尊重。在多方交谈中，即便只有一个人听不懂，也不要采用方言、土语交谈，以免使这一人产生被排挤和受冷落之感。

6. 慎用外语

在国内一般性质的交谈中，应当讲中文，并且要讲普通话。若无外宾在场，则最好慎用外语。与国人交谈时使用外语，并不能证明自已水平高，反而有卖弄招摇之嫌。

三、言谈中对话题的要求

（一）宜谈的话题

在交谈之中，以下 5 类具体的话题都是适宜选择的。

1. 既定的主题

既定的主题，即交谈双方业已约定，或者其中某一方先期准备好的主题。例如求人帮助、征求意见、传递信息、讨论问题、研究工作等一类的交谈，往往都属于主题既定的交谈。选择这类主题，最好双方事先商定，至少也要得到对方的认可，它多适用于正式交谈。

2. 高雅的主题

高雅的主题，即内容文明、优雅，格调高尚、脱俗的话题。例如，文学、艺术、哲学、历史、考古、地理、建筑等，都属于高雅的主题。它适用于各类交谈，但要求面对知音，忌讳不懂装懂或班门弄斧。

3. 轻松的主题

轻松的主题，即谈论起来令人轻松愉快、身心放松、饶有情趣、不觉劳累或厌烦的话题。例如文艺演出、流行时尚、美容美发、体育比赛、电影电视、休闲娱乐、旅游观光、名胜古迹、风土人情、名人轶事、烹饪小吃、天气状况等。它适用于非正式交谈，并允许各抒己见、任意发挥。

4. 时尚的主题

时尚的主题，即以此时、此刻、此地正在流行的事物作为谈论的中心。此类话题适合于各种交谈，但其变化较快，在具体的把握上有一定难度。

5. 擅长的主题

擅长的主题，是指交谈的双方，尤其是交谈对象有研究、有兴趣、有可谈之处的主题。须知话题选择之道，在于以交谈对象为中心。例如，与医生交谈，宜谈健身祛病；与学者交谈，宜谈治学之道；与作家交谈，宜谈文学创作等。选择谈话双方都擅长的主题适用于各种交谈，但忌讳以己之长对人之短，否则话不投机半句多。因为交谈是意在双向交流的谈话，故不可只有一家之言，否则难以形成共鸣。

（二）忌谈的话题

在各种交谈之中，有下列几类具体的主题理应忌谈。

1. 个人隐私

个人隐私，即个人不希望他人了解之事。在交谈中，若双方是初次交往，则有关对方的年龄、收入、婚恋、家庭、健康、经历等一类涉及个人隐私的主题，切勿加以谈论。

2. 捉弄对方

在交谈中，切不可对交谈对象尖酸刻薄、油腔滑调、乱开玩笑、口出无忌，要么挖苦对方所短，要么调侃取笑对方，成心要让对方出丑或是下不了台。俗话说：伤人之言，重于刀枪剑戟。以此类捉弄人的主题为中心展开交谈，定将损害双方关系。

3. 非议旁人

有人极其喜欢在交谈之中传播闲言碎语、制造是非、无中生有、造谣生事，非议其他不在场的人士。其实，人们都知道，来说是非者，必是是非人。非议旁人，并不证明自己待人诚恳，反倒证明自己缺乏教养，是拨弄是非之人。

4. 倾向错误

在谈话之中，涉及倾向错误的主题，例如，违背社会伦理道德、生活堕落、思想反动、政治错误、违法乱纪之类的主题，亦应避免。

5. 令人反感

有时，在交谈中因为不慎，会谈及一些令交谈对象感到伤感、不快的话题，以及令对方不感兴趣的话题，这就是所谓令人反感的主题。不幸碰上这种情况出现，应立即转移话题，必要时要向对方道歉，千万不要没有眼色，将错就错、一意孤行。这类话题，常见的有凶杀、惨案、灾祸、疾病、死亡、挫折、失败等。

四、言谈中对声音的要求

声音在言谈中的地位相当重要，言谈情感的表现主要集中在有声语言上，以声达意，以声传情。言谈礼仪要求人们在讲话时要用富有魅力的声音，给人以美的享受。要使自己说话的声音充满魅力，起码要做到两点：一要关注自己说话的声音。二要持之以恒地有意识地练习自己说话的声音，同时应注意以下几个方面。

第一，音量不宜过高。

讲话时声音不宜过高，太大的音量容易使你成为交谈中气势逼人的角色，也容易让人反感。音量大到让人听清即可，明朗、愉快的语调最吸引人，放低声音比提高嗓门或声嘶力竭听起来更让人感到舒适。所以语调偏高、音尖的人应该设法练习变低声调。

第二，音量不宜过低。

声音太低、太弱也不易让人听清楚，容易造成误听等障碍；音量太小也会使你显得不够自信与权威，容易被人忽视。而且讲话要用自己真实的声音，不能娇声娇气、假声假气、嗲声嗲气。

第三，说话的语调要柔和。

在社交场合中，一般以柔言谈吐为宜。在讲话时保持抑扬顿挫的音调，要让人觉得自己对正在交谈的话题很有兴趣。要尽可能避免粗粝尖硬的讲话，要以理服人，而不是以声势压人，心平气和更能诚服于人。当然，也不能用平淡乏味的声音进行交谈，这会让人有昏昏欲睡的感觉。

第四，说话的速度要适中。

讲话时，要依据实际情况的需要及时调整快慢，讲话速度最好不要过快（特别是有分量的谈话内容），应尽可能娓娓道来，给他人留下稳健郑重的印象，也给自己留下思考的余地。说话时速度也不能过慢，否则与你交谈的人就会失去耐心和兴趣。

五、言谈的方式

交谈的方式，即人们在与他人进行交谈时所采用的具体的形式。交谈方式的选择恰当与否，对于能否正确进行人际沟通、恰当表达个人思想、友善传递敬人之意都起着相当关键的作用。

1. 倾泻式交谈

倾泻式交谈，就是人们通常所说的“打开窗户说亮话”，无所不言，言无不尽，将自己的所有想法和见解统统讲出来，以便让对方较为全面客观地了解自己的内心世界。倾泻式交谈方式的基本特征是以我为主，畅所欲言。采用倾泻式交谈方式易赢得对方的信任，而且可以因势利导地掌握交谈主动权，控制交谈走向。但此种交谈方式会给人以不稳重之感，有可能泄密，而且还会被人误以为是在和对方“套近乎”。

2. 静听式交谈

静听式交谈，即在交谈时有意识地少说多听，以听为主。当别人说话时，除了予以必要的配合，自己主要是洗耳恭听，在听的过程中努力了解对方思路，理清头绪，赢得时间，以静制动。静听式交谈的长处在于它既是表示谦恭之意的手段，亦可后发制人，变被动为主动。但此种方式并非要人自始至终一言不发，而要求以自己的片言只语、神情举止去鼓励、配合对方。否则就会给人以居官自傲、自命不凡之感。

3. 启发式交谈

启发式交谈，即交谈一方主动与那些拙于辞令的谈话对象进行合作，在话题的选择或谈话的走向上对对方多方引导、循循善诱，或者抛砖引玉，鼓励对方采用恰当方式阐述己见。在采用此种交谈方式时，切勿居高临下，企图以此控制对方，也不可存心误导对方、愚弄对方。

4. 跳跃式交谈

跳跃式交谈，即在交谈中，倘若一方或双方对某一话题感到厌倦、不合时宜、无人呼应或难以回答时，及时地谈论另外一些较为适当的、双方都感兴趣的话题。跳跃式交谈的长处在于可使交谈者避免冷场的尴尬，使交谈能够顺利进行。跳跃式交谈虽可对交谈话题一换再换，但交谈者切勿单凭个人兴趣，频繁跳换话题，让对方无所适从。要使双方处于平等的地位，共同选择适当的内容。

5. 评判式交谈

评判式交谈，即在谈话中听取了他人的观点、见解后，在适当时刻，以适当方法恰如其分地进行插话，来发表自己对此问题的主要看法。此种方式的主要特征是在当面肯定、否定或补充、完善对方的发言内容。在涉及根本性、方向性、原则性问题的交谈中，有必要采取评判式方式。采用这种方式的关键是要注意适时与适度，同时要重视与对方彼此尊重、彼此理解、彼此沟通。切不可处处以“仲裁者”自居，不让他人发表观点，或是不负责任地信口开河，对他人见解妄加评论，甚至成心与他人唱反调，粗暴无礼地打断别人的谈话。

6. 扩展式交谈

扩展式交谈，即围绕着大家共同关心的问题，进行由此及彼、由表及里的探讨，以便开阔思路、加深印象、提高认识或达成一致。扩展式交谈的目标在于使各方各抒己见，交换意见，以求集思广益。扩展式交谈方式能使参与交谈的有关各方统一思想，达成共识，或者交换意见，完善各自观点。在进行扩展式交谈时，一定要注意就事论事，以理服人，善于听取他人意见，切不可自命不凡、强词夺理。

六、言谈中应掌握的技巧

在一切使人喜悦的艺术中，说话的艺术占第一位，只有通过它才能使被钝化的感官获得新的乐趣。言谈礼仪就是通过优化语言来提高表达效果的，这就是言谈技巧。其具体方法可因人、因时、因地而异，主要有委婉法、幽默法、模糊法和暗示法。

(一)委婉——含蓄、智慧之光

委婉是一种既温和婉转又能清晰明确地表达思想的谈话艺术，它的显著特点是“言在此而意在彼”，能够诱导对方去领会你的话，去寻找那言外之意。从心理学的角度来看，委婉含蓄的话，不论是提出自己的看法还是劝说对方，都能比较适应对方心理上的自尊感，使对方容易赞同、接受你的说法。

下面的几个例子就是同一种意思的两种表达方法。

谁？——→哪一位？

不来！——→对不起，不能来。

不能干！——→对不起，我不能做。

什么事？——→ 请问您有什么事？

如果不行就算了。——→如果您觉得为难的话，那就不麻烦您了。

这些话意思差不多，但是说法稍有不同，给人感觉却大不一样，前者过于直白唐突，后者则委婉动听了许多，让人很容易接受。

（二）幽默——机敏、修养的代表

幽默是在一定的语言条件下，通过语言反常组合来实现的，它是一个人智慧的展示，充满着敏锐、机智、友善和诙谐，幽默有折射与引申、有喻世的针砭和讽刺，让人在笑声中反省自己，感悟真谛，启迪心智，融洽气氛。只有知识修养高、机智、聪慧的人才富有幽默感，要成为一个富有幽默感的人，必须要有自信、乐观、豁达、积极向上的性格，要有真诚善良、成人之美的品质和丰富渊博的知识。但要记住：幽默只是生活中的调味品和润滑剂，使用时亦应因时因地而异，在庄重或悲伤的场合，面对女士、上级及陌生人，应该谨慎使用。

（三）模糊——精明的交际语言

模糊性是语言的基本特征之一。在自然语言中，句子所使用的词大部分是模糊词，如汉语中的概数词上下、左右、前后、多少、多日、多次等，副词马上、非常、刚刚、永远、略微等。时间名词拂晓、白天、黄昏、深夜、现在、过去等，都是模糊词。在言谈中对于非原则性的问题，使用模糊性语言有利于营造良好的交谈氛围，照顾交谈对象的情绪。

（四）暗示——批评与提醒的最佳选择

暗示是一种信号化的刺激，表示“不公开地隐蔽地给人以启示”。从社会心理学角度来看，暗示是在无对抗的条件下用含蓄、间接的方法对人的心理和行为产生影响。暗示法是通过语言、行为或其他符号把自己的意向传递给他人，并引起反应的方法。如某处挂一标牌：“此处放自行车将被放气拔气门芯”，用幽默的语言暗示人们此处不能存放自行车。暗示法可以通过人的语言、表情来施授，也可以通过情境（视觉符号、声音符号）施授，暗示法是交际语言中行之有效的艺术。

七、言谈中的禁忌

成功的交谈是建立良好人际关系的重要保证。我们提倡更有效的交谈，提倡交谈艺术，首先要做到的就是不能误入“雷区”。否则，会引起他人的反感、排斥，不利于交往。所以，掌握交谈礼仪，注意以下交谈禁忌非常重要。

(1)恶语伤人。在社交活动中，不应说气话、过激话、影射的话甚至脏话，否则，前期做了再多的铺垫，此时亦前功尽弃，交往对象会认为你没有素质，没有和你继续往来、继续合作的意愿。

(2)传播小道消息。社交活动中，他人的私生活、没有正式披露的消息，都不应主观臆断，妄下结论，并以此作为谈资。

(3)说话高高在上。不管你身份有多高、背景有多硬、资历有多深，在交往中，都必须放下架子，平等地与人交谈，切不可给人以高高在上、目中无人的感觉，更不能以训斥的口吻说话。

(4)过于卖弄自己。夸口、说大话、“吹牛皮”的人，常常是外强中干的人，而且他们的目的只不过是为了引起大家对他的关注，以满足自己的虚荣心。交往贵在讲求诚信，自己不能办到的事情，胡乱吹嘘，会有华而不实的印象。卖弄自己，显示自己才华横溢，知识渊博，对方会有相形见绌的难堪，这也不利于交往。

(5)心神不宁。当你听他人说话时，思想要集中，不要左顾右盼，心不在焉；或者面带倦容、连打呵欠、搓手跺脚、接听电话，让人觉得你对这次的谈话不感兴趣。

(6)不良仪态。挠头摸脑、手中摆弄东西、用手指点别人、抖动腿部、挖鼻孔、揉鼻子、挖耳朵、剔牙、打哈欠、伸懒腰、倚靠墙或门站立，站时手插在上衣或裤子口袋里，说话时不看对方、坐时躺靠在椅背上，边说话边干其他事，离对方太近等。

(7)嘲弄对方。他人在谈话时出现了失误或者不妥，不应嘲笑，特别是在人多的场合尤其不能这样，否则会伤害对方的自尊心，从而对你产生反感。

(8)不给对方讲话机会。有些人讲话不看对象，不管对方是否喜欢听，只是自己不停顿、不间断地说，不给他人插话参与交谈的机会。甚至在他人说话的时候，总是打断对方抢话说。

(9)反驳对方观点。每个人对事物都有不同的见解，可能他人说的话不一定都正确、客观，只要不是原则性错误，则没有必要直接反驳，否则会使人觉得没面子而恼羞成怒。即使有争辩，也应尽可能礼让对方。

(10)轻易下断言。有时交谈的问题较为复杂，各自都有自己的观点，一定要把对方的话听完，再发表意见。千万不要只听开头，就急着解释他人提出的问题，即使你对这些问题比较了解，也要等对方把话讲完，这既是基本礼貌，也是为了全面了解对方的意见。

(11)冷场。冷场是交谈中让人非常尴尬的事情，特别是对于来访者来说，冷场就像给人脸色看一样使人坐立不宁。不论交谈的主题与自己是否有关，自己是否有兴趣，都要热情投入、积极配合。万一因他人原因导致冷场，应该努力“救场”，转移旧话题，引出新话题。如果有冷场的情况，接待者一定要积极寻找话题。

(12)过度关注于部分人。交谈中，如果交谈对象是多人，千万要注意尽可能均衡地照顾到对方的每一个人，不要只关注其中部分人而冷落了其他人。即使其他人不重要，也要用适当的方式表示你很在意他们。比如，用一个话题唤起大家的兴趣，让每个人都发表自己的意见，用眼神和其他人做停顿式交流，即用自己的眼神关注对方的眼神几秒钟，而不是简单的扫视。

八、做一个好的倾听者

英国政治家丘吉尔说："所谓勇气，需要挺身直言；所谓勇气，也需要静坐倾听。"倾听是对别人最好的尊敬。专心地听别人讲话，是你所能给予别人的最有效、也是最好的赞美。不管说话者是上司、下属、亲人或者朋友，倾听的功效都是同样的，甚至超出了你的能言善辩。

第一，要有良好的精神状态。

良好的精神状态是保证倾听质量的重要前提，如果沟通的一方委靡不振，是不会取得好的倾听效果的，只能使沟通质量大打折扣。要努力维持大脑的警觉，而保持身体警觉则有助于使大脑处于兴奋状态。

第二，及时用动作和表情给予呼应。

谈话时，应善于运用自己的姿态、表情、插入语和感叹词。如微笑、点头等动作和表情给予呼应，会使谈话更加融洽。

第三，使用开放性动作。

开放性动作是一种信息传递方式，代表着接受、容纳、兴趣与信任。这会让说话者感到你已经做好准备，积极适应他的思路，理解他所说的话，并给予及时的回应，它传达给他人的是一种肯定、信任、关心乃至鼓励的信息。

第四，必要的沉默。

沉默是人际交往中的一种手段，它看似一种状态，实际蕴含着丰富的信息，它就像乐谱上的休止符，运用得当，则含义无穷，真正可以达到"此时无声胜有声"的效果。但沉默一定要运用得体，不可不分场合，故作高深而滥用沉默。而且，沉默一定要与体态语相辅相成，才能获得最佳的效果。

第五，适时适度的提问。

适时适度地提出问题是一种倾听的方法，它能够给讲话者以鼓励，有助于双方的相互沟通。

总之，倾听需要做到耳到、眼到、心到，当你通过巧妙的应答把别人引向你所需要的方向或层次，你就可以轻松掌握谈话的主动权了。

本章小结

本章主要介绍了日常社交场合的称呼礼、介绍礼、握手礼、名片礼和言谈礼仪，从时机、场合、对象、方式、禁忌等方面提出了具体的礼仪要求。这些日常礼仪时时处处体现在我们的社交活动中，只有认真学习并灵活运用，才能够成为彬彬有礼、被人尊重、受人欢迎的人。

思考与练习

实训题 1. 在一次商务谈判中，请你介绍主方总经理(男)与客方女秘书认识。

实训题 2. 在一次周末沙龙上，请你为两名女士做介绍，一名已婚，一名未婚。

实训题 3. 在一次业务活动中，请你为主方总经理(男)与客方业务科长(男)做介绍，双方皆有名片，要相互递送。

实训题 4. 在一次联谊舞会上，请你为客方总经理(男)介绍舞伴。

实训题 5. 请你用 5 分钟的时间演讲，说明言谈在交际中的重要性。要求脱稿、使用普通话、流畅、准确、语速适中。

实训题 6. 请以你的同学为对象，运用所学的话题开启技巧，让他(她)在你面前“自如、畅快地倾吐”。(交流对象：陌生异性、同性；熟悉同性、异性)

【案例分析】

案 例 一

章老师带领学生前往青山集团参观，青山集团李总是章老师的大学同学。李总亲自接待前来参观的同学，工作人员为每位同学倒开水，其间有位女生表示自己只喝绿茶，学生们在有空调的大会议室坐着，坦然接受工作人员的服务，没有人对服务人员道谢。当李总办完事情回来后，不断向学生表示歉意，学生中则没有任何人应答，有的左顾右盼，有的窃窃私语。当工作人员送来笔记本，李总亲自双手递送给学生时，学生们大都单手随意接过，没有起身也没有致谢。只有林山同学起身双手接过工作人员递过来的茶和老总递来的笔记本时客气地说了声：“谢谢您，辛苦了！”最后，只有林山收到了这家公司的录用通知。有的同学很疑惑甚至不服：“他的成绩并没有我好，凭什么让他去而不让我去？”章老师说：“我给你们创造了同等的机会，是你们自己没有把握住。”

请问：

1. 什么原因致使这些同学失去机会？

2. 这些同学有哪些行为是不合乎日常礼仪的？为什么？

案 例 二

乔吉拉德向一位顾客推销汽车，谈判交易的过程比较顺利，当客户正要付款时，另一位推销员跟乔吉拉德谈起了昨天的足球赛，乔吉拉德一边跟这位推销员谈着足球，一边伸手去接顾客的付款。不料顾客却突然掉头而去，连车也不买了。后来乔吉拉德才明白，客户在付款时，谈起了自己儿子考上大学一事，而自己却和同伴谈论的是球赛。在这次谈判交易过程中，乔吉拉德与成功失之交臂。

请问：

1. 乔吉拉德这次生意失败的根本原因是什么？

2. 在与人交往和谈话的过程中，哪些失礼行为可能是令对方不能忍受的？

第四章

通联礼仪

电信事业的快速发展为当代社会的人际交流提供了方便、快捷的工具，电话通讯早已成为一种重要的社交沟通方式。有了这种方便快捷的电话工具，还需要人们具有更好地使用这种工具的知识，如打电话、接电话的礼仪常识等。

第一节 电话礼仪

在日常生活中，人们往往能够通过电话交流，就能大略判断对方的为人及性格等各方面特征，因而，掌握礼貌的接打电话方法，对于树立良好自我形象有很大的帮助。

一、办公电话

电话交流在现代社交活动中应用非常广泛，尤其是在商务往来中，办公电话使用文明用语，反映出职场人的思想素质和严谨的工作作风及效率。无论是打电话还是接电话，都应做到语调热情、大方自然、声量适中、表达清楚、简明扼要、文明礼貌。

(一)办公电话的接听礼仪

接听电话要遵循“响不过三”的原则。也就是说,要在电话铃响三声之内接起电话,不要故意延误,提起听筒以后,不要和周围人闲扯。接起电话后,应该主动“自报家门”。例如,接起电话后应该这样说“您好,我是×××公司×××,请问您找谁?”在接电话时,切忌自己什么都不说,只是一味地询问对方:“你叫什么名字?”“你是哪个单位的?”“你找谁?”这种做法会让对方极不舒服,也是没有礼貌的一种体现。

办公电话有时会接到打错的电话,遇到这种情况,首先应该仔细听清对方要找什么单位和什么人。如果确实打错了,应该询问对方要打的是什么号码,然后就把本人的电话号码告诉对方。在接到打错的电话时,要有耐心。即使对方再三询问,也不要不耐烦。当接到打错的电话时,不能冲话筒嚷嚷“你找谁?你打错了!”,然后“啪”地一摔,挂上电话。

如果打来的电话刚好是找自己的,那么,按照正常的交谈礼仪与对方通话。当对方讲话时,要安静仔细地听,不要随意打断纠正和补充对方。在倾听时,还应当时常说一两个字,比方说“好的”、“知道了”等。若是对方在说话时,自己这方没有任何反应,会令对方感到你没有用心听。当然,办公电话一定要随时做好电话记录。

办公电话接打中,一般由发话人先结束谈话。如果对方话还没讲完,自己便挂断电话是很不礼貌的。如果电话来得不是时候,自己正有事忙着,而对方谈兴甚浓,一时还不想挂断电话,则可以委婉地告诉对方:“真想和您多谈谈,可现在我有急事要处理,明天我打电话给您好吗?”等,这样既可以终止过长的谈话,也不会伤害另一方的情感。

(二)办公电话拨打需要注意的问题

首先,在主动拨打电话之前,先简要拟定电话内容,这样可以节省打电话的时间,同时这也是一个非常好的习惯。因为并不知道接电话的人正在干什么,在通话之前做到心里有数,可以有效地节省时间,并能够提高电话沟通的效率。电话内容大致拟定好之后,应该做一个简单的寒暄,然后迅速直奔主题,不要闲聊天,东拉西扯,偏离你要表达的主要意思。

其次,选择适当的通话时间。一般情况下,选择通话时间遵循“不在早上8点之前、晚上10点以后、三餐时间给他人打电话。”也就是说,白天应在8点以后(假日最好在9点以后),夜间则要在10点以前,以免干扰受话人包括对方老人或小孩的睡眠;三餐时间应该给对方一个舒心的就餐心情,所以尽量不要在三餐时间给对方打电话。

再次，查清对方的电话号码，正确拨号。万一拨错了，应向受话者表示歉意，不要一声不吭将电话挂断了事。拨号以后，如果只听铃响，没有人接，应耐心等待片刻，待铃声响六七次后再挂断。否则，如对方正巧不在电话机旁，匆匆赶来接时，电话已挂断了，这也是失礼的。

电话接通后，可以先询问一下对方的号码或单位，然后再报出受话人的姓名。当对方询问本人姓名时，一般应告诉对方，如果自己不说，反问对方“你是谁”，是失礼的行为。万一受话人不在，而又不便说出自己的姓名时应该婉转地回答。比如说：“我是他（她）的朋友。我明天再打电话来吧。”

最后，控制通话时间。在用电话进行沟通的时候，一般应该把时间控制在 3 分钟以内，最长也不要超过 5 分钟。即便这一次沟通没有完全表达出你的意思，最好约定下次打电话的时间或面谈的时间，避免在电话中占用的时间过长。打电话时一定要态度友善、语调温和、讲究礼貌，从而有利于双方的沟通。切不可表现出粗鲁和暴躁的态度。谈话结束后，应该礼貌地向对方道一声“再见”、“谢谢”，切忌贸然挂断电话。

二、移动电话

手机比固定电话更方便，机随人行。随着人的身体可以自由移动的这类电话，我们就把它形象地称为移动电话。

（一）使用手机的 4 个要求

移动电话日益普及，成为人们随身必备、使用频繁的通信工具。在日常交往中，使用手机通讯时应注意如下 4 个方面的礼仪规范。

1. 手机的放置

手机的使用者，应当将其放置在适当之处。在正式的场合，切不可有意识地将其展示于人。把它们握在手中、别在衣服外面、放在自己身边，或是有意当众对其进行摆弄。按照惯例，外出之际随身携带手机的最佳位置有二：一是公文包里，二是上衣口袋之内。穿套装、套裙之时，切勿将其挂在腰带上，或是女性以一种很时尚的方式佩戴在手腕等处。

2. 公众场合讲究公德

使用手机时一定要讲究社会公德，避免自己的行为骚扰到其他人。在要求安静的公共场所活动时，尽量不要使用手机，应使之静音或转为震动。需要与他人通话时，应寻找无人之处，避免当众大声接打电话。公共场所乃是公有共享之处，在那里最得体的做法是人人都要自觉保持肃静。在需要相对安静的公共场所里，手机铃声显得极不合时宜，在那种场合与他人进行当众通话，是对他人不尊重的一种表现，同时，公众也在排斥这类人。

在工作岗位上，应注意不使自己的手机有碍工作、有碍别人。在写字间里办公时，尽量不要让手机铃声过于洪亮。尤其是在开会、会客、上课、谈判、签约等重要仪式活动时，必须自觉提前采取措施，将手机关闭或设置成静音震动状态。必要时，暂时将其关机，如遇重大事件，而自己又没有办法亲自接听电话时，可委托他人代为保管。

3. 注重电话隐私

法律保护每个人的通信自由。在通信自由之中，秘密性，即通信属于个人私事和个人秘密是其重要内容之一。使用手机时，对此亦应予以重视。一般而言，手机号码不宜随便告之于人。即便在名片上，也不宜包含此项内容。因此，不应当随便打探他人的手机号码，更不应当不负责任地将别人的手机号码转告他人，或是对外界广而告之。相同的原因，借用别人的手机，也应该在电话主人的视线范围内拨打电话。

4. 手机使用中的安全性

使用手机时，对于有关的安全事项绝对不可马虎大意。在任何时候，都不可有碍自己或他人的安全。按照常规，在驾驶车辆时，不宜忙里偷闲，使用手机通话，否则有可能导致交通事故。乘坐客机时，必须自觉关闭本人随身携带的手机，因为它们所发出的电子信号，会干扰飞机的导航系统。在加油站或是医院里停留期间，也不宜开启手机，因为可能酿成火灾，或影响医疗仪器设备的正常使用。此外，在一切标有文字或图示禁用手机的地方，均须严格遵守关机的有关规定。

(二)使用个性化铃声的注意事项

个性化的铃声越来越受到大多数人的喜爱，逐渐形成一种个性化手机铃声的潮流，这与电视报纸等媒体全方位大力宣传个性化铃声分不开。这些个性化铃声为生活增添了色彩，人们选择它无可非议。但是过于个性化的铃声应注意使用场合。在办公室和一些严肃的场合，不合适的铃声不断响起，对周围人是一种干扰。如果确实喜欢用，就应当适时将铃声调整到震动状态。现在很多公司都租用写字楼作为办公室，几十人在同一工作平台区工作，有些人的手机铃声怪异，当大家埋头工作时突然传出“你妈妈喊你回家吃饭！”等搞笑声音，这对于办公区间的其他人来说是不小的干扰。设置个性化铃声应该注意哪些问题呢？

1. 铃声内容不能有不文明的内容

从铃声内容来说，不能有不文明的内容。比如像“有话快说，有屁快放”，终究显得不雅，让拨打者尴尬。

2. 铃声不能给公众传导错误信息

曾经发生这样一件令人啼笑皆非的事。一辆豪华旅游车里突然传出一阵急迫的呼救声“抓贼呀，抓偷手机的贼！”刚巧有巡逻此地的边防官兵经过，听到呼救声后，急忙将这辆旅游车拦住，官兵上车查看，根本没有偷手机的贼，乘客们全都在呼呼大睡，原来这“呼救”声是从一名熟睡的乘客手机里发出的。可想而知，如果这样的铃声到处都有的话，对公众秩序将造成极大的影响。

3. 铃声要和身份相匹配

相对来说，过于个性化的铃声与年轻人的身份比较匹配，一些长者或者有一定身份的人如果选择与自己身份不太匹配的铃声，会损害自己的形象。

4. 铃声音量不能太大

无论是座机还是手机铃声，都不能调得过大，以离开座位 2 米可以听见为宜。在医院、幼儿园等场所，过大的铃声会对公众的听觉形成强烈冲击，实不可取。

5. 不要用手机偷拍

照相手机是手机中最新的功能，不要因为拍得方便就随意拍照。在用手机拍照或者摄影时，应该征得对方的同意，不要在车厢、剧院、餐馆等地方用摄像手机对着他人拍照。如果对方允许你将拍照存在你的手机里，也不能未经对方同意将他(她)的照片转发给其他人欣赏，甚至到网络上广为传播。

第二节 网络礼仪

网络是现代科学技术的结晶，随着网络时代的到来，人们无论身在天涯海角，即刻可以联系上对方，将人与人的距离迅速拉近到只用手指按键两秒即可。当然，强大的网络世界也有网络的规则，最基本的规则可以概括为两条：“自由”与“自律”。越是自由的时代，越要珍惜自由，否则，将被这越来越“自由”的世界淹没。

网络礼仪教育是每一个网民的必修课，之所以强调网络礼仪，是因为在网上沟通过程中，人们通过你的言谈来判断你是什么样的人，一些人不太关心自己在网上的表现，是由于他们仅仅把网络作为一种游戏，而另外一些人则以超越真实生活的认真态度对待网络交流。上网正好提供了这样一个机会，使人们有机会去体验不同的社会角色。强烈的好奇心和冒险精神是人类的共性，促使他们不断地探险或尝试新的生活。网络可使人们有机会进入与现实生活迥然不同的景象。如同任何一种沟通方式一样，网上交流同样需要道德、规范、文明和礼貌。

一、网络礼仪及网络交往原则

在因特网上人与人之间的交流，由于各种环境因素的影响，对方未必可以完全正确理解你所表达的意思，很容易陷入“言者无意，听者有心”的困境。所以，网络虽然是一个“不受制约”的地方，但适当的规范是必需的，毕竟面对的是和你一样有血有肉有感情有思想的人，必须注意自己的言行举止。Internet 是一个协作的环境，牢记这一点非常重要。如果人们滥用 Internet，协作精神就会处于危险的崩溃边缘。所以，熟悉网络礼仪是网络使用者在网络中成长的第一步。

(一)人本主义原则

互联网把来自五湖四海人们联在一起，这是高科技的优点，因此要记住“人的存在”，人本主义是首要原则，要防止粗暴和无礼，那些当着人家面说不出口的话在网上也不要说。不要随意评论对方的长相、宗教信仰、智商、生活方式和饮食习惯等。此外，网络交往初期过于亲切热情的举动会令人难以接受，甚至会让人产生恐惧感。所以，互相尊重与相互理解十分必要。

(二)网上网下行为一致的原则

在现实生活中大多数人都遵纪守法，在网络上也应如此。网上的道德和法律与现实生活是相同的，千万不能认为在网上面对电脑就可以随随便便。据说一名学生发了一封电子邮件给他的老师，信件开头就是“Hi”，然后直呼他的名字。老师说，从信件用词看，这名学生的英文水平不低，可是，怎么就不懂基本的通信礼仪呢？为了证实自己的猜测，他回信要求这名学生打印或手写一封信给他。对比两封信，老师感慨不已：这名懂得通信礼仪的学生为什么在虚拟世界里不遵守呢？他再次回信提醒这名学生，传统的通信道德礼仪完全适用于现代的网络世界。

虚拟世界，礼仪同样存在，甚至要求我们做得更好。切不可认为虚拟世界里，别人看不见你本人，你就可以随随便便，殊不知，从电子信件的字里行间最能看出人的礼仪水准。如果你的电子邮件简明扼要，开头结尾与通信者身份相符，便是自身修养的表现。

(三)尊重他人原则

同样是网站，不同的论坛有不同的规则与侧重点。聊天一般是许多人在一起，应该注意不要发表污秽的言论、不发表过于长篇的言论、不要重复某一句话。针对某一个人时，要先标明对方的姓名或者邀请他到单独的聊天室。回复电子信件时，请适当附带上原文，这样别人知道你是为什么而回复的，要注意不要把原文全部附带，而只需要附带上回复的那段，正确及简短地书写邮件，不要加入过多无谓的感情词句，每一封信都要标明一个主题。

让自己在网友中留个好印象，是尊重他人的体现，也是获得他人尊重的开端，因为网络的匿名性质，别人无法从你的外观来判断，因此一言一语成为别人对你印象的唯一判断依据。如果你对某个方面不是很熟悉，就需要学习一下再开口，无的放矢、不得要领只能得个"灌水"帽子。同样，发帖以前应该仔细检查语法和用词，切不可故意挑衅和使用脏话。当需要向别人提问题时，先自己花些时间去搜索和研究，尽可能不浪费他人的时间。网络是学习和交流经验的场所，除了回答问题以外，还包括当你提了一个有意思的问题而得到很多回答，分享知识是网络的乐趣。向他人询问时，要态度诚恳，每次尽量只询问一个问题，不要笼统地写上问题，不要在对方暂时没有回复时，再次发送询问信件。

网络交往中，观点上有争议是很正常的事情，要心平气和，要以理服人。不管论坛还是聊天室，五湖四海的人们共聚一起，意见总有分歧，矛盾总会存在，争论是为了寻求真理。争论不要进行人身攻击，如果收到一些恶作剧式的来信骚扰，可考虑与网络管理人员联系，切不可因一时气愤，对其他用户进行无差别的报复，将愤怒转嫁他人是愚蠢、不成熟的表现。

(四)不随意公开个人信息，尊重他人隐私原则

编写个人档案，个人情报可以公开多少只能由自己权衡。一般情况下不要随意公开自己的 e-mail、真实姓名、地址、电话号码等个人情报，就算你觉得彼此已成为好朋友，还是应该谨慎。对于他人的个人情报，也应注意保密，以免给他人带来伤害，别人与你用电子邮件或私聊的记录应该是隐私一部分。如果你认识某个人用笔名上网，在论坛未经同意将他的真名公开也是不负责的行为，如果无意看到别人的电子邮件或秘密，也不应该到处传播。

(五)必要的情感表达原则

由于在网上与对方交流通过键盘来实现，对方在听不到你的声音也看不到本人时，容易对你所说的话产生误解，甚至把你的幽默当成讽刺挖苦。为此，聪明的网友们发明了情感符号来帮助表达自己的真实情绪。在网络世界里，人们用标点符号组成一些情感符号，把它夹在文字中间，增强表达效果。这些符号构成了一张脸，比如/：)表示微笑、眨眼笑；/：(表示难过；/：D 表示大笑；/TP 表示调皮；

/：@表示愤怒；/：Q表示窘迫；/：S表示害怕；/：}表示热烈笑脸等。聊天对话中加入一张笑脸或一个悲伤的表情可以迅速拉近交流者之间的距离，特别是在一句讥讽的评语后加上一个眨眼笑脸的符号，对方就知道你原来在开玩笑。

（六）学习有关法规的原则

网上交流不得有违反《计算机信息网络国际联网安全保护管理办法》、《互联网信息服务管理办法》、《互联网电子公告服务管理规定》、《维护互联网安全的决定》等法律法规的言行，禁止盗用他人的ID与密码的行为；禁止中伤、诽谤他人的行为；禁止妨碍网络系统的行为；禁止侵害他人隐私的行为；禁止网上劝诱等商业行为；禁止宗教、政治方面的劝诱行为；禁止违反公德的行为等。

彼此尊重、容许异议、宽以待人、保持平静、与人分享、帮助新手、诙谐幽默一定会使我们的网络生活十分愉快。

此外，网络缩略语有网络技术、网络交流、网络游戏之分，掌握尽可能多的缩略语，会增加沟通的乐趣。

【网络缩略语之“中文缩写指南”】

★ ZT：①“转帖”的缩写。②“猪头”的缩写，引申有ZT3，猪头三；ZT4，猪头四。例句：青眉郑重告诉侠客社区的侠友们，ZT一定要注明。

★ BT：①Bit Torrent的缩写，是一种P2P（点对点）共享软件，中文译名“比特流”或“变态下载”。②“变态”的缩写。

★ PP：①“片片”的缩写，片片指代照片。②“屁屁”的缩写，屁屁指代臀部。

★ GG：哥哥的缩写，指代男性，有时候女生用来指代自己的男友。与之相对的是MM、妹妹或者美眉的缩写，指代女性，有时候男生用来指代自己的女友。

★ NB：牛×的缩写，北京方言里用来表示叹为观止之意。

★ JJ：姐姐的缩写。

★ DD：①弟弟的缩写，偶尔有引申义。②东东的缩写，指代东西。

★ GF：Girl Friend，女友。与之相对的是BF，Boy Friend，男友。

★ PLMM：漂亮美眉的缩写。

★ PPMM：PLMM的升级版，漂漂美眉。

★ RPWT：人品问题的缩写，来自猫扑论坛。一般来说，只要遇上了不可解之事，统统可归结为其有RPWT。

★ 人品帖：测试你是否有RPWT的帖子，帖子题目很劲爆，只要你被骗进去，就说明你有RPWT。

★ PF：佩服的缩写。

★ SL：色狼的缩写。

★ KH：葵花，代指练《葵花宝典》的高手。

★ KHBD：葵花宝典。

★ PXJF：辟邪剑法，源于 KHBD，KH 专用的剑法。

★ BS：鄙视的缩写，也可写作 B4。例句：你要是 ZT 不注明，青眉会 BS 你，全论坛的人都会 B4 你的。

★ PMP：拍马屁。

★ PMPMP：拼命拍马屁。

★ MPJ："马屁精"的缩写。

★ BC："白痴"的缩写。也是"白菜"的缩写，在网上，如果人家说你很白菜，那么就是形容你 BC。

★ ODBC："哦，大白痴"的缩写。

★ XB：小白的缩写。

★ YY：意淫的缩写，出自《红楼梦》第六回，精神上行淫。在网络上其意得到进一步推广，凡信心极度膨胀的小说，统称为 YY 小说。

★ ZE："贼恶"的缩写，即真恶心，东北地区的方言发音。

★ SE："少恶"即"少恶心"的缩写。

★ XHW：小黑屋的缩写，来自猫扑。在猫扑，违反规则是要被关小黑屋的。

★ FB：腐败的缩写，现在通常指出去吃喝一顿好的。

★ BXCM：冰雪聪明。

★ FQ：愤青。

★ BD：笨蛋。

★ JJWW：叽叽歪歪。

★ CJ：纯洁。

★ HC：花痴。

★ BH：剽悍。出自新东方罗胖子的名言：剽悍的人生不需要解释。

【网络缩略语之"英文缩写指南"】

★ DIY：Do It Yourself 的缩写，自己动手做的意思。

★ SOHO：Small Office Home Officer 的简称，意思是"在家办公"。

★ BUG：原意是"臭虫"，后来把跟电脑有关的故障都称之为"BUG"。

★ I服了 U：我服了你……周星驰片子里的经典台词。

★ 伊妹儿：e-mail 的音译，电子邮件的意思，也可简称为"妹儿"。

★ CU：See You 的缩写带音译，再见。

★ IC：I See 的缩写带音译，我知道了。

★ Q:Cute 的音译,可爱。

★ FT:分特,Faint 的缩写,昏倒、晕厥之意。

★ SP:support,支持。

★ BTW:By the way,顺便说一句。

★ BRB:Be right back,马上回来。

★ TTYL:Talk to you later,回头再谈。

★ BBL:Be back later,过会儿就回。

★ kick your ass:打你屁屁。

★ PPL:people,人们。

【网络缩略语之"音译术语指南"】

★ 3166:沙哟娜拉,日语,再见。

★ 886:拜拜喽,再见。

★ 3Q:Thank You,谢谢。

★ 7456:气死我了。

★ 9494:就是就是。

★ 818:八卦一下,出自论坛社区。

★ 616:遛一遛。通常回帖时贴教猫教花等图片时,通称"遛一遛"。

★ 8:不。

★ 54:"无视"的谐音,即漠视一个人,对其表达最大的不屑。

★ 4242:是啊是啊。

★ 稀饭:喜欢。

★ 木有:没有。"木"不知道是来源于哪里的发音。同样用法的还有"米有"。

★ 粉:很。来自闽南方言。

★ 表:"不要"速读连音,据说来自上海人的发音。

★ 白烂:来自闽南语"白卯",意指一个人既笨又啰唆,还很麻烦,含贬义。

★ 素:台湾普通话"是"的读音。与之对应的有"8 素"。

★ 酱紫:"这样子"速读连音,也作"绛紫"。

★ 酷:也说"裤"、"库",cool 的音译。

★ 偶:台湾普通话"我"的读音。

★ 虾米:啥,什么之意,来自闽南语发音。

★ 口耐:也说可耐,可爱之意。

★ 滴:的,地。

★ 介个:这个。

★ 奔四:笨死的谐音。

★ 果酱:过奖。

★ 口年:可怜。

★ 好康:好看。来自闽南方言。

★ 筒子:同志。

★ 厚厚、吼吼、咔咔、kaka、嘻嘻等:表示笑声,通常当做语气助词用。

二、网络聊天礼仪

当今世界,随着科学技术的突飞猛进,全世界掀起了网络革命的浪潮,目前网络已经逐渐走进千家万户,它给人们带来了快捷和便利。伴随着人际沟通的日益频繁,网络聊天成为当今时代的热门话题。聊天可以丰富人们的生活,拓展人们的视野,开阔人们的思维,拉近人与人之间的距离,促进相互沟通。当然,网络聊天需要遵循基本的礼仪要求。

(一)网络聊天场所的选择

当你的 QQ 成功登录后,你即将投身于聊天的革命当中,你要搞革命,必须先选择合适的战地,也就是聊天的场所。你必须要慎重的选择。提到聊天场所,大多数人把矛头指向网吧和家庭当中,少部分人选择办公室等。其实,合适的聊天场所是在家里。

(二)QQ 聊天 10 种礼貌方式

我们常常挂在网上,常常用 QQ、邮件等来跟朋友或是陌生人聊天。QQ 聊天应保持礼貌的 10 种方式。

①如果你很忙,就不要在线。设置一个忙碌状态或隐身。

②不要打扰忙碌的人。如果对方是忙碌状态,不要和他闲聊。有重要的事,最好一句话说完。不用以一个“hi”开始对话。

③尽量回复别人的消息。如果你确实很忙无法照应,那就告诉对方并设置忙碌状态。

④不要在 QQ 上设置自动回复。最令人讨厌的一种情形是:设置了自动回复还找别人说话,你这边看着是正常的,对方每条发出的消息都会收到一个无意义的回复(据说最新版本对此有所改善)。

⑤发网址的时候上标题或简介。

⑥不要发连锁消息。含有诅咒性质、欺诈性质、谣言性质、无脑性质的连锁信息,一条足以使自己人品降到最低。

⑦保持安全意识。防止 IM 中毒自动发消息干扰他人。

⑧不要刨根问底。对于 IM 上的网友,户籍民警方式的询问往往不招人喜欢。

⑨保持聊天记录。如果记性不好,那就靠记录。

⑩退出那些你屏已久的 QQ 群。如果你对某个群没有兴趣,不妨退出。

(三)QQ 聊天礼仪的四要素

1. 语言要文明

在聊天时使用文明语言,是 QQ 交流的基本礼仪。例如,使用"您好"、"大家好"、"很高兴认识您"、"很高兴见到您"、"对不起,我打错字了"、"我有点儿事,要离开一会儿"、"我要下线了,以后再聊好吗?"、"再见"等文明用语,会使聊天很愉快,给对方留下良好印象。

在聊天中,忌用侮辱、谩骂、恶毒、肮脏、下流的不文明语言。使用不文明语言,不但会使对方感到不愉快,还会降低自己的人格,很难在网络上交到好友。

2. 要尊重对方

网络聊天,双方(或多方)的人格是平等的。不管你在现实生活中是厅级领导、百万富翁、明星大腕、耄耋老者,还是平民百姓、退休工人、低保对象、稚子顽童,在网络上都是以普通网民(网友)的身份出现的。只有尊重对方,才能赢得对方的尊重。如果能够确认对方是长者、女性,则更要尊重。

3. 隐私要保守

社交礼仪在聊天中同样适用,一般不要追问涉及对方隐私的问题,如对方的姓名、工作单位、家庭住址、职务级别、经济状况等,尤其不要问女性的年龄、身高、体重、婚姻等。

如果有必要想知道对方的情况,应该首先把自己的情况告知对方。例如,男士想知道对方女士的年龄,应该主动告诉对方:我今年 35 岁(或者我是××年××月出生的)。如果对方愿意回答的话,一般情况下可以得到满意答复;如果对方不愿意回答,多数情况下可以得到"您是哥哥"、"你是弟弟"或者"你得管我叫姐姐"之类的答复。如果遇到对方有意避而不答的情况,也不要继续追问。

聊天时,经常会遇到对方询问涉及个人隐私和秘密的情况,如果不想告诉对方,要会"婉言谢绝"。做到既不伤害对方,又能保守个人秘密。

4. 表情要慎用

恰到好处地使用 QQ 表情、图片、动漫等,可以使聊天图文并茂、情景交融、妙趣横生。尤其是使用自制的图片更能体现个性、提高品位。但是,在使用表情图片时一定要注意加以选择，适合话题、适合情景、适合气氛，多使用祝福的表情图片，忌用带有侮辱性、低级下流的表情图片。表意不明、容易造成误解的表情图片也尽量不要使用。

(四)QQ 八不准

一不准上线不问身体好；

二不准忘掉自我做介绍；

三不准直接问人姓和名；

四不准脏话随口来骂人；

五不准聊天没有奔主题；

六不准错字连篇来哄人；

七不准多人聊天忙和急；

八不准下线不爱说再见。

三、电子邮件的礼仪

科技在不断进步，继电话、电报、邮寄录音带、录像带等之后，电子邮件(e-mail)这一交流信息的手段，正被越来越多的人广泛应用。文字通信的习惯日渐荒废之时，因特网横空出世，电子邮件和手机短信息的使用，使写信又成时尚。

(一)电子邮件交往的八项注意

朋友之间使用电子邮件交流，要注意下列约定俗成的最基本的 8 条规矩。

1. 进入正题

要从收件人的名字开始，这是规矩。要简单地称呼“王先生”，而不是夸张地说“亲爱的王先生”。单说一个“你好！”又显得太随便。除非你跟对方有大量的邮件往来，一般避免直奔主题，在进入主题之前适当的客气话是必要的。

2. 谦逊有礼

千万不要用大写字母写信。在因特网上，这种做法会被理解为喊叫。电子邮件是现时交流，稍不经意就会显得失礼。

3. 你想好了吗？

如果想也不想就点了“发送”，你有可能抱憾终生。信写好后，且慢点击“发送”，先要想两遍，如果收信人是你，你愿意收到自己正准备发出的这样一封信吗？你是否真能履行承诺或者完全承担自己发信后带来的后果？

4. 查看你的邮件

要注意查看你的新邮件。没有一个明白事理的人会把信件丢在一边不拆不看，或者对电话留言装作没听见，对电子邮件也是一样。

5. 别当技术暴君

因特网上，有些铁杆网迷往往对那些掌握电脑工具没有他们好的人表现出极端的粗俗。其实，一个有修养的人从不蔑视那些不懂新功能的使用者；而且要弄清了对方确有收阅电子邮件和打开附件的相应配置，再把邮件发过去。跟不上网络的步伐，这不是罪过，虚拟世界的专家也有在现实生活里一窍不通的时候。

6. 避免"群发"邮件

如果看到自己刚收到的电子邮件也被发信者同时发给了其他一些人，谁也不会觉得自己很受重视。也许"群发"适用于好笑的故事和聚会的邀请，但不适用于普通的信件。你希望把同一个邮件发给你所有的交往对象吗？那就用"密送"功能。除非你的众多笔友彼此也是朋友或同事。

7. 送上一句温馨的话语

一封令人愉快的电子邮件，哪怕只是祝贺或者表达友情的寥寥数语，也足以给人带来一整天的好心情。

8. 别用电子邮件绝交

你想通过电子邮件断绝关系吗？如果你觉得写信比面对面好说，那还是选择手书一封比较有礼貌的信。即使是绝交，也应有一份尊重。电子邮件太快，因此有轻慢和蔑视之嫌。

(二)使用电子邮件的规则

电子邮件的写法并无严格的规定，但有一些常识性规则，可使沟通更加顺畅。以下将从信件易读规则、寄发注意事项两方面，对一些有代表性的电子邮件礼节作简单说明。

1. 信件易读规则

回信时，最好先在开头引用来信的要点。因为有人每天寄出许多信，如果你在回信中只表示"前几天你委托的事已知道"，对方无法立刻明白你指的是哪一件事。不过，引用的原则是只抓重点，而且必须控制在最小的范围内。对方的来信如果很长，你却全文引用，并在最后加上一句"以上，我已了解"，只会令收到回信的人不知所云。

虽然电子邮件是讲究简洁及功能性的通信工具，但人与人之间的沟通，不可能总是直切正题。在简洁中,还必须遵守基本的礼节。就像我们遇见熟人会自然地互相问候,电子邮件沟通也一样,除了和很熟的朋友联络时需要特意营造随意的笔调之外,一般信件都是以简单的问候语开场,然后再进入正题。当然,问候语不必像传统书信的前言般冗长,只要加上适当的称呼即可。

此外,“简洁”虽然是电子邮件的主要特征,但同时也须牢记“简洁并非永远是美德”。有求于对方时不能单方面声明自己的要求,必须根据自己与对方的关系或请求事项的内容,以适当的方式客气地表达自己的需求,并最后加上一句“致谢”,这是最基本的网络礼节。

注意文化、习惯的差异。目前,通过网络可瞬间和世界任何国家交换电子邮件,我们很容易因简便而陷入错觉,以为在电脑另一端的人,也和自己有相同的想法和行为。实际上在电脑另一端的人,从每天生活的细节到对生意的看法,甚至扩大到人生观或世界观,其价值观或行为标准与我们可能截然不同。因此,发电子邮件到国外时,不论是私人信件或商业信件,都必须注意彼此在文化、习惯上的差异。

2. 寄发电子邮件前的注意事项

(1)润色文字。电子邮件在发送前,应该对文字作适当的润色,至少不要有明显的文法或拼写错误。当然,我们书写的英文在内容上必须正确,这是首要条件。其次是没有明显的文法或拼写错误、没有语意暧昧之处,避免可能导致误解的字句或不必要的叙述。

(2)48 小时原则。Internet 上有一项“48 小时原则”,这是一项不成文的规定,如果你对来信感兴趣,就应该在 48 个小时内给予回复。如果在 48 小时内没有收到回信,就可以判断对方对来信不感兴趣。如果对方信上写着“敬请回信”时,通常表示对方希望你在几小时到一天之内回信。

(3)慎对转发信件。e-mail 是很容易被引用或转送的,但不可以因操作简便,就不分对象将来信到处引用或转送。不过,私人信件和商务信件处理的方法不同。私人信件应避免引用或转寄,但商务信件中,只要内容与业务有直接的联系,便应该看作公司内相关人员可以共享的信息。

四、短信礼仪

手机短信已成为人们日常生活中沟通交流、表达祝福的重要方式。手机短信可以传递出发信者的文化素养,也体现了发信者与收信者之间的关系,短信内容要针对发送对象选择合适的措辞,比如对朋友、恋人、领导、长辈等不同关系的人在措辞的亲密程度、尊敬的程度及短信内容等方面是有很大区别的。手机短信要注意的基本礼仪主要包括以下 10 个方面。

①在需要保持安静的公共场所，或在与人交流时，将短信接受提示音调至静音或震动状态。

②不在与他人谈话时查看或编发短信。

③编发短信用字用语规范准确、表意清晰。短信内容后最好留姓名，以使接收方知晓发送人。

④不编发有违法规或不健康的短信，不随意转发不确定的消息。收到不良短信可建议或告诫发送者停止发送。

⑤祝福类的短信不要套用现成的短信或抄袭别人的，尽可能自己编写，若确实觉得某条短信内容不错，引用其中几句也可，但绝不能完全抄袭。

⑥收到领导、老师、长辈的短信一定要在第一时间回复，以示尊重。不可拖拉，更不可不回复。

⑦发短信送祝福是加深收发信双方友谊或情感的重要途径，建议发送此类短信不要群发(特别是你认为重要的人)，一定要输入对方名字(或对对方的称谓)，以示对收信方的尊重。对方在短信中看到自己的名字或对自己单独的称呼时，会知道你这条短信是单独给他(她)发送的，对方会很重视这份祝福。

⑧第一次发送短信时，要在短信内容的开始或最后写上自己的姓名或昵称。内容结构简单就好，比如“你好！我是阿花，你前几天在××给了我邮件地址”。

⑨从12月31日到1月1日的交叉点上，有很多人在这个时候使用电话拜年，因此手机通话和短信也会陷入严重阻塞，这几乎成了每年的惯例。因此，想要发送贺年短信的时候，不如把时间错开一点来发送。建议可在元旦的白天这种通信比较畅通的时间段发送。

⑩短信都有“群发”的功能，可以同时向很多人发送相同内容的短信。在通知聚会的场所和时间的时候，这是相当方便的功能。群发的时候要注意不要写只适用于部分人的内容和不要写进特定的某人的信息。

第三节　书信礼仪

书信是一种向特定对象传递信息、交流思想感情的应用文书。“信”在古文中有音讯、消息之义，如“阳气极於上，阴信萌乎下”(扬雄:《太玄经·应》)；另外，“信”也有托人所传之言可信的意思，不论是托人捎的口信，还是通过邮差邮递的书信，以及近年出现的邮寄录音带、录像带、电子邮件等都具有这种含义。

用语言文字向特定对象传递信息和进行思想感情交流的书信，一是有运用文字述说事情原委和表达自己思想感情的能力;二是具备相应的书写工具;三是有人进行传递。亲笔给亲戚朋友写信,不仅可以传达自己的思想感情,而且能给收信人以"见字如见面"的亲切之感。

一、书信程式与封文

我国历史文化悠久,人们的社会交往和思想感情交流,大多通过一定的礼仪形式和一定的文化活动方式来进行。在实际生活中,每个人都经常使用到一系列的应用文,如传统的书信、名片、柬帖、启事、题诗、题词、对联等,如现代的电报、传真、特快专递、电子邮件等。这些应用写作包含着丰富的礼仪内容,具有中华民族浓厚的文化色彩。

书信由笺文和封文两部分构成。

完整的书信应该是笺文、封文俱全,并且将笺文装入写好封文的信封内,然后将口封好付寄的。

笺文即写在信笺上的文字,也就是寄信人对收信人的称呼、问候、对话、祝颂等等。笺文是书信内容的主体,书信的繁简、俗雅及其他方面的风格特征,几乎都由内容决定。

封文即写在信封上的文字,也就是收信人的地址、姓名和寄信人的地址、姓名等。封文是写给邮递人员看的,使邮递人员知道信从哪里来,寄往哪里去。万一投递找不到收信人,还能将信退给寄信人。国内邮寄信函、国际邮寄信函与托人代转的信函,其封文有着不同的具体格式内容。封文的项目如下:

①收信人的地址;

②收信人的姓名;

③发信人的地址、姓名。

邮寄书信是将笺文封好投寄邮局进行传递的,因此,封文中的礼貌语言还涉及邮递员与受信人的关系。许多人习惯在受信人的名字之后加上私人关系称谓,如"某某某 父亲收"、"某某某 爱妻收",这是错误的用法。

封文中受信人姓名下的称呼不同于笺文中的称谓,它不是发信人对受信人的称呼,而是邮递员(送信人)对受信人的称呼。称呼的选用依受信人的社会职位而定。一般来讲,对无职衔的高龄尊长称"老先生"、"女士";对有职衔者可称职衔,也可称"老先生"或"先生",对女性则称"女士";对普通长辈及平辈,有职衔者可称职衔,也可称"同志"、"先生"、"女士";对晚辈一般不称职衔,而称"先生"、"女士"。

(1)国内邮寄信函。在交付邮寄的国内信函信封上,应先在左上角写清收信者所在地的邮编。然后另起一行书写收信者的详细地址。收信者姓名应以稍大字体书写于信封的正中央。信封的右下方，应写清寄信者的地址、姓名（有时可只写姓氏）以及邮编。

（2）国际邮寄信函。在交付邮寄的国际信函的信封上，收信者的姓名、地址和邮编应写在信封正面的中央偏右下方；寄信者的姓名、地址和邮编则应写在信封正面的左上方或信封背面的上半部。书写的具体顺序应是姓名、地址、邮编、国名。书写地址时应自小而大，与国内写法相反。书写时应尽量使各行文字左右对齐。

（3）邮编与邮票。为便于邮局作业，寄信人务必使用带有邮政编码的标准信封。书写要清晰工整，一字一格。直式信封的邮票应粘于信封的左上角，横式信封的邮票则应贴在右上角。

二、通信技巧

通信时，除了发信人在写信时要遵守书信程式以外，通信双方在写信、发信以及收信等具体环节上，均有许多技巧与规范应该掌握。

（一）写信

在写信时，写信人应注意的主要问题是，要尽可能地使书信礼貌、完整、清楚、正确、简洁。因为这五点要求在英文里均以字母“C”开头，故而它们又被叫做写信的“五 C 原则”。

1. 礼貌

写信人在写信时，要像真正面对收信人一样，以必要的礼貌，向对方表达自己的恭敬之意。其中的一个重要做法，就是要尽量多使用谦词或敬语。例如，在信文前段称呼收信人时，可使用诸如“尊敬的”、“敬爱的”一类的尊称词。对对方的问候必不可少，对对方亲友亦应依礼致意。在信文后段，还应使用规范的祝福语等。

2. 完整

在写信时，为了避免传输错误信息，必须使书信的基本内容“按部就班”，完整无缺。例如，在信文中提到收到对方来信，或是在末尾落款时，不可一笔带过，而应准确到具体日期，一般要求写明几月几日，必要时还须写明何年何月何日何时。在书写封文时，双方的邮编不可缺少。另外，在书写收信人及发信人地址时，要力求完整，而不宜采用简称。唯有如此，方能确保书信被及时送达，或是因故被退还时不至于丢失。

3. 清楚

书写信函时，必须使之清晰可辨。要做到这一点，须注意以下 4 条。其一，字迹应当清楚，切勿潦里潦草，乱涂乱改。其二，要选择耐折、耐磨、吸墨、不洇、不残、不破的信笺、信封,切勿不加选择,随意乱用。其三,要先用字迹清楚的笔具与墨水。在任何时候都不要用铅笔、圆珠笔、水彩笔写信,红色、紫色、纯蓝等色彩的墨水也最好别用。其四,要层次明、条理清、有头有尾。切勿天马行空,不知所云。

4. 正确

在写信时,不论是称呼、叙事,还是遣词造句,都必须认真做到正确无误。在信中,不要出现错字、别字、漏字、代用字或自造字,也不要为了省事而用汉语拼音或外文替代不会写的字。

5. 简洁

写信如同作文一样,同样讲究言简意赅,适可而止。在一般情况下,写信应当言罢即止,切勿无休无止、空耗笔墨、浪费时间。当然应当避免书信走向另一个极端,过分地惜墨如金而使书信通篇冰冷乏味。

(二)发信

写毕书信之后,写信者在准备寄发信件时还有一系列的事情要做。在发信之时,应遵循如下礼仪规范。

1. 折叠

写好信文将信笺装入信封时,不可令其过大或过小。在折叠信笺时,既不要随手乱折,也没有必要搞上缠下绕,边角对插,过分神秘。

折叠信笺的常规方法有 4 种:一是先将信笺三等分纵向折叠,然后再将其横折,并令其两端一高一低。此法叫做“以低示己法”,意在表示谦恭之意。二是在折叠信笺时,有意将收信人姓名外露。此法叫“外露姓名法”,可令收信人产生亲切感。三是先将信笺纵向对折,随即在折线处再往里卷折 1～2 厘米宽,最后再将其横向对折。此法叫做“公函折信法”,多用于因公通信。四是将信笺先横向对折两次,然后再将其纵向折叠到可以装入信封之中的长度。此法称为“随意折叠法”,适用于日常通信之时。

折好信笺,将其正式装入信封时,要注意的问题是:一定要将其推至信封的顶端,并且令其与信封的封口之处留有大约 1 厘米的距离。这样做的好处是,收信人将来拆阅书信时,因为发信人早已“留有余地”,信笺便不易被“伤筋动骨”,影响阅读了。

2. 信件中的附件

有些时候,发信人在信封之内往往还要装入其他一些书信的附件。在处理这一问题时,应当注意 3 点。第一,要符合有关方面的具体规定。不要违规,乱装违禁物品。第二，要保持信封的平整、美观。不要因所装附件过多，而令其膨胀不堪。第三，要向收信人交代明确。在信文之中，要对附件的数量写得一清二楚，必要时还可要求收信人“收到即告”，免得对方“查无实据”。

3. 邮资

通过邮局寄发的信件，应自觉按规定交付足够的邮资，不要缺资、欠资。需要自己在信封上贴邮票的话，将其端端正正地贴好，而切勿“见缝插针”，随便乱贴邮票。贴一枚邮票时，按惯例应将其贴在信封正面（横式信封）右上角的指定之处。

在一般情况下，最好不要在一封信上贴多枚邮票。非得这么做时，则须将其一并贴在信封背面的封口之处。

4. 封闭

根据现行的习惯做法，通过邮局寄达的信件，其信封必须一律封口。而托请他人代交的信件，其信封原则上不宜封闭。之所以要这样做，在前者，是为了恪守个人隐私，保障通信秘密；在后者，则主要是表示对托带者的信任与尊重。

（三）收信

接到他人来信后，收信人在礼仪方面有下列 4 点需要注意。

1. 收信守法

我国现行宪法中明文规定：“中华人民共和国公民的通信自由和通信秘密受法律保护。”任何扣留、私拆、偷阅他人信件的行为，都是触犯法律的。因此，在人际交往中接触书信，尤其是替他人收取的书信时，要具有良好的法律意识，切勿违法，即使自己扣留、私拆、偷阅他人的信件仅仅是为了跟别人开玩笑，也是绝对不许可的。

2. 拆信完好

收到他人来信通常先要拆启，才能进行阅读。拆阅他人信件时的具体做法是否得当，不仅涉及来信能否完整无缺的问题，而且也间接体现着收信人的个人修养。拆信时一要确保信封完好，二要注意信封拆启后的美观。拆信的最佳之处当推信封的封口处。有可能的话，最好利用刀、剪拆信，而不要直接下手去撕。

3. 保存得当

收到他人来信后，切勿乱扔、乱塞。未经发信人本人允许，千万不要随便将对方的来信公开发表，或是到处进行传阅。这样做对对方是非常不尊重的。对于需要长期保存的书信，可整理在一起或装订成册，然后妥为收藏。对于无需保留的书信，可集中起来以火焚毁，或用碎纸机进行破坏性处理。但是不宜将其作为垃圾扔掉，或是当成废纸卖掉。

4. 回复及时

在一般情况下，收到他人来信之后应尽快回复对方的来信。及时复信不仅仅是一种对对方表示尊重的礼貌，而且也是做人应当具备的一种美德。对于他人的来信只收不复，或者能拖便拖，得过且过，不但会令发信人担心他的来信是否丢失，而且还有可能会延误正事。有人在回复他人来信时，总喜欢说什么“因为太忙，迟复为歉，希望见谅”云云。其实，这种说法根本站不住脚。因为只要牵挂对方，再忙的人也能挤出回一封信的时间来。“忙”不能成为迟复他人来信的理由。若是对他人的来信一拖了事，干脆不作答复，让对方觉得自己杳无音信，则更是通信之大忌。

对于他人的来信，不仅要及时给予回复，而且在复信中还应当善解人意地对对方来信中需要回应的问题一一作答。特别需要注意的是，对于他人来信之中提及的问题，如有可能应当及时在复信中给予答复。对于确需延后回答或不能解答的问题，在复信时要说明具体原因，或者是将延后回答所需要的大致时间及时相告于对方。不要避而不谈，或是含糊作答。

对于他人在来信之中求助于自己的问题，如果能够出手相助最好尽力而为。由于种种原因难于相助于人的话，亦应及时复信，并在信中申明具体困难，向对方致歉，或请求对方予以谅解。

此外，随着社会的发展，人与社会的关系也在进行重新建构，书信的运用除传统用法，即公函私函之外，一个新的发展动向便是原先私函类中因为个人需要而向政府机构、企事业单位、知名学者等所发的事务性的信件，这一类信件的使用量逐渐增多，我们将其称为个人公文。

这一类信件同传统信件中的私信有很大不同，它不是亲友之间的通信，与受信人很可能不认识，通信的目的不是告知性而是事务性的；它同事务性公函也不同，公函是机构之间的通信，个人公文的发信人与公函主体不一样。同时，在某一类公函中，有时也不以公函名义发信，而往往以私人名义进行联系和沟通，待取得一致之后，才进入公文运行程序。如某公司有可能同另一公司进行某种合作，但两家公司在此之前从未打过交道，彼此也互不认识，在这种情况下，如果直接进行联系会显得唐突和冒昧，在没有更好的联系办法的情况之下，先以公司经理的名义与对方经理联系再决定下一步的行动，是比较恰当的选择。

第四节 馈赠礼仪

馈赠作为社交活动的重要手段之一，受到古今中外人士的普遍肯定。馈赠作为一种非语言的重要交际方式，是以物的形式出现，以物表情，礼载于物，起到寄情言意的“无声胜有声”的作用。

一、馈赠的目的与原则

得体的馈赠恰似无声的使者，给交际活动锦上添花，给人们之间的感情和友谊注入新的活力。然而送给谁（Who），为什么送（Why），如何送（How），送什么（What），何时送（When），在什么场合送（Where），是一个既老又新的问题。因此，人们只有在明确馈赠目的和遵循馈赠基本原则的前提下，在明确以上6W的基础上，才能真正发挥馈赠在交际中的重要作用。

任何馈赠都有目的，或为交结友谊，或为祝颂庆贺，或为酬宾谢客等。

（一）馈赠的目的

1. 以交际为目的的馈赠

这是一种为达到交际目的而进行的馈赠，有两个特点：一是送礼的目的与交际目的的直接一致。无论是个人还是组织机构，在社交中为达到一定目的，针对交往中的关键人物和部门，通过赠送一定礼品以促使交际目的达到。二是礼品的内容与送礼者的形象一致。礼品选择的一个非常重要的原则，就是要使礼品能反映送礼者的寓意和思想感情倾向，并使寓意和思想倾向与送礼者的形象有机地结合起来。

2. 以巩固和维系人际关系为目的的馈赠

这类馈赠，即人们常说的“人情礼”。无论是个人之间的抑或是组织机构之间的交往，必然产生各类关系和各种感情。人与生俱来的社会性，又要求人们必须重视这些关系和感情，因而，围绕着如何巩固和维系人际关系和感情，人们采取了许多办法，其中之一就是馈赠。这类馈赠强调礼尚往来，以“来而不往非礼也”为基本准则。因此，无论从礼品的种类、价值的轻重、档次的高低、包装的精美、蕴含的情义等方面都呈现多样性和复杂性。这类馈赠在民间交际中具有重要的特殊作用。

3. 以酬谢为目的的馈赠

这类馈赠是为答谢他人的帮助而进行的，因此在礼品的选择上十分强调其物质价值。礼品的贵贱厚薄，首先取决于他人帮助的性质。帮助的性质分为物质的和精神的两类。一般说来，物质的帮助往往是有形的、能估量的。而精神的帮助则是无形的、难以估量的，然而其作用又是相当大的。其次取决于帮助的目的。是慷慨无私，还是另有所图的，或是公私兼顾。只有那种真正无私的帮助，才是值得真心酬谢的。再次取决于帮助的时机，一般情况下，危难之中见真情。因此，得到帮助的时机是日后酬谢他人的最重要的衡量标准。

4. 以公关为目的的馈赠

这种馈赠，表面上看来不求回报，而实质上其索取的回报往往更深地隐藏在其后的交往中。或是金钱，或是权势，或是其他功利，是一种为达到某种目的而用礼品的形式进行的活动。多发生在对经济、政治利益的追求和其他利益的追逐活动中。

馈赠作为社交活动的重要手段之一，为古今中外人士普遍肯定。大凡送礼之人，都希望自己所送礼品能寄托和表达对受礼者的敬意和祝颂，并使交往锦上添花。然而，有时所赠礼品非但达不到这种目的，反而会事与愿违造成不良后果。

(二)馈赠的原则

认真研究和把握馈赠的基本原则，是馈赠活动得以顺利进行的重要前提条件。

1. 轻重原则

礼品有贵贱厚薄之分，有善恶雅俗之别。礼品的贵贱厚薄，往往是衡量交往人的诚意和情感浓烈程度的重要标志。然而礼品的贵贱与其价值并不总成正比。因为礼物是言情、寄意、表礼的，是人们情感的寄托物。人情无价而物有价，有价的物只能寓情于其身，而无法等同于情。也就是说，就礼品的价值含量而言，礼品既有其物质的价值含量，也有其精神的价值含量。“千里送鹅毛”的故事，在我国妇孺皆知，被标榜为礼轻情意重的楷模和学习典范。“折柳相送”也常为文人津津乐道。我们提倡“君子之交淡如水”，提倡“礼轻情意重”。一般情况下，我们既要注意礼轻情意重，又要入乡随俗地择定不同轻重的礼物。

2. 时机原则

就馈赠的时机而言，及时适宜是最重要的。中国人很讲究“雨中送伞”、“雪中送炭”，即要注重送礼的时效性，因为只有在最需要时得到的才是最珍贵和最难忘的。我国是一个节日较多的国家，在传统节日相互赠送相应的礼品，会使双方感情更为融洽。另外，在对方的某些纪念日，以礼品相送也会起到很好的作用。

因此，要注意把握好馈赠的时机，包括时间的选择和机会的择定。一般说来，时间贵在及时，超前或滞后都达不到馈赠的目的；机会贵在事由和情感及其他需要的程度。“门可罗雀”时和“门庭若市”时，人们对馈赠的感受会有天壤之别。所以，对于处境困难者的馈赠，其所表达的情感就更显真挚和高尚。

3. 效用原则

同一切物品一样，当“礼”以物的形式出现时，礼物本身也就具有了价值和实用价值。就礼品本身的实用价值而言，人们经济状况不同、文化程度不同、追求不同，对于礼品的实用性要求也就不同。一般说来，物质生活水平的高低，决定了人们精神追求的不同。在物质生活较为贫寒时，人们多倾向选择实用性的礼品，如食品、水果、衣料、现金等；在生活水平较高时，人们则倾向于选择艺术欣赏价值较高、趣味性较强和具有思想性、纪念性的物品为礼品。因此，应视受礼者的物质生活水平有针对性地选择礼品。

4. 投好避忌的原则

由于民族、生活习惯、生活经历、宗教信仰以及性格、爱好的不同，不同的人对同一礼品的态度是不同的，或喜爱或忌讳或厌恶等，因此我们要把握投其所好、避其禁忌的原则。

馈赠前一定要了解受礼者的喜好，尤其是禁忌。例如，中国人普遍有“好事成双”的说法，因而凡是大贺大喜之事，所送之礼均好双忌单，但广东人则忌讳“4”这个偶数，因为在广东话中，“4”听起来就像是“死”，是不吉利的。再如，白色虽有纯洁无瑕之意，但中国人比较忌讳。因为在中国，白色常是悲哀之色和贫穷之色；同样，黑色也被视为不吉利，是凶灾之色、哀丧之色；而红色，则是喜庆、祥和、欢庆的象征，受到人们的普遍喜爱。另外，我国人民还常常讲究给老人不能送“钟”，给夫妻或情人不能送“梨”，因为“送钟”与“送终”，“梨”与“离”谐音，是不吉利的。

二、馈赠的时机

大多数礼品赠送者认为，选择送礼时间相当重要。选择新春、元旦、中秋、圣诞节仍然是最流行的做法，但也有选择新公司的成立日、公司成立纪念日、大客户的生日、某重要部门的领导需要公关时、感谢某人提供你获得生意的信息时、感谢一个同事或朋友把一个商业机会介绍给你时、感谢某人不计利益地在工作上帮助你时、恭喜某人高升、你的下属或是有业务上往来的人结婚、生子、生日、重病初愈等时机。

有些公司习惯当面把礼品送给客户，如展销会、促销日以及订货会等。美国某制造公司的发言人说："我们选择与生产线有关的礼品，在客户参观工厂时，我们公司用礼品来吸引他们。我们送的礼品能使他们回想起参观活动，而且赠送的礼品能带回家。牛排餐刀对我们来说是极好的礼品，因为它是我们自己生产的材料做成的。在推销订货会上我们把不锈钢钢笔作为礼品赠送，笔上刻有公司标识，这将使客户永远记住我们的公司，他们为随身带着这样一只高质量钢笔而自豪。"

商务送礼因它独特的性质所限制，最令人头疼的莫过于因对方不愿接受而婉言推却、严词拒绝，或事后回礼，这都令送礼者十分尴尬。那么，怎样才能防患于未然呢？关键在于借口找得好不好，送礼的理由说的圆不圆，你的聪明才智应该多用在这个方面。商务送礼通常有以下方法可供参考。

(1)借花献佛。如果你送土特产品，可以说是老家人捎来的，目的是分一些给对方尝尝鲜。东西不多，自己没花钱，又不是特意买的。这样的话一般受礼者那种因害怕你目的性太强的拒礼心态可望缓和，会收下你的礼品。

(2)暗度陈仓。如果你送的是酒一类的东西，不妨假借说是别人送你两瓶酒，来和对方对饮共酌，这样喝一瓶送一瓶，礼送了，关系也近了，还不露痕迹，岂不妙哉！

(3)借马引路。有时你想给人送礼，而对方却又与你拉不上关系，你不妨选择对方的生日、婚礼或升职、乔迁之时，邀上对方的几位熟人同去送礼祝贺，那样受礼者便不好拒收了。当事后知道这个主意是你出的时候，必然改变对你的看法。这样，借助大家的力量达到送礼联谊目的，实为上策。

送礼既然是一门艺术，自有其约定俗成的规矩，送给谁、送什么、怎么送都很有奥妙，绝不能瞎送、胡送、滥送。以对方能够愉快接受为尺度，选择轻重适当的礼物，争取做到少花钱多办事，多花钱办好事。

三、馈赠的礼品

礼尚往来是我国传统的礼节。在社交活动中，为了沟通、巩固和不断地加深相互之间的感情，根据具体情况接受或向有关人员赠送礼物，是一种常见的礼节。如何根据赠礼性质、送礼对象等挑选礼品，是一门学问。一般说来，在我国的传统交往活动中，多以食品、点心、水果、衣料、现金等作为礼品。礼品的雅俗贵贱是以礼品本身的商品价值及实用价值来衡量的。但在现代都市里，国人送礼的趣味、价值取向等也有了一定的变化。真正高级的礼品往往不再以金钱标准来衡量，而倾向于充分考虑受礼者的实际，以实用性为基础，兼顾艺术性、趣味性、纪念性等方面。例如，对于喜欢文学的人，送一套文学名著；对于喜欢棋牌的人，送上一套棋谱；对于爱好美术的人，送上一套画册，都是现代常见的恰到好处的礼品。挑选礼品时不仅要考虑质，还要考虑量。大多数中国人认为偶数表示圆满、吉祥，因而选送礼物时讲究成双成对，尽量避免奇数；也有个别地方在某些特定关系上要送“三色礼”、“七样全”的，要根据当地的风俗习惯进行选择。

此外，选礼品时要考虑不要犯了对方的禁忌。例如，为台湾朋友选择礼品时，应记住台湾人特有的禁忌。送手巾有“送巾断根”之嫌；送扇子就犯了“送扇，无相见”之忌；送剪刀就意味着“一刀两断”等。

礼品选好后，应检查一下上面是否有价格标签，如果有，应及时取下。也可以将发票连同礼物一同送上，那是商品附带有保修单等，方便日后退换和修理。礼品一般在相见时或分手道别时赠送，送礼者应起身，用双手捧送，双目注视对方，边送边说上几句祝福与问候的话。如“祝您生日快乐”、“祝您两位百年好合”等。接受礼品时要表示谦让，如“您太客气了”、“又让您破费了”等，同时向对方表示感谢，并诚心诚意地接受礼物，切不可随手一扔或是满不在乎，这样会损伤对方的自尊心。接受礼物后，要在适当的时候回赠对方一份礼物。

四、接受馈赠

接受了礼物并不一定都要立即返礼，对方有同样事情可以庆贺时，送去礼物表示心意就可以了。我们大多数人都很幸运地接受过礼品，不过这并不说明我们总能礼貌得体地接受礼品。收礼准则，不可不知。

(1)收礼时应注意的礼仪。接过礼物，不管礼物是否符合自己的心意，都应表示对这份礼物的重视，尽快打开包装欣赏一番。如果觉得送礼者另有所图，应向他暗示送礼不妥的原因和拒收的理由，态度可以坚决但是方式要委婉。

(2)返礼时的做法。接受了他人的馈赠，应在日后适当的时候准备礼物馈赠对方。如果自己经济条件不好，也可回送小的礼品做纪念。结婚时收到的贺礼，当日请他参加婚宴就是回礼。对当天有事未能参加婚宴的，主人可带小礼物拜访致谢。

(3)表示感谢。许多人都把这个既简单又重要的步骤忘得一干二净。他们可能会对礼品本身赞不绝口，甚至激动万分。但是“谢谢你”这三个实实在在的字眼却不会从他们口中听到，而这正是表达谢意的关键所在。它表明你谢的不是礼物本身，而是对方送礼物给你的这一举动。

(4)让对方感受到你的愉快。重视别人送的礼物。千万不要拿礼物开玩笑。你不难找到一些恭维话，如“哦，多精致的手工！”“这么罕见的颜色。”“我从没见过这样的东西！”，或只是一句“你想得真周到。”

(5)写感谢信。在口头表达感谢之外，别忘了写封感谢信。它表明你花了一些时间，就像送礼人花费时间来挑选礼物一样。你不仅可以对礼品本身表示感谢，也可以对礼品的外在含义表示感谢。

(6)拒绝礼品。一般情况下,不论你怎样看待送你的这件礼物,最好表示谢意并接受它。当然,有时候也有必要拒收礼品。这可能是由于礼品的价格过于昂贵,也可能是由于你不便接受礼物。拒收礼物时,必须在24小时之内迅速做出反应。

第五节 送花礼仪

送花,是现代赠送礼仪中越来越受人们欢迎的特殊形式。送花人要清楚送花的形式、送花的时机以及鲜花的寓意,才不会在一味追求新方式时,闹出笑话或产生误会。

一、送花的形式

(1)本人送花。这是送花的最基本形式。不但可以和受赠者一同分享喜悦,还可以亲自解说送花的缘由和含意,使效果得到升华。

(2)他人转送。一般这是不得已而为之的。有时由亲友转送鲜花也有独到的好处。比如说,代送鲜花的亲友通常与受赠者并不陌生,可以同时担任赠送者的最佳信使,细致而周详地向对方传递有关信息,有时甚至可以说出送花者难以启口的事。

(3)雇人代送。当你难以分身的时候,或者为了刻意营造一种气氛时,可以委托花店或邮政局,替你上门送花,也可以把祝福的话一同带去。

二、送花的时机

(1)例行的时机。如喜礼、贺礼、节庆礼、嘉奖礼、慰问礼、丧葬礼、祭奠礼等。这些时机,送花总是没错的。

(2)做客时送。用鲜花作为礼物送给主人,既脱俗,又能让主人接受。

(3)迎送时。当别人远行或远道而来时,赠送一束花,可以巧妙地表达自己的亲情、友情或爱情。

(4)纪念时送。在重要的私人纪念日,如爱人的定情日、生辰日、结婚日送花给对方。

(5)道歉时送。需要向别人道歉时,可以采用约定俗成的方式给对方送花,也可以附上一张道歉卡。

(6)求爱时送。向自己的意中人表白爱意,如果以花为媒,对方会立即明白你的心意。

三、花语

花语是各国、各民族根据各种植物，尤其是花卉的特点、习性和传说典故，赋予的各种不同的人性化象征意义。是指人们用花来表达人的某种感情与愿望，在一定的历史条件下逐渐约定俗成的、为一定范围人群所公认的信息交流形式。在不同的风俗习惯里，同一品种的花，在寓意上根本不同。选送花的时候一定要注意民俗寓意，不能弄巧成拙。

（一）常见花语

玫瑰花语——爱情、爱与美、容光焕发、爱和艳情

百合花语——清新脱俗的百合有如婀娜多姿的美丽佳人，不问尘事，只可远观而不可亵玩

菊花花语——清净、高洁、我爱你、真情

郁金香花语——走出孤独，自然会邂逅永恒的爱情

康乃馨花语——爱、美丽、尊敬，康乃馨是所有女性的神圣之花，也是美好典雅的典范

丁香花语——光辉

竹子花语——富贵、永恒

莲花花语——清白、坚贞纯洁、忠贞和爱情、孤傲、冰清玉洁、自由脱俗

（二）数字花语

1 朵玫瑰——我的心中只有你

2 朵玫瑰——这世界只有我俩

3 朵玫瑰——我爱你

4 朵玫瑰——至死不渝

5 朵玫瑰——由衷欣赏

6 朵玫瑰——互敬，互爱，互谅

7 朵玫瑰——我偷偷地爱着你

8 朵玫瑰——感谢你的关怀扶持及鼓励

9 朵玫瑰——长久

10 朵玫瑰——十全十美 无懈可击

11 朵玫瑰——一生一世只爱你一个

12 朵玫瑰——对你的爱与日俱增！

13 朵玫瑰——你是我暗恋的人
14 朵玫瑰——骄傲
15 朵玫瑰——对你感到歉意
16 朵玫瑰——多变不安的爱情
17 朵玫瑰——绝望无可挽回的爱
18 朵玫瑰——真诚与坦白
19 朵玫瑰——忍耐与期待
20 朵玫瑰——我仅一颗赤诚的心
21 朵玫瑰——真诚的爱
22 朵玫瑰——祝你好运
25 朵玫瑰——祝你幸福
30 朵玫瑰——信是有缘
40 朵玫瑰——誓死不渝的爱情
50 朵玫瑰——邂逅不期而遇
99 朵玫瑰——天长地久 forever
100 朵玫瑰——百分之百的爱
101 朵玫瑰——最爱
108 朵玫瑰——求婚
144 朵玫瑰花语——爱你生生世世
365 朵玫瑰花语——天天想你
999 朵玫瑰——天长地久
1001 朵玫瑰花语——直到永远
1314 朵玫瑰——爱你一生一世

不同的习俗,对于花的色彩也有不同理解。比如在国内,我们都喜爱红色的花,特别是结婚时,送红色的鲜花,显得喜庆而热烈。而西方人认为把白色鲜花送给新娘,才是最合适的。中国人喜欢菊花,而在西方黄菊代表死亡,只能在丧葬活动中使用。中国人赞赏荷花"出污泥而不染"的性格,但在日本荷花却表示死亡。在广东、海南、港澳地区,金橘、桃花表示"吉"、"红火"的意思,而梅花、茉莉和牡丹花却表示"霉运"、"没利"、"失业"的意思。

对于花的数量也有不同理解。在中国,喜庆活动中送花要送双数,意思是"好事成双",忌讳送单数。因为读音的原因,在国内特别是沿海地区,送 4 枝花给别人是不妥的,因为 4 的发音和"死"相近。在西方国家里,送花讲究单数,送 1 枝花表示"一见钟情",送 11 枝表示一心一意,送 99 枝表示天长地久等,但"13"这个数字是不可以用的。

本章小结

本章对电话礼仪、网络礼仪、书信礼仪、馈赠礼仪、送花礼仪等5个方面的通联礼仪进行了介绍。电话礼仪主要掌握固定电话和移动电话的接打礼貌。网络礼仪最基本的规则可以概括成两条："自由"与"自律"。书信礼仪要特别注意封文中收信人姓名下的称呼不同于笺文中的称谓，它不是发信人对受信人的称呼，而是邮递员（送信人）对受信人的称呼。馈赠作为一种非语言的重要交际方式，是以物的形式出现，以物表情，礼载于物，起到寄情言意的"无声胜有声"的作用。送花礼仪是人们用花来表达人的感情与愿望。不同的习俗，对于花的色彩、花的数量也有不同理解。

思考与练习

1. 使用手机时的4个礼仪规范是什么？
2. 上网聊天礼仪有哪些基本要求？
3. 馈赠的基本原则是什么？
4. 你所了解的数字花语有哪些？

【案例分析】

案例一：女性保守年龄秘密

男：如果不介意的话，能告诉我你的年龄么？

女：要知道，女孩子（女士）的年龄是秘密，不能随便问。呵呵。

男：可是，我真的很想知道你年龄。

女：既然这样，我就告诉你吧，不过，一定替我保密。

男：一定保密！

女：我今年二十岁再加很多很多个月了，呵呵……

请问：

你认为社交场合中询问女性的年龄及工资收入是否有失礼之处？

案例二:男士保守收入秘密

女:你月薪是多少?

男:不多,仅仅够养家糊口而已。

女:到底是多少啊?

男:大概是您月薪的一半吧。

女:你怎么知道我的月薪是多少?

男:我猜您的月薪大概是100万吧……

请问:

你认为社交场合中遇到此类问题时应该如何巧妙地回答?

第五章 聚会礼仪

做客与待客、参加舞会和出席文艺晚会等聚会场合，给我们提供了与他人交往的机会，在这种场合，注意聚会的礼仪规范，既能够展示自身礼仪修养，又能够为新朋旧友之间的进一步交往打下良好的基础。

第一节 做客与待客礼仪

做客与待客是常见的礼尚往来的聚会。做客有各种不同的情况，如初次登门拜访、老朋友之间相互走访、应邀赴约聚会、有事上门求助于人等。拜访的主题不同，在礼节上也有所不同。但是无论何种情况，作为客人都要为主人着想，客随主便，以免给主人带来不便。

当然，有做客就有待客，无论是身为客人还是身为主人，都应各自遵循相关的礼仪。接待客人和迎送客人，都要使客人感到温暖、融洽，使客人感受到主人的诚恳、热情和礼貌，以期能为客人留下美好的印象。

一、做客

一般来说，拜访他人应事先挑选好时间，不宜选择对方较忙或三餐时间，晚上也不宜太迟。节假日和周末本是访问的好时机，但如果没有预约也不要贸然前往，这些时间段也许主人另有安排。预先商定时间，尽量不做不速之客，不做不请自到之客。预约好的拜访，宾主都要守时、守约。约会当天，应依约定的时间准时到达或提前一点到达。如因故迟到，要向约会者表示歉意。万一因意外事故而不能赴约应尽快通知主人，说明失约的理由，并以适当方式表示歉意。

做客的礼仪应从以下 4 个方面来把握。

(一)预约在先，赴约准时

当有人向自己提出约会的要求后，一旦答应赴会，就一定要守约。没有特殊的原因或正当的理由，决不能随便失约。

在决定应约赴会后，要立即写信(包括电子邮件)或打电话给约会者。应约信格式如下：

×××：

感谢您的邀请，我将十分乐意于×月×日下午×时，在××咖啡厅与您见面，我殷切盼望那天快些来临。

×××

×年×月×日

(二)衣着得体，见面问候

1. 衣着得体

一般的访问，衣着整洁、朴实、大方即可，不必太过华美。当然，不修边幅、衣冠不整也是对主人的不敬。参加庆贺道喜活动，衣饰就更应该讲究些。

在打扮上，要追求朴实、清新的风格。俗话说："三分人才，七分打扮"。但过分、过浓的粉饰，不仅会适得其反，使你减弱魅力，甚至会被人讨厌。因此，化妆打扮应遵循整洁、素雅、朴实的宗旨。从礼仪的角度看，着装不能简单地等同于穿衣，它是着装人基于自身的阅历修养、审美情趣、身材特点，根据不同的时间、场合、目的，力所能及地对所穿的服装进行精心地选择、搭配和组合。在聚会场合，注重个人着装的人能体现仪表美，增加其交际魅力，给人留下良好的印象。

2. 见面问候

见面问候可以快速缩短主客之间的人际距离，要恰当地向对方表示自己的敬意，或显示乐于与之结交之意。主客见面时，若能选用适当的见面问候语，往往会为宾主的愉悦交谈做好良好铺垫。

各类形式的做客中，有几种常见的见面问候禁忌需要注意。

第一，开口莫问“还记得我吗？”见面时不可向仅有数面之缘的朋友提问“您还记得我吗？”对方若真不记得了，无论是实话实说还是假装记得却叫不出你的名字，彼此都会觉得非常尴尬。

第二，慎说“代问夫人好”。如果您遇到一位好久没有联系的朋友，又不太了解对方的近况，在问候时应注意不要轻易说“代问夫人好”、“代问先生好”这类的话。如果对方已经离婚，或者配偶已过世，那么你的好心问候就会让对方很尴尬。因此见面应该笼统问候，比如说“请代问家人好！”“最近忙吗？”等。

第三，慎让小孩行“吻礼”。经常遇见这样的情况，为了体现一种亲密无间的关系，主客之间如果身边带着可爱的小孩，大人会让孩子行吻礼。无论是采用孩子用自己的小手贴在嘴上“啪”的一下，或者直接亲在大人的脸上，都不符合现代卫生常识。因此，建议慎让孩子行吻礼。

第四，慎敬烟。现代社会生活中，香烟被频繁地使用，随时随地传达相互致意的愿望。不同的地区、民族、宗教信仰都逐渐形成了一些敬烟的规矩，如向长辈敬烟要双手捧上；对长辈递来的烟要双手接过；在向女士敬烟之前，要先问对方是否吸烟，这样才不会冒昧；对信奉伊斯兰教的人则不要敬烟；对不吸烟的客人更不能“强行”劝吸。

（三）言谈大方，举止有礼

宾主交谈过程中，要少说消极、烦闷的话。善于倾听，作出踊跃积极的反映，不要随便中止、纠正或补充对方的谈话。言谈要注意礼貌、谦逊的风度，趾高气扬不能成为风度，用清高的口吻议论他人，用斜视的目光轻瞄他人，都会在他人头脑中留下轻薄的印象，使人难以接受。

进门时先敲门或按门铃。敲门要有节奏感，不轻不重，不急不慢，敲两三下为宜。面对虚掩着或开着的门也不可破门而入，给主人一个措手不及则很失礼。进门后最好等要拜访的人进来后再落座，如果需要较长时间的等待，可先落座与招待者交谈或看些报纸书刊杂志之类的读物，要拜访的人到来后应起立寒暄。对约好的正式拜访，无论事情多急，在门口也只能寒暄问候，不要谈正题，入室落座后再谈，否则会给对方留下不成熟的印象。如果进屋要换拖鞋则应该在门口就换好，见到其家人应主动问好致意，不打招呼是失礼的。

对主人的热情招待要适时表达谢意，主人敬茶或提供糖果等小食物时，应起身或欠身双手接过并致谢。

（四）合理备礼，适时告辞

合理备礼是表示友善和亲情的最典型的形式之一，礼品的情感价值大于礼品的物质价值。馈赠是友好的表示，礼品是友好的象征。作为象征物，其意义并不仅限于礼品本身，而在于通过礼品所传递的友好情谊，这是馈赠礼仪的一个基本理念。礼不在贵重，而贵在适时、适宜，贵在真诚。

礼品是以物的形式凝聚着送礼人的友情，因此在赠送礼品时，要考虑到馈赠礼品的目的与礼品特点相统一。每次馈赠的礼品和馈赠给不同对象的礼品应各有区别，设计、选择礼品时有以下原则供参考遵循：①礼品寓意。馈赠的礼品体现着某种特定的意义，这种意义可以是礼品内在的，也可以是馈赠时赋予的。②新颖别致。要引起接收者的兴趣和注意，一份不会使人感兴趣的礼品是不会传情达意的。③礼轻情谊(意)重。④礼品要适用、适时和适量。

礼品选择禁忌：除特产外，食品不宜保存，故不送为佳，正式的场合尤其不要送食品。容易引起受礼者家庭不和的物品如烟、酒、麻将等，也不应考虑。中国人不喜欢以钟、鞋、药等作为礼物相互赠送。

适时告辞，不做难辞之客。或许很多人都遇到过这样的烦心事，家里来了位十分健谈的朋友，一坐就是几个小时，嘴里滔滔不绝，全然不顾对方是否感兴趣，也没发觉主人都疲倦得快睡着了。自然，这样的客人是不受欢迎的。

但凡主动登门拜访的客人，都是冲着叙叙友谊、交流感情、寻求教益来的。做主人的自然是不敢怠慢，要沏茶倒水、奉上糖果点心，有时候还要热情张罗一桌子好菜来款待客人。除此之外，陪着客人说话谈心，聊一些平日里没时间说的“典故”，也是主人们无可推脱的“重要任务”。主人对客人如此周到的招待，客人自然也应该“心疼”一下主人，客人聊过一阵子或者是喝完了一两杯茶后，就应该主动道别。可能主人自己还有事要办，或者主人要早睡。因为谁都想在闲暇时享受一下自己的私人空间，就算是主人有时间，也真诚欢迎来访的客人，也千万不要把别人家当成是自己家，喝着茶、看着电视自得其乐，或者干脆就把主人当成自己倾诉的对象，自己意未尽时绝不罢休，亦或干脆摆出一副一醉方休的架势，在别人家从白天喝到深夜。

把握好告辞的最佳机会。一般性的拜访，时间不宜太长，但也不宜太匆忙仓促，通常以0.5～1小时为宜。若是事务、公务性拜访，则可视具体情况适当延长时间。客人提出告辞的时机，最好是在与主人的一个交谈热潮之后，或者是在新客人到来时，交谈中主人若有疲劳感或有家人来提醒有急事需要马上办等情况时，适时告辞较为得体。告辞时应对主人及家人的款待表示感谢，如果主人家有长辈，应向长辈告辞。

二、待客与送客

待客与送客也是聚会中非常重要的内容,需要主人认真对待。

(一)待客

社交中,接待来访客人是一门艺术。讲究待客的礼节,热情、周到、礼貌待客,就会赢得朋友的尊敬。如果不注意待客礼节,就会使客人不悦,甚至会因此失去友情。

1.提前准备

预先知道客人来访,要提前做好接待准备工作。整理房间,准备好茶杯、烟具、糖果烟茶。主人要仪容整洁,自然大方。蓬头垢面或穿着睡衣短裤会客是不礼貌的。如果要留客吃饭,事先要了解客人的习俗、爱好和年龄,以便备好饭菜原料。如果事先获悉客人要留宿,最好让客人单住,并把客人的房间及床铺等用品收拾得干干净净。如果是远道来客,必须事先掌握来客乘坐的交通工具抵达的时间。对于初访的客人,由于地形不熟悉一般要尽量远迎一些,以免客人迷路。

2.宾至如归

客人来到门前,主人应主动出门迎接,请客人进屋。如果客人是第一次来访,还应该给家里其他人介绍一下,并互致问候,然后热情地给客人让座。上茶时最好双手递送,茶要倒七分满。如果是天气炎热的夏季,主人可递给客人一块凉毛巾擦脸消暑,或递上扇子,或打开电扇、空调,并送上一杯冷饮。如果是在寒冷的冬天,则应把客人请到暖和一些的房间,倒杯热茶。如果客人是远道而来,要询问是否用过餐,要不要马上备饭等。

来访者如果是老朋友则不必拘泥于礼节,尽量随意一些为宜。但也不宜当着客人的面公开家庭的内部矛盾,更不应在客人面前发生口角,吵吵闹闹,或因小孩做错事而大发雷霆。心里不愉快要善于克制,不要在客人面前流露出不快之色,以免客人误会和尴尬,更不能迁怒于客人。

3.待客因人而异

待客时不能对小孩放任不管,任其在室内淘气折腾,搅得客人坐立不安。客人带来的小孩,要找些玩具、画册、小人书,让孩子在一边玩,稳定孩子的情绪;或让自己的孩子陪着客人的孩子玩耍,免得孩子“认生”、哭闹,影响主客之间的交谈。

对老年来访者,更应彬彬有礼,招待周到。和老年人交谈,尤其要注意谈话态度要诚恳、谦逊,多谈些老年人关心的话题。对有特长的老人,可以向他们请教,以此打开老人的“话匣子”。或者可以先聊一些家务事,使气氛融洽后再转入正题。

老年人平时活动范围一般比较小，他们对晚辈、年轻人的招待礼貌比较看重和敏感。如果对他们招待周到体贴，他们会感到欣慰。

如果来客不是自己的客人，而是父母、爱人、兄弟姐妹或子女的朋友、同事、同学，也应主动招呼和接待。这样既是对客人表示全家都欢迎他的来访，也显示了你的家庭友善和睦。如果来客要访的亲人恰好不在，你应主动向客人说明情况，并询问有什么事需要转告或代办。对家庭其他成员的客人态度冷漠、怠慢不理，会引起客人的不快，也是不礼貌的。

如果来访者是“不速之客”，使你毫无准备，这时也应将房间里紊乱的物品赶紧收拾一下，使客人有干净的坐处，并向客人表示歉意。“不速之客”有时会给你的生活、学习、工作诸方面带来不便，这也不足为奇。切不可将客人拒之门外，或面带悻悻之色，使来客陷入尴尬境地。此时应尽快了解客人来访的目的，以便见机行事，妥善处理。如果有人在你确实感到不便时来访，比如客人来时，你恰好有事外出，你最好礼貌地说：“我刚好要出去，真对不起。”向客人说明情况，另约时间交谈，并致以歉意。但多数情况是将客人邀请进屋，予以接待。作陪时间的长短要根据实际情况决定。

如果客人想谈事又不好意思启齿，或想单独交谈时，家中其他人应自觉回避。不要围着听，使客人难堪。若有条件，可以换个房间进行单独交谈。

4. 待客心平气静

与客人交谈时不要频繁看表，也不要呵欠连天，以免对方误解主人在下逐客令。平时，一些朋友和邻居串门应热情欢迎，倘若客人过长的逗留将影响你的事务或作息，这时，你就必须减少谈话，只听不说，并不再递烟或添茶。如果客人没有领会到这一暗示，你可直接了当地说：“真对不起，今天还有重要报告等我完成”之类的话，很有礼貌地向客人说明结束这次来访交谈的理由，客人会知趣地告别的。实际上，这种尴尬局面往往可以防止，只要你在邀请客人时，或在交谈中让他知道你在何时有事要办或因故需要何时休息，届时略加提醒，细心的客人是会主动告辞的。

长久未见面的友人来访，理应挽留对方吃顿便饭；一般客人来访，到了用餐时间，也应邀请他们一起用餐。菜肴准备要视具体情况而定，一般以略比平时丰盛为宜。给客人盛饭，要装八分满，不要盛得太满。当客人表示吃好了时，不要再劝其继续多吃。

（二）送客

社交中送客也有学问，不讲究送客的礼节，即使接待得很好，也可能前功尽弃，最后给客人留下不良印象。送客礼仪是接待工作的最后一个环节，应注意以下几点。

1. 婉言挽留

客人要走，主人一般应婉言相留，这并非多余的客套。因为往往有这样的情况，客人本来还想同主人交谈下去，但又怕会影响主人及其家人而顾虑重重，心里矛盾，便以“告辞”来观察主人的反应。所以，当怀有这种心理的客人提出告辞时，如不加挽留急于送客，客人会感到扫兴。客人要走，应等客人起身后，主人再起身相送。先于客人起身送客是不礼貌的。客人告辞时，家里在场的人都应该微笑起立，亲切道别，让客人感到这个家庭的每个成员都是热情好客的。

无论接待任何客人，当客人准备告辞时都要婉言挽留，不要客人一说要走主人马上起身相送，这有逐客之嫌。如果客人执意要走，也要等客人起身后主人再起身。送客时应由客人主动伸手与主人握手告别，主人送出门外或送到楼下，不要在客人走时无动于衷，这是不礼貌的。最后，还要用热情友好的礼貌语言欢迎客人下次再来。

2. 安排交通

为远道而来的客人送行，应更加主动、热心、细心。得知远客将要离别的消息后，要事先问清客人起程的时间、所需乘坐的车辆班次、是否需要办理行李托运或代购车票等。送行时，陪送到车站、码头、机场，并为客人备好水果、点心之类的路餐。到车站、码头、机场送客，如无特殊情况，一般要等火车开动、轮船起锚、飞机启航，挥手致意告别后再离开，过早地撇下客人离开是不礼貌的。因故不能远送时，应向客人说明情况并致歉意，或请人代为送行。

3. 礼品

如果客人来访时带有礼品，那么在送别时也要准备一些物美价廉、且有象征意义的礼品回馈。对客人的礼物不能无动于衷，“来而不往非礼也”。如果是亲朋老友带来了礼物，也不能若无其事，理应表示谢意，或请求他们以后来访不要携带礼品，或相应地回赠些礼物。比如，客人来访时常常给主人家的老人或孩子带些糖果糕点之类的礼品，主人送客时，可回赠一些自家准备的糖果糕点给客人的老人或孩子。如事先无准备，也可先暂表谢意，待以后回访客人时，回赠相应礼品亦可。

送客时一般应送到大门口或街口。常客、老熟人或一般来访者，也可随意一些，送出门口或送到楼梯口，致意告别即可。把客人送出门后，注意回身关门的声音不能过重，以免客人误以为主人对其不满而心生疑虑和不悦。

第二节 舞会礼仪

在各种形式的社交聚会中，若以号召力最强、最受欢迎而论，恐怕要首推交谊舞会。舞会的确是人际交往，特别是异性之间最轻松愉快的高雅的交往形式。舞会一般是指以参加者自愿相邀共舞为主要内容的一种文娱性社交聚会。在优美的乐曲、美妙的灯光、优雅的舞姿的相互衬托下，人们不仅可以从容自在地获得自我放松，而且还可以联络老朋友，结识新朋友，进一步扩大自己的社交圈。

一、仪表、卫生及服饰的准备

舞会的参加者，在舞场之上均须检点个人的行为举止，注意自己的临场表现，时时处处遵守舞会的礼仪规范，主要是注意仪表、卫生、化妆及服饰等方面的基本礼仪。

(一)仪容与卫生

参加舞会之际，依礼节必须先期进行必要的、合乎惯例的个人形象修饰。在仪容方面，舞会的参加者均应沐浴，并梳理适当的发型。男士务必要剃须，女士在穿短袖或无袖装时须剃去腋毛。特别需要强调的有两点：其一，务必注意个人口腔卫生，认真清除口臭，并禁食气味刺激的食物，如葱、蒜、姜、韭菜、鱼等。其二，外伤患者、感冒患者以及其他传染病患者，应自觉地拒绝参加舞会，否则，不仅有可能传染他人，而且还会影响大家的情绪。

(二)化妆

参加舞会前，有条件的人都要根据个人的情况进行适度的化妆。男士化妆的重点通常是美发、护肤、祛味。女士化妆的重点则主要是美容和美发。与家居妆、上班妆相比，因舞会大都举行于晚间，舞者肯定难脱灯光的照耀，故舞会妆允许相对化得浓一些。但若非参加化装舞会，化舞会妆时仍须讲究美观、自然，切勿搞得怪诞神秘，令人咋舌。

(三)服装

在正常情况下，舞会的着装必须干净、整齐、美观、大方。有条件的话，可以穿格调高雅的礼服、时装、民族服装等。若举办者对此有特殊要求的话，则须认真遵循。在舞会上，通常不允许戴帽子、墨镜或者穿拖鞋、凉鞋、旅游鞋。在较为正式的民间舞会上，一般不允许穿外套、军装、工作服。穿的服装过露、过透、过短、过紧，就有可能令自己“春光外泄”，既不庄重，也不合适。

二、舞会中应注意的礼仪

对舞会参加者而言，要注意邀舞、应舞、拒舞、舞姿、交际等5个方面的基本礼仪。

（一）邀舞

交谊舞体现着人们的活力、青春和朝气，又是一种健康的社交方式，有促进友谊和联络感情的作用。因此，对一个注意社交礼仪的人来说，交谊舞是一门不可缺少的必修课。男女即使彼此互不相识，但只要参加了舞会，就可以主动邀请别人共舞，通常是由男士主动邀请女士共舞。

邀舞时，男士应步履庄重地走到女士面前，弯腰鞠躬，同时轻声微笑着说：“想请您跳个舞，可以吗？”弯腰以15°左右为宜。

当你有意邀请一位素不相识的女士跳舞时，必须先认真观察她是否已有男友伴舞。如有，一般不宜前去邀请，以免发生误解。

不论男士或女士，如果一个人单独坐在远离人群的地方，别人就不要去打扰。但如果她是坐在一群人的中间，则可以邀请她跳舞。一般来讲，女士也不应该随意拒绝邀请。如已有人邀请在先，则可以婉言解释：“对不起，已经有人邀请我跳了，下一个曲子再和您跳吧！”如表示谢绝，可以说：“对不起，我累了，想休息一下”。或者说：“我不大会跳，真对不起”，以此来求得对方的谅解。已经婉言谢绝别人的邀请后，在一曲未终时，女士不宜再接受其他男士的邀请。

如果同时有两位男士邀请一位女士共舞，通常女士可以都礼貌地拒绝。也可以先同意其中一方的邀请，对另一方则应表示歉意，礼貌地说：“对不起，只能请您跳下一曲了。”

当女士拒绝一位男士的邀请后，如果这位男士再次前来邀请，在确无特殊情况下，女士应答应与之共舞。有的男士自带舞伴，两人多跳几曲也无不可。但如果别人来邀请，一般也不能拒绝，女士不能说“我不认识你，不跟你跳”这类小家子气的话。男士和夫人一同去跳舞，跳过一曲之后，如果有人前来向其夫人邀舞时，应按礼节促请夫人接受，绝不能代夫人回绝对方的邀请，这也是失礼的表现。

在舞会上，男子邀请女士与自己共舞一曲，是其必做之事。舞会礼仪规定，在邀人共舞时，特别要关注常规、方法、选择、顺序等几个要点。

（1）在舞会上，邀请舞伴的基本规范，是人人必须严格遵守的，不然的话，就会失敬于人，或是令人见笑。请舞伴时，最好是邀请异性。通常要求由男士去邀请女士，不过女士可以拒绝。另外，如果彼此之间非常熟悉的话，女士亦可邀请男士，然而男士却不能拒绝。在较为正式的舞会上,尤其是在涉外舞会上,同性之人切勿相邀共舞。两位男士一同跳舞会给人以关系异乎寻常之感。根据国际惯例,两位男士共舞等于宣告他们不愿意邀请在场的任何一位女性,无形中表明他们是同性恋关系。两位女士也应尽量不共舞,尤其是在有外宾的情况下以及在国外的舞会上,更要注意这一点。如果有两位女士一起跳舞,则等于是在说明“我们没有男士相邀”,所以迫不得已以此举吁请男士们“见义勇为”。根据惯例,在舞会上一对舞伴只宜共舞一支曲子。接下来,需要通过交换舞伴去扩大自己的交际面。舞会上的头一支舞曲,一般由男士邀请与自己一同前来的女士共舞。如有必要,他们二人还可以在演奏舞会的结束曲时再同跳一次。

(2)邀请他人跳舞,应当力求文明、大方、自然、讲究礼貌。千万不要勉强对方,尤其不要出言不逊,或与其他人争抢舞伴。一般来说,邀请舞伴时,有两种具体办法可行。其一,直接法。即自己主动上前邀请舞伴,先向被邀请者的同伴含笑致意,然后再彬彬有礼地询问被邀请者:“能否有幸请您跳一曲?”其二,间接法。即自己直接相邀不便,或者把握不是很大时,可以托请与彼此双方相熟的人士代为引见介绍,牵线搭桥。不论采用何种方法请舞,万一自己来到被邀请者面前,已有他人捷足先登时,则须保持风度,遵守先来后到的顺序,礼让对方,下一次再去邀请。

(3)在舞会自行选择舞伴时,亦有规范可循。有可能的话,不要急于行事,最好先适应四周的气氛,进行细心的观察。一般说起来,以下8类对象,是自选舞伴时最理智的选择。

第一类,是年龄相仿之人。年龄相近的话,一般是容易进行合作的。

第二类,是身高相当之人。如果双方身高悬殊过大,未免会令人感到尴尬难堪。

第三类,是气质相同之人。邀气质、秉性相近的人一同共舞,往往容易各对各眼,相互因产生好感从而和睦相处。

第四类,是舞技相近之人。在舞场,“舞艺”相近者“棋逢对手”,相得益彰,有助于更好地发挥技艺,产生快乐感与满足感。

第五类,是少人邀请之人。邀请较少有人邀请之人,既是对其表示的一种重视,也不易遭到回绝。

第六类,是未带舞伴之人。邀请未带舞伴的人共舞,成功机会往往是较大的。

第七类,是希望结识之人。想结识某人的话,不妨找机会邀对方或是同伴共舞一曲,以舞为“桥”,接近对方。

第八类,是打算联络之人,在舞会上碰上久未谋面的旧交,最好请对方或其同伴跳一支曲子,以便日后继续联络。

除以上几种情况之外，在舞会上倘若发现有人遇上异性的纠缠骚扰，最得体的做法是应当挺身而出，主动邀请被纠缠者跳一支曲子，以便“救人于水火之中”。

(4)在较为正式的舞会上，根据舞会礼仪的规定，人们除了要与自己一起来的同伴同跳开始曲、结束曲，或是可以酌情自择舞伴之外，还须按照某些既定的顺序，去“毫无选择”地邀请其他一些舞伴。

一般情况下，女士不主动邀请男士，但特殊情况下，需要请长者或者贵宾时，则可以不失身份地表达：“先生，请您赏光。”“先生，我能有幸请您舞一曲吗？”

下面简单介绍男士邀请舞伴的合礼顺序。

就主人方面而言，自舞会上的第二支舞曲开始，男主人应当前去邀请男主宾的女伴跳舞，而男主宾则应回请女主人共舞。

接下来，男主人还须依次邀请在礼宾序列上排位第二、第三的男士的女伴各跳一支舞曲。而那些被男主人依照礼宾序列相邀共舞的女士的男伴，则应同时回请女主人共舞。

就来宾方面而言，下列女士是男宾应当依礼相邀共舞一曲的。她们主要包括：一是舞会的女主人；二是被介绍相识的女士；三是碰上的旧交的女伴；四是坐在自己身旁的女士。以上女士若被男宾相邀后，与其同来的男伴最好回请该男宾的女伴跳上一曲。

(二)应舞

1. 注意风度

跳舞的风度主要是指舞者的舞姿和表情等方面表现出来的美。跳舞中，男女双方都应面带微笑，说话声音要轻细，不要旁若无人地大声说笑，讲话时只要对方听到即可。舞姿要端正、大方和活泼，整个身体应始终保持平、正、直、稳，无论是进是退，还是向前、后、左、右方向移动，都要掌握好重心，如果身体摇摇晃晃，肩膀一高一低，甚至踩了对方的脚，都是有失风度的。在跳舞时，男女双方的神态要轻盈自若，给人以欢乐感；表情应谦和悦目，动作要协调舒展，给人以和谐感。男士不要强拉硬拽，女士不可挂、扑在对方身上，这样既让对方有不胜负担之苦，自己也有失雅观。女士跳舞时态度固然应和蔼可亲，但不能乱送秋波，有失稳重。即使是热恋中的恋人，也不宜过分亲昵，因为这对周围的人来说是不礼貌的。

2. 舞姿标准正确

一般是男子用右手扶着女士腰肢，手掌心向下向外，用右手大拇指的背面轻轻地将女士挽住即可，不应用掌心紧贴女方腰部。男方的左手应让左臂以弧形向上与肩部成水平线举起，掌心向上，拇指平展，只将女伴的右掌轻轻托住，不能随意捏紧或握住。女伴的左手应轻轻放在男方右肩上，而不应勾住男方的脖颈。跳舞时，双方不能握得过紧或搂得过紧。有些舞蹈动作有握搂动作时，也应一带而过，停留时间过长则有失风度。一曲终了，双方应立即分开，缓缓退出舞池，切不可继续共舞或相互搂扶，男伴应将女伴送至原座位。跳布鲁斯时，舞步可稍微大些，表现出庄重、典雅和明快的姿态；跳华尔兹时，双方应保持一臂的距离，让身躯略微昂起向右，使旋转时重心适当，表现出热情、舒展、轻快的情绪与节奏；跳探戈舞时，随着乐曲中切分音所含节拍的弹性跳跃，因男女双方的步法与舞姿变化较多，舞步可稍大些，但男士应注意不可将脚伸入到女士两脚间过远，回旋时也不要把女士拉来拖去；跳伦巴舞时，男女双方可随着音乐节奏轻轻扭动腿部及脚踝，但臀部不应大幅度地摆动。

3. 举止文明，行为端庄

首先语言要文明，不能满口污言秽语。其次举止要文雅，走路脚步要轻，不能单个人进入舞池或横穿舞池，如果有事找人，也应等到这支曲子结束时才能去找。寻找座位时应向旁边的客人有礼貌地询问："请问这里有人吗？"再次，要注意舞场卫生，不能乱扔纸屑或瓜果皮壳之类的东西。

（三）拒舞

在一般情况下，当本人在舞会上被人相邀时，通常不宜拒绝对方。如果要回绝他人的邀请，则务必要注意态度和措词，切勿伤害对方的自尊心。

(1)拒绝他人邀舞的请求时，态度要友好、自然，表现要彬彬有礼。不要让对方"晾"在一旁下不了台，或者对其视而不见，置若罔闻。口头拒绝对方时，最好起身相告具体原因，并且勿忘向对方致歉，对其说上一声"实在对不起"，或是"非常抱歉"。别人邀请自己跳舞，是尊重自己的表现，所以千万别令其难堪或受到伤害。被人拒绝后，要有自知之明，有台阶就下。千万不要自找没趣，赖着不走或胡搅蛮缠。

(2)拒绝他人时，语言不宜粗鲁，不宜对被拒绝者说"您是谁呀"、"一边待着去"、"别来烦我"、"也不看看自己的模样"等。通常，拒绝别人应在说明原因时，使用委婉、暗示的托词。目前，在舞会上婉拒别人的托词，最常见的有下列6种。对此，拒绝者要会讲，被拒绝者则要善于"听话听音"，知难而退。

托词之一，是"已经有人邀请我了"。

托词之二，是"我累了，想单独休息一会儿"。

托词之三，是"我不会跳这种舞"。

托词之四，是"我不喜欢跳这种舞"。

托词之五，是“我不熟悉这首舞曲”。

托词之六，是“我不喜欢这首舞曲”。

（四）舞姿

参加舞会时，人人重在参与。一个人的舞姿不必美不胜收，舞技也不必无可挑剔，但是跳舞时所作所为，却必须达到合乎规范的标准，文明大方。

1. 标准

在舞场上跳舞时，有既定的规范。步入舞池时，须女先男后，由女士选择跳舞的具体方位。而在跳舞的具体过程中进行合作时，则应由男士带领在先，女士配合于后。每个人在跳舞时，身体都应保持平衡，步法切勿零碎、杂乱。在需要前进或后退的时候，迈出的脚步、身体的重心、力量的分配、一定要认真、准确，并且要注意移动自如。在跳舞时，要掌握运步方向的技巧，要记住在变换各种方向时，均应以自己左脚或右腿的前脚掌为轴心进行转动。跳舞时所有人的行动方向，都必须按照逆时针方向进行，唯有如此，方能确保舞池的正常秩序，不至于发生跳舞者互相碰撞拥挤的状况。当有乐队演奏时，一曲舞毕，跳舞者应首先面向乐队立正鼓掌，以示感谢。之后，方可离去。一般情况下，男士应当将自己所请的女士送回其原来的休息之处，道谢告别之后，才能再去邀请其他女士。有条件的话，对基本的舞姿可多作练习，以便熟能生巧。

2. 文明

在舞场上跳舞时，每个人的舞姿均应符合文明规范。跳舞时的具体动作，要与届时演奏的舞曲协调一致。在任何时候都不要自我创新，乱跳一气。尤其是不允许有意采用夸张、怪异、粗野基至色情的舞蹈动作，去吸引他人的注意。在跳舞之时，要注意与另外的跳舞之人保持适当的距离，以防相互影响。万一不慎碰撞或踩踏了别人，应当自觉地向对方道歉。若系他人因此而向自己道歉，则须大度地向对方表示“没关系”。不论自己与一起跳舞的舞伴是何种关系，两个人在一起合作跳舞时，除必要的以手相互持握外，身体的其他部位都要保持大约一拳左右的间隔。男士不能借机对女士又拉又抱，女士则不宜主动贴向男士。双方都不应当在跳舞时贴面、贴胸、贴腹，有意粘在一起。除交谈之外，在跳舞时切勿长时间地紧盯着舞伴的双眼。万一碰到了双方身体的其他部位，应立即为自己的不慎向对方说一声“对不起”。

（五）交际

鉴于舞会多以交际为主，故此舞会亦称交谊舞会。参加舞会时，不能只图跳舞尽兴，而忘却了本应进行的交际活动。

1. 叙旧

在舞会碰上了老朋友，除了要争取邀请对方或其同伴共舞一曲之外，还要尽量抽时间找对方叙叙，致以必要的问候，并且传递适当的信息。千万不要在舞会上表现出“喜新厌旧”之意，为了结交新朋友，而对旧交不屑一顾。

2. 交友

舞会上结交新朋友，通常有 3 种方法可行。其一，是主动把自己介绍给对方。其二，是请主人或其他与双方熟悉的人士代为介绍。其三，是通过邀请舞伴的方式直接或间接地认识对方。在舞会上结识新友之后，一般不宜长时间深谈。可在此后适当的时间，主动打电话联络对方，以便进一步推进双方关系。与互不相识的舞伴跳舞时，可略作交谈，其内容以称道对方的舞技、表扬乐队的演奏等为佳。有时也可以进行简短的自我介绍，但是，在交谈时不宜打探对方的个人隐私、贬低他人的舞技。无论如何，都不要在跳舞时伺机向对方提出单独约会的请求，更不能风风火火地向其表白“一见钟情”的爱慕之意。

三、举办舞会应注意的问题

舞会礼仪是人们约定俗成的，组织舞会一般应注重以下礼仪。

1. 邀请参加人员

比较正式的舞会或家庭舞会首先应考虑的是邀请哪些人员来参加舞会，并给每个被邀请者发一个请帖。请帖上应注明举办舞会的时间、地点和参加的人员，最好简要说明开舞会的事由或者目的。

2. 布置舞场

布置舞场首先应注意所选择舞场的大小，舞场的大小应与客人多少相适应。舞场过小，客人有拥挤感，不便于翩翩起舞；而舞场过大时，整个舞场空空荡荡，又显得气氛不够热烈。另外舞场的布置要突出欢快、热烈的气氛，场地空间地带可用彩色花环、飘带、彩灯等加以装饰。灯光的亮度及颜色应调整好，既不能太亮，也不能太暗。太亮了影响气氛，太暗了容易使人感到压抑。同时，还要准备好音响和音乐，如果有条件还可以请乐队来现场演奏，舞场四周应摆放足够的桌椅，以供来宾在跳舞间隙就座。如果是比较重要的酬宾舞会，应免费供应饮料，还可以摆放一些糖果之类的小食品。总之，舞场的布置要求典雅大方，造就良好的氛围，创造优雅的环境，提高人们的兴致。

3. 选择合适的舞曲

跳舞必须有舞曲伴奏，所以，舞曲的选择对客人情绪的影响是很大的。好的舞曲能够营造出高雅、欢快、美妙的舞场气氛，必然受到舞客的欢迎，把舞会推向高潮。舞会主办者既要选择一些民族乐曲或世界名曲作为伴奏曲，也要选择一些受大众欢迎的流行乐曲作为伴奏曲，以引起共鸣。选择舞曲应根据对象而定，以利于营造良好的气氛为目的。舞曲要丰富多彩，各种舞步的舞曲要穿插播放，音量要适中，不宜过大或过小。

4. 安排舞伴

舞会一般是男女相伴起舞，因此，舞会主持者应考虑舞客的性别比例以及年龄层次，安排一定数量的伴舞人员。如举办会议专场舞会时，代表中一般以男性居多，舞会主持者应事先从本单位或兄弟单位邀请部分女士前来伴舞。

5. 做好安全保卫工作

舞会从开始到结束，都要十分重视安全保卫工作。闲散人员不准入内，衣冠不整者谢绝入场。舞场的气氛要尽量热烈，但舞风必须端正。当发现个别舞客举止不轨时，应由保安人员劝阻或劝其退场。另外，还要有专人保管舞客的衣服、财物，严防发生舞客财物丢失等不愉快的事件。在舞会进行过程中，应尽量避免发生打架斗殴、盗窃等事件的发生，确保舞会的正常进行，防止因一点小事致使舞会不欢而散。

四、舞会主人的礼仪

作为舞会的主持人或主人除了要布置好舞场，为舞会创造欢快、热烈的气氛外，还要在舞会进行中注意以下几个方面的礼仪。

作为舞会的主持人或主人，化妆应该适当。如果你是一位少女，不要梳太造作的发型，不能抹太浓的脂粉，只需涂上鲜亮明快的唇膏，比平时多加装扮即可。在舞会上，主持人或主人要注意照顾客人，把害羞的青年介绍给同伴，安排他们坐在一起，但介绍时要考虑他们的个子高矮是否合适、性格是否相近等因素。主人可以在舞会开始前或音乐的间歇，对单身的男青年说："我给你介绍一个不错的舞伴吧！"并把他带到一位女青年身边，作一简单介绍，然后鼓励他们一起跳舞。第一首音乐开始时，作为女主人，如果没有舞伴，可以选一个比较要好的男朋友带头先下舞池；此后，每一首音乐，你都应该轮着去跟所有的异性朋友跳舞，主动地邀请他人共舞或者答应朋友的邀请。他人有舞伴同来的，就只能邀请他人一次。舞会开始时，如果迟迟未有男士邀请女士起舞，男主人就必须负起责任，轮流去邀请座中任何一位女士起舞。当第二只舞曲奏起时，男女主人发觉有的舞伴没有被邀请起舞，这时男主人或女主人就应该承担起这个责任与之共舞。舞会在进行过程中，如果所有的宾客都一一起舞，为了使舞池不至于太拥挤和做好舞会服务工作，男女主人应该从舞池中退出来。

总之，舞会的主持人或主人要控制场内的情绪，使整个舞会自始至终地保持热烈、欢快的气氛和文明、健康、优雅的情调。

第三节　文艺晚会礼仪

文艺晚会简称晚会，指晚上举行的以演出文娱节目为主要内容的群众性聚会，场所大，人数多，又叫综艺晚会或综合晚会，是区别于专题性晚会的一种晚会形式。它的观众层次无论从年龄的差别、文化修养的高低、还是社会地位的不同来比较，均有很广泛的群众基础，是深受群众喜爱的一种艺术形式，如今它已成为老百姓茶余饭后不可缺少的一道文化大餐。

一、文艺晚会的组织

文艺晚会的组织者应把握好以下环节：晚会节目的选定应根据文艺晚会所定的主题和所邀请的公众的兴趣来选择；节目应不含由于政治因素、宗教信仰和风俗习惯等问题所引起他人不愉快的内容；开场前，可在会场入口处向观众分发节目单。

晚会前，应拟好请柬或邀请信，其中须写明举办文艺晚会的原因、时间、地点和晚会的内容；邀请信或请柬内应附上入场券，提前发给受邀人。

应根据客人的身份，事先做好就坐安排，看文艺节目一般以第 7、8 排的座位为最佳；如果会场内设有贵宾席，应留给领导和主要客人，其他客人可以自由入座或对号入座；专场文艺晚会应安排普通观众先入座，而主宾席客人由领导陪同后入场；当主宾席客人入场时，其他观众应有礼貌地起立，并鼓掌表示欢迎。

二、文艺晚会的种类

按场地组织的有：室内晚会、室外（广场）晚会。

按时间组织的有：元旦文艺晚会、三八文艺晚会、五四文艺晚会、六一文艺晚会、中秋文艺晚会、国庆文艺晚会、春节文艺晚会等。

按活动组织的有：艺术节文艺晚会，运动会文艺晚会、开幕式文艺晚会、颁奖文艺晚会等。

按专题组织的有：廉政文艺晚会、护士节文艺晚会、建军节文艺晚会等。

按行业组织的有：工商文艺晚会、社区文艺晚会、校园文艺晚会、军营文艺晚会等。

此外,一些联欢晚会、有文艺演出的联谊会、团拜会也包含在文艺晚会之中。

文艺晚会组成人员有演员、主持人、后勤、观众等。

文艺晚会节目单内容包括:节目内容、节目顺序,演出时间、演出地点、演出单位、演出人员。

三、观看文艺晚会应注意的礼仪

文艺晚会是一个欢快喜庆的交际场合,观看文艺晚会时应注意基本的礼节和礼貌。

(一)提前入场

准时入场很重要,一些戏剧表演或者演奏会在演出开始后关门,如果迟到了,就不得不等到演出间歇或者休息时段才能被允许进入。所以,最好是事先计划留出足够的时间在路途上、停车、穿过拥挤的人群、购票、在路上偶遇朋友、购买饮料零食(如果被允许)、去卫生间等。另外,还需要在演出正式开始之前找到座位坐好。留出富余时间,你就可以有良好的心情尽情欣赏表演,而不会为赶时间而疲惫不堪。

(二)对号入座

在拥挤的剧院里,如果你的座位正好在横排中央时,你就要时刻准备跟周围的人说“对不起,打扰了!”和“谢谢”。经过他人座位时,你可以面朝你前边的座位,这样即便你失去平衡跌倒的话,也不会撞到别人的腿。把你随身的提包、大衣之类一些宽松物品举高,以便尽快地通过。在演出期间,避免在你的座位处进进出出。如果非出去不可,出去后就待在剧院的后面,直到中场休息时再回来,这样可以把对邻座欣赏演出的打扰减到最小。如果你带着年纪小的孩子,或者你预计自己很可能在观看演出的过程中被打扰(等一个重要的电话或者你生病了需要使用休息室),则最好让自己坐在过道旁边的座位上,以避免打扰别人。如果有人要坐到你里面的位置去,最好的方式就是坐在自己座位上,把膝盖朝那人要去的方向侧移,不要站起来,这一点在演出期间尤为重要,因为这样才能把对后面观众视线的妨碍最小化。

(三)礼貌观看

(1)食物和饮品。在剧院里,食物和饮品通常是被禁止的,因为食品的污渍很黏,难以清理干净。除非在露天运动场里有人卖食物(例如一些体育赛事时),否则不要吃东西,尤其是演出或比赛正在进行的时候。

(2)噪声。没有比在演出时制造噪声的情况更糟的了,可能是说话的声音,手机铃声或手机通话,可能是摇晃盒装糖果的声音,可能是大声喝饮料的声音,或者是撕开玻璃包装纸的声音,大声吃东西、大声嚼口香糖,坐立不安地敲打手指或者用脚轻拍地面的声音。如果你忍不住要咳嗽的话,试着用手绢或纸巾掩嘴压抑住声音。如果咳嗽变得无法控制时,最明智的选择是离开剧院。

(3)鼓掌。在正式的演出中,鼓掌是受到限制的,一般只允许在演出的某些固定段落出现,比如在指挥或演员上台时,或者在演出结束时。如果你不确定该不该鼓掌,那就试着模仿其他的观众。当指挥举起指挥棒,鞠下最后一个躬时,或者其他人停止鼓掌时,你也应该停止鼓掌。

(4)中场间断。如果你想离开座位的话,有必要好好计算一下时间,以便能够在演出继续开始前的 5 分钟回到座位。中场间断时间一般是 20 分钟。

(5)退场。退场的时候,要跟着人流一步步地走向门口,在拥挤中推搡他人是很粗鲁的举动。请随着人流移动,不要停下来聊天抑或拿出手机立刻看短信或接电话。有些人因为要避开退场高峰,在演出结束前的几分钟就离场,这是非常不礼貌的,因为影响了其他人对演出的欣赏。

(6)对付无礼。在公共演出场合,控制好自己的行为比较容易,但是别人的无礼以及欠体谅则是在我们控制能力之外的。有时候,礼貌地提醒别人不要聊天或不要制造噪声,结果往往导致粗鲁地回应,这样的交流会破坏欣赏演出的情绪。对付无礼的最好办法就是把情况向管理人员报告,管理人员有权利请他们离开。

(7)着装。近年来,着装规则正处于由正式走向随意的过渡,但是又经历一个向更正式的回归,晚会着装的风格应视演出的具体情况而定。

如果剧院的座位靠得比较紧凑,那就不要穿会露出胳膊和腿的衣服,那样可能会碰到邻座。如果天气太热,就带上一件薄的衬衫、披肩或者夹克来遮住裸露的皮肤。

注意个人卫生,不要让自己的体味或香水味熏到你旁边的人。

如果剧院有更衣室的话,一定要把你大件的物品寄存在那里,像雨衣、厚重的夹克、雨伞、大包之类,随身携带一个小包来装你需要的东西是个好办法。

四、涉外文艺晚会应注意的问题

在国际交往中,特别是在接待外国贵宾时,为其专门组织一场文艺晚会,不仅是项娱乐活动,而且也是给予对方的一种礼遇。涉外文艺晚会节目的安排、座位的选择、晚会的程序等应引起足够的重视。

安排节目的基本原则,一是要考虑外宾来访的性质,二是要兼顾双方的相互关系，三是要尊重外宾的风俗习惯，四是要照顾外宾的特殊爱好，五是要宣传本国的传统文化，六是要符合己方的实际能力。一般而言，晚会上演出的节目，应以具有本国特色的音乐、歌曲、戏剧、舞蹈为主。必要时，可以加演一两个来宾所在国家的知名节目或来宾本人喜爱的节目。为了保证质量，应在正式演出前组织专人审看节目。在演出时，还应印制专门的有中外文对照的节目单，保证人手一份。在节目单上，最好对节目的内容略作介绍，以便外宾有所了解。

为了便于外宾欣赏节目，有必要为其选择好观看演出时的座位。选择座位时，重点应当兼顾 4 个方面。其一，便于安全保卫，此乃头等重要之事。其二，座位应当位置最佳。一般而言，在正规的剧场内观看文艺演出，通常最好的座位在第 7 排至第 9 排之间，并以其中间的座位为佳。其三，应当使宾主集中就座。分散就座或者仅请外宾自己观看而无人作陪，是不合礼仪的。其四，外宾的进场与退场应比较方便。

在一般情况下，为外宾安排的专场文艺晚会，大致应当包括下列程序。一是在外宾抵达时，礼宾人员与陪同人员应在剧场门口迎候。二是宾主一起进入休息厅，稍事休息与交谈。三是主人陪同外宾步入剧场就座，其他观众起立鼓掌欢迎。四是文艺演出正式开始。五是演出结束，主人陪同外宾一起走上舞台献花，并且与主要演职人员见面、合影。六是主人陪同外宾退场，演职人员与其他观众一起欢送。以上几项程序，有时亦可酌情予以删减。

出席涉外性质的文艺晚会时，通常应当注意以下 5 点。第一，穿着打扮应当文雅大方，一般不允许身着便装。第二，必须提前进场就座。演出一旦开始，便不准再进场寻找座位，在演出期间也不得提前退场。第三，观看演出时不准制造任何噪声。交谈、走动、吃东西、打电话，都是有碍演出效果的。第四，未经准许，不准拍照、摄像。因为这不但会影响表演效果和他人观看欣赏，而且还有可能会侵犯演出方的专利。第五，要充分尊重演员的劳动。不允许在观看演出时乱喊乱叫，乱鼓掌乱跺脚，乱扔东西，乱往台上跑，对演员或节目妄加评论等。

本章小结

本章就做客与待客礼仪、舞会礼仪、文艺晚会礼仪 3 方面作了相关介绍。就做客与待客礼仪而言，强调无论是身为客人还是主人，都应各自遵循相关礼仪。做客时要把握预约有先、赴约准时、衣着得体、见面问候、言谈大方、举止有礼、合理备礼、适时告辞等礼节。待客时强调要热情、周到、礼貌。舞会礼仪主要介绍仪表服饰的准备、邀舞、应舞与拒舞的礼仪及举办舞会应注意的问题等。文艺晚会礼仪主要介绍提前入场、对号入座、礼貌观看等 3 方面礼仪，并对涉外性质的文艺晚会礼仪作了简单介绍。

思考与练习

1. 做客礼仪应从哪 4 个方面来把握？
2. 送客时有哪些礼仪需要注意？
3. 简述邀舞时的礼仪要求。
4. 为外宾安排的专场文艺晚会，大致包括哪些程序？

【案例分析】

在一次有外宾出席的文艺晚会的现场，有几个中国观众吵吵嚷嚷、酒气熏天地开演后 15 分钟才进场，拿着手电东张西望，旁若无人地从他人座位前站着通过。坐下后不停地接手机，发短信，嗑瓜子，吃口香糖等，间或大声喝彩与起立鼓掌，偶尔还用手机拍照。期间，不断进出卫生间，离演出结束半个小时，又咋咋呼呼地退场了。

请问：

1. 这几个中国观众在观看文艺演出时有哪些失礼之处？
2. 观看涉外文艺演出应该注意哪些礼仪？

第六章 会务与仪典礼仪

会议是特定时间、特定环境下，有组织、有目的、有计划地为商讨重要议题或通报一些重大事项等进行的集会或聚会。会议包含两层含义，一是“会”，聚集、凝聚、会面；二是“议”，商议、探讨、决议。前者指与会人员的主体意愿汇聚的过程；后者指聚会的主要目的、意义和内容。会议的人数不确定，少则 2～3 人，多则成百上千人。

会议是现代社会开展政治、经济、文化或其他活动的重要方式之一。会议的功能越来越广泛，会议的内容越来越丰富。重在结识、结缘的会议称为会面；重在洽谈某一事项的会议称为会谈；为以后交往打下良好基础的会议称为会晤。目前，会议的内涵已远远超过这些层面，成为一系列集会的统称，如职工代表大会、决策会、商洽会，也包括茶话会、展览会、研讨会、联谊会等。

会议的种类很多，其划分标准也多种多样。按照规模分为大型会议、中型会议、小型会议；按级别分为中央级、省市级、县级会议直至居民会议；按国别分为本国会议、国际会议；按开会方式和地点，也可分为传统的集中开会和现代的异地远程电子会议。

会务礼仪是指在会议过程中的礼貌、礼节及应遵守规范的总称。如会晤的邀请、会议的策划、会场布置、会议的礼节性组织、会议的接待、会议的议程安排与日程排序、会议的位次安排、会议的庆典仪式等。与会者是否懂得和运用现代商务活动中的基本礼仪，不仅反映出该员工自身的素质，而且折射出该员工所在组织的文化水平和经营管理境界。如其中某个环节安排不当或处理不妥，会直接影响会议的正常议题和议程，有时甚至会升级为组织与组织、国家与国家、民族与民族之间的矛盾，引发一系列公共关系危机。

第一节 会务礼仪

会务礼仪，对会议效率和目标的实现起到制约和保障作用。一是可以通过会务礼仪理顺各种会务程序；二是通过会务礼仪协调各种与会者的关系；三是为激发与会者的参与热情提供支持；四是为现代会议的科学、有效组织提供保障；五是为传播组织形象做出努力；六是为提高与会人员诚实守信的工作修养、严谨求实的办事作风、追求高尚的发言动机作出规范；七是为会议节约精力成本和时间成本作出努力。

现代会议，越来越倾向于严谨务实，更注重精简性、科学性、高效性。

一、会务的准备

会议前期准备充分，是取得会议成功的前提和保障，也是会务礼仪的主要表现。准备会议的人员，一定要本着认真负责的精神，缜密考察每一个流程和具体环节，使会议不出现纰漏。会议准备工作的总要求是充分准备、热情接待、严密组织、服务周到、确保安全。

(一)明确会议主旨

会议主旨，即通过会议主办者所要达到的目的、目标，是所要商议的一系列事宜的中心思想、集中指向、价值追求，或会议预期所要达到的效果。会议目标明确，可以避免开会时走弯路或浪费时间，也可以为会议进行后期的效果评估提供依据。

一般会议的目标表现为：

有效——集思广益，解决个人无法完成的任务或应对突发事件，有效达到会议的目标。

和谐——营造和谐的气氛，使成员对团队有安全感、信任感、认同感，展露个人才能。

参与——充分发扬民主，参与的人用心关注，才能让会议得到健康健全发展。

效率——能在预定的时间内完成开会任务，这就是效率。

学习——在参与开会的同时有更多相互学习交流的机会。

(二)安排议题,确定议程

议题是会议需要讨论的问题,它反映了会议的目的和主旨,是每次会议必须认真研究的任务。安排议题前,要根据工作重点和工作目标进行征集和筛选,分清轻重缓急,认定确有开会的必要。

会议议题一般有单一议题和多议题两种形式。单一议题一事一议,比较集中,深度探讨,针对性强。多议题是围绕一个共同主题,把几个相关议题一起讨论,其中会议的主题是需要开会解决的最基本、最突出的问题。虽然分几个议题,但所有的发言必须紧密围绕主题进行,不能离题太远或偏题。

会议召开的议题,一般要满足下列条件:对于组织发展和日常工作以及将要进行的项目而言非常重要的议题;需要紧急处理的议题;需要充分发表意见,集思广益的议题;无法私下协商的议题;需要了解实况的议题;有权做决定的人必须参与的议题;重大关系人、责任人必须参与的议题;不宜口头传播或书面传达的议题。简单而言,议题应满足显著性、重要性、经济性、必要性的特点。不能小题大做,也不能大题小做,注意规模适当,节约人力、物力、财力、时间等成本。

议程是开会的具体步骤与议题商议流程,会议程序包括议题先后顺序、会议安排的时间、地点、日程、会议进行的仪式、项目等步骤,还应包含开会的预定结束时间,选择何种会议形式等。

会议议程的安排要注意以下几个问题:

由重要到不重要——会议开始时即讨论重要议题,以免延误时间影响后面的重要议题;

由不尖锐到尖锐——将尖锐问题置后,让与会者先建立默契和信任感,再接触尖锐问题,使气氛不至于尴尬;

由容易到困难——让大家渐渐融入会议进行的节奏,不要开始就接触未熟悉的议题造成挫折感;

由共性到个性——先确定大家公认、共识的问题,这些议题如果大家没有异议,可以先解决,便于节约时间商讨后面重要的或有异议的问题;

由一般问题到保密问题——涉及机密问题要放到最后,便于前面的议题进行完后,与秘密议题无关的人可以先离开,与秘密议题有关的人继续商讨秘密事宜。

开会议题一般要请示主管领导意见,经过领导审核或批准后再提上议事日程。最后还应准备一些备选议题,以备冷场急需,或有余留时间可捎带讨论。

(三)会议时间和地点的确定

开会时间与地点确定的首要原则是保证与会人员能够在规定时间正常到会。

其次是保证与会人员精力旺盛地参会，保证开会效率。再次是节约时间、精力、经济等会议成本。

一般组织内部会议，选择正常上班、工作时间，不会占用周末或休息时间，除非是特殊或紧急情况。组织的例会会选择周一的上午和周五的下午。周一上午开始一周的工作部署、计划、目标，周五下午总结一周的计划完成情况，总结汇报存在的问题和成绩等。有些组织每天早上有早会，互相鼓励；每天晚上有晚会，总结提高。也有些组织一周当中选定其中某天为例会时间。组织全体员工大会，一般是每周或每月举行一次，通过会议传达情况，介绍工作，动员、激励员工士气等。组织高层领导和决策层之间的会议，除了定期的例会，还有很多临时的、不定期的会议。还有遇节日、庆典或特殊纪念日举办的大型文化活动、工作竞赛等。

对于一天来说，早上开会精力比较集中，开会效率较高。下午开会人员容易召集齐全。中午或晚上开会，需要解决食宿等问题。

一般大型展会、新闻发布会、公关专题等活动，会安排在周末，为吸引更多的公众参与、吸引媒体关注和社会关注。大型活动不会选择重大节日，除非是和销售有关的促销活动，便于公众参加展会。同时，开会还要注意社会发展的大环境和组织文化的内环境，以及社会重要事件等契机与时机，与社会发展相协调。

一般会议会持续 1～2 个小时，或几个小时；特别重要的会议，会持续 3 天或 1 周，甚至更长的时间。现代会议的精神是越短越好。

会议地点的选择，首先要考虑交通方便，避免与会人员长途跋涉；其次是环境幽雅、清净，无噪声干扰。会议地点还要注意选择外地人比较容易寻找、与会人员相对熟悉、满意的环境。

(四)会议材料的准备

会议材料是指开会期间所有需要准备好的一些文字材料和其他材料。如会议须知、日程安排表、交通指南、与会人员信息表及联络方式表、编组情况、住宿安排表、领导讲话稿、发言人的提纲、工作报告，典型经验案例、新闻统发稿等。如果材料较多，还应准备好方便携带的提包或纸袋、签字笔等文具材料。

文件材料本着提高会议效率的原则，为与会者提供便利信息，也为开会提供快捷的服务，避免一些非主流议题浪费过多的时间，使会议更有针对性。同时，材料准备充分，也可丰富议题，起到对会议主题的补充说明作用。

准备会议文件和材料时，要认真核对后再打印，避免错漏，影响会议质量和主办者的可信度。印刷份数要留有余地。在会场，文件材料应有专人分发，或装好手袋封存，签到时交到与会人员手中，不能放在主席台由参会者自取，以免秩序混乱。

一般的会议资料，选择会前分发，不要在开会时发放，以免影响会议正常进行。

会议的重要资料要注意保密,分发时要逐一登记,会后及时回收。

(五)拟定与会人员范围或名单

开会前要做好准备,根据领导意图和会议主旨、性质、任务、内容拟定参加会议的人员名单,以保证会议目的更好实现。根据开会的人数、级别,准备会议通知,发会议邀请函。

一般有以下几种方式召集开会人员:有固定成员的例会,如领导班子、股东大会、员工大会等;会议由担任一定职务的人参加,如中层领导会议、高级领导会议;与会人员需要会前选举或推选产生的会议,如人大代表、职工代表;由单位指派代表出席的会议,如报告、巡讲、讲座,交流、讨论等,可佩戴代表证参加会议。

各种协商会、座谈会、茶话会、宴会等,对与会者包括代表和嘉宾,都有一定要求,请何人参加会议要全面考虑。一般由领导审定,注意人数的控制。

(六)办理会议报批手续,发放会议通知

有些会议必须经过上级报批,才能召开。一般组织内部会议,在职权范围之内,由主管领导批准即可。涉及问题重大,涉及组织外部人员众多,涉及其他单位合作、协商等重大会议,如主办单位没有权限召集的会议、会期较长、参与人数众多的会议,必须按照隶属关系,向上级单位主管领导报批。凡报批的会议,应在请示中将开会理由、会议议题、会期、地点、参加人数和人员职别,会议经费,准备情况等写清楚。未经批准前不准先发会议通知,更不得先开会后报批。

会议获得批准之后,便可根据开会时间提前发会议通知。内部会议可板报通知、广播通知、电话通知;外部会议多选用文件通知、电话通知、电报通知、邮件通知、电子政务等方式。重大会议一定要用文件通知。

通知的内容包括会议名称、会议时间、地点、议题、费用、主办单位、联系人电话、姓名等内容,以及会期、与会人员、报到日期、报到地点、食宿安排、交通安排、携带材料等注意事项。

发会议通知要及时,开会时间、地点要明确。同时,避免通知重发、漏发、错发。用于重要庆典、公关活动等涉外会议通知,应采用精美的邀请函,设计独特,表示对与会者的尊重,显示会议的庄重,并激发参会者的兴趣,便于收藏和纪念。

(七)精心布置会场

选择会场,要注意开会人数和会议内容、性质以及规格等综合因素,大小适中。会场太大显得空旷,注意力容易分散。会场太小显得压抑、拥挤,影响与会者的情绪。会场的大小、规格,依据会议的需要,应提倡务实、节约,同时也要考虑人性化和审美需要,以及安全疏散等要求。

会议场所选好后，要进行布置。环境对于与会者的情绪激发和思想交流影响很大。隆重庄严的大会，适合在大礼堂；庆祝大会，要注意隆重、喜庆、热烈，适合在广场；纪念性会议，要肃穆、庄严、安静，适合在典雅、和谐、亲切的会议厅；一般组织内部会议，适合在会议室、办公室。

会场布置，涉及主席台、会场形式、座位、附属设备调试、装饰、会标、标语、口号、会徽、背景墙、旗帜、气球、花篮、花卉、字画等。

大型会议，一般设有主席台。主席台通常设在大厅里面门的位置或设计好的主台上，比会场坐席稍高些。

一般会议，参会人数不多，通常选用长方形桌子或圆桌。圆桌感觉圆满，易于沟通；方桌严肃、庄重，有权威感。如果人数众多，多张桌子可摆成 V 形、口形等，摆放形式丰富，注重沟通交流，方便自由研讨，嘉宾主次分明。

会场附属设备要注意安排周到、齐全。准备好照明、灯光、音响，多媒体、话筒以及电话、传真、电子商务、录音设备等。并反复调试，做到万无一失。还应充分考虑会场的通风条件，讲究环境卫生和空气清新，以及热情的礼仪服务工作，高级会议还应考虑停车场。

（八）会议接待礼仪

会议接待工作是会议准备的工作重点。会议接待重在体现以人为本、热情周到的服务理念。会议接待工作有 5 个要素，即什么时间、什么地点，接待什么人、采用什么级别和规格、取得什么样的效果。所以接待前一定要弄清楚接待任务、接待人数、来者的性别、习惯、民俗禁忌等信息，安排接待规格，选派专人接待，设计接待计划与行程，注意接待时间和地点。

在接待过程中，要了解清楚接待地点、客人何时到达，准备好接待交通工具、欢迎鲜花和条幅等，便于来者辨认。更重要的是准备见面礼与热情洋溢的开场白，一般包括自我介绍、宾主互相认识等环节，注意乘车引领。如参会人员长途旅行，要让客人适当休息，简要介绍一下正常会务和日程安排即可。

会议期间吃住行的接待要周到。会餐一般选择工作餐或经济实惠型便餐。重要客人选择正规西餐或中餐，配有茶会、酒会。现代会议讲究吃“文化”，注重进餐环境，凸显地方特色，提倡节俭。酒店的安排，应了解当地各星级酒店布局、特点以及每个酒店的个性；了解地理位置和周围景观资源，周边环境特色，酒店服务特色；考虑时间、精力、人力、经济成本问题，提倡客随主便，遵循就近、方便等基本原则。有些会议安排有相关参观、研讨及晚会、旅游等，要注意开发有价值的路线和项目。

（九）会务后勤及新闻发布等事务

会务后勤是指会议期间所涉及物力、资金、信息等资源优化组合与合理调配工作，以及相关人员的衣食住行安排等问题。会务后勤是会议圆满、顺利、成功召开的保障。

会务后勤包括会议的物资、资金预算与筹备，与会人员的住宿安排，交通车辆调度，会议期间礼仪接待，活动安排，参观事项，以及医疗保健等等。注意根据会议的性质和规格，安排恰当的后勤接待。特别注意应给老人、妇女、儿童以及体弱的与会者热情的帮助。

有些重大会议，要提前做好新闻发布的工作，落实采集照片、图像、摄影工作准备，分析新闻点，提炼新闻价值，注意与媒体保持联系，邀请媒体记者参加，制作新闻统发稿，拟定现场记者提问提纲，邀请记者访问、参观等。注意收集整理发言人情况、简历、自传等信息。

会议检查主要落实各项后勤准备工作，以保证会议顺利进行。会议期间及时发现错漏，及时调整弥补。各个环节主要负责人应主动汇报工作，主管领导现场检查。重点检查会议文件资料的准备、会场布置情况、安全保卫措施、主席台就位等。特别是机器设备和音乐音响，要求严格检查，熟悉操作。

二、会务的席次排列

一般大型的会议，设有主席台、嘉宾席和观众席。主席台与嘉宾席、观众席相对而设。有些茶话会设有主席坐席与一般坐席，一般坐席以主席坐席为中心，围绕而设。

1. 并列式会见座次

会见座次安排通常是主人面对正门而坐，客人坐在主人的右边，记录员（译员）坐在主人和主宾的后面。其他客人按序在主宾一侧就座，主方陪同人员在主人一侧就座，若位置不够可在后排加座。

2. 围桌式会谈座次

会谈座次安排常采用长方桌、圆形桌或椭圆桌，一般以长方桌为佳，宾主相对而坐。以正门为标准，客人面迎正门，主人背对正门，主谈人居中，以主方为标准，记录员安排在主谈人背后。如会谈使用长桌时，桌头一端对向正门，以入门方向为标准，右面为客方，左面为主方。

3. 合影留念位次

一般以主人居中，主人的右手为上，主方和客方人员应间隔排列。一般来说，第一排的两端应由主方人员把边。

主席台座次，按职务、社会地位、声望高低排列，有 3 个原则：一是前排高于后排，二是中央高于两侧，三是高级会谈以媒体或观众观看主席台的方向为标准，右高左低。如地位最高者排在正中间。如两人属于重要级别，客人在主人右边。面向会场左为上，右为下，即观众观看方向的右边为尊。座位上摆放座位卡。现多提倡平等精神，遵守国际惯例，或按姓氏笔画为序，或按地理位置排序，或按行业系统排序。

一般的社交场合和商务交往乃至国际交往现在日益趋同，遵守国际惯例，座次的规则是面门为上、居中为上、以右为上、前排为上等。

三、会议期间的礼仪工作与参会礼仪

会议期间，主持会议现场与熟悉会议议程，掌握会议动态，协助领导控制协调指挥会议，精心组织，良好服务，使会议圆满成功，是会务礼仪工作的主体。

(一)会议期间的礼仪工作

会务期间具体礼仪工作如下。

1. 入场签到礼仪

这项工作是为准确了解与会者的出席情况，掌握会议需要住宿、餐饮等情况，会议开始时要做好签到、登记工作。一般有接待会议登记处、签到处，还应设咨询台。当与会者全部进场后，要迅速统计出席、列席和缺席人员名单，报告大会主持人。

2. 入场接待礼仪

大中型会议一般安排专门的接待人员，要熟记与会者的名字、职务、单位以及房间号码等信息，以便快捷地把他们带入房间或引领到会场。小型会议也有秘书接待，态度要热情，安排要周到。会议接待是会议的窗口，关系到组织的形象，应自始至终做到热情友好，服务周到，让与会者有宾至如归的感觉。

3. 传接电话礼仪

会议期间，手机要关机或调成静音、震动状态，会议期间不要发出响声，以免影响其他人。会议中如有电话打进，不要接听，也不要藏到桌子下面接听。如确属急事，应向主持人或主人礼貌暗示，出去接听。如有电话急需找与会人员，应问清是否可以会议后打进，或需要帮助传话、留言否，会后通知当事人及时回话。只有十分紧急的事情才可传字条给主持人，或会议休息时间交给当事人。

4. 协助主持人控制议程礼仪

对会议动态、与会者的反应，会议期间出现的问题，工作人员都要做到心中有数，大事要事及时汇报主管领导，突发事件注意灵活处理。若出现某种错误或片面的情况，或会议作出不正确的决定时，在征求主持人意见后要及时澄清，如实反映情况，主动介绍国家政策或法规，提请大家注意，目的使会议不离题，不违法违规，保证科学有效地顺利进行。

5. 会议记录礼仪

会议记录是会议真实、原始的资料凭证，做好记录是秘书的主要工作。记录要符合实际，简明扼要，真实反映发言人的意图，不能有自己的主观评价或见解。必要时应准备录音和录像，以便会后总结和回放。

6. 调派车辆礼仪

会议期间，如安排参观等项目，需要车辆准确、及时到位。事先应了解需要参观的有多少人，需要多少车，安排什么规格的车辆，哪些人坐哪辆车等，联系司机及时到位。不要耽误时间，做好引领和导游工作。

(二)参会礼仪规则

所有参加会议的人员，应该自觉遵守会议规则，保证会议顺利进行。

1. 参会者礼仪

良好的参会礼仪，既是与会者自身素质和修养的表现，也是所在组织形象的传播，同时也是对主办者的尊重。所有与会者都应讲究言行、举止，仪容、仪表、仪态等礼节，特别注意与会期间对他人的尊重与理解，对自己思想和形象的善意表达，对会议精神的良好传播。

开会要遵守时间，提前到达，并善始善终，坚持到会议最后；会前要做准备工作，以免会上唐突发言；会上根据主持人的引导，及时发言，主动献计，简短扼要；会上有不同意见，可等发言人讲完后礼貌提出，但应对事不对人，避免人身攻击；对于赞同的意见予以真诚的肯定及赞美。会议期间一定要注意倾听他人的发言；用积极的语言代替消极的发言；以探询、谦虚代替主观论断；不要随意打断别人的发言；注意争取对各项议题的理解和寻求合作。

2. 发言人礼节

开会时间有限，开会人员众多，与会者发言应注意简短、有力，清楚、明白。

会上应主动发言。开会期间，一般会有很多重要人物出席，或合作者、或同行，或领导者、决策者，一定要争取机会发言，不发言是不明智的。有思想、有想法应该与大家分享。

会上发言，应简明扼要。根据会议主旨，迅速整理自己的想法，拟好发言提纲，观点明确，论据充分，并把自己要说的话高度概括，便于大家倾听。会上发言应简短，尤其是第一个发言，要给别人留有余地。会上发言忌讳说一些无关紧要的废话、无关痛痒的套话、无所贡献的空话。

会上发言应尽早。有想法且对会议有帮助，应充分考虑，尽早发言。针对一个议题，大家的意见一般相对集中，越早发言越轻松，也容易引起别人同感，成为会议讨论焦点。越往后发言难度越大，因为前面的人已经提出的观点，不好再重复。会上如果没有机会发言，觉得自己的想法也很不错，可以写好字条交给主持人，补充发言。

有礼貌的发言人，还应该注意帮助主办者营造会议欢乐、和谐的气氛；建立包容、安全的讨论环境；保持客观，对事不对人；不以言立人，不以言废人，带动与会人员热烈参与，有抛砖引玉的效果。主动出击，适时发问，创造发言机会，并予以正向的肯定与鼓励。保持有效倾听与良好沟通，积极发言，明确发言，尊重发言，坦诚发言，客观发言，针对主题。

3. 主持人礼仪

主持人在会议上有非常重要的作用，会议的效果源于高水平的主持。

(1)主持人应把握好会议主持原则。一是“以人为本”，即尊重、肯定与会人员，让每位与会人员受到尊重且能够平等地阐发议题。会议的主要价值在于开发大家热情与智力参与。二是“停止操控”，主持人应在会议中集思广益，不可用职权来控制议程，形成个人决议。三是“目标与过程兼得”，在讨论过程中达到会议目标，让每个人享受到学习的过程。四是“对事不对人”，会议期间所有讨论的事，提醒大家真诚坦言，避免人身攻击。五是“感觉与理性兼顾”，会议期间引导大家，重在解决问题，不要一味埋怨或发泄情绪。

(2)主持人对会议时间的控制。应准时召开，不要因为等人而耽误已经在座的与会人员时间。会议也应按时结束，不能额外的多占用别人的宝贵时间。尽量在规定时间内完成会议内容。会议期间，发言安排紧凑，发言限时，注意引导和提示，少做评价。

(3)主持人要懂得如何开场，吸引与会人员对议题的重视。除了介绍会议召开的背景、会议目的、会议议程、会议持续时间，也可让与会人员自我介绍，并说明对会议的期待，以促进与会人员相互了解，创设融洽的协商气氛。

(4)主持人对议程的控制。会议开始时，主持人要询问大家是否对议题有正确的理解，是否清楚会议的流程。会议进行时，要提示大家善于聆听，礼貌注视对方，不中途打断，适当询问不明之处，适当归纳，不任意表露情绪；尝试理解、鼓励有建设性的参与；会议期间，善于使别人愿意发言及发问讲究技巧；语调要平和，避免评估式的意见。尽量避免某人独占性发言，避免冗长的发言占用大家交流意见的时间。

对脾气火爆的发言，提示要能容纳他人的意见，不可情绪化或与他人发生冲突；

对优柔寡断的发言，给予鼓励，提示注意思路清晰，对决议事项要果断、明确；

对于人身攻击者，应对双方进行安抚，重申议事规则，重提主题进行讨论；

对于离题者，应采取的对策是切回主题；给予肯定再切断话题；将离题的议题留置最后再做讨论；请他做归纳或替他做归纳；事先请将规则讲清楚；发言限定时间；

对于争议不下者，应采取对策休会 20 分钟以上，将双方意见列表比较，进行不记名投票，重整双方意见提出新的方案，重申共同利益；

对于抱怨者，应采取的对策是同情其不满的情绪，归纳其不满原因，帮助寻求解决的方法；

对于上级人员发言过于投入，应采取的对策是装傻发问，重新提出问题，幽默有技巧地提醒上级；

对于短话长说者，应采取的对策是适时制止其发言，提醒其理清具体的想法；

对于时间不足的情况，应采取的对策是选择重要议题进行讨论，限制发言人数（可事先登记），限定发言时间；

对于争功诿过者，应采取的对策是主持人应制止不当发言，并给予其适当的肯定，引导组织成员彼此说出对方优点，让大家都能受到适当的肯定；

对于为反对而反对者，对策是请他提出更好的对策；

对于独占发言者，对策是及时制止其行为，说明规则并强制执行；

对于消极的发言者，对策是对发言者的情绪表示理解，鼓舞士气，拟定共同目标，呼喊精神口号等。

（5）主持人还可边主持，边整理做好会议记录，不失时机地列出大家讨论焦点问题和得出的建设性建议；特别要列出有共识和意见不一致的观点，根据可取和不可取的地方进行辩论，找出调解纠纷所需的事实，把重点放在解决问题的方案上。

（6）主持人应懂得如何宣布结束会议。如宣布会议通过的决议，激励大家行动的决心，评估目标达成情况，会议过程回顾，悬念事项解决等。

四、会议的善后礼仪工作

会议的善后礼仪工作主要包括送别、处理可能遗忘的物品和完善会务工作。

（一）送别与会人员

会议之后，要礼貌道别和圆满送客。根据会议之前预先登记的与会者信息，安排车辆，礼貌送别。积极协助外地与会人员办理飞机票、车船票购买与预订工作，方便大家及时返回。在送别时，要表达主办方的诚意和感谢，希望再次获得支持与合作，并请与会者留言，多提宝贵意见。对于暂时留下的人员，要注意妥善安排食宿，善始善终做好会后工作。

(二)处理遗忘的物品

如发现有与会者遗漏物品，应尽快与失主联系，及时返还或邮寄返还，以免丢失者着急。特别是贵重物品，要请失主当面认领。

(三)完善会务工作

会后要清理会场，检查会议设备和会议用品是否有缺失。有时还需要寄信，感谢大家的参与，对大家提出的宝贵意见给予回复，邮寄会议照片、会议纪要等资料。同时，做好会议记录、打印、归档、备案等工作。取走所有遗留文件或资料，注意保密，做好回收登记。及时处理需要催办、承办的事项。

做好会议总结，根据会议预算和完成情况进行财务结算；肯定成绩，找出存在问题，及时做好会议检查和效果反馈工作。

第二节　开业礼仪及庆典活动

庆典活动是社会组织围绕重要节日或自身重大事件举行的庆祝活动。庆典活动范围很广，包括开工典礼、开业典礼、落成典礼、颁奖大会、周年庆祝、节日纪念、重大活动开幕式、闭幕式等。庆典活动的庆祝仪式也非常丰富多彩，如开工奠基仪式、开业剪彩仪式、落成典礼仪式等。近年来，庆典活动形式日益新颖，花样繁多，如锣鼓乐队演奏、礼花礼炮齐鸣、舞狮点睛助兴、名人登台献艺、群众狂欢嬉戏、义务劳动等。

一、开业典礼的准备与布置

庆典活动是一种表演色彩较浓的公共关系专题活动，为了使这一活动开展得有声有色，引起社会足够的关注，一定要做好前期准备工作，特别是嘉宾的邀请和会场布置。

嘉宾是庆典活动中非常活跃、耀眼的元素，具有明显的聚焦效应和传播效应，邀请时要注意懂得与庆典活动相结合，选择对组织形象具有较好代表性和相关性的嘉宾，而且嘉宾自身形象和声誉要好。邀请嘉宾应包括政府相关部门负责人、社区负责人、知名人士、社团代表、同行业代表、新闻记者、公众代表、员工代表等。请柬尽量早送达，以便被邀请者安排时间，按时出席。

开业典礼的隆重、热烈、喜庆气氛，重点体现在会场布置上。会场布置的基本原则是整体感觉协调，颜色鲜明，具有视觉冲击力；道具新颖，充分彰显组织的形象个性，具有强烈的宣传效果和公众吸引力；会场布置方式新颖，详略安排得当，主题突出，注重隆重性、宣传性和艺术性的最佳结合。

一般开业典礼要准备好道具、机器设备和礼仪小姐。如会场外渲染气氛布置用的彩旗、条幅、气球，随风飘扬，烈烈迎宾；引领路线、停车场、会场的指示牌，醒目大方。如仪式主会场的花篮、鲜花、盆景、红地毯，夹道欢迎，生机勃勃；设计独特的背景墙主题鲜明；嘉宾席温馨舒适；观众席视觉效果较好。如嘉宾休息室体现人性化的服务。同时备好礼炮、乐队和主持人。选择震撼、喜庆的音乐。整个现场给人的感觉非常有吸引力和感召力。

位次安排合理，一般设有观众席和主席台、签到处等。

庆祝仪式用的电源、音响、录像，鞭炮、礼花、锣鼓及组织形象宣传资料和嘉宾礼物要准备好。重大庆典应提前利用传媒宣传庆典时间、地点、拟参加的嘉宾、活动内容安排等信息，以吸引更多的人前来参观。

二、开业典礼的程序

开业典礼具有非常强的程序性，简短有序，精彩紧凑。一般程序如下：

(1)司仪宣布庆祝活动开始。介绍到场的主要领导人和嘉宾。

(2)主人致辞。简要说明庆典活动的来源、目的、意义和内容。

(3)嘉宾贺词。对组织表示祝贺，寄予美好希望，并表示愿意支持、合作等意向。

(4)庆祝仪式。剪彩、揭牌、奠基、落成、点睛、触摸屏、鸣礼炮等。

(5)庆祝活动。唱歌、乐队、舞狮等表演。

(6)庆典仪式结束，合影留念，组织参观等。

第三节 剪彩礼仪

在组织剪彩仪式时，可以求新、求异、求轰动，同时也要根据组织的实际能力注重节俭。从操作的角度来进行探讨，目前通行的剪彩礼仪主要包括剪彩的准备、剪彩的人员、剪彩的程序、剪彩的做法等4个方面的内容。

一、剪彩会场的准备与布置

剪彩的准备必须一丝不苟，涉及场地的布置、环境卫生、灯光与音响的准备、媒体的邀请、人员的培训等。在准备这些工作时，必须认真细致，精益求精。除此之外，对剪彩仪式上所需使用的某些特殊用具，诸如红色缎带、新剪刀、白色薄纱手套、托盘以及红色地毯等，应仔细地进行选择与准备。

会场的布置应注重喜庆、隆重、祥和的节日气氛。背景墙要标明剪彩的主要名目，地毯铺路、鲜花开道、鼓乐齐鸣、舞狮点睛、名人主剪等是剪彩时常用的礼仪形式。

剪彩的嘉宾必须审慎选定。根据惯例，剪彩者可以是一个人，也可以是几个人，但是一般不应多于5人。通常，剪彩者多由上级领导、合作伙伴、社会名流、员工代表或客户代表所担任。名单一经确定，应尽早告知对方，使其有所准备。必要时，可在剪彩仪式举行前，将剪彩者集中在一起，告知有关注意事项，并稍事训练。按照常规，剪彩者应着套装、套裙或制服，将头发梳理整齐。不允许戴帽子，或者戴墨镜，也不允许穿便装。一般的位次排列原则是：中间高于两侧，右侧高于左侧，距离中间站立者愈远则位次愈低，主剪者应居于中央的位置。

助剪者指为剪彩者提供帮助的人员。一般而言，助剪者多由东道主一方的女职员或礼仪小姐担任。具体而言，又可以分为迎宾者、引导者、服务者、拉彩者、捧花者、托盘者。迎宾者的任务，是在活动现场负责迎来送往。引导者的任务，是在进行剪彩时负责带领剪彩者登台或退场。服务者的任务，是为来宾尤其是剪彩者提供饮料、安排休息之处。拉彩者的任务，是在剪彩时展开、拉直红色缎带。捧花者的任务是在剪彩时手托花团。托盘者的任务，则是为剪彩者提供剪刀、手套等剪彩用具。在一般情况下，迎宾者与服务者应不止一人。引导者既可以是一个人，也可以为每位剪彩者各配一名。拉彩者通常应为两人。捧花者的人数则需要视花团的具体数目而定，一般应为一花一人。礼仪小姐的基本条件是相貌姣好、身材颀长、年轻健康、气质高雅、音色甜美、反应敏捷、机智灵活、善于交际。礼仪小姐的最佳装束应为：化淡妆、盘发，穿款式、面料、色彩统一的单色旗袍，配肉色连裤丝袜、黑色高跟皮鞋，穿着打扮尽可能整齐划一。

二、剪彩仪式的程序与做法

剪彩仪式的程序与具体做法如下。

（一）剪彩的程序

剪彩的程序必须有条不紊。在正常情况下，剪彩仪式应在行将启用的建筑、工程或者展销会、博览会的现场举行。正门外的广场和正门内的大厅，都是可以优先考虑的。活动现场可略作装饰，在剪彩之处悬挂写有剪彩仪式的具体名称的大型横幅。剪彩仪式宜紧凑，忌拖沓，所耗时间愈短愈好。短则一刻钟即可，长则不宜超过 1 个小时。

按照惯例，剪彩既可以是开业仪式中的一项具体程序，也可以独立出来，通常应包含以下 6 项基本的程序：

第一项，请来宾就位。在剪彩仪式上，通常只为剪彩者、来宾和本单位的负责人安排坐席。在剪彩仪式开始时，应请大家在已排好顺序的座位上就座。在一般情况下，剪彩者应就座于前排。

第二项，宣布仪式正式开始。在主持人宣布仪式开始后，乐队应演奏音乐，现场可燃放鞭炮，全体到场者应热烈鼓掌。此后，主持人应向全体到场者介绍重要来宾。

第三项，奏国歌。此刻须全场起立。必要时，亦可随之演奏本单位标志性歌曲。

第四项，进行发言。发言者依次应为东道主单位的代表、上级主管部门的代表、地方政府的代表、合作单位的代表等。其内容应言简意赅，每人不超过 3 分钟，重点分别应为介绍、道谢与致贺。

第五项，进行剪彩。此刻，全体应热烈鼓掌，必要时还可奏乐或燃放鞭炮。在剪彩前，须向全体到场者介绍剪彩者。

第六项，进行参观。剪彩之后，主人应陪同来宾参观被剪彩之物，仪式至此宣告结束。随后东道主可向来宾赠送纪念性礼品，并以自助餐款待全体来宾。

(二)剪彩的做法

剪彩的做法必须准确无误。进行正式剪彩时，剪彩者与助剪者的具体作法必须合乎规范，否则就会影响剪彩效果。

当主持人宣布进行剪彩之后，礼仪小姐应率先登场。在上场时，礼仪小姐应排成一行行进，从两侧同时登台，或是从右侧登台均可。登台之后，拉彩者与捧花者应当站成一行，拉彩者处于两端拉直红色缎带，捧花者各自双手手捧一朵花团。托盘者须站立在拉彩者与捧花者身后 1 米左右，并且自成一行。

在剪彩者登台时，引导者应在其左前方进行引导，使之各就各位。剪彩者登台时，宜从右侧出场。当剪彩者均已到达既定位置之后，托盘者应前行一步，到达前者的右后侧，以便为其递上剪刀、手套。剪彩者若不止一人，则其登台时亦应列成一行，并且使主剪者行进在前。在主持人向全体到场者介绍剪彩者时，后者应面含微笑向大家点头致意。剪彩者行至既定位置之后，应向拉彩者、捧花者微笑致意。

当托盘者递上剪刀、手套时，亦应微笑向对方道谢。

在正式剪彩前，剪彩者应首先向拉彩者、捧花者示意，待其有所准备后，集中精力，右手持剪刀，表情庄重地将红色缎带一刀剪断。若多名剪彩者同时剪彩时，其他剪彩者应注意主剪者的动作，与其主动协调一致，力争大家同时将红色缎带剪断。按照惯例，剪彩以后，红色花团应准确无误地落入托盘者手中的托盘里，切勿使之坠地。为此，需要捧花者与托盘者的合作。剪彩者在剪彩成功后，可以右手举起剪刀，面向全体到场者致意，然后放下剪刀、手套于托盘之内，举手鼓掌。接下来，可依次与主人握手道喜，并列队在引导者的引导下退场。退场时，一般宜从右侧下台。

待剪彩者退场后，其他礼仪小姐方可列队由右侧退场。不管是剪彩者还是助剪者在上下场时，都要注意井然有序、步履稳健、神态自然。在剪彩过程中，更要表现得不卑不亢、落落大方。

第四节　展览会礼仪

所谓展览会主要是指商界为了介绍本单位的业绩，展示本单位的成果，推销本单位的产品、技术或专利，而以集中陈列实物、模型、文字、图表，影像资料供人参观了解的形式，所组织的宣传性聚会。

展览会在商务交往中发挥着重大的作用。它不仅具有极强的说服力、感染力，可以现身说法打动观众，为主办单位广交朋友，还可以借助个体传播、群体传播、大众传播等各种传播形式，使主办单位信息广为传播，提高其名气与声誉。

展览会礼仪通常是指商界在组织、参加展览会时所应当遵循的规范与惯例。在一般情况下，展览会礼仪主要涉及展览会的准备与布置、展览会的组织与程序两个方面。

一、展览会的准备与布置

展览会的准备与布置通常包括下列工作。

（一）了解展览会目的与展品的种类

展览会覆盖面甚广，分作许多不尽相同的具体类型。要开好一次展览会，首先必须确定其具体类型，然后再进行相应的定位。按照商界目前所通行的会务礼仪规范，无论是主办展览会还是参加展览会，首先要明确展览会目的、种类以及展品类型。

1. 展览会的目的

展览会可分为宣传型展览会和销售型展览会两种类型。宣传型展览会意在向外界宣传、介绍参展单位的成就、实力、历史与理念，所以它又叫做陈列会。而销售型展览会则主要是为了通过展示参展单位的产品、技术和专利，来招徕顾客，促进其生产与销售，又称为展销会或交易会。

2. 展览品的种类

在一次展览会上，展览品种类多少往往会直接导致展览会的性质有所不同。根据展览品种类不同，可以将展览会区分为单一型展览会与综合型展览会。单一型展览会，往往只展示某一大的门类的产品、技术或专利，只不过其具体的品牌、型号、功能有所不同而已，例如化妆品、汽车等。因此，人们经常会以其具体展示的某一门类的产品、技术或专利的名称，来对单一型展览会进行直接的冠名。比如，可称之"化妆品展览会"、"汽车展览会"等。在一般情况下，单一型展览会的参展单位大都是同一行业的竞争对手，因此这种类型的展览会不仅会使其竞争更为激烈，而且对于所有参展单位是一场公平的市场考试。综合型展览会亦称混合型展览会，它是一种包罗万象，同时展示多种门类的产品、技术或专利的大型展览会。与前者相比，后者所侧重的主要是参展单位的综合实力。

（二）确定展览会的规模

根据具体规模的大小，展览会又有大型展览会、小型展览会与微型展览会之分。大型展览会通常由社会上的专门机构出面承办，其参展的单位多、参展的项目广，因而规模较大。举办此类展览会，要求有一定的操作技巧。因其档次高、影响大，参展单位必须经过申报、审核、批准等一系列程序，有时还需支付一定的费用。小型展览会一般都由某一单位自行举办，其规模相对较小。在小型展览会上，展示的主要是代表着主办单位最新成就的各种产品、技术和专利。微型展览会则是小型展览会的进一步微缩，它提取了小型展览会的精华之处，一般不在社会上进行商业性展示，而只是将其安排陈列于单位的展览室或荣誉室之内，主要用以教育本单位的员工和供来宾参观之用。

（三）参展者的区域划分

根据参展单位所在的地理区域的不同，可将展览会划分为国际性展览会、洲际性展览会、全国性展览会、全省性展览会和本地性展览会。规模较大的国际性展览会、洲际性展览会和全国性展览会，往往被人们称为博览会。组织展览会不一定非要贪大求全，特别忌讳虚张声势、名不副实，动辄以"世界"、"全球"、"全国"命名之。若是根据参展单位所属行业的不同，则展览会亦可分为行业性展览会和跨行业展览会。

(四)展览会的场地布置

举办展览会,免不了要占用一定面积的场地。室内展览会大都被安排在专门的展览馆、宾馆或本单位的展览厅、展览室之内,大都设计考究、布置精美、陈列有序、安全防盗、不易受损,并且可以不受时间与天气的制约,显得隆重而有档次。在展示价值高昂、制作精美、忌晒忌雨、易于失盗的展品时,室内展览会是其首选。

露天展览会则安排在室外露天之处,它可以提供较大的场地,花费较小,而且不必为设计、布置费力过多。展示大型展品或需要以自然界为其背景的展品时,此种选择最佳,如花卉、农产品、工程机械、大型设备等。不过,它受天气等自然条件影响较大,并且极易使展品丢失或受损。

(五)展览会的时间安排

举办展览会所用的具体时间的长短,称为展期。

长期展览会,大都常年举行,其展览场所固定,展品变动不大。

定期展览会,展期一般固定为每隔一段时间之后,在某一个特定的时间之内举行。例如,每三年举行一次,或者每年春季举行一次等。其展览主题大都既定不变,但允许改变展览场所或展品内容有所变动。定期展览会往往呈现出连续性、系列性的特征。临时展览会则根据需要与可能随时举办。它所选择的展览场所、展品内容乃至展览主题,往往不尽相同,但其展期大都不长。

二、展览会的组织与程序

一般的展览会,既可以由参展单位自行组织,也可以由社会上的专门机构出面安排。不论组织者由谁来担任,都必须认真作好具体的组织工作,力求使展览会取得完美的效果。

根据惯例,展览会的组织者需要重点进行的具体工作主要包括参展单位的确定、展览内容的宣传、展示位置的分配、安全保卫事项、辅助服务项目等。

(一)参展单位确定

在具体考虑参展单位时,必须注意两厢情愿,不得勉强。按照商务礼仪要求,主办单位事先应以适当方式,对拟参展单位发出正式邀请或召集。

邀请或召集参展单位的主要方式为:刊登广告,寄发邀请函,召开新闻发布会等。不管是采用其中任何一种方式,均须同时将展览会的宗旨、展出的主要项目、参展单位的范围与条件、举办展览会的时间与地点、报名参展的具体时间与地点、咨询有关问题的联络方法、主办单位拟提供的辅助服务项目、参展单位所应负担的基本费用等，一并如实地告知参展单位，以便对方据此加以定夺。对于报名参展的单位，主办单位应根据展览会主题与具体条件进行必要审核。切勿良莠不分，来者不拒。

当参展单位的正式名单确定之后，主办单位应及时以专函进行通知，使被批准的参展单位有所准备。

（二）展览内容宣传

为了引起社会各界对展览会的重视，尽量扩大其影响，主办单位有必要对其进行大力宣传。宣传的重点应当是展览的内容，即展览会上的展示陈列之物。因为只有它才能真正地吸引各界人士的注意和兴趣。

对展览会，尤其是对展览内容所进行的宣传，主要可以采用下述几种方式：其一是举办新闻发布会；其二是邀请新闻界人士到场进行参观采访；其三是发表有关展览会的新闻稿；其四是公开刊发广告；其五是张贴有关展览会的宣传画；其六是在展览会现场散发宣传性材料和纪念品；其七是在举办地悬挂彩旗、彩带或横幅；其八是利用升空的彩色气球和飞艇进行宣传。以上 8 种方式，可以只择其一，亦可多种同时并用。在具体进行选择时，一定要量力行事，并且要严守法纪，注意安全。

为了搞好宣传工作，在举办大型展览会时，主办单位应专门成立对外进行宣传的组织机构。可以叫新闻组，也可以叫宣传办公室。

（三）展示位置分配

对展览会的组织者来讲，展览现场的规划与布置是其重要职责之一。在布置展览现场时，基本要求是：展示陈列的各种展品要围绕既定的主题，进行互为衬托的合理组合与搭配。要在整体上显得井然有序、浑然一体。

当然，所有参展单位都希望自己能够在展览会上拥有理想的位置。展品在展览会上进行展示陈列的具体位置，称为层位。理想的层位，除了收费合理之外，应当面积适当，客流较多，处于展览会上的较为醒目之处，设施齐备，采光、水电供给良好。

在一般情况下，展览会的组织者要想尽一切办法充分满足参展单位关于展位的合理要求。假如参展单位较多，并且对于较为理想的展位竞争较为激烈的话，则展览会的组织者可依照展览会的惯例，采用下列方法之一对展位进行合理的分配。

方法一是对展位进行竞拍。由组织者根据展位的不同，制定不同的收费标准，然后组织一场拍卖会，由参展者在会上自由角逐，由出价高者拥有自己中意的层位。方法二是对展位进行投标。即由参展单位依照组织者所公告的招标标准和具体条件，自行报价，并据此填具标单，而由组织者按照“就高不就低”的常规，将层位分配给报价高者。方法三是对展位进行抽签。即将层位编号,然后将号码写在纸签之上,由参展单位的代表在公证人员的监督之下,每人各取一个,以此来确定其各自的具体层位。方法四是按"先来后到"分配。所谓按照"先来后到"进行分配,即以参展单位正式报名的先后为序,谁先报名,谁便有权优先选择自己中意的层位。

不管采用上述何种方法,组织者均须事先将其广而告之,以便参展单位早作准备,尽量选到称心如意的层位。

(四)安全保卫事项

无论展览会举办地的社会治安环境如何,组织者对于有关的安全保卫事项均应认真对待,以免由于事前考虑不周而产生不必要的麻烦。

在举办展览会前,必须依法履行常规的报批手续。此外,组织者还须主动将展览会的举办详情向当地公安部门进行通报求得其理解、支持与配合。

举办规模较大的展览会时,最好从合法的保安公司聘请一定数量的保安人员,将展览会的保安工作全权交予对方负责。

为了预防天灾人祸等不测事件的发生,应向声誉良好的保险公司进行数额合理的投保,以便利用社会的力量为自己分忧。

在展览会入口处或展览会的门券上,应将参观的具体注意事项正式成文列出,使观众心中有数,以减少不必要的纠葛。

展览会组织单位的全体工作人员,均应自觉树立良好的防损、防盗、防火、防水等安全意识,为展览会的平安尽心尽力。

按照常规,有关安全保卫的事项,必要时最好由有关各方正式签订合约或协议,并且经过公证。

(五)辅助服务项目

主办单位作为展览会的组织者,有义务为参展单位提供一切必要的辅助性服务项目。否则,不仅会影响自己的声誉,而且还会影响参展单位的组织形象。

由展览会的组织者为参展单位提供的各项辅助性服务项目,最好有言在先,并且对有关费用的支付进行详尽的说明。

具体而言,为参展单位所提供的辅助性服务项目通常包括下述各项:其一是展品的运输与安装;其二是车、船、飞机票的订购;其三是与海关、商检、防疫部门的协调;其四是跨国参展时有关证件、证明的办理;其五是电话、传真、电脑、复印机等现代化的通讯联络设备;其六是举行洽谈会、发布会等商务会议或休息之时所使用的适当场所;其七是餐饮以及有关展览时使用的零配件的提供;其八是供参展单位选用的礼仪、讲解、推销人员等。

(六)参加展览会礼仪

参展单位在正式参加展览会时,必须要求自己的派出人员齐心协力、同心同德,为展示组织良好形象而努力。在整体形象、待人礼貌、解说技巧等几个方面,参展单位尤其要予以特别重视。

1. 要努力维护组织整体形象

在参与展览时,参展单位的整体形象直接映入观众的眼里,因而对自己参展的成败影响极大。参展单位的整体形象,主要由展示之物的形象与工作人员的形象两个部分所构成。对于二者要给予同等的重视,不可偏废。

展示物形象,主要由展品的外观、展品的质量、展品的陈列、层位的布置、发放的资料等构成。览展品外观上要力求完美无缺,质量上要优中选秀,陈列上要既整齐美观又讲究主次,布置上要兼顾主题的突出与观众的注意力。在展览会上向观众直接散发的有关资料,则要印刷精美、图文并茂、资讯丰富,并且注有参展单位的主要联络方法,如公关部门与销售部门的电话、传真以及电子邮箱等。

工作人员形象主要是指在展览会上直接代表参展单位出面的人员的穿着打扮。在一般情况下,要求在层位上工作的人员应当统一着装,最佳的选择是身穿本单位的制服,或者是穿深色的西装、套裙。在大型的展览会上,参展单位若安排专人迎送宾客时,则最好请其身穿色彩鲜艳的单色旗袍,并身披写有参展单位或其主打展品名称的大红色绶带。为了说明各自的身份,全体工作人员皆应在左胸佩戴标明本人单位、职务、姓名的胸卡。按照惯例,工作人员不应佩戴首饰,男士应当剃须,女士最好化淡妆。

2. 要注意待人礼貌

在展览会上,不管是宣传型展览会还是销售型展览会,参展单位的工作人员都必须意识到观众是自己的上帝,为其热情而竭诚地服务是自己的天职。为此,全体工作人员都要将礼貌待人放在心上,并且落实在行动上。

展览一旦正式开始,全体参展单位的工作人员应各就各位,站立迎宾。不允许迟到、早退、无故脱岗、东游西逛,更不允许在观众到来之时坐、卧不起,怠慢对方。

当观众走近自己的层位时,不管对方是否向自己打招呼,工作人员都要面含微笑,主动地向对方说:“您好! 欢迎光临!”随后,还应面向对方,稍许欠身,伸出右手,掌心向上,指尖直指展台,并告知对方:“请您参观。”

当观众在本单位的层位上进行参观时,工作人员可随行其后,以备对方向自己进行咨询;也可以请其自便,不加干扰。假如观众较多,尤其是在接待组团而来的观众时，工作人员亦可在左前方引导对方进行参观。对于观众所提出的问题，工作人员要认真作出回答。不允许置之不理，或以不礼貌的言行对待对方。当观众离去时，工作人员应当真诚地向对方欠身施礼，并道以“谢谢光临！”或是“再见！”

在任何情况下，工作人员均不得对观众恶语相加，或讥讽嘲弄。对于极个别不遵守展览会规则而乱摸乱动、乱拿展品的观众，仍须以礼相劝，必要时可请保安人员协助，但不许对对方擅自动粗，进行打骂、扣留或者非法搜身。

3. 要善于运用解说技巧

解说技巧是指参展单位的工作人员在向观众介绍或说明展品时，应当掌握的基本方法和技能。

在宣传性展览会或销售性展览会上，解说技巧要因人而异，使解说具有针对性。与此同时，要突出自己展品的特色。在实事求是的前提下，要注意对其扬长避短，强调“人无我有”个性。在必要时，还可邀请观众亲自动手操作，或由工作人员为其进行现场示范。此外，还可安排观众观看与展品相关的影视片，并向其提供说明材料与单位名片。通常说明材料与单位名片应常备于展台之上，由观众自取。

在宣传型展览会上，解说的重点应当放在推广参展单位的形象之上。要善于使解说围绕着参展单位与公众的双向沟通而进行，时时刻刻都应大力宣传本单位的成就和理念，以便使公众对参展单位给予认可。

在销售型展览会上，解说的重点则必须放在主要展品的介绍与推销之上。按照国外的常规说法，解说时一定要注意展品特征、展品优点、客户利益、可资证明的证据并重。要求工作人员解说应当以客户利益为重，要在提供有利证据的前提之下，着重强调自己所介绍、推销展品的主要特征与主要优点，以争取使客户觉得言之有理，乐于接受。争抢、尾随观众兜售展品，弄虚作假，或是强行向观众推介展品，是不可取的。

第五节　赞助活动礼仪

所谓赞助通常是指某单位或某人拿出自己的钱财、物品，对其他单位或个人进行帮助和支持。在现代社会中，赞助是社会慈善事业的重要组成部分之一。它不仅可以扶危济贫，向社会奉献自己的爱心，体现出自己对社会的高度责任感，也有助于获得社会好感，提高组织在社会上的知名度、美誉度，塑造良好形象。对于商界而言，积极地、力所能及地参与赞助活动，本身就是自己进行商务活动的一种常规的形式，而且也是自己协调本单位与政府、社会各界的公共关系的一种重要的手段。所以，赞助一向颇受商界的重视。

为了扩大影响，商界在公开进行赞助活动时，往往会专门为此而举行一次正式会议。这种以赞助为主题的会议称为赞助会。欲使赞助会取得成功，遵守赞助会礼仪是十分必要的。赞助会礼仪，一般指的是筹备、召开赞助会的整个过程中所应恪守的有关礼仪规范和惯例，主要包括赞助会的准备、明确赞助的类型、赞助的步骤、赞助会务的安排、赞助会程序及活动的评估等。

一、赞助活动类型

赞助的类型，指的是赞助的具体形式。赞助的类型选择得当与否，对赞助的效果直接产生着影响。根据不同的标准，赞助的类型可有各种不同的划分。其中最为常见的赞助类型，一是赞助项目，二是赞助物资。赞助项目具体指受赞助对象和受赞助事项。据此划分赞助的类型，往往可以对赞助单位的动机、品位进行直观而形象的了解。赞助物资特指赞助单位或个人向受赞助者所提供的赞助物品，它往往取决于赞助单位或个人的实力与受赞助者的实际需求。

(一)赞助项目

赞助公益事业，是指对社会的公共设施、公共活动进行赞助，直接造福于社会、造福于人民，并赢得公众与舆论的赞赏。

赞助慈善事业，是指对社会慈善福利组织或慈善福利活动的赞助。既可以向社会表明本单位勇于承担自己的社会义务和社会责任，又有助于获得政府与社会的好感。

赞助教育事业，是指对教育界的赞助。可以给予教育界以有力的支持，并且为本单位日后的进一步发展培养必不可少的后备人才。

赞助科研活动，是指对科学研究与学术活动的赞助。此举不仅表明本单位对人才与科技进步的重视，而且还可以使自己得到专家、学者的肯定、支持或指导。

赞助专著出版，是指对确有学术水平的学术专著出版所给予的赞助。它主要可以表明本单位对知识的重视和对学术研究的大力支持。

赞助医疗卫生，是指对医疗、保健、卫生、康复事业的赞助。它体现着本单位对于全社会的关怀，同时也是对社会的一种奉献。

赞助文化活动，是对文化事业的赞助。它有助于促进我国社会主义精神文明建设，用高尚的精神去鼓舞人民，教育人民，提高其文化修养与精神境界。

赞助展览画廊，是指对于具有一定艺术品位的非盈利性的展览、画廊的赞助。它体现着本单位的艺术品位以及对艺术界的支持和帮助。

赞助体育运动，是指对各类体育比赛活动的赞助。体育比赛是当今的社会热点之一，对其进行赞助，往往可使本单位名利双收，一举两得。

赞助娱乐休闲，是指对群众性娱乐休闲活动的赞助。它表达了本单位对公众的关怀与诚意，可提高对本单位的认同感。

(二)赞助物资

赞助现金，即赞助单位以现金或支票的形式，向受赞助者所提供的赞助。它可使受赞助者根据自己的客观需要，对其进行受一定限制的支配。

赞助实物，即赞助单位或个人以一种或数种具有实用性的物资的形式，向受赞助者所提供的赞助。它不仅可以及时地满足受赞助者的需要，而且不易为对方挪作他用。

义卖，即赞助单位或个人将自己所拥有的某件物品进行拍卖，或是划定某段时间将本单位或个人的商品向社会出售，然后将全部所得，以现金的形式，再捐赠给受赞助者。此种赞助的赞助额事先难以确定，但其影响较大，并且易于赢得社会各界的支持。

义工，即赞助单位或个人派出一定数量的员工，前往受赞助者所在单位或其他场所，进行义务劳动或有偿劳动，然后以劳务的形式或以劳务所得，向受赞助者提供赞助。它可以使有关方面有钱出钱、有力出力，更好地调动其积极性，并获得更为广泛的参与。

除此之外，还可以根据赞助单位或个人向受赞助者所提供的对方所需金额的多少，将赞助的类型分为全额赞助或部分赞助；或者根据赞助单位或个人的具体数量的多少，将赞助的类型分为单方赞助与多方赞助。

二、赞助活动程序及具体步骤

赞助的步骤是指赞助活动运作过程中的各个主要环节。任何组织意欲进行赞助活动时，均须按部就班地依照相应的步骤来进行认真的运作。

一般情况下，赞助活动必须认真对待下列 4 个重要步骤。

(一)前期研究

在正式决定进行赞助之前，赞助单位首先有必要进行前期的研究，并且对赞助活动的必要性与可能性进行详尽的论证。在正常情况下，一次赞助活动往往发端于两种情景。一是某单位主动向其他单位、组织或个人提出赞助。二是某单位接到其他单位、组织或个人的赞助请求后，经过研究，再酌情给予对方一定程度赞助。通常，单位在接到其他单位、组织或个人的赞助请求后，对于是否应当进行赞助、在赞助时应当采取何种具体形式、具体赞助的财物的数量等，都要进行认真的研究。

赞助活动研究、论证时，必须充分考虑以下 4 种情况：一是否符合我国的宪法和法律，绝对不允许从事违法乱纪活动。二是它必须与本单位的经营策略、公共关系目标相适应，而不是与其背道而驰。三是它必须真正地有利于受赞助者，同时也有利于整个社会。四是它必须是本单位力所能及之事，至少也不应当半途而废，甚至劳而无功。

（二）赞助计划

通过前期研究、论证，一旦决定赞助，应着手制定详尽的赞助计划。赞助的计划实际上是前期研究、论证成果的具体化。根据惯例，它应当是由专司其职的工作部门，在进行前期研究、论证的基础上，根据本单位既定赞助政策和赞助方向，认真制定而成。

制定赞助的计划，必须要树立正确的指导思想。赞助活动必须同本单位的经营策略、公共关系目标相一致；赞助活动的终极目标应当是赞助单位、受赞助者和社会三方同时共赢；赞助政策的制定、赞助方向的选择，均应以此作为指南。

在一般情况下，赞助计划需要专人草拟，并经本单位的决策机构批准。年度性的赞助计划，是每年正式制定的本单位全年度赞助计划，已列入议事日程。同时也可以从宏观上控制赞助活动规模，避免使之超出自己所能承受的程度，甚至由此而产生毫无意义的浪费或损耗。临时性的赞助计划，必须坚持深入调研，不得有悖于本单位大政方针。

（三）项目审核

赞助项目的审核，指赞助单位事先对自己所参与赞助项目所进行的核定与审查。在正常的情况下，它是由赞助单位专门负责赞助活动的工作部门负责。

在审核赞助项目时，有关人员必须抱有高度的责任心，对赞助活动的各个具体环节逐一进行细致的分析研究，防患于未然。

在具体对赞助项目进行审查核定时，重点应当放在以下 10 个方面：一是要看赞助项目是否符合本单位的经营策略与公共关系目标；二是要看受赞助者的口碑如何；三是要看赞助能否真正取得成功；四是要看赞助的具体方式是否合适；五是要看赞助单位的承受力如何；六是要看赞助的时机是否得当；七是要看赞助将会产生多大的社会作用；八是要看社会舆论与社会公众将会如何评价此次赞助活动；九是要看进行赞助之后对本单位会有多大的积极作用；十是要看此次赞助会给本单位造成多大的负面影响。

经过综合审核之后，假定赞助项目得大于失，即可将其付诸实施；假如赞助项目失大于得，毫无任何社会效益可言，则应当坚决让其下马。

(四)承诺兑现

赞助活动一经正式决定，应择机将其付诸实施。在实施过程之中，赞助单位应注意以下事项：

一是必须有约在先。为了确保赞助活动取得成功，并且防止其发生变故，凡重大赞助活动在正式实施以前，赞助单位与受赞助者双方均应正式签订赞助合同或赞助协议，并且经公证机关进行公证。任何一方如有违反，便可依约追究法律责任。

二是必须审慎行事。在赞助实施过程中，赞助单位既要认真履约，又要争取社会的理解与被赞助者的支持。对于受赞助者一定要平等相待，不要为此而以“救世主”自居，时时趾高气扬，处处讨价还价，令对方产生逆反心理。必须明确的是，赞助绝非一种单方面的赏赐，双方往往都是有利可图的。

三是必须扩大影响。在可能的情况下，赞助单位在实施赞助计划过程中，还要善于巧借良机，利用各种传播媒介，在法律、法规允许的前提下，对自己进行适度的宣传，以求扩大本单位的社会影响力，提高自己的知名度与美誉度。不过在宣传时必须讲究技巧，切勿自吹自擂，令人生厌。

四是必须严守承诺。进行赞助时，赞助单位应当言而有信，兑现承诺，在指定时间内，将自己拟赞助的财物如数到位。不论发生了什么情况，都不允许赞助单位拖延时间，取消赞助。或削减数额、以次充好、以假充真、以物抵款等。

三、赞助仪式程序及会务工作

在赞助活动正式实施之际，往往需要正式举行一次聚会，将有关的事宜公告于社会。这种以赞助为主题的赞助会，在赞助活动中，尤其是大型的赞助中必不可少。有时，人们亦称之为赞助仪式。它主要是为了向全社会公告赞助活动正式启动，是赞助活动中作用巨大的一项重要环节。

(一)会场布置礼仪

根据商务礼仪的规范，赞助会通常应由受赞助者出面承办，而由赞助单位给予其适当的支持。赞助会的举行地点，一般可选择受赞助者所在单位的会议厅或租用社会上的会议厅。用以举行赞助会的会议厅，除了其面积的大小必须与出席者的人数成比例之外，还需打扫干净，并且略加装饰。

举行赞助会的会议厅之内，灯光应当亮度适宜。在主席台的正上方，或是面对会议厅正门之处的墙壁上，需悬挂一条大红横幅。在上面应以金色或黑色的楷书书写着“某单位赞助某项目大会”，或者“某赞助仪式”的字样。

一般来讲，赞助会会场不宜布置得美轮美奂，或过度豪华张扬。否则，极有可能会使赞助单位产生不满，因为它由此可能产生受赞助单位不务正业、华而不实的感觉。

(二)邀请参会人员出席

参加赞助会的人士，既要有充分的代表性，又不必在数量上过多。除了赞助单位、受赞助者双方的主要负责人及员工代表之外，赞助会应当重点邀请政府代表、社区代表、群众代表以及新闻界人士参加。在邀请新闻界人士时，特别要注意邀请那些在全国或当地具有较大影响力的电视、报纸、广播等媒体人员参会。

(三)参会人员礼仪

所有参加赞助会的各界人士，在与会之时，皆须身着正装，修饰仪表，并且检点个人的举止动作。如严格遵守开会时间，提前到达；与会人员相互见面时，热情招呼，主动介绍；开会期间保持安静、适时鼓掌等。

(四)赞助仪式程序

依照常规，一次赞助会的全部时间，不应当长于 1 小时。因此赞助会的具体会议过程，必须既周密，又紧凑。赞助会的具体会议过程大致有如下 6 项。

第一项，宣布赞助会正式开始。赞助会的主持人，一般应由受赞助单位的负责人或公关人员担任。在宣布正式开会前，主持人应恭请全体与会者各就各位，保持肃静，并且邀请贵宾到主席台上就座。

第二项，奏国歌。此时，全体与会者须起立。在奏国歌之后，还可奏本单位标志性歌曲。有时，奏国歌、奏本单位标志性歌曲，可改为唱国歌、唱本单位标志性歌曲。

第三项，赞助单位正式实施赞助。其具体做法通常是赞助单位的代表首先出场，口头上宣布其赞助的具体方式或具体数额。随后，受赞助单位的代表上场，双方热情握手。接下来，由赞助单位的代表正式将标有一定金额的巨型支票或实物清单双手捧交给受赞助单位的代表。必要时礼仪小姐应为双方提供帮助，若赞助的物资重量、体积不大时，亦可由双方在此刻当面交接。在此过程之中，全体与会者应热情鼓掌。

第四项，赞助单位代表发言。发言内容重在阐述赞助的目的与动机。与此同时，还可以对本单位的简况略作介绍。

第五项，受赞助单位代表发言。发言者一般应为受赞助单位的主要负责人或主要受赞助者。其发言的中心应当集中在对赞助单位的感谢方面。

第六项，来宾代表发言。根据惯例可邀请政府有关部门的负责人讲话。讲话主要是肯定赞助单位的义举，同时亦可呼吁全社会积极倡导这种互助友爱的美德。该项议程有时亦可略去。

至此，赞助会即可宣告结束。

在赞助会正式结束后，赞助单位、受赞助单位双方的主要代表以及会议的主要来宾，通常应当合影留念。此后，宾主双方可稍事晤谈，然后来宾一一告辞。一般情况下，在赞助会结束后，东道主大都不为来宾安排膳食。如确有必要，则至多略备便餐。

在极个别的情况下，赞助会亦可由赞助单位操办。由赞助单位所操作的赞助会，其会务工作与以上所述基本相同。

四、赞助活动的评估与反馈

赞助会结束后，赞助单位有必要对社会效果进行一次认真而系统的评估。对单位而言，赞助活动是其进行的公共关系活动之一，为此投入大量人力、物力和财力，在赞助活动结束后总结经验、吸取教训、听取意见、调整对策，是十分有益的。

进行赞助活动的评估工作，一般应由赞助单位的公关部牵头负责。有时，亦可由专司此事的领导班子主持。在评估工作完成后，应形成书面报告，提交本单位决策机构以及主要负责人，以供决策参考。

根据一般规律，进行赞助活动评估，必须集思广益、广开言路、深入调查、反复研究、善于听取正反两方面的不同意见，善于去粗取精、去伪存真、由此及彼、由表及里。

进行赞助活动评估工作，具体做法是：一要将实施效果与先期计划相比照。重点研究赞助单位是否真正地实现了自己的赞助意图，赞助活动的预定目标是否达到。二要掌握社会各界对赞助活动的认同程度。可通过各类调查，了解各类公众，包括受赞助单位、地方政府、新闻媒介对此次活动的真实评价与看法。三要及时发现赞助活动的所长与所短。要认真总结赞助活动因何而成功，或者因何而受挫。四要了解赞助活动在实施过程中所出现的问题。不管这些问题是否已在意料之中，原因在于何方，均应认真对待，并引起重视。

第六节　新闻发布会礼仪

新闻发布会是一种主动传播各类有关信息，谋求新闻界对某一社会组织或某一活动、事件进行客观而公正报道的有效沟通方式。一般来说，我们常见的新闻发布会有政府机构新闻发布会、影视娱乐发布会以及商业企业新闻发布会等。

新闻发布会礼仪指的是有关举行新闻发布会的礼仪规范。新闻发布会重在向媒体和社会集中发布重大信息;同时,也是一次组织形象传播、与媒体和社会要人交流互动的良好机会。新闻发布会的组织与准备、会场布置、嘉宾邀请、新闻统发稿编制、记者答问、善后事宜等各个环节,都要注重相应的礼节和规范。

一、新闻发布会的准备与会场布置

筹备新闻发布会,要做的准备工作很多。其中最重要的是要做好主题的确定、时空的选择、人员的安排、材料的准备等具体事项。

(一)明确主题和新闻价值

我国对"新闻发布会"有严格申报、审批程序,确属重大信息发布,条件符合国家标准,才能申请召开,并严格按照程序申报。而对于一般组织的信息发布,可以直接把发布会的名字定义为"信息发布会"或"媒体沟通会"即可。

提供有价值的新闻,是新闻发布会的灵魂。新闻价值是组织提供的新闻信息对社会需求满足的特殊要素组合。新闻的核心价值,即时新性、重要性、显著性、接近性、趣味性。同时,还要考虑新闻传播的社会价值,即信息价值本身的价值与党和国家的宣传价值、公众的审美价值、社会知识价值相结合,注意对党性原则、宣传纪律、法律法规、社会主导价值观、行业规范、编辑方针与风格、社会公德水准与文化承受能力等综合因素的考察。

新闻发布的主题要明确。旨在通过新闻发布会,告知什么信息,澄清什么信息;过去做了什么,现在做什么,今后怎么做;需要社会怎样的支持与理解等,都需要坦诚相告,明确意图。主题应集中、单一,不能同时发布几个不相关的信息。切忌藏着掖着,或胡乱发布,没有主题,或偏离主题,让媒体一头雾水,不知如何报道。同时,切忌涉及具体数据时,含糊其辞;遇到敏感话题时,顾左右而言他;态度生硬,无可奉告,让媒体感觉不到诚意,或使媒体抓住把柄,作出不利于组织形象的传播,使新闻发布会适得其反。

(二)新闻发布会标题的选择

新闻发布会一般针对组织意义重大、媒体感兴趣的事件举办。每个新闻发布会都会有一个名字,这个名字会打在关于新闻发布会的一切表现形式上,包括请柬、会议资料、会场布置、纪念品等。

最好在发布会的标题中说明发布会的主旨内容,如:"某新产品信息发布会"。通常情况下,需要打出会议举办的时间、地点和主办单位。这个可以在发布会主标题下以字体稍小的方式出现。有时，可以为发布会选择一个具有象征意义的标题，采取主题加副题的方式，副题说明发布会的内容，主题表现组织想要表达的主要含义。

(三)慎选新闻发布会日期

新闻发布会的时间，通常也是决定新闻何时播出或刊出的时间。因为多数平面媒体刊出新闻的时间是在获得信息的第二天，因此要把发布会的时间尽可能安排在周一、周二、周三的下午为宜。会议时间保证在 1 个小时左右，这样可以相对保证发布会的现场效果和会后见报效果。

有些发布会，选取恰当的时机，在事件前 1 个月或 2 个月左右，如滑雪节 12 月 5 日召开，10 月中旬宜召开新闻发布会。在时间选择上还要避开重要的政治事件和社会事件，媒体对这些事件的大篇幅报道，会冲淡组织新闻发布会的传播效果。

如果不是历时较长的新闻发布会，一般不需要安排午餐或晚宴。有一些以晚宴酒会形式举行的重大事件发布会，邀请记者出席，应把新闻发布的内容安排在最初阶段，至少保证记者采访工作可以比较早的结束，确保媒体次日发稿。

(四)新闻发布会地点的选择与会场布置

场地可以选择户外，也可以选择在室内。根据发布会规模的大小，室内发布会可以直接安排在组织的办公场所或者选择酒店。从组织形象的角度来说，重要的发布会宜选择星级酒店。酒店有不同的风格，不同的定位，选择酒店的风格要注意与发布会的内容相统一。应考虑地点的交通便利与易于寻找，包括离主要媒体、重要人物的远近，交通是否便利，泊车是否方便等。

发布方在寻找新闻发布会的场所时，还必须考虑以下的问题：容纳人数、主席台的大小，投影设备所用电源、布景、移动麦克风、远程麦克风是否齐全，相关服务如何，住宿、茶水、食物提供与否，价钱是否合理，有没有空间的浪费等。会场外围布置，如外横幅、竖幅、飘空气球、拱形门等。如选择酒店，要清楚酒店是否代做，是否允许布置，当地市容主管部门是否有规定限制等。

新闻发布会现场的背景布置和外围布置需要提前安排。在大堂、电梯口、转弯处有导引指示欢迎牌，一般酒店有这项服务。事先可请好礼仪小姐迎宾，如果是在组织内部安排发布会，也要酌情安排人员做记者引导工作。

最主要的道具是麦克风和音响设备，一些需要做电脑展示的内容还包括投影仪、笔记本电脑、上网连接设备、投影幕布等，相关设备在发布会前要反复调试，确保不出故障。

新闻发布会背景板主要衬托出会议主题，所以在设计及选材上一定要慎重考虑。新闻发布会主要采用高清晰写真布，无异味、不反光和高清晰，对新闻发布会现场气氛营造和媒体摄像都大有好处。主题背景板，内容含主题、会议日期，有的会写上召开城市，颜色、字体注意美观大方，颜色可以以企业VI为基准。

（五）新闻发布会位次的安排

发布会一般是主席台加下面的课桌式摆放。注意确定主席台人员，需摆放席卡，以方便记者记录发言人姓名。摆放原则是“职位高者靠前靠中，自己人靠边靠后”。

现在很多会议采用主席台只有主持人位和发言席，贵宾坐于下面的第一排的方式。一些非正式、讨论性质的会议是圆桌摆放式。

摆放回字形会议桌的发布会现在较多，发言人坐在中间，两侧及对面摆放新闻记者坐席卡，这样便于沟通，同时也有利于摄影记者拍照。

注意席位的预留，一般在后面准备一些无桌子的坐席。

（六）新闻发布会材料的准备

新闻发布会往往涉及很多数据和文字材料，包括发言稿、新闻稿、宣传材料、记者提问提纲等，需要提前做好准备，保证准确无误。特别是提供给媒体和观众的新闻统发稿，一定要严格审定，保证有些提法和数据，对外传播一致，切忌媒体与媒体之间传播出现偏差。

提供给媒体的资料，一般以广告手提袋或文件袋的形式，整理妥当，按顺序摆放，在新闻发布会前发放给新闻媒体。顺序依次应为：会议议程安排表；新闻通稿；演讲发言稿；发言人的背景资料介绍（应包括头衔、主要经历、取得成就等）；公司宣传册；产品说明资料（如果是关于新产品的新闻发布的话）；有关图片和纪念品（或纪念品领用券）；企业新闻负责人名片（新闻发布后进一步采访、新闻发表后寄达联络）；空白信笺、笔等。

（七）确定新闻发布会主持人和发言人

主持人一般由宣传负责人担任，发言人一般由主要负责人担任，发言人旁边可配设助理人员。

新闻发言人应具备下列条件：

组织的重要人物。新闻发言人应该在组织身居要职，有权代表组织讲话。

良好的外形和表达能力。发言人的知识面要丰富，要有清晰明确的语言表达能力、倾听的能力及反应能力、形象良好，着装整洁、大方得体。

有现场调控能力。执行原定计划并加以灵活调整的能力，可以充分控制和调动发布会现场的气氛。

在新闻发布会上，通常在发言人进行主题发言后，有一个答记者问的环节。可以充分通过双方的沟通，增强记者对整个新闻事件的理解以及对背景资料的掌握。亲和力强的领导人接受媒体专访，可使发布会所发布的新闻素材得到进一步升华。在答记者问时，一般由一位主答人负责回答，如涉及专业性强的问题，可由他人辅助。发布会前主办方要准备记者答问备忘提纲，并在事先取得一致意见，尤其是主答和辅助答问者要取得共识。

（八）确定邀请媒体与嘉宾名单

媒体邀请的技巧很重要，既要吸引记者参加，又不能过多透露将要发布的新闻。在媒体邀请的密度上，既不能过多，也不能过少。一般企业应该邀请与自己联系比较紧密的商业领域记者参加，必要时应关照平面媒体记者与摄影记者一起前往。

邀请的时间一般以提前 3～5 天为宜，发布会前一天可做适当的提醒。联系比较多的媒体记者可以采取直接电话邀请的方式；相对不是很熟悉的媒体或发布内容比较严肃、庄重时可以采取书面邀请函的方式。注意邀请媒体的范围、影响力，是全国性还是地方性，媒体传播形式是以文字、图片为主，还是以录音、录像为主等。

在记者邀请的过程中必须注意，无论一个组织与某些报社的记者多么熟悉，在新闻发布会之前，重大的新闻内容都不可以透漏出去。一定要邀请新闻记者，而不能邀请媒体的广告业务部门人员。在新闻发布会上，主办单位的交往对象自然以新闻界人士为主。在事先考虑邀请新闻界人士时，必须有所选择和侧重，否则就难以确保新闻发布会取得成功。

（九）做好会议预算

新闻发布会的主要精神，在于组织与媒体、社会良性沟通，信息互动，靠新闻与信息的价值吸引关注，而不是重发稿。注意做好预算，节约而精简，抵制发红包或变相送礼等社会不正之风。

二、新闻发布会的程序与现场礼仪

新闻发布会通常选择上午 10 点或下午 3 点举行，历时 1～2 个小时。

新闻发布会程序，一般有迎宾签到；分发资料；宣布开始，介绍媒体与嘉宾；新闻发布；答记者问；会后活动；效果评估等。

会前做好礼仪接待工作，设有礼仪签到处，并由礼仪小姐发放资料。接待工作要热情、周到，在力所能及的范围内给予记者以帮助。如遇到记者询问涉及组织新闻发布等信息，可帮助引见主要新闻发言人，切忌自作主张，泄露组织秘密。

在发布会的过程中，对于记者的提问应该认真作答，对于与主题无关的提问可以礼貌提醒转入正题，对于过长提问可以委婉地提示简要概括，对于涉及企业秘密的问题可以直接、礼貌地告诉它是企业机密或委婉作答，不宜采取“无可奉告”的方式。对于复杂而需要大量解释的问题，可以先简单答出要点，邀请其在会后探讨。

在新闻发布会正式举行的过程之中，往往会出现不确定的问题，有时甚至还会有难以预料到的情况或变故出现。要应付这些难题，确保新闻发布会的顺利进行，除了要求主办单位的全体人员齐心协力、密切合作之外，最重要的是要求代表主办单位出面应对来宾的主持人、发言人，要善于沉着应变、把握全局。

本章小结

本章主要介绍会议礼仪的基本知识，重点介绍了会议礼仪特点，会议程序，会前接待礼节，会上发言礼仪等。列举了一些常见的公务、商务会议，介绍会议准备，会议程序礼仪以及会上应注意的礼节、仪式等。使同学们熟悉并掌握会议礼仪的基本理论与操作流程，倡导高效会议精神。

思考与练习

1. 高效会议的标准是什么？
2. 现代会议的主要功能和作用是什么？
3. 开业典礼的程序有哪些？
4. 新闻发布会的礼仪有哪些？
5. 展览会的会议组织与礼仪规范有哪些？

【案例分析】

案例一

某企业召开新产品促销活动的策划会，会议进行了半个小时了，与会人员还在东拉西扯，没有提出什么建设性意见。还有人开小差、发短信、接电话。主持人很无助。

请问：

如果你是主持人，你此时应该如何控制会议并使会议目标更好地实现？

案例二

某日，中国高校公关理论高层论坛在重庆某高校举办，负责接待的是组织形象专业的研究生，这次接待令很多专家和学者赞不绝口。从会议安排到会议接待，礼仪小姐始终细致入微，体贴入心。比如，“学校离市区较远，请您晚上注意安全”；“外面下雨了，这里有备用雨伞”；“重庆属于山区，请您穿便鞋”；“刚下过雨，小心路滑”；“重庆属于川菜系列，我看您晚上吃的较少，小卖店离这远，需要我给您买点小吃吗？”“有事请您随时拨打我的电话”；“如果您想去会场，路不熟，我带您过去”；“这是您需要的相机电池”；……所有这些话语，让与会者宾至如归，忘却了疲劳，解决了疑惑，放弃了一些尖锐的意见。所以，此次接待感人至深的并不是会议的规格、级别，而是伴随开会过程的情感体验、留下深刻印象的不是礼仪小姐的漂亮脸蛋，而是她们体贴入微的服务。

请问：

是什么原因令很多专家和学者对此次会议接待赞不绝口？

第七章 餐饮礼仪

古人云:“民以食为天”。随着社会的进步,人们交往范围的扩大,餐饮礼仪已成为人们社会生活中不可缺少的内容。餐饮,不仅可以招待亲朋好友,而且还可以作为社交活动的一种具体表现形式,展示个人的良好修养,表现对交往对象的敬重、友好和诚意。因此,遵守餐饮礼仪不仅是现代人必备的基本素质,而且也是人们社会交往和事业成功的重要条件。

餐饮礼仪是指人们在餐饮活动中应当遵循的道德规范与行为准则。其内涵极为丰富,不仅包括人们在餐饮活动中的礼貌、礼节、仪表,有时还表现为一定的仪式。学习餐饮礼仪,首先要掌握餐饮礼仪的基本原则。

餐饮礼仪的第一条基本原则叫做“6M 原则”,是世界各国广泛受到重视的一条礼仪原则。“6M”指的是 6 个以 M 为字头的单词,即菜单(Menu)、举止(Manner)、气氛(Mood)、会见(Meeting)、音乐(Music)、费用(Money)。即人们在安排宴请或参加餐饮活动时,必须优先对菜单(宴请菜品)、举止、环境、会见(会见的具体时间和对象)、音乐和费用等 6 个方面的问题加以高度重视,并应力求使之符合律己、敬人的行为规范。

餐饮礼仪的第二条基本原则是餐饮适量原则。在餐饮活动中,不论是活动的规模、参与的人数、用餐的档次,还是餐饮的具体数量,都要量力而行。务必要从实际需要和实际能力出发，进行力所能及的安排，切忌虚荣好强，炫耀攀比，铺张浪费。“餐饮适量原则”所提倡的是厉行节约、反腐倡廉的风气，是做人务实、不图虚荣的境界。

餐饮礼仪的第三条基本原则是谦恭适度原则。餐桌是情感沟通和交流的平台，如果不善于把握沟通时的情感尺度，就不能正确表达自律、敬人之意。所以，在餐饮活动中，既要做到彬彬有礼，尊敬他人，又不能低三下四；既要热情友好，谦虚谨慎，照顾他人，又要自尊自爱，端庄稳重，不卑不亢。要把握交往的分寸，注意情感适度、谈吐文雅、举止适度等。

餐饮礼仪的第四条基本原则是入乡随俗原则。由于国情、地域、民族、文化背景等方面的不同，在餐饮活动中，客观上存在着“十里不同风，百里不同俗”的实际情况。面对这一现实，不要自高自大，唯我独尊，妄自否定其他人不同于己的做法。必要时，要做到入乡随俗，与大多数人的习惯做法保持一致。另外，在负责为他人安排餐饮时，在条件允许的前提下，也应努力突出国家特色、地方特色和民族特色，使对方通过享用美食来“品尝”文化。

第一节　宴请的基本礼仪

一、常见的宴请形式

宴请，是指盛情邀请宾客宴饮的聚会，是以此款待宾客，进行友好交往、团聚、联络感情、畅叙友情的一种社交活动。它是国际国内社会交往中比较常见的礼仪活动形式之一。依据宴请目的、名义、对象、人数、时间和地点的不同，可选择不同的宴请形式，常见的宴请的形式主要有以下几种。

（一）宴会

宴会，是指请人赴宴的聚会，通常人们把由政府机关、社会团体举办的具有一定目的和比较讲究礼节礼仪的酒席称为宴会，把私人举办的规模较小的酒席称为筵席。宴会和筵席的基本含义相同，都是请人聚餐，但宴会比筵席更讲究礼仪礼节。宴会是正式而最隆重的宴请，从规格和要求上分，有国宴、正式宴会、便宴和家宴 4 种。

1. 国宴

国宴是指由国家元首或政府首脑作为国家的代表，为庆祝国际、国内重大节日，或为欢迎外国元首、政府首脑的来访而举办的国家级宴会。

在宴会中，国宴规格最高，礼仪要求也最为严格。宴会厅里必须悬挂国旗、设乐队、奏国歌，国宴的请柬、席卡、菜单上印有国徽。席间，宾主双方相互致辞、祝酒，由乐队演奏双方国家的民间乐曲作为席间乐。国宴讲究排场，对宴会厅的陈设、使用的餐具、菜肴的道数以及服务人员的装束仪态，都有严格的规范和要求。

国宴的参加者要按照宴会的性质或请柬的要求着装，准时赴宴，并注意入场仪式，按请柬上安排好的席位就座，举止大方，谦和友好，始终要保持着高昂的情绪和饱满的热情。

2. 正式宴会

正式宴会是相对于非正式宴会而言，指按一定规格和要求，郑重其事摆设的宴席。正式宴会由于规格和标准都低于国宴，所以在服务程序和礼仪要求等方面也相对宽松。

正式宴会，是一种隆重而正规的宴请，它往往是为宴请专人而精心安排的，一般在较为高档的酒店或特定的地点举行。除了不挂国旗、不奏国歌以及规格不同外，正式宴会的其他方面与国宴相似，席间乐仍可安排。正式宴会，尤其是正规的正式宴会，对于到场的人数、衣着打扮、席位排列、使用的餐具、酒水、菜肴数目、音乐演奏、宾主致词等，都有十分严格的要求和讲究。

3. 便宴

便宴，即便餐宴会，是一种气氛随和的非正式宴会。它也适用于正式的人际交往，但多见于日常交往，尤其是常来常往的友好人士之间聚餐之时。便宴不注重宴请的规模、档次，形式从简，电话或口头邀请即可。便宴偏重于人际交往，很适合招待熟悉的宾朋好友，不拘严格的礼仪程序，对于来宾的穿着打扮、席位排列、菜肴数目等方面，不做过高要求，而且也不安排音乐演奏和宾主致词。

常见的便宴有午宴和晚宴两种，也有共进早餐的早宴(南方也称为早茶)，便宴是友好交往与商务活动中运用最为广泛的一种宴会。

4. 家宴

家宴是宴会的一种特殊类型，在一般情况下，家宴是由主人以私人名义、在自己的居所举行的、招待亲朋好友的一种非正式宴会。因此，相对于正式宴请而言，家宴最重要的是营造亲切、友好、温馨、活跃的气氛，从而使赴宴的宾主双方轻松、随意，彼此增进交流，加深了解，促进信任。家宴一般人数较少，通常由主人亲自下厨烹调，以表示对客人的友好和欢迎。家人均可作陪，共同招待客人。席间主、宾随意侃谈，气氛活泼、自在，不讲究严格的礼仪以及入席的时间和菜式，一般多遵从当地的习俗。

家宴是宴会的形式之一，不仅广泛适用于民间交往，商务人员也常以此作为联络情感、增进交往、促进交易的一种方法。

(二)招待会

招待会是一种不备正餐的宴请方式，大多围绕某一主题而举办，如国庆招待会、演出前后的招待会、新闻发布招待会等。一般来说，招待会只给来宾提供方便食品、酒类、饮料、水果等。通常不排固定席位，参加人员可以自由走动，规模可大可小，经济实惠，形式多样。常见的招待会有冷餐会、酒会等。

1.冷餐会

冷餐会又称自助餐，是西方国家较为流行的一种宴会形式。这种宴请形式的特点是不排席位，菜肴以冷食为主，也可冷、热兼备，餐具、酒水、饮料都放置在餐桌上，来宾完全根据个人爱好，自主地选择、加工、享用，也可由服务人员端送。冷餐会可分为立餐和座餐两种形式。宴会进行中，来宾可以自由走动，相互攀谈、敬酒，多次取食。冷餐会的地点可以在室内，也可设在室外花园。在举行大型活动、招待为数众多的来宾时，采用此种方式安排就餐是最为明智的选择。

2.酒会

酒会又称鸡尾酒会，是西方传统集会交往的一种宴请形式，它盛行于欧美等国家和地区。鸡尾酒是由多种酒配成的混合饮料，酒会上不一定都用鸡尾酒，通常以多种酒品、果料为主，不用或少用烈性酒，略备小吃，服务员用托盘托着酒水和菜点在席间巡回敬送。鸡尾酒会规模不限，灵活、轻松、自由，酒会一般不设主宾席和座位，绝大多数的来宾都站着进餐，人们可以互相倾谈、敬酒，广泛接触。鸡尾酒会有时与舞会同时举行。

(三)茶会

茶会又称茶话会，是一种以茶会友、比较简单的招待形式，多为社会团体举行纪念和庆祝活动所采用。茶会地点通常设在客厅，厅内设茶几、座椅，不排席位，但如为贵宾举行的茶会，入座时应有意识地安排主宾与主人坐在一起，其他出席者随意就座。

茶会，顾名思义就是请客人品茶，故对茶叶、茶具及递茶均有规定和讲究，以体现该国的茶文化。茶具一般用陶瓷器皿，不用玻璃杯，也不用热水瓶代替茶壶。茶会略备点心、水果和一些风味小吃。宾主共聚一堂，饮茶尝点，漫话细叙，形式比较随便自由。有时席间还安排一些短小的文艺节目助兴，场地大小不限，时间长短不拘，使气氛更加轻松活泼、喜庆、热闹。

(四)工作餐

工作餐是指在会议或工作之中以套餐的形式所提供的便餐，它是现代社交中常见的一种非正式宴请形式，有的时候由参加者各自付费。按用餐时间可分为工作早餐、工作午餐、工作晚餐，人们可利用进餐时间，边吃边谈问题，既简便、快速，又符合卫生要求。我国现在也开始将这种形式广泛应用于外事工作中，在代表团访问中，往往因日程安排不开而采用这种形式。此类活动因多与工作有关，一般不请配偶参加。双边工作进餐往往以长桌安排席位，其座位与会谈桌座位排列相仿，以便于双方交谈、磋商。

二、宴会筹备礼仪

宴请对宾客来说是一种礼遇，为了确保宴会的顺利举行，宴请前的筹备工作就显得十分重要。从宴会设计到宴会的组织实施，每个环节、每个步骤都要根据有关礼节、礼仪组织得当，考虑周到，准备充分。

(一)确定宴请目的、名义、范围和形式

宴请的目的可以为某人或某事而举行，如节庆日聚会、贵宾来访、会议闭幕等。

宴请的名义是指以谁的名义出面邀请，可以个人的名义，也可以单位名义出面邀请，具体可依据主宾双方的身份来确定。对外举办宴会，如邀请主宾携夫人出席，主人应以夫妇的名义发出邀请。国内宴会在邀约客人时，可以主办宴会单位的最高负责人的名义或主办单位的名义。

宴请的范围是指宴请哪些方面的人士出席、多少人赴宴、什么级别，主方需要多少人出席作陪等。范围一经确定，即应草拟具体邀请名单，被邀请人的姓名、职务、称呼等一定要准确，并适时向客人发出邀请。

在明确宴请的目的、名义、规格、范围之后，结合当地的习惯做法，选择宴请的具体形式。一般来说，正式的、规格高的、人数少的以宴会的形式为宜；人数较多则以冷餐会或酒会更为合适；妇女界的活动多以茶会形式举行。

(二)确定宴会的时间和地点

宴请的时间原则上应以主、宾双方都合适为宜，尤其是照顾主宾方面。按照国际惯例，晚宴被认为是规格最高的。宴请活动的时间，一般不选择在重要的节假日、重要的活动日，也不安排在双方禁忌日。选择宴会日期，要与主宾进行商定，然后再发邀请。

越是隆重的宴请活动，越要讲究环境和条件，因为它体现了主人对宴请的重视程度。通常应选择交通方便、环境幽雅、布置精美卫生、服务优良、管理规范的宾

馆、饭店和酒店作为宴请的场所。官方隆重的活动，一般安排在政府会议大厦或宾馆举行，其他则按活动性质、宴请目的、名义、形式、客人特点、主人意愿及实际可能而定。

(三)发出邀请

各种宴请活动，一般均发请柬，这既是礼貌，也是对客人的提醒备忘。如果是便宴、工作餐，可通过口头或电话的方式邀请，可发亦可不发请柬。如果是邀请身份较高的领导者作为主宾参加活动，还需要单独发邀请信，其他宾客发请柬。

请柬内容应包括活动的主题、形式、时间、地点、主人姓名(或主办单位)等。国际上习惯一对夫妇两人发一张请柬，国内遇有需要凭请柬入场的场合，要每人一张。请柬要书写清晰美观，打印要精美。

正式宴会最好能在发出请柬之前安排好席位，并在请柬的信封下角注明席位号。请柬一般提前一至两周发出，以便被邀请人及早安排。请柬发出后，应及时落实出席情况，以便安排、调整和布置席位。

(四)拟定宴会的菜单

除了家宴之外的其他宴请，事先都应开列菜单。如果是单位宴请，还应征得主管负责人的同意。宴请的酒菜，应根据活动形式和规格，在规定的预算标准内安排。选菜不应以主人的喜好为标准，而要考虑宾客，特别是主宾的饮食习惯、口味与禁忌。菜的荤素、营养、时令、传统菜以及甜点与酒品饮料的搭配要力求适当、合理。

拟定菜单既要注意通行的常规，又要照顾地方特色。菜单定好后，如果是大型、正式的宴会，可印制比较精美的菜单，一般每桌放置两三份，讲究的也可以每人一份。

(五)宴会现场的布置

1. 布置、美化环境

宴会厅和休息厅的美化、布置，取决于活动的目的和性质。官方正式活动场所的布置应该严肃、庄重、大方，不要用霓虹灯装饰，可以少量点缀鲜花、盆景或刻花，而商务宴请类的庆贺、接风欢送、乔迁开张等，则应突出喜庆、活泼、欢乐的气氛。

2. 桌次与席位的安排

宴会的桌次安排有严格的礼仪规范。中餐宴会一般采用圆桌，西餐宴会采用长桌。按照国际惯例，桌次的高低以距主桌位置的远近而定，离主桌越近的桌次地位越高，平行桌次则右高左低。桌数较多时，应摆放桌次牌，以便来宾辨认。

席位的高低与桌次的高低原理基本相同，即同一桌上，席位高低以离主人座位的远近而定，右高左低。国外习惯男女穿插安排，以女主人为准，男主宾在女主人的右边，主宾夫人在男主人的右边。我国习惯按各人的职务排列，以便于交谈，如夫人出席，通常把女方排在一起，即主宾坐男主人的右边，其夫人坐女主人的右边。

3. 餐具的准备

宴请时餐具是十分重要的。根据宴请人数和酒、菜的道数，准备足够的餐具。餐桌上的一切用品均要清洁卫生，桌布、餐巾都应浆洗洁白并熨平。玻璃杯、酒杯、筷子、刀叉、碗碟等，在宴会之前应洗净、擦亮。

中餐餐具的摆放。中餐餐具包括筷子、盘、碗、匙、小碟等。水杯放在菜盘上方，右上方放酒杯，酒杯数目和种类与所上酒的品种相同。餐巾叠成花型插在水杯中，或平放于菜盘上。宴请外国宾客，除筷子外，还需摆上刀叉、酱油、醋、辣椒油等佐料，通常一桌数份。公筷、公勺应备有筷座、勺座，其中一套放于主人面前。餐桌上应备有烟灰缸、牙签等。

西餐餐具的摆放。西餐具有刀、叉、匙、盘、杯、碟等。刀分食用刀、鱼刀、肉刀、奶油刀、水果刀。叉分食用叉、鱼叉和龙虾叉。匙有汤匙、茶匙等。杯有茶杯、咖啡杯、水杯、酒杯等。宴会上有几道酒就配有几种酒杯，公用刀叉规格一般大于食用刀叉。正餐中刀叉的数目与上菜的道数相等，并按上菜顺序由外至内排列，刀口向内。用餐时应按此顺序取用，撤盘时，一并撤去使用过的刀叉。

三、赴宴礼仪

宴请，作为重要的社交活动，涉及主、客双方。不仅主人要注意宴请活动中的礼仪要求，客人也应注意赴宴的礼节、礼貌，以向主人和其他来宾展示自己良好的礼仪修养，塑造良好的形象。只有通过双方的共同努力，才能达到圆满的宴请效果，实现融洽关系、交流感情、增进友谊的目的。因此，赴宴的宾客应注意赴宴礼仪。

(一)赴宴前的准备

1. 应邀

接到出席宴会的邀请后，能否出席应尽早答复对方，以便主人做出安排。一经答应赴宴，不能轻易改动。遇有特殊情况，不能如期赴宴，要及时通知主人，说明原因，诚致歉意。主宾如果不能如期赴宴，最好亲自登门道歉。接到邀请后，既不答复，又不赴宴，是极不礼貌的。

应邀出席一项活动之前，要向宴请的主人核实活动举办的时间、地点，是否邀请配偶以及主人对服装的要求等。

2. 注意仪表、仪容

无论在国内还是在国外，赴宴都被视为一种郑重的社交仪式，所以，边幅修饰是赴宴者应注意的礼仪之一。正式宴会的请柬上，多注有着装要求，赴宴时应按照要求穿着。如果请柬上没有注明着装要求，赴宴时应按照宴会性质和当地的习俗，选定例行服装。普通宴会，衣着不必过分讲究，以整齐合体为宜。穿着过分华丽或衣冠不整，都是对主人和其他客人不尊重，是非常失礼的。

赴宴前，还应适当修整自己的仪容。女宾应认真梳理头发，适度化妆。男宾赴宴前，要理发、修面，手要洗净，指甲修短，力求大方优雅，给人以沉着谨慎，仪容高雅的印象。

3. 备礼

赴宴者可以根据宴请的性质和当地的习惯及主客双方的关系，准备赠送的花篮或花束。参加家庭宴会，可给女主人准备一束鲜花，赠花时要注意对方的禁忌。有时要准备一定的礼品，在宴会开始前，送给主人。赠送礼品的价值不一定很高，但一定要有意义。

(二)赴宴过程的礼仪

1. 准时赴宴

掌握赴宴时间，按照请柬标明的宴会时间，准时到场。能否遵守宴会时间，适时抵达，在一定程度上反映宾客对主人的尊重，绝不可马虎大意。所谓适时、准时，是指宴会前3～5分钟到达。如因故不能准时赴宴，应提前电话通知主人，诚恳说明原因。如果宴会已开始，迟到的客人应向其他客人致歉，适时招呼主人，表示已经到宴。同样，赴宴也不宜去得过早，去早了会给主人增添麻烦，使之窘迫尴尬。一般情况下，身份高者可晚些到达，一般客人宜略早些到达。

2. 问候、赠礼

抵达宴会活动地点，如主人已在那里恭迎，则应趋前同主人握手，并问好、致意，随主人或迎宾人员引导，步入休息厅或宴会厅。如果是庆祝活动，还应表示祝贺，同时将事先准备好的礼物双手赠送给主人。

3. 礼貌入座

入座应听从主人的安排，不可随意乱坐。若是正式宴会，进入宴会厅之前，应先了解自己的桌次和座位，入座时注意桌上座位卡是否写有自己的名字，不可坐错座位。如果邻座是年长者或女士，应主动协助他们先坐下。落座后，要注意自己的姿态，既不可过于拘谨，也不要散漫随便，调整好自己的座椅与餐桌的距离。不要用手频频整理头发或拉扯台布，当与同桌客人交谈时，要热情大方，同新朋友不要一见如故，彼此之间的介绍，应稳重诚恳，交换名片时要注意应有的礼节。

4. 文明进餐

就餐时，面部应露出愉快的表情，心事重重的神态、漫不经心的样子，是对主人和其他宾客的不礼貌。即使菜不对口味，也不要直接拒绝，显出难堪的表情，否则就是对主人的不尊重。进餐期间，尽量不要吸烟，除非男主人吸烟或向客人递了烟，一般在宴会结束前吸烟是失礼的，尤其是有女宾列席的场合。同时，喝酒要有节制，不要失态。

宴会进餐时，吃相要文雅，举止要得体。在席间如遇到突然发生的异常情况，要努力做到不慌不乱，善于随机应变，运用自己的知识和语言能力，使事情缓和，这会体现出一个人较高的涵养。

5. 交谈、敬酒

无论是主人、陪客还是宾客，都应与同桌的人亲切交谈，特别是左右邻座。不要独自静坐不语，或只与几个熟人、甚至一两人交谈。如若同桌彼此不相识，可以诚恳地自我介绍。讲话要掌握时机，讲话内容要看交谈的对象，不要只顾一人夸夸其谈，或谈些荒诞离奇的事而引人不悦。

当主人向宾客敬酒后，客人也应向主人回敬，宾客之间往往也会互相敬酒。敬酒时要注意礼节、礼貌。不能喝酒时，应该礼貌的声明。宴会上相互敬酒，可以使气氛热烈，互致友谊，但宾主都应量力而行、适可而止。切忌硬性劝酒，甚至酗酒，以致饮酒过量而失言、失态。

6. 告辞、致谢

参加宴会活动，告辞不宜过早也不宜过迟。如果是主宾，应当先于其他客人向主人告辞。宴会结束时，男宾应先起身，为年长者或女士移开座椅。按照礼貌，来宾要向主人致谢。如果宴席上有特别出色的菜肴，不妨赞美几句，但不可过多溢美之辞，更不要探听宴席价格。如主人备有小礼品相赠，不论价值轻重，都应欣然收下，并表示谢意。作为应邀的赴宴者，可能的话，也可向服务人员表示感谢，感激他们的辛勤准备、周到服务，这实际上是人与人之间平等礼貌的应有之举。

从礼仪角度讲，宴会之后的一两天，可给主人打个电话或写信致谢，除感谢主人盛情款待之外，还可以重申友谊，加深印象。这虽属宴请余音，却也是赴宴者不应忽视的。

第二节 中餐礼仪

中华饮食源远流长。在这自古为礼仪之邦，讲究民以食为天的国度里，饮食礼仪自然成为饮食文化的一个重要部分。中餐是中式餐饮的简称，是指一切具有中国特色的、依照传统方法制作的、为中国人日常生活之中所享用的餐食和饮品，其中最主要的是具有中国传统风味和特色的饭菜。以中餐为主体的中华饮食文化，在我国传统文化中占据着十分重要的地位。

中餐在国际社会中一直享有很高的声誉，无论在国内还是在国外，到处都有许许多多的中餐爱好者。中餐礼仪，主要是指以中餐待客、或者是品尝中餐时，应该自觉遵守的习惯做法和传统习俗。中餐礼仪的具体内容包罗甚广，本节就中餐宴会的席位排列、点餐礼仪和餐具的使用3个方面的问题，做较为详尽的介绍。

一、席位排列

在中餐礼仪中，席位的排列是一项十分重要的内容，它关系来宾的身份和主人给予对方的礼遇，所以受到宾主双方的同等重视。中餐席位的排列，在不同情况下存在一定的差异，下面要讨论的是宴请与便餐这两种情况下的席位排列。一般认为，宴请，包括宴会与家宴，对席位排列的礼仪要求更为严谨。

（一）宴请的席位排列

宴请，往往是一种较为大规模的社交聚餐活动，因此，它所涉及的席位排列问题，又可以分为桌次排列与位次排列两个具体方面。根据社交礼仪的规范，两者各有具体要求。

1. 桌次排列

在中餐宴请活动中，往往采用圆桌布置菜肴、酒水。采用一张以上圆桌安排宴请时，就会出现桌次的尊卑问题。排列圆桌的尊卑次序，大体上会遇到两种基本情况，现就这两种情况分别加以介绍。

(1)由两桌组成的小型宴会。这种情况，又可以分为两种具体形式：一为两桌横排，一为两桌竖排。

当两桌横排时，其桌次是以右为尊，以左为卑。这里所说的右与左，是由面对正门的位置来确定的，因此，这种做法也叫“面门定位”(图7-1)。

当两桌竖排时，其桌次则讲究以远为上，以近为下。这里所谓的远近，是以距离正门的远近而言的，因此，此法亦称“以远为上”（图 7-2）。

（2）由 3 桌或 3 桌以上的桌数所组成的宴请，通常也叫多桌宴请。在安排多桌宴请的桌次时，除了注意“面门定位”、“以右为尊”、“以远为上”这 3 条规则之外，还应兼顾其他各桌距离主桌，即第一桌的远近。通常距离主桌越近，桌次越高；距离主桌越远，桌次越低。这项规则也称叫“主桌定位”（图 7-3、图 7-4、图 7-5）。

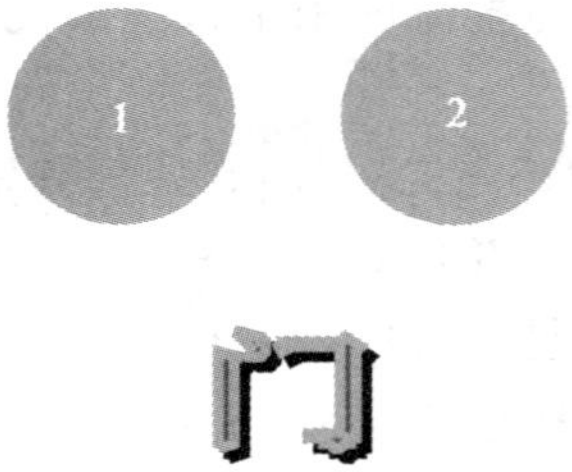

图 7-1　两桌横排的桌次排列方法

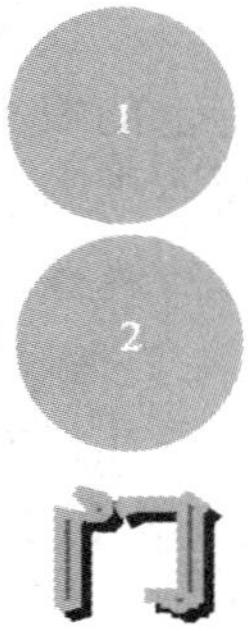

图 7-2　两桌竖排的桌次排列方法

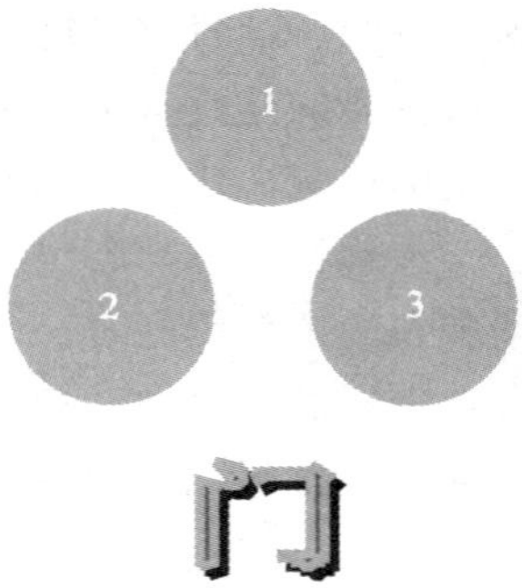

图 7-3　多桌排列的桌次排列方法之一

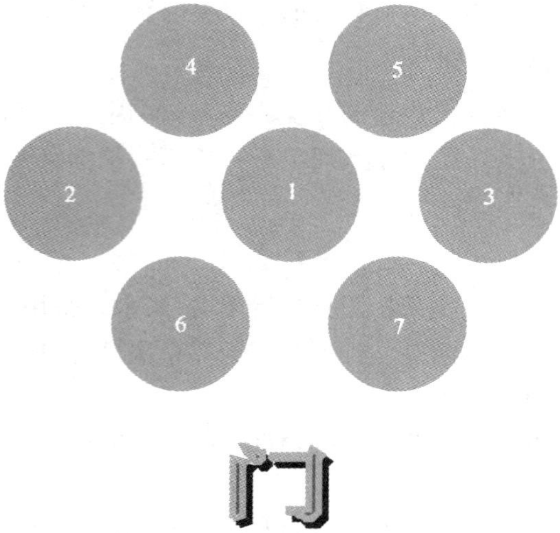

图 7-4　多桌排列的桌次排列方法之二

图 7-5　多桌排列的桌次排列方法之三

在安排桌次时，所用餐桌的大小、形状应大体相仿。除主桌可略大一些之外，其他餐桌不宜过大或过小。

宴请时为了确保赴宴者及时、准确地找到自己所在的桌次，可以采用以下 4 种辅助方法。其一，在请柬上写明赴宴人所在的桌次。其二，在宴会厅入口悬挂宴请桌次摆放示意图。其三，安排专门人员引导来宾寻桌就座。其四，在每张餐桌上摆放桌次牌，通常桌次牌的数字以阿拉伯数字书写为宜。

2. 位次排列

宴请时，每张餐桌上的具体位次也有主次尊卑之别，排列位次的基本方法有 4 种，它们能同时发挥作用。

方法之一：主人大都应该面对正门而坐，并在主桌就座。

方法之二：在进行多桌宴请时，各桌之上均有一位主桌主人的代表在座。他也称各桌主人。其位置一般应与主桌主人同向，有时也可以面向主桌主人。

方法之三：各桌之上位次的尊卑，应根据其距离该桌主人的远近而定，以近为上，以远为下。

方法之四：各桌之上距离该桌主人相同的位次，讲究以右为尊，即以该桌主人面向为准，其右为尊，其左为卑。

除此之外，每张餐桌上安排用餐的人数应限于 10 人之内，并以双数为宜。如果人数过多，不仅就座拥挤，会降低宴请的档次，而且不容易照顾到每位客人。

根据上述 4 种位次的排列方法，圆桌上位次的具体排列又可以分为两种具体情况。

第一种情况是每桌只有一个主位的排列方法。其特点是每桌只有一名主人，主宾在其右首就座，每桌只有一个谈话中心（图 7-6）。

第二种情况是每桌两个主位的排列方法。其特点是主人夫妇就座于同一桌，以男主人为第一主人，以女主人为第二主人，主宾和主宾夫人分别在男女主人右侧就座，因此，客观上每桌形成了两个谈话中心（图 7-7、图 7-8）。

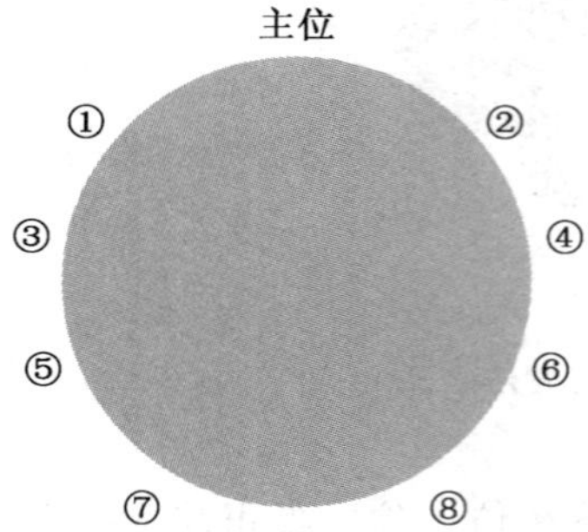

图 7-6　每桌一个主位的位次排列方法

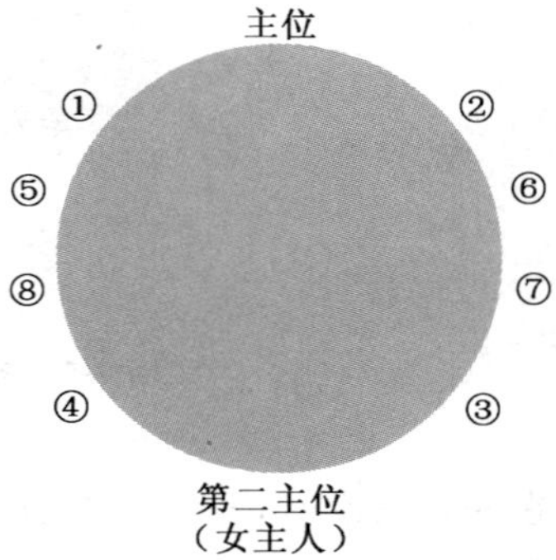

图 7-7　每桌两个主位的位次排列方法之一

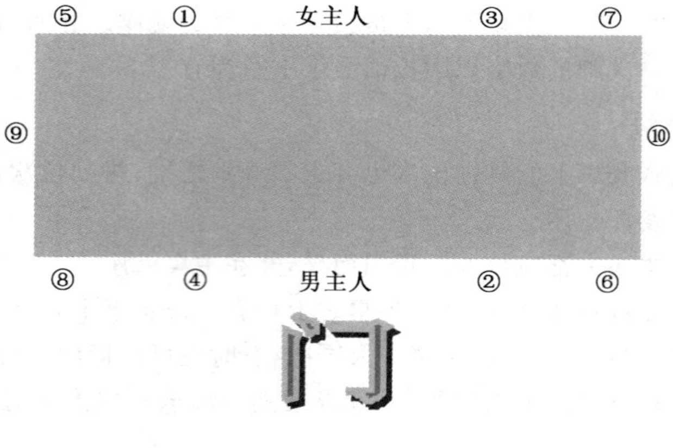

图 7-8　每桌两个主位的位次排列方法之二

在宴请时，如果主宾身份高于主人，为了表示尊重，可安排其在主人位次上就座，而主人则坐在主宾的位次上。

为了便于来宾正确无误地在自己的位次上就座，除了专门的招待人员及主人及时地加以引导、指示外，主人应该在来宾所属座次正前方的桌面上，事先放置以清晰、醒目的字迹书写着其个人姓名的座位卡。倘若举行涉外宴请时，座位卡应以中、英文两种文字书写。按照我国的惯例，中文写在上面，英文写在下面。必要时，座位卡的两面均应书写用餐者的姓名。

(二)便餐席位排列

一般情况下,便餐时的席位排列主要涉及的是位次的排列问题,往往与桌次无关。当一个人就餐时,就不存在位次的排列问题。

在排列便餐时的席位时,若需要进行桌次的排列,可参照宴请时桌次的排列进行。一般所见较多的位次的排列,通常可按照以下几个原则进行。

1. 右高左低

当两人一起并排就座时,通常以右为上座,以左为下座。因为在中餐上菜时,多以顺时针方向作为上菜方向,居右而坐者因而要比居左而坐者优先受到照顾。

2. 中座为尊

三人一同就座用餐时,居于中座者在位次上要高于在其两侧就座之人。这种位次的排列方法叫做"中座为尊"。

3. 面门为上

多人一起入座用餐时,有人面对正门而坐,有人背对正门而坐,依照礼仪惯例,则应以面对正门者为上座,以背对正门者为下座。这就是所谓的"面门为上"。

4. 观景为佳

在高档酒店或餐厅用餐时,在其室内外通常会有优美的景致或高雅的演出,以供用餐者观赏。此时,应以观赏角度最佳之处为上座,此即"观景为佳"。

5. 临墙为好

在某些中低档酒店或餐馆用餐时,为了防止过往侍者和其他食客的干扰,通常以靠墙之位为上座,以临过道之位为下座。这种方法被叫做"临墙为好"。

二、点餐礼仪

吃中餐实际上主要是吃中国菜。无论是便餐还是宴请,唱主角的都不是"饭",而是菜。因此,对于中餐菜品的选择与安排,有必要认真地学习和掌握。

按照社交礼仪的规范,安排菜单主要涉及两个方面的问题。第一是如何点菜,第二是如何准备菜单。第一方面的问题涉及的主要是非正式宴会和便餐,第二方面的问题涉及的则主要是正式宴会和家宴中主人必须考虑的问题。以下就对这两方面问题分别进行具体的介绍。

(一)点菜礼规

外出用餐时,都会遇到如何点菜的问题。要处理好这一问题,需要注意以下

3点。

1. 量入为出

在外用餐点菜时，重要的是不仅要吃饱、吃好，而且必须量力而行。如果为了讲排场、装门面，在点菜时大点、特点，甚至乱点一通，不仅会事与愿违，与自身无益，而且还会令人嘲笑。

因此，在点菜时，务必要心中有数，量入为出，力求做到不铺张浪费。要做到这一点，一是不必轻易去高档的酒店、餐厅，或是每餐必点名贵的菜。二是点菜时，要懂得搭配之道，荤素适当，适度而不过量。三是切勿乱请客，不能把大吃大喝作为社交应酬的主题。聚餐固然是增进彼此了解，加强感情交流的良好契机，但不能认为感情靠喝酒来维系，乱交“酒肉朋友”于自身无益。四是在日常聚餐时，提倡“AA制”，即聚餐的费用人均分担，这样既利于养成平等的习惯，也会减少人际关系的摩擦。

2. 相互体谅

在社交聚餐时，请客一方和被请一方在点菜时，都要体谅对方，宽厚待人，善解人意。请客一方既不要过于殷勤，也不宜过于吝啬。被请一方，在不失自尊的同时，切忌有“不吃白不吃，吃了也白吃”的不平衡心态，以免给人留下十分贪婪的印象。

请客者在点菜时，可以有两种方法选择。第一种是选择酒店推出的系列套餐。这样费用固定、菜肴的档次和数量也相对固定，不需花费太多心思。第二种是单点。可以根据个人的财力和口味，在用餐现场临时点菜，这样点菜的自由度较大，选择面较广。需要强调的是，不论请客者以何种方法点菜，都应当尽量征求被请者，特别是主宾的意见，不要只凭个人的喜好行事。当然，在征求被请者意见或请其点菜时，也完全没有必要“打肿脸充胖子”，对于自己无力承担的菜品，可以婉言回绝。

被请者在请客一方恳请点菜时，要注意避免出现下述情形：其一，乱点。被请者连自己点的菜是什么都不知道，指手画脚，乱点一气。其二，多点。被请者完全根据自己的偏好，把符合自己口味的菜品统统点上，造成浪费。其三，大点名菜。名贵的菜价格不菲，被请者根据价码选择菜品，造成要“宰”请客一方的错觉。其四，挑三拣四。对于别人点的菜，或是被大家点过上桌的菜，总是说些“自己吃不惯”、“做得太差劲”之类让人感觉不舒服的话。

因此，作为被请一方在点菜时，有两个比较好的方法可供借鉴。方法一，告诉请客一方自己没有特殊要求，请对方随意点，不必拘谨，这实际上是最受对方欢迎的做法。方法二，认真地点一个不贵的菜，然后请他人再点。这样做，既符合请客者的要求，也没有对其他人实行“包办代替”。

3. 上菜次序

了解中餐标准的上菜次序，有助于在点菜时巧作搭配，可以避免因不懂此道而出洋相。

一顿标准的中餐大菜，无论它是何种风味，其上菜的次序大体都是相同的。通常，首先上的是冷盘，然后是热菜，随后上的是主菜，接着上点心和汤，最后上的是甜食和水果。如果上咸点心的话，讲究上咸汤；如果上甜点心的话，则要上甜汤。如果宴请的客人众多，是多桌宴请，各桌上菜要同时进行。

(二)菜单准备

在宴请宾朋之前，主人需要对自己所选的菜单再三斟酌。在准备菜单时，主人应当着重考虑哪些菜肴宜选、哪些菜肴忌选。这两个问题本质上是同一个问题的两个不同方面。

1. 宜选的菜肴

在准备菜单时，一般有以下 4 类菜肴应被主人优先加以考虑：

第一类，具有中餐特色的菜肴。吃中餐首选的是有中餐特色的代表性菜肴，在宴请外籍人士时，这一点更应当被高度重视。比方说，中餐里的龙须面、煮元宵、炸春卷、土豆丝、炒豆芽、蒸饺、咕咾肉、狮子头、宫保鸡丁、鱼香肉丝、麻婆豆腐、酸辣汤、榨菜肉丝汤等，都是寻常百姓之食，并非美味佳肴，但因其具有鲜明的中餐特色，所以在国外知名度很高，受到众多外国人的推崇。

第二类，具有本地特色的菜肴。中国地大物博，各地的饮食文化既有共性，也个性鲜明，名扬天下的八大菜系便是中餐在各地分支的主要代表。一方水土养一方人，在宴请他人，尤其是宴请外地人时，应尽量安排一些具有本地特色的菜肴。如南京的盐水鸭、天津的狗不理包子、杭州的西湖醋鱼、福建的佛跳墙、桂林的荔浦芋头、北京的涮羊肉等，如宴请时上这些特色菜，恐怕要比上“千人一面”的生猛海鲜更受青睐。

第三类，本酒店、餐馆的招牌菜。但凡名声在外的酒店、餐馆，都有自己的招牌菜，即看家菜，高档的酒楼更是如此。在知名的餐馆、酒楼点菜时，应尽量安排一些招牌菜，因为大家都是奔着它们去的。不然的话，就有可能让被请之人产生看法，倍感遗憾。

第四类，主人自己的拿手菜。在举行家庭宴会时，主人一定要当众露上一手，多做几个自己的拿手菜。其实这样的拿手菜大可不必追求十全十美，只要主人亲自动手为来客烧菜，就会让对方倍感亲切和友好。

2. 忌选的菜肴

在安排菜单时，主人同样还要兼顾来宾的饮食禁忌，尤其是要对主宾的饮食禁忌予以高度的重视。这些饮食的禁忌主要有4条。

第一条，宗教禁忌。对于宗教方面的饮食禁忌，一定要认真对待，不能疏忽大意。例如，穆斯林通常是不食猪肉和非诵安拉之名宰杀之物，并且不饮酒。国内的佛教徒在饮食上禁食荤腥之物，它不仅指的是不吃肉食，而且也包括了葱、蒜、韭菜、芥末等吃起来气味刺鼻的食物。主人在宴请客人时，如果对此不求甚解，或是贸然犯禁，都会带来很大的麻烦。

第二条，地方禁忌。在不同的地区，人们的饮食偏好往往多有不同，对于这一点，主人在安排菜单时，也应予以兼顾。如，英美人通常不吃宠物、稀有动物、动物内脏、动物的头部和脚爪；满族人不食狗肉；藏民通常不吃鱼；湖南地区的人普遍喜欢吃辛辣食物，少吃甜食。如果主人没有事先搞清状况，会使双方陷入尴尬。

第三条，职业禁忌。有的职业出于某种原因，在饮食方面往往也有各自不同的特殊禁忌。例如，国家公务员在执行公务时不准吃请；在公务宴请时，不准大吃大喝，用餐一般不准超过国家规定的标准，不准饮烈性酒。再如，驾驶员在工作期间，不得饮酒。要是忽略此点，不仅是对对方的不尊重，而且还有可能使其因此而犯错误、惹麻烦。

第四条，个人禁忌。有些人由于健康和饮食习惯等因素的制约，在饮食上会有一些与众不同的特殊要求。比如说，心脏病、动脉硬化、高血压和中风后遗症的人，不适合吃狗肉，肝炎病人忌吃羊肉和甲鱼，胃肠炎、胃溃疡等消化系统疾病的人也不合适吃甲鱼，高血压、高胆固醇患者，要少喝鸡汤等。有的人不吃肉，有的人不吃海鲜，有的人不吃鸡蛋，有的人不吃小叶蔬菜等。对于这些人的饮食禁忌，主人亦应给予充分照顾。不要明知故犯，或评论他人的饮食习惯。

在隆重而正式的宴会上，主人可以把所选定的菜单精心书写后，发至人手一份，使用餐者餐前心中有数，餐后留作纪念。但值得注意的是，发给赴宴者的菜单必须名副其实，绝不可以使之成为有名无实的笑柄。

三、餐具的使用

与西餐相比较，中餐的一大特色是其餐具有所不同，而且各种餐具在用途上还有许多的讲究。因此，学习中餐礼仪，必须要掌握好中餐餐具的使用方法。

中餐餐具，即在食用中餐时所使用的工具。在一般情况下，它又分为主餐具和辅餐具两类。下面就它们的不同用处和使用方法做一介绍。

(一)主餐具

中餐的主餐具是指进餐时主要使用的、不能缺少的餐具。一般食用中餐时需要使用的主餐具主要有筷、匙、碗、盘等。

1. 筷

筷,又叫筷子。它是用中餐时必不可少的最主要的餐具。筷子的主要功能是用餐时以之夹取食物或菜肴。

使用筷子,方法要正确。一般应以右手持筷,用拇指、食指、中指三指前部,共同捏住筷子的上部约 1/3 处。筷子必须成双使用,不可单根使用。

使用筷子取菜、用餐时,需要注意以下几个问题:

一是不“品尝”筷子。不论筷子上是否有残留的食物,都不能去舔食它。在取菜前不能这样做,长时间把筷子含在嘴里也不合适,有伤大雅。

二是不“插放”筷子。不用筷子时,切记不可将其“立正”插放在食物、菜肴之上。因为根据民俗,只有祭祀先祖时才可以这么做。同时还要注意不要把筷子当做叉子使用,不能用其叉取食物。

三是不“跨放”筷子。当暂时不需要使用筷子时,可以将它放在筷座上,或放在自己所用的碗、盘、碟的旁边。筷子不能一横一竖地交叉摆放,也不能一根是大头,一根是小头摆放。不要把筷子直接放在餐桌上,更不要把它横放在碗、盘、碟上,尤其是公用的碗、盘、碟上。通常掉在地上的筷子不要接着使用。

四是不“挥动”筷子。当与人进行交谈时,应该放下筷子,以示礼貌与尊重。在夹菜时,不能用筷子在菜盘里挥来挥去,上下乱翻。遇到别人也来夹菜时,要注意避让,谨防“筷子打架”。切不可用筷子敲击碗、盘、碟或茶杯,发出声响,更不要用筷子指点对方,或是拿着它停在半空中。

五是不“滥用”筷子。在就餐时,不能用筷子代劳他事,如剔牙、挠痒、梳头,或是夹取食物、菜肴之外的东西。

另外,还需要注意的是,在餐前发放筷子时,要把筷子理顺,然后轻放在自己的面前,相距较远时,可以请人递过去,不能随手将筷子掷在桌子上。

2. 匙

匙,又叫勺子。在中餐中,它的主要作用是舀取菜肴、食物,特别是流质的食物,如羹、汤、粥等。

在一般情况下,尽量不要用勺子单独取菜。但有时在用筷子取食时,可以用它加以辅助。在用勺子取食时,不要将其盛得过满,免得溢出来,洒落在餐台、地上,或是弄脏自己的衣服,这样会让自己很尴尬。在舀取流食时,将其在相应的器皿中停留片刻，待汤汁不再滴落时，再将其倒入到自己的餐具中，慢慢享用。

使用勺子，需要注意以下4点。第一，用勺子取用食物后，应尽快食用，不要把食物再倒回原处；第二，若取用的食物过烫，不可用勺子将其折来折去，更不能用嘴对它吹来吹去；第三，当品尝盛在勺子里的食物时，尽量不要把勺子塞入口中，也不要反复吮吸它；第四，当暂时不需要使用勺子时，应将其放在自己的食碟中，不要把它直接放在餐桌上，或是把它插在食物之中。

3. 碗

碗，在中餐里主要盛放主食、羹汤之用。在正式的场合用餐时，用碗需要注意以下几个方面。

其一，在食用碗内盛放食物时，应用筷、匙加以辅助，切勿直接用手取用，或不用任何餐具用嘴直接吸食。

其二，若碗内有剩余食物时，不要将其直接倒入口中，更不能伸出舌头到碗里乱舔。

其三，在用碗进餐时，不要用双手端碗进食。

其四，不要把碗倒扣过来放在餐桌之上。

其五，对于暂时不用的碗，不要将其当做垃圾桶，乱扔东西。

4. 盘

盘，又叫盘子，直径略小的盘子被称为碟子。盘子在中餐中主要用以盛放食物，其使用方面的要求与碗略同。盘子在餐桌上一般应保持原位，不被搬动，而且在餐桌上不宜多个摞放在一起。

这里需要重点介绍的是一种用途较为特殊的，被称为食碟的盘子。食碟的主要用途是用来暂放从公用的菜盘里取来享用的菜肴。

使用食碟时，需要注意的问题有：

不要将多种菜肴堆放在同一食碟内，既容易串味，不好吃，也不好看，更不要将食碟装得太满，掉到桌子上的菜，不要再吃。

不要一次取放的食物过多，看起来既繁乱不堪，又有欲壑难填之嫌。用餐时要细嚼慢咽，不能大块往嘴里塞，狼吞虎咽。

不要挑食，不能只盯住自己喜欢的食物或菜肴，将其大量夹放在自己的食碟中，这样会给人留下贪婪的印象。

不宜入口的残渣、骨、刺等，不要乱吐在桌上、地上，而应以餐巾掩口，将其轻取放在食碟前端，必要时召唤侍者取走，或及时更换新的食碟。需要注意的是，不要将自己吃剩的残渣、骨刺与菜肴混交在一起，搞得杯盘狼藉。

(二)辅餐具

中餐的辅餐具主要是指进餐时可有可无、时有时无的餐具,它们在食用中餐时发挥辅助的作用。最常见的中餐辅餐具主要有水杯、湿巾、水盂、牙签等,现就它们的作用分别做一介绍。

1. 水杯

中餐中所使用的水杯,主要是在盛放清水、汽水、果汁、可乐等软饮料时使用的。需要注意的是,第一,不要用水杯去盛酒;第二,不要倒扣水杯;第三,使用水杯时,要轻拿轻放,以防打碎;第四,喝入口中的饮料不能再将其吐回水杯。

2. 湿巾

在食用中餐前,有时候会为每位用餐者提供一块湿毛巾,它只能用来擦手,绝不要用它擦脸、擦嘴、察汗。擦手之后,应将其轻放回盘中,由侍者取回。有时,在正式宴会结束前,会再上一块湿巾。与前者不同,这块湿巾是用来擦嘴的,但不要擦脸、擦汗。有的用餐者会用其拭擦自己的鞋子,这更不可取。

3. 水盂

在品尝中餐时,有时候需要用餐者以手持食物进食。此时,侍者会在餐桌上摆放一只小小的水盂,里面盛放着清水,水面上有时飘着柠檬片,有时会是玫瑰花瓣。水盂里的水不能喝,而是用来洗手的。在水盂里洗手时,不要乱甩、乱抖。得体的做法是,两手轮流沾湿指尖,然后浸入水中涮洗。洗毕,应将手置于餐桌下,用小毛巾或纸巾擦干。

4. 牙签

牙签主要用来剔牙。在用中餐时,不要当众剔牙。当非剔不可时,应以另一只手掩住口部,切勿大张“血盆大口”。剔出来的东西,切勿当众观赏或再次入口,也不要随手乱弹,随口乱吐。剔牙之后,不要长时间叼着牙签。取用食物时,不要用牙签扎取。

第三节 西餐礼仪

随着生活方式的更新和社会交往的活跃,西餐已经进入了中国人的生活,并受到一些人的欢迎,我国吃西餐的人越来越多。在涉外活动中,为照顾国外客人的饮食习惯,有时也要用西餐来招待客人。西餐十分注重礼仪,讲究规矩,所以,了解一些西餐餐饮知识是十分重要的,它将有利于我们顺利地开展外交活动,避免可能会出现的尴尬。

西餐,是我国对欧美地区菜肴的统称,大致可以分为两类:一是以英、法、德、意等国为代表的"西欧式",又称"欧式",其特点是选料精纯、口味清淡,以款式多、制作精细而享有盛誉;二是以前苏联为代表的"东欧式",也称"俄式",其特点是味道浓,油重,以咸、酸、甜、辣皆具而著称。此外,还有在英国菜基础上发展起来的"美式"西餐等。

根据社交礼仪的规范,要吃好西餐,并且不失风度,就必须对西餐的座次、菜序、餐具、要求等4个方面的问题,有一定程度的了解。

一、西餐宴会的席位排列

在西餐用餐时,人们对于座次的问题十分关注。越是正式的场合,座次问题就显得越重要。与中餐相比,西餐的座次排列有许多不同之处,现就此做一介绍。

(一)座次排列的原则

西餐的座次问题,更多地表现为位次问题,极少涉及桌次问题,除非是非常隆重的盛宴。因此,以下主要介绍西餐的位次。

排列西餐的位次,一般应按照约定俗成的常规来进行。了解这些基本原则,就可以恰当地处理位次排列问题。

(1)恭敬主宾。在西餐中,主宾极受尊重。即使用餐的来宾中有人在地位、身份、年纪方面高于主宾,但主宾仍是主人关注的中心。在排定位次时,应请男、女主宾分别紧临着女主人和男主人就座,以便进一步受到照顾。

(2)女士优先。在西餐礼仪中,女士备受尊重。在排定用餐位次时,主位一般应请女主人就座,而男主人则须退居第二主位。

(3)以右为尊。在排定位次时,以右为尊依旧是基本原则。就某一特定位置而言,其右位高于其左位。例如,应安排男主宾坐在女主人右侧,应安排女主宾坐在男主人右侧。

(4)面门为上。有时又叫迎门为上。它所指的是,面对餐厅正门的位子,通常在位次上要高于背对餐厅正门的位子。

(5)距离定位。一般来说,西餐桌上位次的尊卑,往往与其距离主位的远近密切相关。在通常情况下,距离主位近的位子高于距主位远的位子。

(6)交叉排列。用中餐时,用餐者经常有可能与熟人,尤其是与其恋人、配偶在一起就座,但在用西餐时,要遵守交叉排列的原则。依照这一原则,男女应当交叉排列,生人与熟人也应当交叉排列。因此,一个用餐者的对面和两侧,往往是异性,而且还有可能与其不熟悉,这种做法最大的好处是可以广交朋友。宴会用餐者最好是双数,并且男女人数各半。

(二)座次排列的具体要求

在西餐用餐时,人们所用的餐桌有长桌、方桌和圆桌。有时,还会以之拼成其他各种图案。不过,最常见、最正规的西餐桌应属长桌,下面介绍一下西餐排位的各种具体情况。

1. 长桌

以长桌排位,一般有两个办法。一是男女主人在长桌中央对面而坐,餐桌两端可以坐人(图 7-9),也可以不坐人(图 7-10)。女主人的右边是男主宾,男主人的右边是女主宾。

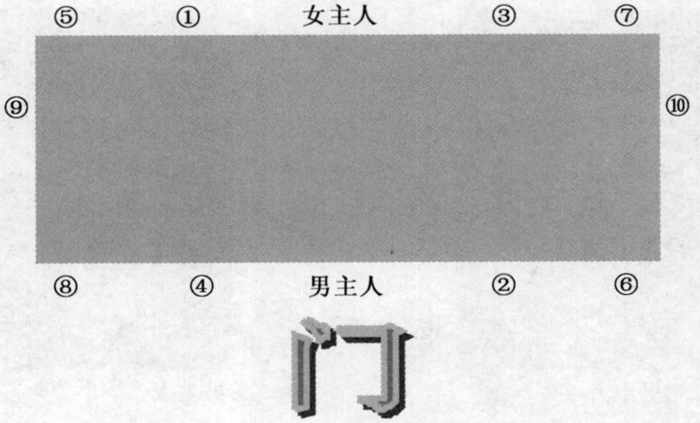

图 7-9 男女主人居中而坐时位次的排列方法之一

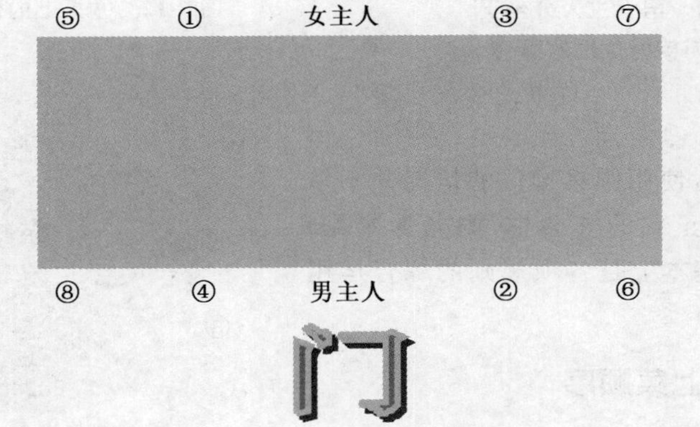

图 7-10 男女主人居中而坐时位次的排列方法之二

二是男女主人分别就座于长桌两端(图 7-11)。女主人的右手边是男主宾,男主人的右边是女主宾,依次排列,距离主人越远的人年龄辈分越低。

有时用餐者人数较多,还可以参照以上办法,把长桌拼成其他图案,以便安排大家一起用餐。

2. 方桌

以方桌排列位次时,就座于餐桌四面的人数应该相等。在一般情况下,一桌共坐 8 人,每侧各坐两人的情况比较多见。在进行排列时,应使男、女主人与男、女主宾对面而坐,所有人均各自与自己的恋人或配偶坐成斜对角(图 7-12)。

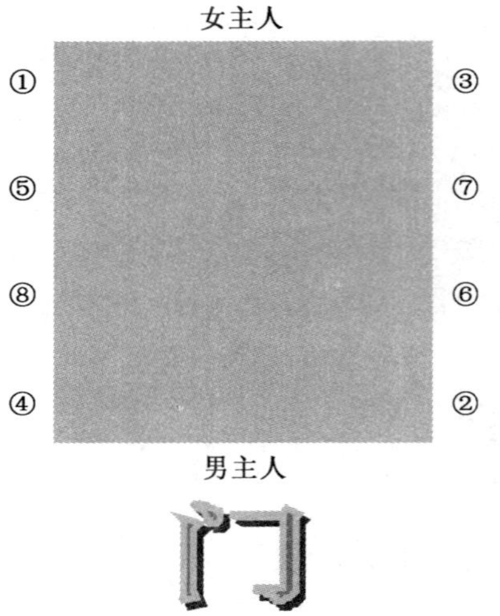

图 7-11　男女主人分坐于餐桌两侧时位次的排列

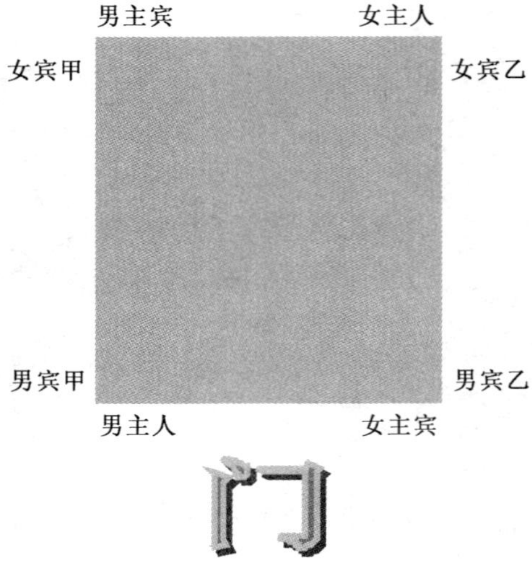

图 7-12　方桌上的位次排列

3. 圆桌

在西餐里,使用圆桌排位的情况并不多见。在隆重而正式的宴会里,则尤为罕见。其具体排列,基本上是各项规则的综合运用(图 7-13)。

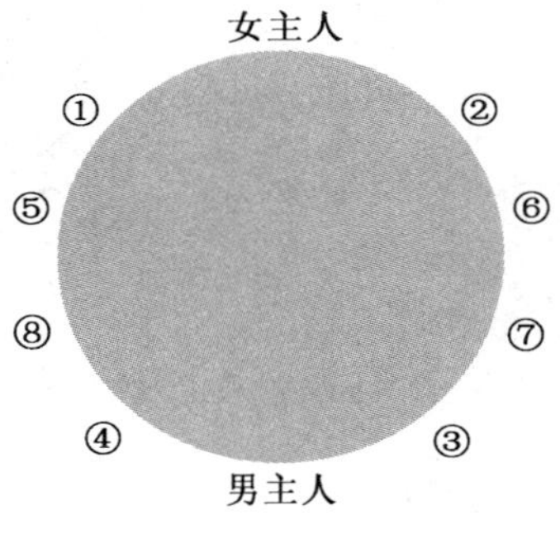

图 7-13　圆桌上的位次排列

二、西餐上菜顺序

品尝西餐,首先要了解西餐的上菜顺序。所谓西餐的菜序问题,指的是西餐用餐的先后顺序问题。了解西餐的菜序，有助于在享用西餐时，能够根据个人的食量量力而行，吃好、吃饱，同时还可以在自己点菜时，依据自己的口味，进行适当的组合、搭配。

严格地讲，西餐的正餐与便餐在菜序上存在很大的差异，现就此问题做一详细的介绍。

(一)正餐的菜序

西餐正餐的菜序复杂多样，讲究很多。在大多数情况下，菜序由下列8道菜肴组成，一顿完整的正餐，一般要吃上一两个小时。

1. 开胃菜

所谓开胃菜，就是用来打开胃口的菜，亦称西餐的头盆。在西餐里，开胃菜往往不被列入正式的菜序，而是充当其“前奏曲”。在多数情况下，开胃菜量较少，是由蔬菜、水果、海鲜、肉食等所组成的拼盘。它多以各种调味汁凉拌而成，色彩鲜艳，装饰美观，令人食欲倍增。如烟熏三文鱼、海鲜鸡杯、串烧海虾等。

2. 面包

在西餐正餐里所吃的面包，通常都是切片面包，或是根据需要，从整个的大面包上切下来食用的。在吃面包时，一般可以根据个人的喜好，涂上各种果酱、黄油或奶酪。

3. 汤

西餐之中的汤，大都口感芬芳浓郁，具有很好的开胃作用。按照传统的说法，汤是西餐的“开路先锋”，喝汤意味着西餐正式开始。西餐中的汤类品种很多，大致可分为冷汤和热汤，也可分为清汤和浓汤。汤的制作要求原汤、原色、原味。热汤中有牛尾清汤、鸡清汤、奶油汤、法式洋葱汤等。冷汤较少，比较有名的有西班牙冻汤、德式杏冷汤、格瓦斯冷汤等。

4. 主菜

西餐里的主菜又名主盘，通常是甜品前的一道菜，是全套菜的灵魂，制作相当考究，既考虑色、香、味、形，又考虑菜肴的营养价值。主菜多用海鲜、牛、羊、猪肉和禽类作为主要原料，采用炸、烘、烤、煮、蒸、烧等方法制作而成，如大虾吉列、法式烧鸡、古巴式煎猪肉、法式烤羊腿等。西餐里的主菜有冷有热，但一般以热菜为主。正规的西餐要有一个冷菜、两个热菜。在两个热菜之中，应当一个是鱼菜或肉菜。有时，还会再上一个海味菜。其中的肉菜是必不可少的，而且往往代表着此次用餐的档次和水平。

5. 点心

吃过主菜后，一般要上蛋糕、饼干、吐司、馅饼、三明治之类的小点心，主要是让还没有吃饱的人借以填饱肚子。已经吃饱的人，则可以不吃点心。

6. 甜品

吃过点心之后，接着上的是甜品。最常见的甜品主要有布丁、冰淇淋等。

7. 果品

常见的干果有核桃、榛子、腰果、杏仁、开心果等。草莓、菠萝、苹果、橙子、香蕉、葡萄等，则是最常见之于西餐桌上的鲜果。用餐者在力所能及的情况下，可酌情享用干、鲜果品。

8. 热饮

在西餐用餐结束之前，还会为用餐者提供热饮，以此作为“结束语”。最正规的热饮是红茶或纯黑咖啡，用餐者只能选择其一，而不宜同时享用。因为红茶或是黑咖啡的作用主要是帮助消化。西餐的热饮，可以在餐桌上喝，也可以换一个地方，离开餐桌去客厅或是休息厅里喝。

(二)便餐的菜序

通常，一顿西餐便餐的标准菜序应当是方便从简，一般由下列5道菜肴构成。

①开胃菜；

②汤；

③主菜；

④甜品；

⑤咖啡。

三、西餐餐具的使用

不同国家、地区的菜肴，在用餐时借助的餐具往往不尽相同。有的餐式要用筷子，有的餐式要用刀叉，有的则需要直接以手来取食。

使用刀叉进餐，是西餐的最重要的特征之一。因此，学习西餐礼仪，一定要正确掌握刀叉的使用。除了刀叉之外，西餐的主要餐具还有餐匙、餐巾等。以下分别对它们进行系统地介绍。至于西餐桌上盘、碟、杯、水盂、牙签等餐具，其用法与中餐大同小异，在此不再赘述。

(一)刀叉

刀叉，是对餐刀、餐叉两种餐具的统称。二者既可以配合使用，也可以单独使用。一般情况下,刀叉是同时配合使用的。刀叉的使用,主要是掌握刀叉的区别、刀叉的用法、刀叉的暗示等三个方面的问题。

1. 刀叉的区别

在正规的西餐宴会上,吃每道菜都要使用专门的刀叉,既不能胡拿乱用,也不可以从头到尾只用一副刀叉。

享用西餐时,在一般情况下,出现在每位用餐者面前的刀叉主要有:吃黄油所用的餐刀、吃鱼所用的刀叉、吃肉所用的刀叉、吃甜品所用的刀叉等。它们不但形状各异,更重要的是,它们摆放的具体位置各不相同。掌握这一点,对于正确区分它们是十分重要的。

吃黄油所用的餐刀,没有与之相匹配的餐叉,它的正确位置是横放在用餐者左手的正前方。

吃鱼所用的刀叉和吃肉所用的刀叉,应当餐刀在右、餐叉在左,并分别纵向的摆放在用餐者前面的餐盘两侧。餐叉的具体位置,应处于吃黄油所用餐刀的正下方。有时候,在餐盘左右两侧分别摆放的刀叉会有三副之多。如果不想把它们拿错,应当依次分别从两边由外侧向内侧取用。

吃甜品所用的刀叉最后使用,它们一般横向放置在用餐者面前的餐盘的正前方。

2. 刀叉的使用

使用刀叉一般有两种常规方法。第一种方法叫做英国式。它要求进餐时,用餐者始终右手持刀,左手持叉,一边切割,一边叉食,通常认为此种方式较为文雅。第二种方法叫做美国式。它的具体做法是,用餐者先是右刀左叉,一口气把餐盘里要吃的东西全都切割完毕,然后把右手里的餐刀斜放在餐盘前,将左手的餐叉换到右手里,取食食物,这种方法的优点在于比较简便。

在以刀叉用餐时,无论采用上述哪一种方式,都要注意以下 5 点。

第一,在切割食物时,不要弄出声响。

第二,在切割食物时,一定切记双肘要下沉,而切勿架起双臂,左右开弓。因为那样做,一是有碍他人,二是吃相不文雅,还会使自己正在切割的食物掉出餐盘,弄脏台布或是自己的衣服,让自己很狼狈。

第三,被切割好的食物,大小应该适宜一下子入口。不要块头过大,将食物塞入口中,使自己的脸颊鼓出来。也不要将食物用刀扎起来,再一口一口咬着吃。

第四,要注意刀叉的朝向。将餐刀临时放下时,不可刀口外向。双手同时使用刀叉时,叉齿应当朝下;右手持叉进餐时,则应叉齿向上。

第五，如不小心将刀叉掉落在地，切勿再接着使用，而应请侍者另换一副。

3. 刀叉的暗示

使用刀叉，可以向侍者暗示用餐者是否吃好了某一道菜肴。其具体做法是：

如与人攀谈时，应暂时放下手中的刀叉。其正确的做法是，刀右、叉左，刀口向内、叉齿向下，呈汉字的“八”字形状，摆放在餐盘之上，它表示“此菜尚未用毕”。值得注意的是，不要把刀叉摆放在桌面上，尤其不要将刀叉交叉放成“十”字形，这在西方人看来，是令人晦气的图案。

如果吃完了，或者不想再吃了，则可以刀口向内，叉齿向上，刀右、叉左地并排纵放在餐盘上，或者刀上叉下地并排横放在餐盘里。这样表示“不再吃了”，可以请侍者连刀叉带餐盘一起收走。

(二)餐匙

餐匙也叫调羹，学习餐匙的使用，应重点掌握其区别和用法两个基本问题。

1. 餐匙的区别

在西餐的正餐里，一般至少会出现两把餐匙，它们的形状不同，用途各异，摆放的位置也有各自的既定之处。

一把个头较大的餐匙叫做汤匙，通常它摆放在用餐者右侧的最外端，与餐刀并列纵放。

另一把个头较小的餐匙则是甜品匙，一般横向摆放在吃甜品所用刀叉的正上方，并与其并列。如果不吃甜品，用不上甜品匙的话，有时它就会被个头同样较小的茶匙所取代。

两种餐匙各有各的用途，切不可相互替代。

2. 餐匙的用法

使用餐匙，有以下几点必须注意：

第一，餐匙除了可以饮汤、吃甜品之外，绝对不可直接去舀取红茶、咖啡以及其他任何主食、菜肴。

第二，用餐匙取食时，务必不要过量，而且一旦入口，就要一次将其用完。不要反复品尝数次。使用餐匙时，应将其前端入口，不可全部含入口中。

第三，使用餐匙的动作应干净利索，切勿在汤、甜品或红茶、咖啡之中搅拌不已。以匙舀汤时，应自距离自己较近处向距自己较远处舀起，而不是反其道而行之。

第四，应保持餐匙的整洁干净。

第五，已经开始使用的餐匙，不可再次放回原处，也不可将其插入菜肴或令其

“立正”于汤盘、红茶杯、咖啡杯中，可以将其暂放于餐盘之上。有时，以匙柄正对着就餐者，还可以暗示其用餐已经完毕。

(三)餐巾

餐巾在西餐餐具里，是一个发挥多重作用的重要角色，下面将主要介绍餐巾的铺放和餐巾的用途等两个方面的问题。

1. 餐巾的铺放

西餐里所用的餐巾，通常会被叠成一定的图案或造型，放置于用餐者右前方的水杯里，或是直接被平放于用餐者右侧的桌面上。它们面积上有大、中、小之分，形状上也有正方形与长方形之别。

餐巾应平铺于自己并拢的大腿上。使用正方形餐巾时，应将它折成等腰三角形，并将直角朝向膝盖方向；若使用长方形餐巾，则可将其对折，然后折口向外平铺。打开餐巾，并将其折放的整个过程应在餐桌之下悄然进行，切勿临空一抖，吸引他人注意。特别需要注意的是，在外用餐时，一定不要把餐巾掖于领口、围在脖子上、塞进衣襟里，或是担心其掉落而将其系在裤腰上。

2. 餐巾的用途

第一，保洁服装。将餐巾平铺于大腿之上，其目的主要是防止进餐时掉落的菜肴、汤汁等弄脏自己的服装。

第二，擦拭口部。在用餐期间与人交谈之前，应先用餐巾轻轻地揩一下嘴，免得满嘴油光，很不文雅。女士进餐前，可以用餐巾轻印一下口部，以除去唇膏。以餐巾揩口时，其部位大体固定，最好只用其内侧。不能用餐巾擦汗、擦脸、擦手，特别是不能擦餐具，如果这样做会暗示主人餐具不洁，要求另换一副。

第三，掩口遮羞。在进餐时，尽量不要当众剔牙，也不要随口乱吐东西。如果非剔不可，应以左手拿餐巾挡住口部，右手剔牙，或以右手持餐叉接住“出口”之物，再将其移到餐盘前端。倘若这些过程没有遮掩地进行，是颇为失态的。

第四，暗示。在用餐时，餐巾可以进行多种特殊的暗示。最常见的暗示有三种情况。第一种情况：暗示用餐开始。西餐大都以女主人为“带路人”，当女主人铺开餐巾时，就是在向来宾宣布用餐可以开始了。第二种情况：暗示用餐结束。当主人，尤其是女主人把餐巾叠好放在餐桌上时，意在宣告用餐结束，请各位告退。其他用餐者如若用餐完毕，亦可用此法示意。第三种情况：暗示暂时离开。若用餐者中途暂时离席，可将餐巾放置于本人座椅的椅面上。看到这种暗示，侍者就不会马上动手撤席。

四、西餐的要求

参加正式的西餐宴会，礼仪方面的要求既繁多又严格。扼要而论，主要有以下4方面。

(一)举止高雅

由于正统的西餐礼仪出自古代宫廷，并且相沿已久，因此西餐程序化的规定非常多。其中最重要的是要求用餐者严格约束个人的行为，力求言谈举止高雅端庄。因而吃西餐，主要是在“吃”风度和气氛。

1. 进食噤声

享用西餐时，不论是有意还是无意，吃东西或是喝汤羹、饮料之类，绝对不要弄出声响。在西方人看来，只有缺乏教养的人，才会在进食时出声作响。

2. 防止异响

除了用餐之外，体内的任何声响，无论是咳嗽、打喷嚏，还是打嗝、放屁，都应自觉地加以控制，不要当众出丑。另外，在就座、用餐时，也不要把座椅、餐桌、餐具等弄出怪异的声响。

3. 慎用餐具

在用餐时，一定要正确使用各种餐具，如不懂可以现场观摩他人，不要贻笑大方。不要把餐具用作他用，尤其是不要以之相互敲击，或用其指点别人。

4. 正襟危坐

就座时，应从左侧进入，使身体与餐桌保持两拳左右的距离。上身要呈挺拔之态，不要东倒西歪。双手不要支在桌上，或藏于桌下，而应扶住桌沿。双腿切勿乱伸，别忘了自己的对面与两侧皆为异性。

5. 吃相干净

在用餐时，要维护环境卫生，并注意个人卫生。不要吃得自己身上、脸上到处都留有痕迹，也不要把餐盘、餐桌和地面弄得一塌糊涂。

(二)衣着考究

在吃西餐时，西方人非常讲究个人的穿着打扮。如若不谙此道，或是明知故犯，既会被人轻视，也会失礼于人。根据用餐规模、档次的不同，用餐时的衣着也不尽相同，大体上有礼服、正装、便装之分。

1. 礼服

西式的礼服，男装为黑色燕尾服，扎领结；女装为拖地袒胸长裙，并配长筒薄纱手套。其他国家的人士，可以穿本民族的礼服，如我国的中山装、旗袍。通常在隆重的宴会上，要求参加者穿礼服出席。

2. 正装

在一般情况下，正装指的是深色，特别是黑色或藏蓝色的套装或套裙。男装不要色彩过淡、过艳，女装则切勿过短、过紧、过小。

3. 便装

参加一般性的聚餐时，可以穿便装。所谓的便装也有严格界定，即男士可穿浅色西装，或仅穿单件的西装上衣。女士则可以穿着时装，或是以长西裤代替裙装。不管穿什么服装，在用餐时都不允许当众整理衣饰，如不准脱外套、换衣服、松领带、解腰带、拉袜子、脱鞋子等。

(三)尊重女士

如果说中餐礼仪讲究尊重长者的话，那么，尊重女士就是西餐礼仪的一大特点。西餐礼仪里所说的尊重妇女，并非泛泛而谈，而是广泛地融入了可操作层次。

1. 礼待女主人

在西餐宴请活动中，女主人往往处于“第一顺序”。其具体表现是：女主人要坐主位，由女主人“宣布”用餐开始或结束等。用西餐时，让女主人忙里忙外，到处张罗，甚至难以入席的情况，是绝对见不到的。

2. 照顾女宾客

在吃西餐时，无论是否相识，男士都要积极主动地对女士多加照顾。例如，在用餐前，帮助女士收存外套、或寻位就座。在用餐期间，要帮助女士取菜、拿调味品，并陪其交谈等。

3. 不用女侍者

正规的西餐里，绝对讲究“女尊男卑”，所以，在西餐厅往往只能见到清一色的男侍者在迎来送往。根据传统，西餐馆一概不用女侍者。

(四)积极交际

参加西餐宴会，除了品尝美食之外，还要进行适当的交际活动。根据西餐礼仪，西餐宴会的主旨，就是促进人们的社交活动。

1. 宾主交际

应邀赴宴时，不要忘记找个适当的时候向主人致意，与其叙旧、联络感情。不要吃完就走，好像没有把主人放在眼里，这样是很失礼的。

2. 来宾交际

在用餐时，中餐礼仪不提倡多讲话，而在西餐礼仪中，来宾不仅要与老朋友寒暄，还要借机多交一些新朋友。不能只吃不说，或是只找老朋友、寻年轻貌美的异性交谈，而对其他的人不置一词。与周围人都交谈上几句，既是礼貌，也是理智之举。

第四节　酒水饮用礼仪

以茶待客，以酒会友，古往今来酒水一直在人际交往中扮演着重要角色。酒水中有诸多讲究，除了人们熟悉的茶之外，各种各样的洋酒、不同品牌的咖啡也悄然进入了人们的日常生活中。本节就酒、茶和咖啡的饮用礼仪进行介绍。

一、饮酒的礼仪

自古以来，酒与欢庆、友谊和诗意相随。“兰陵美酒郁金香，玉碗盛来琥珀光”，中国酒文化历经数千载而不衰。不论是国酒还是洋酒，尊重不同的酒文化是最重要的。通常，常见的酒有白酒、啤酒、葡萄酒、香槟酒等，不常见的还有白兰地、威士忌等。掌握优雅而正确的饮酒礼仪，不仅能展示现代人的品位和修养，也有助于提升个人魅力。

在正式场合，饮酒礼仪是颇为讲究的。在饮酒过程之中，有斟酒、祝酒、干杯等，下面分别对其做一说明。

(一)斟酒

通常，酒水应当在饮用前再斟入杯中，有时为表示对来宾的敬重、友好，主人会亲自为其斟酒。如果是侍者斟酒，不要忘记道谢，但不必拿起酒杯。若是男主人亲自来斟酒时，则必须端起酒杯致谢，必要时还须起身站立或欠身点头为礼。

主人为来宾所斟的酒，应是本次宴会上最好的酒，并应当场启封。斟酒时要注意 3 点：

其一，要面面俱到、一视同仁，切勿有挑有拣，只为个别人斟酒。

其二，要注意顺序。可以依顺时针方向，从自己所坐之处开始；也可以先为尊长、嘉宾斟酒。

其三，斟酒须要适量。白酒与啤酒均可以斟满，而其他洋酒则无此讲究。

在正式宴会上，除主人与侍者外，其他宾客一般不宜自行为他人斟酒。

(二)敬酒

敬酒,亦称祝酒。它具体所指的是:在正式宴会上,由男主人向来宾提议,为了某事由而饮酒。在敬酒时,通常要讲一些祝愿、祝福之言。在正式的宴会上,主人与主宾还会郑重其事地发表一篇专门的祝酒词。因此,敬酒是酒宴上必不可少的一项程序。

敬酒可以随时在饮酒的过程中进行。频频举杯祝酒,会使现场氛围热烈而欢快。不过,若是致正式的祝酒词,则应在特定的时间进行,并以不影响来宾用餐为准。

通常,致祝酒词最适合在宾、主入席后、用餐前开始。有时,也可以在吃过主菜后、甜品上桌前进行。不论是致正式的祝酒词,还是在普通情况下祝酒,内容均应愈短愈好,千万不要连篇累牍,喋喋不休,让他人等候良久。

在他人敬酒或致词时,其他在场者应一律停止用餐或饮酒。应坐在自己座位上,面向对方认真地倾听。对对方的所作所为,不要小声讥讽或公开表示反感。

(三)干杯

干杯,通常指的是在饮酒时,特别是在祝酒、敬酒时,以某种方式劝说他人饮酒,或是建议对方与自己同时饮酒。在干杯时,往往要喝干杯中之酒,故称干杯。有的时候,干杯者相互之间还要碰一下酒杯,所以它又叫做碰杯。

干杯,需要有人率先提议。提议干杯者,可以是致祝酒词的主人、主宾,也可以是其他任何在场饮酒之人。提议干杯时,应起身站立、右手端起酒杯,或者用右手拿起酒杯后,再以左手托扶杯底,面含笑意,目视自己祝酒的对象,说出祝颂之词。如祝对方身体健康、生活幸福、节日快乐、工作顺利、事业成功以及双方合作成功等。

在主人或他人提议干杯后,应当手持酒杯起身站立。即便滴酒不沾,也要拿起酒杯配合提议。在干杯时,应手举酒杯至双眼高,口道“干杯”之后,将酒一饮而尽或饮去一半,也可以只饮适当的量。然后,还需手持酒杯与提议干杯者对视一下,这一过程方告结束。

过去,在中餐里喝白酒时,干杯必须一饮而尽,杯内不剩残酒,现在则不必非得如此。在西餐里,祝酒干杯讲究只用香槟酒,而绝不可以用啤酒或其他葡萄酒替代。饮香槟酒时,应饮去杯中之酒的一半为宜,但也要量力而行。

在中餐里,主人亲自向自己敬酒干杯后,应当回敬主人,与他再干一杯。回敬时,应右手持杯,左手托底,与对方一同将酒饮下。

有时,在干杯前,可象征性地与对方碰一下酒杯。碰杯时不要用力过猛,出于敬重之意，可使自己的酒杯比对方低一些。与对方相距较远时，可以“过桥”之法作为变通，即以手中酒杯之底轻碰桌面。这样做，也等于与对方碰杯了。不过，这一方式只是中式的。在西餐宴会上，人们是只祝酒不劝酒，只敬酒而不真正碰杯。使用玻璃酒杯时，尤其不能彼此碰杯。在西式宴会上，越过身边之人与相距较远者祝酒干杯，尤其是交叉干杯，也不允许。

当然，无论在何种场合饮酒，都要有自知之明，做到适度饮酒，酒后保持风度，做到“饮酒不醉为君子”。

一个具有良好饮酒礼仪的人，在任何时候都不会争强好胜，故作潇洒。因为饮酒过多不仅伤身体，而且容易醉酒误事。高兴时饮酒要适度，痛苦时也不要借酒浇愁。假如因为生活习惯或健康等原因而不能饮酒，可以申明不能饮酒的客观原因，主动以其他软饮料代酒，或委托亲友、部下、晚辈代为饮酒。不要在他人为自己斟酒时又躲又藏，乱推酒瓶、倒扣酒杯，或是把自己的酒倒入别人杯中。

饮酒之后不要耍酒疯，借机生事、装疯卖傻、胡言乱语，这样的做法实在令人厌烦。不要酗酒，酗酒不仅损害身体，而且也有损个人形象。喝酒时不要强行灌酒，祝酒干杯需要两厢情愿，不要强迫他人喝酒。饮酒时不要猜拳行令、大声喧哗。

二、饮茶的礼仪

中国是茶的故乡，茶在我国有着漫长而悠久的历史，它与咖啡、可可被称为世界三大饮料。在我国，茶被誉为“国饮”。在接待来访的客人时，沏茶、上茶已经成为一项必不可少的待客礼节。在正式场合，无论是自饮还是待客，饮茶都颇有讲究。

(一)茶叶的品种和饮用特点

根据加工、制作方法的不同，茶叶可分为绿茶、红茶、乌龙茶、花茶、砖茶、袋茶等几个品种。

1. 绿茶

绿茶，是对新鲜茶叶进行炒制，利用高温破坏其中所含的酶，在制止其发酵之后制作而成的。饮用绿茶，讲究要选用当年的新茶，特别是“明前茶”，即清明节前采摘的茶叶。精心沏出来的绿茶，茶叶碧绿，茶汤清澈，入口后饱含沁人心脾的清香，并且清凉宜人。在夏日饮用，还可以消暑降温。

我国著名的绿茶有产于杭州龙井的龙井茶，产于江苏太湖洞庭山的碧螺春，产于安徽黄山的黄山毛峰，产于湖南洞庭湖青螺岛的君山银针，产于安徽六安齐云山的六安瓜片，产于河南信阳大别山区的信阳毛尖，产于贵州黔南都匀山区的都匀毛尖等。

2. 红茶

红茶的加工制作方法与绿茶相反，它是以新鲜的茶叶经过烘制，使之完全发酵后制作而成。在冲泡沏水之前，它的色泽油润乌黑。在冲泡沏水后，它具有独特的浓香和爽口的滋味，还能暖胃补气，提神益智。红茶性温热，适合在冬天里饮用。我国生产的红茶品种不少，其中最著名的就是安徽祁门县的祁门红茶，还有产于云南西双版纳的滇红茶等。

3. 乌龙茶

乌龙茶的制作加工方法介于绿茶和红茶之间，它是一种半发酵的茶叶，外形肥大、松散，茶叶边缘发酵，中间不发酵，整体外观上呈黑褐色。沏水冲泡后的乌龙茶色泽凝重鲜亮，芳香宜人。喝过后，不仅可以化解油腻，而且健胃提神。我国乌龙茶多产于福建省，其中最著名的是闽南安溪县的铁观音、闽北武夷山的武夷岩茶等。

4. 花茶

花茶，又叫香片，是以绿茶经过各种鲜花熏制而成的茶叶。它的最大特点是冲泡沏水后芳香扑鼻，口感浓郁，味道鲜嫩，一年四季都可以饮用。

根据用来熏制花茶的鲜花的具体品种的不同，花茶可以分为茉莉花茶、桂花茶、玫瑰花茶、白兰花茶、珠兰花茶、米兰花茶等多个品种。其中以茉莉花茶最受欢迎。

5. 砖茶

砖茶，又叫茶砖。是特意将茶叶压紧后，制作成的一种类似砖块形状的茶叶品种。它很受一些少数民族的喜爱，特别是添加奶、糖等之后煮着喝味道更美。

6. 袋茶

袋茶，不是茶叶的某一个品种，而是为了饮用方便，将绿茶、红茶、乌龙茶或花茶分别装入纸袋内。饮用时只需将纸袋放进杯子，然后冲泡即可。袋茶是茶的一种方便饮品。

根据生活习惯的不同，在一般情况下，南方人爱喝绿茶，北方人爱喝花茶，东南沿海一带的人爱喝乌龙茶，欧美人爱喝红茶，特别是袋装红茶。因此，在以茶待客时，应因人而异，投其所好。

(二)茶具的选择

饮茶是一种文化，所以在选择茶具时，既要干净、卫生、实用，又要美观、大方、悦目。喝茶时，因所选茶叶不同，所用茶具的品种也不同。但一般情况下，喝茶都少不了储茶用具、泡茶用具、喝茶用具等。

储茶用具的基本要求是防潮、避光、隔热、无味。如果要存放好的茶叶，最好用特制的茶叶罐，如铝罐、锡罐、竹罐，尽量不用玻璃罐、塑料罐，更不要长时间以纸张包装、存放茶叶。

喝茶讲究的人，对泡茶用具也十分挑剔。在正式场合，泡茶用具和喝茶用具要区分开。正规的泡茶用具，最常见的是茶壶，多是紫砂陶或陶瓷制成。

喝茶的用具主要是茶杯、茶碗。用茶杯喝茶最常见，使用茶碗喝茶，多出现在古色古香的茶馆里。

为帮助茶汤纯正味道的发挥，茶杯应该选用紫砂陶茶杯和陶瓷茶杯。如果是为了欣赏茶叶的形状和茶汤的清澈，也可以选用玻璃茶杯，最好别用搪瓷茶杯。

如果喝茶时同时使用茶壶，最好茶杯、茶壶相配套，观之美观而和谐，尽量不要东拼西凑。若同时用多个茶杯，也应注意配套问题。不要选用破损、残缺、有裂纹、有茶锈或污垢的茶杯待客。

(三)敬茶的程序

不要当着客人的面取茶冲泡，即使当着客人的面取茶，也不可以直接下手抓茶叶，而要用勺子取，或是直接从茶罐将茶叶倒进茶壶或茶杯。

俗语说“众口难调”，饮茶也是如此。所以在上茶之前，主人应先征询客人的意见，不要自以为是，强人所难。

从医学角度来讲，喝茶不要太浓，如果客人有特别要求的例外。以茶待客讲究要上热茶，而且是七分满。上茶时还有“茶满欺人”的说法。

以茶待客时，由谁为来宾奉茶，涉及对来宾重视的程度。在家里待客，通常由家里的晚辈或是家庭服务员为客人上茶。接待重要的客人时，最好是女主人，甚至主人自己亲自奉茶。在工作单位待客时，一般应由秘书、接待人员为来客上茶。接待重要的客人时，应该由本单位在场的职位最高的人亲自奉茶。

如果客人多，可以遵循先客后主、先主宾后次宾、先女后男、先长辈后晚辈的顺序；可以以进入客厅为起点，按顺时针方向依次上茶；也可以按客人的先来后到的顺序；还有一种简便的办法，就是把所有的茶都备好后，让客人自己拿。和别人说话的时候，最好别喝茶。即使要喝，礼貌的做法是小口品尝，不要连茶叶一并吞进嘴里。如果把茶叶喝进嘴里，也不要吐出来或是用手从嘴里拿出来，而是吃掉，或是在其他地方吐掉。

主人以茶待客时，要为客人勤斟茶，勤续水，这种做法的寓意是：“慢慢喝，慢慢叙。”但在用茶招待老年人或海外华人的时候，就不要再三斟茶。因为以前以茶待客有“上茶不过三杯”的说法。第一杯叫敬客茶，第二杯叫续水茶，第三杯则叫送客茶。在为客人续水斟茶时，不要妨碍到对方。应一手拿起茶杯，使茶杯远离客人身体、座位、桌子，以另一只手把水续入，最好不在客人面前续水。

三、饮咖啡的礼仪

随着对外交流的深入与扩大，咖啡已成为国人所喜爱的一种时尚饮品。“我不在咖啡馆，就在去咖啡馆的路上”，这句话形象地说明了人们对咖啡的喜爱。饮用咖啡，除了作为饮料自身的功能外，更重要的是在人际交往中，借以促进人与人之间的交流，展现个人自身的教养和素质，可以说，饮咖啡在一定程度上是一种礼仪活动。因此，掌握饮咖啡的礼仪要求，对顺利开展交往活动是十分有益的。

（一）饮用数量及配料的添加

1. 数量要少

在正式场合饮咖啡，多是“醉翁之意不在酒，而在乎山水之间”。一般情况下，饮咖啡一杯足矣，至多不应超过 3 杯。

2. 入口要少

饮咖啡时，不宜扬脖一饮而尽，也不要大口吞咽，更不能喝得响声大作，而应该小口品尝，细细品味，举止优雅。

3. 自主、文明添加配料

在添加咖啡配料时，要自行其是，不要为他人添加配料。操作时动作要自然大方，温文尔雅。添加方糖时，应以夹子夹取，不要用自己所用的咖啡匙去取，更不要直接下手去取。

（二）饮用方法

1. 握杯礼仪

持握咖啡杯的得体方法是，以右手拇指和食指握住杯耳，再轻缓端起杯子送至嘴边，不可以手指穿过杯环再握住杯身。在正式场合，咖啡都是盛进杯子，然后放在碟子上一起端上桌。碟子的作用，主要是用来放置咖啡匙，并接住溢出杯子的咖啡，洒落在碟子上面的咖啡要用纸巾吸干。

如果坐在桌子附近喝咖啡，通常只需端杯子，而不必端碟子。如果离桌子比较远，或站立、走动时喝咖啡，则应该以左手将杯、碟一起端至胸高，再以右手持杯而饮，这种方法既迷人，又安全。

2. 匙的礼仪

在正式场合，咖啡匙的作用主要是加入牛奶或奶油后，用来轻轻搅动，使牛奶或奶油与咖啡相互融合。加入小糖块后，可用咖啡匙略加搅拌，以促其迅速溶化。如果咖啡太烫，也可以用咖啡匙稍作搅动。咖啡匙的使用，要特别注意两条禁忌。一是不要用咖啡匙舀咖啡喝。二是不用的时候，应平放在咖啡碟里，不要立在咖啡杯里。

3. 取食甜点

饮用咖啡时，为了不伤及胃肠，主人常常会同时准备一些糕点、果仁、水果之类的小食品招待客人。客人在需要用甜点时，首先要放下咖啡杯。在喝咖啡时，手中不要同时拿着甜点品尝，更不能双手左右开弓，大吃猛喝。吃甜点时，要抿嘴轻轻地嚼，不能大声咀嚼，这会显得无礼粗鲁。

4. 正确交谈

社交场合中喝咖啡只是一种手段，真正的目的是要通过饮用咖啡增加彼此间的了解。因此，在饮用咖啡时，要适时地和交往对象进行交谈。交谈时，要细声细语，不可大声喧哗，乱开玩笑，应该含蓄有度，礼让谦恭。不要在别人喝咖啡时，向对方突然提出问题，以免对方措手不及仓促应对。自己喝过咖啡要讲话以前，最好先用纸巾将嘴角擦拭干净。

本章小结

本章主要阐述了现代餐饮礼仪的含义和原则，详细介绍了现代餐饮礼仪的基本知识、技巧和规则，有针对性地分析了请客吃饭中遇到的各种问题。通过本章学习，帮助学生在一定程度上正确掌握中餐、西餐礼仪，加强学生的礼仪修养，提高其社交能力。

思考与练习

1. 宴请的形式主要有哪几种？
2. 什么是国宴？国宴与正式宴会的区别是什么？
3. 宴请活动中的“6M 原则”指的是什么？
4. 中餐使用筷子与西餐使用刀叉分别有哪些礼仪要求？
5. 宴会的桌次与座位排列应遵守的基本原则是什么？

6. 应邀赴宴必须遵守的基本礼节是什么?

7. 怎样向他人敬酒?

8. 茶叶主要有哪些品种? 敬茶的程序是什么?

9. 饮咖啡时,在举止行为方面有何禁忌?

【案例分析】

案例一

王娟是单位里刚刚参加工作一年的新员工,姑娘端庄漂亮,业务能力强,交际口才也不错,深得女领导的器重。一次,领导称要请自己一位多年不见的好朋友吃饭,顺便请几位同学聚一聚,邀请王娟出席陪同,王娟爽快答应了。可是在聚餐当天,王娟认为自己是女性,不应该去那么早,所以故意晚到了10分钟。到了以后,她发现领导的一个同学是自己的熟人,王娟非常高兴,席间与这位熟人相谈甚欢,几乎忘了其他客人,甚至没有顾及领导,走的时候还因为多喝了几杯酒面红耳赤。过后,领导对王娟有些冷淡,有社交聚会的场合也不再请王娟了。

请问:

1. 王娟这次赴宴的表现有哪些方面是不妥的?

2. 结合本案例,谈谈在一次社交聚餐中,主人、主宾、次主宾、主陪、副主陪应该注意哪些礼仪?

案例二

一次,一个新交的商业伙伴兼朋友请小王吃自助餐。进餐厅以后,小王想,这是一次消费200元的高级自助餐,有很多自己平时舍不得吃的好东西,我一定得过够嘴瘾。于是,小王在餐厅内不断穿梭来往,取来很多的食物、啤酒和饮料,一边大吃大喝,一边与朋友高谈阔论,可是他很快就觉得吃不下了,结果餐桌上剩下大半食物。他的朋友笑着看着他,只是说:"请随意。"他们酒足饭饱离去时,服务员冲着他们的背影无奈地摇头叹气。

请问:

1. 小王在吃自助餐时违背了哪些礼仪?

2. 小王的表现会对他的社交形象有什么样影响?

第八章 职业礼仪

职业礼仪是与从事的职业工作相联系的角色和场合应该遵守的礼仪。对职业人而言，拥有职业礼仪知识，根据不同的场合、对象应用不同的礼仪和沟通技巧，不仅能够展现自己的礼仪修养、道德品质和专业素养，塑造良好的个人职业形象，还可以塑造和维护良好的组织形象，提高个人和组织的工作业绩。每个人面对当今激烈的职场竞争，扎实的专业知识和技能是竞争的主要资本，而良好的职业礼仪修养则会令你在职场中如鱼得水、游刃有余，取得良好的人际评价和工作业绩。有人认为，个人在事业上的成功15%靠的是专业知识和专业技能，而85%要靠人际关系和处世技巧。可见，人们已经充分认识到职业工作和职场人际交往礼仪对于个人的重大影响。职业礼仪除了职业着装礼仪、待人接物的言谈举止礼仪等外在职业形象礼仪外，还包括从业者的个性品质、办事能力、专业素养、职业理念及人际交往技巧等等。本章从求职、初入职、公务、办公场所、上下级和同事关系以及商务往来等角度阐述职业礼仪的基本规范。

第一节 求职礼仪

找一份工作是每个人的人生职业生涯的开始，换一个工作职位，在现代社会已变得十分平常,有时甚至非常必要。在劳动力总体过剩、人才竞争激烈和经济波动频发的经济社会环境下,求职难已经成为一个严重的社会问题,找到一份满意的工作和称心的职位更不是一件容易的事情。在这样的背景下,求职礼仪的作用就不只是应有的礼貌和对他人的尊重,而成为职场竞争资本的重要组成部分,成为组织考察求职者能力素质的一个重要因素。

一、求职的准备

(一)提前获取求职信息

在目前的信息社会,关于大型人才招聘和正规的考录活动信息,一般都会提前通过各种途径向社会发布。

求职者要掌握以下 4 个方面的信息:一是有关用人单位的信息。主要包括用人单位的性质、规模、所在行业、经营的产品、经济和社会效益。这些信息是你考虑是否参加应聘的基本依据,也可以在求职面试时对你有所帮助。二是关于用人条件的信息。包括拟招聘人员的性别、年龄、学历、阅历、专业、技术、外语等方面的具体要求和限制,这是决定你是否具有应聘资格的信息。三是有关用人待遇的信息。包括用人单位给予员工的福利、待遇的信息,如工资、奖金、补贴、住房、医疗、假期等社会保障待遇等,这些关系到你的工作报酬和未来生活质量,应该是你选择是否应聘的重要条件。四是关于考录方式和考试内容的信息。现在我国的政府机关、事业单位的招聘多数都采取考试的方式,即按照规定的程序,通过笔试、面试等环节对应聘者进行考核后择优录用。那么对考试内容的把握及你的具体应试成绩就是求职成功的决定性因素,所以你需要提前了解、复习和准备考试内容。

(二)递交一份规范的个人简历

个人简历是写在纸上的自我介绍,它是你的第一张名片,你的第一份正式的宣传单,是你未来老板了解你的第一个窗口,所以必须认真对待。当今社会,在就业市场供大于求的形势下,用人单位往往会收到大于所招录人数几倍、甚至是几百倍的个人简历,求职者也会向多个单位投放个人简历。所以如果你特别向往某个职位,除了考虑是否具备这一职位的基本条件外,首先要制作一份规范的个人简历,并且了解书写个人简历的规范与技巧,以便在求职路上有一个良好的开端。求职者可根据自己的求职目标、招聘单位的要求以及自己的专业技能和职业经验等不同情况,编写出既符合规范性要求又突出自己特点的个人简历,以引起招聘单位的兴趣。

1. 个人简历的基本内容

求职者应认真填写个人简历要求的必备内容，以方便招聘单位对应聘者的了解。必备内容一般包括以下方面：姓名、性别、出生年月、专业、毕业学校、学历层次、社会实践经历、职业技能、专业特长、兴趣爱好、求职意向、薪酬期望等。另外，你的籍贯、户口所在地、婚姻状况、外语和电脑掌握的熟练程度等，有的单位也要求详细列出。简历最后要注明联系方式，如果在网上求职，一定要保证所填写的手机、电话号码和 e-mail 真实有效、畅通。个人的基本信息要给人以完整的印象，这表明你工作态度认真、规范。如果有条件，个人照片可以附在简历上或上传到网上，让未曾谋面的招聘负责人对你留下深刻的印象。当然，如果你认为有些内容不是你的竞争优势，展示它反而会增加不被录取的可能，在个人简历上可以不提及，但如果简历上要求必须填写此项的则须如实填写。

个人简历中的内容必须诚实填写，比如教育背景、工作经历、学位学历等问题。学历问题不要吹嘘，不要作假。现在关于办学单位的名称比较复杂，招聘单位一般对此类问题比较重视，因为学历方面的不诚实行为不仅涉及品质，也涉及遵纪守法。学历造假是用人单位最不能原谅的行为之一。关于你的专业背景和社会实践经历也不要无中生有，生搬硬造，如被拆穿效果会很不好。但是可以就其中对应聘的岗位有积极意义的内容，笔墨多一些，因为这些可以成为你的工作经验。

2. 求职主题突出

求职者在撰写个人简历时，切记要重点突出与你所申请职位相关的经验与技能。技能和工作经历是用人单位极为关注的内容之一，应该是你简历中的精华部分，一定要填写详细、清楚，让人一目了然。工作技能和经历可以更全面考察一个人的能力以及对职位的适应性。对你来说，工作技能和经历也是打开用人单位与你面谈的敲门砖。对于应届毕业生，由于工作经验较少，简历的重点要放在专业课程、学习成绩、社会实践和实习经历上，注意所有课外实践活动都是你的专业经验。另外，求职简历不要重点地阐述自己的兴趣志向，即“我爱做什么”，而应从招聘单位需求的角度出发，重点写出“我能为你们做什么”。

3. 措辞规范得体适度

个人简历属于应用文体，措辞表意有规范要求，行文时不应违背这些要求，用词应尽可能精练，通俗易懂，力求得体适度。简历行文要以客观的态度，用具体的事实以及准确的数据，使阅读者不仅了解每句话的字面含义，而且能悟出言外之意，进而了解求职者所取得的成就及获得成就的能力与专长。行文应避免使用抽象、空洞的措辞，排除那些带有强烈感情色彩的修饰语，带有个人看法的字眼及强调语。用具体明确的细节表述实情，可使求职者显得平实、谦虚和自信。简历行文时既不要用第三人称，也不要用第一人称，最好是省略主语，使用主语隐化的句子可以避免自夸之嫌，使句子显得平和、适度、轻快。

4.格式篇幅适宜

求职者要根据自身情况，选择最能体现自身优势，最能突出自己各方面任职条件的简历格式。编写简历时，要根据自己的条件，结合对方的要求，精心筛选和编排有关素材。要字斟句酌，惜墨如金，使整个简历的篇幅精简、浓缩。尽量填写与自己的目的和对方要求有联系的内容，并且要分清主次，去粗取精。个人简历篇幅最好不超过两页，且字迹清晰，易于阅读，注意图案底色和文字都不要太花哨，内容和版式不要太标新立异。如果是网上求职，也要求简练，一般一页内容即可，尽量要点化、数据化，用事实和数字说话。如果没有特殊需要，不要用附件发送个人简历，因为求职简历多得使招聘负责人几乎没有时间和耐心等待附件慢慢打开，有的企业甚至出于系统安全的考虑屏蔽掉附件。

5.编排打印整洁

个人简历的好坏关键在于整体给人的印象如何，因此，写好的简历要进行必要的加工。排版要精心设计，四周要留出足够的空白，显得美观，每行之间要有一定的空间。个人简历最好用打印件，要求通篇整洁、规范，不能有涂改痕迹，不能有污迹，也不能出现任何文字错误。如果个人简历出现错字、涂改污迹、时间顺序混乱或内容明显错误等情况，会让人觉得求职者是个连脸面都不愿意认真收拾或收拾不好的人，从而怀疑其工作能力。所以，简历填写完毕，排版完成，要反复查阅，力求完美。

二、求职面试的礼仪

求职面谈或面试是求职过程中一个重要环节，其实质是应聘单位通过面对面交谈的形式，考察核实个人简历或求职信中的内容，询问简历中没有提及但应聘单位关注的问题。面谈或面试也是为应聘者提供一个考察招聘单位的机会，体现双向选择的一个过程。现在大部分的面谈或面试都是在第一轮的考核选拔基础上进行的，所以，能够进入面谈或面试的环节，说明你已经基本符合招聘单位的用人条件，通过面谈或面试再次进行考察。

(一)求职面谈或面试前的准备

没有准备或准备不足的面谈或面试很可能影响被录取的几率，所以一定要进行必要的准备，求职面谈或面试的准备工作有以下几个方面。

1. 背熟自己的求职履历

有些人的求职履历改动太过频繁，并且有的简历经过精心设计包装，对学习经历、技能和工作经验的排列组合很讲究，对自己的描述和评价也很特别。这些内容一定要在面谈或面试前准备熟练，不要在表述时磕巴，显得不自信。

2. 准备好同所申请的职位相吻合的服饰

面谈或面试者的服饰能反映出求职者对所申请的职位的理解，也是求职者审美情趣、生活态度在装扮上的体现，同时求职者对服饰和发式的精心准备也表明对求职面谈或面试的重视。

3. 准备好同自己身份相吻合的语言

在面谈或面试中，求职者要对每个问题的观点和用词慎重选择。尤其是面试，它不同于闲聊，不能太随便、不能口语化，要尽量规范化、书面化。面试回答问题时的每个字、每个词、每句话，都应该事先有所准备和研究。要准备考官可能问到的问题、对这些问题的回答思路和要点等。

4. 准备好同选择的职业和身份相吻合的表情和行为规范

面谈或面试时的细小表情、动作和行为都能暴露一个人的内心活动，反映其整体素质，所谓“于细微处见真情”。所以要训练面谈或面试时的体态、表情及动作，练习表情的温和、适度，动作的稳重、灵活。

(二)求职面试的礼仪

为了体现公平，更好地选拔人才，面试是必不可少的环节。正规的面试要求考核人员根据应聘者对规定问题的即时回答，考察其表达能力、专业素养及其他方面的能力水平，以便择优录用。面试离成功很近，但一般面试都有比例不小的淘汰率，所以面试在现代求职过程中显得越来越重要。

1. 要遵守时间

守时是社会交往的一个基本要求，所以，面谈或面试一定不要迟到。因为这是老板或者有关部门专门安排的时间，如果你迟到，首先表示你对此重视不够，另外给人留下不守时的印象，这一缺点在职业交往中也是令人反感的。在正规的招录面试中，如果考生迟到会被取消面试资格。

2. 要只身前往

求职面谈或面试不宜结伴而行，因为可能存在你和同伴之间的比较和竞争，而且喜欢结伴而行会给招聘者留下不够独立的印象。另外，如果面试时你的随行人员过多，也会让人觉得你受到的呵护和照顾太多，有娇生惯养的嫌疑。

3.服饰要礼貌正规

面谈或面试的服饰礼仪与一般社交场合的服饰礼仪有所不同。根据求职的岗位性质的不同,服饰风格可以有所区别。但一般的要求应该是相对保守、文静、正规、简洁。不要在服饰上求新、求异、求突出。因为服饰特殊,会分散对方的注意力,注重外表容易忽视你的能力水平。服饰上也不能太过随意,现在休闲随意自然的着装风格很流行,但面谈或面试毕竟是正规的社交活动,还有浓厚的职业活动气氛,按照不同应聘岗位的职业服饰的要求进行刻意装扮,是礼貌和郑重其事的表现。

4.举止稳重大方

面谈或面试过程中,你的一举一动都会成为考察你性格品性的依据,所以在面试过程中要表现稳重大方。首先礼貌敲门,保持平静的表情,待允许后进入,保持正面面向接待者或考官,简单问好和自我介绍,如果有人让座,方可坐在指定的位置上。面试全过程都要双手自然放好,不要有挠头、吐舌头、扯衣角等小动作。讲话时可以用简单手势辅助,但手势要少,动作幅度要小。谈话完毕,起身告别,轻轻走出去,带好门。

5.讲话要充满自信

自信表示你对自己是了解的,相信自己的判断能力和观察能力。但是自信并不表示每一个问题的回答都准确无误,只是大胆说出自己的看法而已。有时,提问者并不一定要求你准确回答,只是想看一下你的语言组织能力和判断能力。回答时首先判断提问者要问的重点是什么,迅速组织回答思路。回答时要尽量繁简得当,对于非重点的方面和比较难回答的方面可以只阐述总的观点,对那些比较熟悉和观点成熟的问题,可以详细重点阐述。同时把握回答的语气、节奏,不要语速太快,要始终保持镇定、平和、理智、自信。

三、求职面试的答题礼仪与技巧

对于应聘者来说,面试是一个展示自我的机会。对于招录单位而言,面试是通过面对面交流对应聘者的个性品质、心理特征、专业素养以及语言表达、组织能力等多方面进行的综合考核,因此无论招录单位采用哪种面试方式,对于应聘者来说都是一个必须把握的重要机会。

(一)面试答题技巧

第一,调整好心态,进入角色。心理的高度焦虑或者过度不在意,都不能使面试达到最好的效果。所以应聘者在心理上一定要充分认识到面试的重要性,但是也不要把面试看得太难、太重，否则会导致过度紧张，不利于水平发挥。在面试时，考生要配合规定面试的各个环节，在心态上迅速进入角色，从容、冷静地回答每一个问题。所谓进入角色，就是要求在心理上认为，我是应聘这个职位的，要用这个职位中的成员的角色回答问题。回答的时候不要说我“应该怎么做”，而说“我要怎么做”。因为“应该怎么做”的回答会让考官觉得这是你的推测，但是能否做到，你并没有自信。如果你进入角色思考，应该直接回答“我会如何做”，“我的处理方式是什么”。这样会让考官觉得你是设身处地真正理解这个问题，并且对这类问题驾轻就熟。

第二，回答问题时要点明确，适当举例。对于面试当中每一个问题的回答都不能长篇大论，也不要过于简单。回答问题应该做到要点分明，突出重点，逻辑清晰，语言精练。首先阐述要点，即从哪几个方面回答这一问题，然后再逐一阐述，在有重点、有层次的基础上，可以适当举一些例子。平均起来每个问题的回答大概是3～5分钟。要避免这样一种情况：关于某一个问题滔滔不绝，某一个问题的回答过于简单或三言两语带过。

第三，获取考官的反馈。在面试过程当中要尽量获取考官的反馈，与考官适当交流。考官在应聘者回答问题的过程中，一般被要求尽量减少自己的体态语言。但在实践中，难以避免这样的情况：在应聘者回答问题的时候，考官觉得他的某个思路很好，认为他的处理方式很好，或者他的行为举止想法比较符合自己心目当中的标准，考官可能表现赞许，比如说点头、微笑，这是一些正面的反馈。如果考官认为考生答得不好、很不适合自己想法，有的考官也许摇头、叹气。考生要去观察考官的反应，特别是主考官提问题时，要与其有目光交流。在回答问题时，如果太紧张，也可以不看主考官，而看其他考官。但要注意抬头挺胸，不要低头、抬头看天花板或谁都不看。

第四，沉着应对难题。无论应聘者做的准备工作多么充分，也无法完全预测到面试当中碰到哪些情况、遭遇哪些问题。如果碰到没有意料到的情况、没有意料到的问题，或者自己没学过的专业问题。这种情况千万不要着急，越着急思路越狭窄。你可以说这个问题刚才没有听清楚，能不能再重复一遍。一般桌子上有纸、笔，可以用笔记一下，或者自己重复考题，然后问主考官：“是这样的问题吗？”。在这个过程中，自己迅速整理思路，这样就可以适当延长时间，给自己转换的余地，想出应对思路。当然即使这样做也就几分钟的时间，不可能使自己想得特别周到，回答的时候可以避重就轻，从侧面委婉回答。如果处理得好，可以不露痕迹，即使考官意识到这个问题不是你擅长的，也会给你灵活反应的能力加分。

(二)面试中常见的问题及应答思路

1.关于“自我评价”与“职业目标”问题的应答

“不想当元帅的士兵不是好士兵”。每个人都应该有自己的职业生涯规划,有自己的职业理想。在对此类问题进行阐述时,要根据应聘岗位的特征来回答。有些岗位需要求职者有超越自我精神。比如,一个开创性的岗位,就需要应试者雄心勃勃。相反,有些岗位就需要应聘者忠于职守,耐得住寂寞。前一种岗位可以锻炼自己的能力,施展自己的抱负,后一种岗位可以磨炼自己的意志,培养自己的耐心,为未来积蓄力量,打好基础。这样的问题回答中要把你的性格能力和职业目标、岗位价值联系起来,强调岗位特点对你未来职业目标的价值,这些都是应聘单位比较喜欢的回答。

2.关于“跳槽”问题的应答

有关“跳槽”的话题较为棘手,离职和辞职的原因是多方面的,应试者在回答这类问题时,心态要平和,叙述要客观。如果有多次调转单位的经历,要事先准备好应答的思路。可能有两种情况:一种情况是能力水平比较高,有一种跃跃欲试的动力,因此总是挑战职业,挑战自我。还有一种情况就是相对能力比较差,自己选择的机会少,离职因素主要在于单位。总之,不论是什么原因,经常“跳槽”属于不稳定的因素。所以,当应试者描述多次“跳槽”的履历时,可以突出强调自己阅历丰富,不惧挑战,乐于开拓,不甘平庸。同时,也要考虑到这样的情况,有很多用人单位不喜欢招聘那些经常“跳槽”的职员,所以,在跳槽的次数和原因问题上要慎重。

3.关于“怎样看待别人的缺点”问题的应答

“对别人怎么看,对自己怎么看”的问题可以考察一个人的团队意识、大局意识、宽容精神和客观态度。一个人不能正确地看待自己和别人,就不能正确地看待工作。在应试中,当谈到你周围同事的时候,应试者要像评价自己一样,评价他人时要多说优点,在肯定优点的前提下,指出他人的不足。如果在面试过程中,谈自己和谈别人是属于一组问题的话,那么,最好是多谈自己,少谈他人,但对他人的优缺点要把握分寸,适度表态。

4.关于“事业和利益选择”问题的应答

在面试过程中,应试者会遇到类似这样“两难”选择的问题,“选择其一”的简单化回答肯定不是一个圆满的答案。如果相对于个人的话,大前提必须是对事业的选择,必须坚持这个原则,否则,就意味着你将放弃这次机会。当然不能说完全放弃利益，那样显然不是诚实的心里话，可以结合具体的条件阐述你考虑到的不同形式的利益回报。同时，要把“利益选择”看成是一种价值选择，是对公平原则的选择，是对挑战自我的一种选择。如果是相对于个人利益和组织利益的话，当然是组织利益第一位，注意阐述个人事业和利益与组织利益的一致性。

5. 关于“家庭背景”问题的应答

家庭背景对一个人有很重要的影响，主考官有时会问及应试者的家庭情况，比如家庭成员及其工作情况，家庭经济来源及收入等。应试者在回答这方面的问题时，要联系应试岗位进行表述。比如：家庭环境对素质培养的帮助，特别是家庭环境对未来工作岗位的帮助。要表达这样一种观点：较好的家庭条件对一个人的个性形成有积极作用，但是，家庭条件不好，也可能促成一个人形成优秀品质，即“穷人的孩子早当家”，所以不同的家庭条件都不能成为工作、事业成功的障碍。

6. 有关“特长爱好”问题的应答

大多数单位看重应试者的特长爱好，因为特长和爱好有助于提高人的两种能力：一是积极的表现欲望和积极、乐观、向上的人生态度；二是善于表现的能力。有特长的人一般是开放和乐于接受的人。应试者在描述自己的特长爱好时，一定要注意少而精，不要泛泛地罗列一些不属于自己专长的特长。有时就会出现这样的情况：当应试者提到自己的爱好和特长时，考官或感兴趣，或持异议，进而要求展开描述。如果回答得不合适或不完善，会让考官对你的自我评价产生看法，所以，一定要列举自己真正的特长爱好。

7. 有关“面对失败”问题的应答

应试者在回答这个问题时，要注意避免两种不合适的回答：一是“我从未失败过”；二是“曾经遭遇的失败使我受到了沉重打击，直到现在还不能恢复过来”。花无百日红，人无千日好。人在生活中都会遇到困难和挫折。事实上，对于失败挫折的描述也是一个从反面证明自己的良好时机。一个人有多大的能力，就会遇到多大的困难。不同的人对不同的困难和挫折的理解程度和承受能力也有很大差异。同一件事情，对甲来说可能是晴天霹雳，而对乙来说可能会泰然处之。所以，面对困难和挫折，要表明你的心态，特别要表明你坚强的一面，正视困难和挫折，不被困难和挫折击倒。同时要学会在失败中总结出经验教训，培养把坏事变成好事，把挫折变成动力的意识和能力。

第二节 工作礼仪

一、上岗与试用期

通过面试或者面谈被录用后，走上了向往的工作单位，应该是幸运和骄傲的。就职一个新的工作岗位，对于每个人来说都是一件重要的事。作为新人一定要重视上班伊始的礼貌和规矩，给人留下一个良好的第一印象，以便迅速适应工作，为未来的发展打下基础。

（一）上岗礼仪

到一个新的岗位就职，必然面临新的工作环境、新的工作任务，这对于任何人来说都是一个具有挑战性的事情。职场新人对自己应该有两点基本要求：一是给新单位的人一个良好的第一印象，为建立良好的人际评价打下基础。二是尽量多了解有关工作的事项，以帮助自己尽快熟悉工作的环境和要求，缩短适应期，进入正常员工的工作状态。在实践中，由于个人素质和观念不同，新人的表现有较大的差别。有时即使是非常自信的人，也可能因为某种原因而达不到上述要求。因此，新人在刚刚上岗的情况下，要多用心，多留意，要坚持谦虚平等的待人态度。不管对方在单位的地位多么微不足道，对于新人来说，都有一定的心理优势。因此，要以平等谦虚的心态，尊敬每一位同事，虚心向每一位“前辈”学习。

上班第一天，新人会被安排熟悉工作场合和环境，介绍工作要求，被引见认识同事、上司或老板。如果单位没有这些安排，也要自己找机会了解这些。在被介绍认识同事或者领导时，要主动点头问好，与对方握手，并最好能够记住对方的姓名。如果没有记住，可找机会私下再次询问他人，以便下一次再见到对方时，能认识并用适当的称呼直接称呼对方。这样既可以记住对方，又是正式打招呼表示友好，显示你的谦虚和礼貌。刚刚上班的新人对老同事的称呼有时是个棘手的事情。建议开始时只问“您好！”，但要尽快熟悉、对于每一个有工作接触的同事都要调整好称谓，以方便工作交流，并给对方留下随和积极的印象。

（二）安全度过试用期

试用期是现在新人进入单位必须经历的阶段。由于有的单位利用试用期的约定，对新招聘的员工进行恶意的利益损害，所以，我国新的《劳动合同法》对试用期的时间和待遇问题进行了保护性的规定。新人上岗后，一方面可以依法要求自己应得的物质利益，另一方面要好好表现，给用人单位留下一个良好的印象，以期安全度过试用期，成为正式员工。为了达到以上目的，新人要特别注意在试用期内的态度和礼貌。

1. 在虚心学习中尽快熟悉新工作

新员工一定要表现出虚心向老职工学习的态度。即使你有工作经验或者是行家里手，也不要立即显露出来。每一个单位都有自己的特点和运行规则，面对一个新的工作环境和新岗位，总有你不熟悉的技术、规章制度、操作流程、组织结构、对外交往关系等。作为一个新人，表现出虚心向老员工请教的姿态，总是受欢迎的。在人际交往中有这样一个规律，人们都愿意指点、帮助虚心的年轻人，也因此喜欢自己曾经帮助过的人。所以，新人宁可过分有礼，也不能轻易失礼。在职场中，每个人的心中都有着“被尊重”的情感需求。身为新人，千万别自作主张，把公司每个人都当成自己的朋友，与人家称兄道弟，而该把对方当成是领导及前辈，在互动时要让对方觉得备受尊重。当然，你本人也需要认真研究，努力工作，在同事的指点和帮助下，尽快熟悉工作。

2. 要服从安排，任劳任怨

试用期的新员工会被安排很多额外的工作，可能琐碎繁重，临时性、灵活性很强，或者超出一般员工的工作量，让你觉得难以承受。这些有时是老板有意而为，目的是考验一下新员工的承受能力和忍耐力。一个初入职场的新人，面对工作压力，只能咬牙挺住，逃避和退缩都不是明智之举，都会增加试用期的危险。人在职场，羽翼未丰，不要娇气、不要为了逞一时之快发泄不满或轻言放弃。对于新人而言，你的职业抗压能力是在坚持、磨炼、积累、提升的过程中提高的。你的工作或许完成得不够好，但是你服从领导安排，没有怨言，默默承受重担的精神却显示了你的工作态度，也积累了工作的资本。这样的员工是受领导欢迎的，也是每个单位和职业都需要的敬业精神。

3. 要按部就班，也要表现一定的创造性

招募新人是增加新的力量，特别是技术过硬的年轻人。如果新人表现的太循规蹈矩，没有一点变通能力和想法，只会跟在别人后面，会给人保守、没有朝气和活力的感觉。当然，新人也不能太招摇，对原来的工作规程，要服从遵守，但是对其中某些影响效率的细节，可以在一定范围内给予适度改进，并且让老员工愉快接受。这样会让领导和老员工觉得你是对单位有益的新生力量。

4. 要保持积极乐观的心态

试用期的员工会产生工作与报酬不对等的感觉，因为按照法律规定，试用期员工的工资待遇可以是最低工资的80%。法律也规定只要员工付出了劳动，那么用人单位不能以工作不符合要求为由拒付劳动报酬。因此，你可以依法要求你的工作报酬，同时接受试用期员工的身份特殊性，乐观地迎接工作的考验和新机遇的挑战，领导和同事都会愿意接受一个有乐观工作态度的新人。

5. 试用期的礼貌特别重要

对每一个帮助你的人说感谢，并笑脸相对。清晨上班主动问候同事，同事在工作中有困难应主动援手相帮。不要只对帮助你的人礼貌热情，而对其他人置之不理，或形同路人。对不相识的同事也要尽快认识，打招呼。试用期的员工特别忌讳参与同事议论别人是非的谈话，也要慎重对待某人的势力范围或某个派别。

6. 确立自己的职业方向

初涉职场的人，特别是刚刚走出校门的毕业生，常常对职业新环境、新岗位估计不足，或职业期望值过高。当他们按照自己心目中的目标接触现实环境时，往往会产生一种失落感，感到处处不如意、不顺心，往往对自己的职业前途信心不足，有些人经不过试用期的考验就放弃了努力。因此，新人在试用期内有必要对自己进行一个客观的职业评估和规划，这种自我评估和规划包括准确评价自己的技能专长、职业方面的优势、专业上的兴趣点、自己将来的职业方向和理想。这种思考和评估会帮助你安心顺利度过试用期，奠定事业发展的良好开端。

二、工作接待和公务拜访

(一)工作接待要热情、周到、礼貌、负责

工作接待是指在工作场合接待与工作有关的来访者，工作接待是现代社会工作礼仪的首要展现，也是个人、组织职业形象和职业精神的重要参考。工作接待不同于个人待客和个人社会交往，它负有工作任务，所以无论个人心情、状态如何，都要排除干扰，以良好的工作状态、良好的情绪状态接待来访者。因为来访发生在工作场合，每一位在场的工作人员都有热情接待的义务，不能轻描淡写地表示负责的人不在，或者以“我不管这事儿”为由打发来访者。如果负责的人确实不在，而你又无权或无法处理，那么可以帮助联络负责的同事或领导，寻找解决办法或另外约定拜访时间。如果可以负责处理或协调，要以热情、高效、规范、负责任的态度做好接待工作。

如果来访者早于约会的时间到达，或者你没有时间立即接待，那么指示秘书或其他工作人员礼貌接待客人，致歉并且告诉来访者等候的理由或时间。你也应该尽早处理完手头的工作接待客人，不能让事先预约的客人等太久，那是极不礼貌的

行为。

如果是外单位的客人或者是领导推门而入，或者客人由他人引入，你应该站起身来，主动自我介绍，主动伸手握手，问好。当然，如果是很熟的客人、单位同事或者是没有通报的陌生人，介绍之后站起身握手、让座、倒水打招呼也可以。总之，工作交往中视双方的关系熟悉程度和级别高低，确定接待礼节的规格。熟悉的关系可以灵活一些，但都不可以太随便，以免他人认为你冷漠、慢待或瞧不起客人。

一般接待者应该引导来客说明来意，进入交谈主题，以免客套话和闲话时间过长，影响工作效率，延误工作安排。接待者应该对来访者的问题仔细倾听，认真思考，提出解决方案，并把想法明确告知对方，以便对方心中有数。如果问题不能立即答复解决，那么也要对来客简要阐明理由，并征求对方意见，求得谅解。

如果接待或会见总被不断打进来的电话打断，对于来访者是不礼貌的。来访者会很不舒服，虽然他表面上说没关系，但心里会认为你很忙，而且你没有足够重视和尊重他。如果你不想给对方这样的感觉，就告诉秘书不要让电话打进来，或者告诉来电者稍后再回电话，或者挂断电话。注意不能两拨客人同时接待，除非他们是为同一件事情而来。也不能接待访客时，旁边另有与来访者不相干的第三者在场。如果工作较多，接待者应该掌握结束话题的主动权。如果对方没有结束的意向，而你的时间又不允许拖延，可以直接告诉对方，你下一时间段已经安排了工作任务，并提出处理意见，主动站起来握手送客。

（二）工作拜访要约定、守时、礼貌、主动

因工作需要拜访他人，最好事先打电话约定，做不速之客本身就有失礼貌。况且拜访他人不预约很容易吃闭门羹，或者因对方已经有了其他安排无法接待，这样既影响工作效率，也可能影响人际评价。工作约会一定要选择工作时间打电话，约会时间也最好避开休息时间和假日。工作会面约定后，拜访者一定要守时前往，可以提前到，但不要提前太多；不要迟到，如果有意外情况发生不能准时到达，要打电话通知等候的人，并说明具体原因，求得对方理解，并提出处理意见，或要求对方等待，或者另约时间。如果觉得会面对于你来说非常重要，那么把各种可能导致迟到的情况都考虑进去，想办法避免，以保证万无一失。

当到达约会地点后，要主动向接待人员或秘书通报你的姓名、单位和约定的时间、事由。如果需要等候，那么在等候时保持安静，不影响其他人的工作。如果等候时间不长，不要频繁看表，或频繁询问时间，显出极不耐烦的表情。在等待期间，你可以拿一本书或一份报纸来看，以打发时间。如果等待时间太久，并且不想再等下去了，可心态平和、礼貌地与接待人员或秘书说明，并约定下次拜访时间。注意，不管多么不满意，都不是秘书的错，所以不要对其发脾气或表达埋怨情绪。

工作拜访应该有明确的目的性，拜访的机构、人员、要谈的事项要事先敲定。关于拜访的目的最好在预约时向对方说明，也给对方一个心理准备。如果突然拜访，或不方便在预约时说明目的，那么也要在见面后尽快向对方说明你的目的。不说明来访目的，让对方心里没底，既影响工作效率，也是不礼貌的做法。在工作交谈中，尽量减少不必要的客套，尽快切入主题，不要浪费对方的时间和工作安排。客人达到拜访目的，可以主动结束谈话，并对接待者表示感谢。

三、汇报和部署工作

(一)汇报工作

向上级汇报工作是职业工作的一个重要内容，是上级考察下级的重要手段，也是下级展示自己的表达能力、组织能力的重要机会。高质量地完成部署的工作任务是汇报工作的主要基础和内容，有时无论工作是否完成，汇报都需要进行，并且要注意汇报工作的态度和礼节。

1. 要主动汇报

主动及时地向领导和上级汇报工作是下属的本分，要求和听取你的汇报也是上级的权利和职责。在领导责任制的现代管理方式下，及时向上级报告你的工作情况也是一种减小职场风险系数的方法。有些单位有严格的定期工作汇报制度，即集中把工作进展情况和问题汇总起来，以便各部门互相沟通、配合。有些单位没有明确要求，那么就需要部门或具体负责的人员及时将工作中的成绩和问题通报给上级。下级不主动汇报，等到领导询问的时候才汇报是不礼貌的。所以要抓住时机汇报工作，或者询问领导是否需要听取汇报，这是比较积极、明智的态度。

2. 不要越级上报

汇报工作是有一定的级别要求的，一般是逐级汇报，即向自己的顶头上司汇报。除非极特殊情况，不要擅自越过自己的顶头上司越级汇报。当然，经允许也可以越级上报。在这种情况下汇报人应该就汇报的内容与直属领导协商沟通，就汇报的内容达成一致，这是对顶头上司的基本尊重，也是工作职责分工的要求。

3. 汇报内容要有准备

一般来说，汇报工作的内容是前期工作的执行情况，当然也会有上级要求的有关特定内容的汇报。关于汇报的具体内容，比如讲什么、不讲什么，先讲什么、后讲什么，汇报人自己事先要有所准备。大多数情况下，领导听你的工作汇报不仅需要听取工作的过程，还要听取你的评价，或者听取关于下一步工作的意见及要求。所以，汇报工作不能报喜不报忧。总结经验、找出问题是领导听取下属汇报工作的主要目的,因此,汇报的内容可以事先与有关人员进行沟通,了解上级需要听取的内容,有重点地准备。具体内容可以先概括,后具体,先说成绩,后总结不足。

4. 注意与领导交流

在一个综合性的工作总结汇报中,要做到条理清晰,言简意赅,内容有重点,结束有总结。当然,也要注意观察领导的反映,随时判断对方是否听懂或存在疑问,了解哪些领导同意赞许,哪些领导反对和不满意。做到心中有数后,随时调整汇报的语气和重点,以便更好地征询领导的意见,准确领会领导的指示。不要在汇报工作时夸夸其谈,自鸣得意,自我夸耀,自我欣赏,完全不注意听者的反应。

(二)部署工作

部署工作有时和听取汇报连在一起,这是考验和展示领导工作能力、决策能力的一种领导方式。因此,下级汇报工作时,上级要仔细倾听,不能左顾右盼,三心二意。要注意尊重下级的工作和努力,即使对下级的工作不满意,也要让他把话讲完,甚至做一些解释工作。当下属汇报完工作后,上级要给予一个基本的评价,要肯定工作中的付出和努力,客观评价绩效,不能打断或当场发火等。无论何种情况,都要对下属下一步的工作进行部署。

部署工作最能显示出领导者的水平和智慧,根据下属的汇报判断工作的完成状态,做进一步的工作部署,是最基本的领导素质。当然,有时也需要领导继续考虑后再决策或集体讨论后再确定执行。在部署工作时,应简要阐明此项工作的目的、要解决的问题、工作步骤、分工负责、工作重点等。一般情况下,部署工作后,要征求下属的意见或要求,如果有问题,应该立即提出解决方案,确定大家都明确了工作任务并没有疑义后,方可进入执行阶段。

四、办公室礼仪

办公室是工作环境的首要部分,办公室的布置要体现工作环境的要求,这是起码的办公室礼仪。办公室的工作人员也要在外在形象、言谈举止和行为规范上体现职业礼仪的基本要求。

(一)办公室是公共场所

办公室应该是一定意义上的公共空间,是一个具有相对开放要求的场所。办公室的工作人员不要把个人的物品过多地带到办公室,或者过多地用个人或居家的物品装点办公室。个别必不可少的个人物品,如雨具、外套、备用鞋子等最好放在封闭的个人空间。如果是个人独立的办公室,也不要把个人生活用品和办公用品混在明显的办公区域,那样会影响外来人员对你工作严肃性的判断。办公室既然是公共场所，就要遵守公共场所的着装礼仪，比如着装不能太随便，不能太裸露，不能随便脱掉衣服露出内衣。外套脱掉后内衬朝内搭在自己的椅背上，或规矩地挂在衣架上，衬衣要保持整洁，下摆扎在裤腰里。

(二)办公室是安静的场所

办公室的人员都有各自的工作任务，需要独立地思考。所以一般不要打扰他人的工作。如果有工作任务需要沟通，也要适当控制交流的音量，尽量不要大声喧哗。不要在办公室闲逛，闲聊，特别注意不能不打招呼、随意进出他人的办公室。各个办公室之间、职员之间有一定的关联性，可以根据工作要求随时沟通，但是各个部门、岗位也有一定的独立性和封闭性需要，也应该彼此尊重这一需要。

(三)办公室是整洁有序的环境

办公室的物品要摆放整齐，这是工作严谨有序的表现。文件材料要分放在不同位置，保证在需要时可以迅速找到。最好不要发生在同事特别是上司面前翻找文件，甚至翻得一塌糊涂的情景。那样会让人认为你工作杂乱无章，且记忆力不好。办公室要保持整洁干净，如果没有专门的保洁人员，要养成每天早晨清扫房间的习惯，并且注意保持。

(四)办公室话题禁忌

办公室是办公场合，任何与工作无关的话题都不宜多。在工作时间不要私下议论他人的是非得失。工作评价是领导的话题，或者在会议公开评论时进行，在办公室随意评价他人不仅不礼貌，也可能有失公允，招人反感。在办公室不要过多地谈论个人生活话题，特别是自己或他人的家人和家事，那样会影响别人的工作注意力。另外也不要在办公室对自己和他人的薪水问题太过关注。

(五)办公室幽默适当有度

同事相处，说话幽默风趣比严肃呆板更受大家的欢迎，适当的幽默会减轻大家的心理压力，也会使枯燥单调的工作增添一些乐趣。幽默的人一般有良好的心态和豁达的人生态度，喜欢幽默的人也会取得较好的人缘和人际交往效果。但是，办公室的幽默应该是积极、健康、格调高雅的幽默，不能把幽默变成油嘴滑舌。因此办公室的幽默、玩笑、闲谈话题要掌握好分寸，注意做到以下几点：①不开庸俗低级的玩笑，不说污言秽语。②不表现无聊的幽默，荒诞离奇的语言不登大雅之堂。③不要取笑别人，不挖苦讽刺他人，不揭同事的隐私，不拿同事的缺点、难堪或者痛苦开玩笑。④不要借开玩笑攻击他人，对有意见的同事冷嘲热讽，任何失去善意的玩笑都会变成无礼举动。⑤不奴颜媚态取悦他人，不装模作样、虚张声势、哗众取宠、故弄玄虚。

(六)不在办公室吃东西

严格地说,办公室不是吃东西的地方,有的大公司会给职员提供专门的休息和吃东西、喝水及饮料的场所。但是在没有这种条件的单位,有些情况下,在办公室吃东西也不可避免。这时候需要注意的是,在办公室里吃东西的情况是休息时间,而不是工作时间,是大家都在吃,而不是一个人或少数人在吃而其他人都在工作,这是因为看别人吃东西和听别人吃东西都不是舒服的事情。有时由于工作超时或加班,一起吃工作盒饭很常见,应该注意盒饭的数量是否够所有人吃,不要对他人不管不问。注意吃饭不要把油和饭渣弄到别人的工作面板上,不小心弄脏他人的办公桌,要立即道歉并收拾干净。吃完饭后要将垃圾餐盒等收起来拿到室外垃圾箱,不要丢到室内或走廊垃圾箱了事,那样别人看到是很不舒服的,且垃圾易变味,会影响办公环境。在办公室吃早点也应该遵守此礼节。最好不要在办公室吃零食,如果别人看见你的办公桌上有零食或者边工作边吃零食,会影响对你工作态度和自控力的评价。

(七)女性职员办公室礼仪

女性职员在办公室不要借口"女士优先"的社交惯例,而自行享受优于男士的特权。在职场中,作为女性职员,一般与男性具有平等的地位。从工作能力和性别特点的角度看,男性受重视的程度是高于女性的。因此,多数女职员在同男职员的职场竞争中处于劣势,女性不要对此有自卑感。当然,有些女性凭借智慧、勤奋、拼搏精神和不懈的努力获得工作成就,在职场中比有些男性还具有竞争优势,这也是现代男女平等,社会进步的表现,是女性自强、自立,勤奋上进的结果。无论是哪一种情况,女性在职场中,由于生理、性情等原因,在工作和社会关系中的表现与男性有所不同。女性要给人一个良好的职业印象,需要格外注意仪态和礼节,在办公室工作环境中树立独立、自信、美好的形象。

1. 表现自尊、优雅的品行

自尊是要让自己远离低俗的东西,办公室女性要自爱、自强,崇尚高雅,不媚俗,不庸俗。女性在金钱观上要有追求、有原则,学习"君子爱财,取之有道"的观念。一个现代女性如果对时代风尚毫无反应,会给人保守、不敏感的印象。如果过于时尚,也会显得多变而不够稳定,所以对优雅、健康的时尚要有追求,但要适度。

2. 表现礼貌、谦逊的待人之道

女性如果过于自强自爱,过于自信,信不过别人、瞧不起别人,不愿与他人沟通,则会让人觉得傲慢自大。如果依仗自己是女性,或者利用女性的魅力和交际优势,取得工作上的便利和优待,而自己的勤奋和能力有限,即使工作有成绩,也会被认为胜之不武，招人非议。所以女性职业工作者，要谦恭有礼，对同事报以虚心和感激之情，取得他们的支持和协助。如果没有多数同事的认同，很难长久保持较高的人际评价。在这一点上，对女性的要求比男性要高，所以需要女性小心地保持礼貌谦逊的同事之道。

3. 平等对待男同事

职业女性不要过于男性化，也不要过度表现女性的温柔。女性职员对待同事不要小肚鸡肠，不要过于细腻苛求。宽容、大度，甚至有些男性化风格的女性在职场比较受欢迎。但是如果过于男性化也会让男性觉得多了一个竞争对手。所以女性要不时表现一下温柔天性，对同事关怀和爱护，对适合女性的工作勇于担当。但不要在男性同事中明显夸张自己的女性举止，不要在工作中表现娇气和矫揉造作。女性不要在办公室化妆，特别不要在男性同事面前整理妆容。女性也不要在办公室过多谈论你的孩子、丈夫和家庭等女性话题。

第三节 职业交往礼仪

一、上下级交往礼仪

(一)领导者礼仪

建立良好、和谐融洽的上下级关系，是一个单位或者一个合作团队高效率工作的保证。高明的领导艺术是领导者个人优良品质、综合业务能力与良好组织能力的有机结合。当然，有些领导依靠优秀的个人品行带领团队；有的领导者利用过硬的专业技能引领下属；有的领导者恩威并施取得管理权威和工作效率。领导是一门艺术，也是一门学问。领导得法，属下会如沐春风，上下团结合作，工作效率倍增。否则，上下离心离德，一盘散沙，难以取得工作实效。有人这样总结领导能力：下等领导，尽己之能；中等领导，尽人之力；上等领导，尽他之智；高等领导，尽众之有。好的领导能够团结团队，发挥下属才能，凝聚群众智慧，创造大众光荣。要做好领导，在日常待人接物和管理活动中，要做到以下几方面。

1. 具有善良本性，决策符合人性化

符合人性化的决策是指把属下看做是有正常需求的人，在有条件的情况下，设身处地为下属着想，关心他的需要，这是懂得起码的人情世故的表现。如果你的决策常常触犯下属们的直接利益，超出他们的心理承受能力，而又没有考虑补救的办法，会遭到下属们的坚决反对和消极抵抗，那么你的决策必然遭遇失败的结果，你的领导也不可能获得权威。

2. 赞许和欣赏下属的工作

对待下属的成绩和缺点，应该坚持在众人面前嘉奖、在无人之处批评的原则。表扬和赞许是鼓励下属上进的有效方法，得到上级的认可和肯定也是每个员工的期待。所以，即使是小事，只要下属做得对，上级就应该表示感激和嘉奖之意。下属被肯定后，会产生心理上的自豪感和满足感，会把更多的智慧和热情投入到工作中去，创造更大、更好的成绩。人心最大的陋习是“嫉妒扁狭”，所以领导者不仅不能嫉贤妒能，反而要欣赏和肯定下属。

3. 公平对待每一个员工的付出和成绩

下属最讨厌上级存有偏心，公平地对待每一个员工，是领导被认可和拥护的基本条件。如果领导过于偏爱自己的亲信，根据自己的情绪评价员工的工作，没有客观标准和公正之心，或者过于显露人际交往的远近亲疏，与下属交往也根据个人的喜怒好恶。那么员工会认为领导徇私情、有私心，努力工作也不一定得到领导的肯定。在这样的领导手下工作，一般员工没有积极主动性，工作情绪低落，甚至因此怀恨领导，影响整个团队的工作效率。所以作为领导要尽可能公平对待每一位员工，即使对某位职员怀有成见，也应该客观看到其工作成绩，并就事论事，及时给予肯定。这样做会逐渐改变原有的成见和偏见。当然，有的单位依靠目标考核来衡量员工的工作，而要真正挖掘员工内心的工作热情和积极性，还需要领导对每一个属下的人格尊重和公平褒奖。

4. 创造性、开拓意识可形成凝聚力

领导者要善于提出诱人的努力目标和主攻方向，带领下属作探索性、开拓性的工作。这样的领导会让下属感到工作生活充实，事业有目标、有发展、有挑战、有希望。可以在克服困难达到新目标的过程中，形成团队的向心力和凝聚力，获得团队的不俗业绩。如果一个单位的领导在工作上平庸、不思进取，没有工作追求、无所事事，即使人际关系再融洽，属下也不会给你肯定的评价，团队也形不成凝聚力，工作也不会有实效。

5. 善于发现、启发下属的潜能，培养提拔下属，激励帮助下属成长

在现代职业关系中，职业等级和职权差别是比较明显的。因此，职场中的每个人都希望自己得到职位升迁的机会。一个成功的领导不仅要注意效益目标的完成，还要注意对下属成长的关切和培养。这首先要求领导积极乐观地看待下属的突出表现，并且帮助他、重用他，给他提供表现才能的机会。青出于蓝而胜于蓝，江

山代有人才出。新人不断脱颖而出，是事物发展的客观规律，是事业持久发展的希望。认识到这一点的领导是开明和负责任的领导者，也是令人敬佩、受人欢迎的领导。而那些担心下属超越自己，不关心下属的成长，只想让下属为其卖命，不为下属未来考虑，甚至为下属成长设置障碍的领导，明显会受到下属的疏远，也不会是一个成功的领导。

6. 举止礼仪得体

领导者好的品行体现在工作中，也体现在日常生活的举止礼仪中。领导要树立一个好的外在印象，在举止上应该起表率作用，要求员工做到的自己首先要做到。每天面对员工和下属，要有一个好的表情，不能一脸严肃或者愁眉苦脸，即使工作压力再大，也不要在员工面前表现沮丧情绪。在同事见面时面带微笑，表情温和，和颜悦色总是让人愉快的。早晨见到下属问声“你好”，会使双方都感觉到愉快融洽。当然，在部署和检查工作时严肃认真也是必需的，那表明一种严谨的工作态度，可以提醒员工持同样严肃认真的态度。在着装上要坚持正规、简洁、方便，不能太随意。坚持工作中举止言谈稳重第一，偶尔也可以幽默一下，缓解下属紧张的工作情绪。工作以外可以与员工休闲消遣，放松休息，并借机与下属建立更融洽的同事情谊。但是要把握一定的度，最好不要在下级面前做与自己的身份不相符合的事，说与自己身份不相符合的话，以免影响自己在下属心目中的良好形象。

（二）下属的礼仪

1. 充分尊重上级

尊重他人是人际交往的基本原则，一般上级要求下级尊重自己的愿望更加强烈。所以下级在上级意见正确的时候，要听从上级，服从上级。应答上司交代的工作，态度应该是“我立即去办”，这样迅速做出无条件执行的反应，会让上司直观地感觉你是一个工作有效率、处理问题果断，并且服从领导的好下属。如果你犹豫不决，只会让上司不快，上司会认为你优柔寡断，或者是对他有意见。有时候，在无法判断上级是对还是错或者明显是上级错了的情况下，也要体现对上级的尊重。因为工作需要，下属不得不指出领导的错误时，要选择好场合和时机，掌握好适当的口气和语言。另外不要因为领导偶尔犯错误就不尊重领导。不要在背后议论领导的缺点，或者抱怨领导。背后议论和抱怨领导往往会被人利用，造成对自己的工作和发展的不利的状况。

2. 对上级拥戴和忠诚

作为下属，要维护领导，忠诚领导，敬重领导，与所在的团队成员团结一致，讲义气，重感情。领导者需要自己具有绝对的权威和凝聚力，希望下属从内心和行动上忠诚地跟随自己，拥戴自己，听自己指挥。如果有下属不与自己一条心，或者“身在曹营心在汉”，甚至背叛自己另攀高枝，是上司最反感和最感失败的事情。当然，在现代社会，换一个工作，偶尔“跳槽”是允许的，从个人职业发展的角度看，甚至是值得赞赏和鼓励的。但是，遇到这种情况，一定要考虑周全，慎重处理，至少在礼节上，尽可能少地让现任领导和同事心有不快。否则，不仅工作调动会不顺利，也有可能给未来的职业岗位带来隐患。

3. 勤奋肯干，不偷懒耍滑

勤奋是职业工作者应有的一种积极的工作态度和人生态度，也是所有老板对员工的基本要求。懒惰永远都是职业评价中最不应该、最不可原谅的状态。对于领导交代的工作，要按时高质量地完成。即使有时工作没有按时按量完成，也要在规定的时间内向领导汇报，让领导知情，并取得领导的指导。正常情况下，任何在工作上的勤勉肯干都会被人注意，辛勤的汗水一定会换回人际关系的良好口碑和不俗的工作业绩。作为下属不要在领导面前耍小聪明，因为你想到的领导也会想到。如果你认为小聪明能够欺骗领导，那你就错了。原因是如果无关大局，聪明的领导不会揭穿属下的小聪明、小伎俩。即使领导当时没有意识到你的小伎俩，日后也会有人告诉领导，那时效果可能更不好。

4. 不要在领导面前计较利益得失

现在，大多数领导会比较注重下属的利益得失，如果你过多地在金钱利益问题上为自己争取，并非是好事。如果你向领导提出物质利益的要求，超出了他的承受能力，会让领导觉得压抑、烦躁。如果利益是你争取来的，领导虽然做了付出，但并不愉快，会认为你是格外注重自己利益的人，这对你不利。如果领导认为你是在与他争利，会把你的功劳泯灭，即使你得到利益，却失去了领导信任，得不偿失。所以，让领导为难的事情最好不去办。下属把工作做好，而且让领导觉得你的表现不只是为了利益，是为了完成领导交办的任务，领导迟早会给你利益上的补偿。

5. 正确对待领导批评，不要当众顶撞领导

领导批评下属或者评价下属的工作是很平常的事。下属面对领导的批评，应该虚心接受，认真思考为什么领导会不满意，或者为什么工作会出现失误，尽快找出问题，改正错误，并及时向领导汇报错误改正的情况。不要领导一批评，就为自己辩解，甚至当众顶撞领导。即使你没有错误，或者领导的批评与实际不符，也要给领导一个查明问题的时间。下属在领导面前，知错必改，同样会得到上级的肯定。下属遇事就为自己开脱责任，寻找理由，是没有担当的员工，领导是不会赏识、亲近或委以重任的。

6. 与领导交谈，不可锋芒毕露

每个下属都会利用与领导交谈的机会，展示自己的才华。但在领导面前过于表白自己的能力，显示自己的自信，领导会认为你是一个自高自大、盛气凌人、恃才傲慢之人，所以用语言表白自己有能力要注意适度。与领导谈话，让你的聪明才智得到领导的认知和赏识，要坚持礼貌、自谦的态度，运用一定的谈话技巧。

（1）寻找自然、活泼的话题，让领导充分发表意见，你作适当补充和解释，或者提出一些问题，请教领导。这样领导便知道你是虚心的下属，你愿意接受他的领导和指教。通过提出问题、领会问题，还有偶尔的解释问题，也向领导展示了你的知识、见解，领导自然而然会考虑日后给你发挥才能的机会。

（2）不要在与领导交谈时使用过多专业术语。如果上级是内行，可以用上级听得懂的术语。如果上级不是内行，你使用上级听不懂的术语与之交谈，他会认为你故意为难他，或者在故意卖弄。真正的好感和业绩是靠干出来的，不是靠说出来的，要通过工作实践证实。如果光说不练或者说得头头是道，实践表现不尽人意，领导会把你看成书呆子，认为你缺乏实干精神而对你有失信任。

（3）注意给上级提建议的方式。工作中上下级难免出现意见不统一的情况，勇于提出自己的见解和看法，也是对工作负责任的表现。但是，下属要注意向领导提建议的方法和技巧。提出工作方面的建议时，要多从正面有理有据地阐述你的观点，不要匆忙或者绝对地否定领导或同事的意见。如果给领导个人提意见，应尽量谨慎一些，视不同性格的领导采用不同的提建议方式。比如大度的领导可以用玩笑的方式；严肃的领导可以用正式的方式；自尊心强的领导可以用个别交谈的方式；喜欢听表扬的领导用寓建议于表扬的方式。如果对领导有比较强烈的意见和不满必须表达出来，也要就事论事、心平气和，本着解决问题的态度，选择适当场合，正式向领导提出你的意见。给领导提意见不要用贬低、讽刺或质问的口气。

二、同事交往礼仪

同事交往是职业交往中最普遍、最常见的交往，职业工作者每天大部分时间与同事相处，或者因工作需要须紧密合作。同事之间交往如何，关系到工作能否保持平和愉快的心情，特别关系到工作的质量和效率。良好适度的同事交往，也是衡量员工协调能力的一个尺度。

（一）同事关系疏密适度

如果在众多的同事关系中，仅与少数人关系密切，并且形成“小圈子”状态，明显有维护共同利益的嫌疑。这样的情况可能有一些短期利益，但“小圈子”关系因为某种原因破灭后，反而会损害自己的利益。当然，在同事关系中，有一两个人因为志趣、爱好相投、品行相当、互相认同，或因某种合作关系感情亲密，成为好朋友是可以的。既是同事也是好朋友，可以为枯燥辛苦的工作增添一些乐趣，减轻工作的压力，慰藉精神的孤独，也是很多职场工作者需要的交往关系。需要注意的是，不宜在众多的同事关系中过多表现和渲染这一层亲密的朋友关系。在同事交往中，对一部分人的亲密意味着对另一部分人的疏远，朋友关系如果与复杂的工作利益联系起来，会为工作增加不必要的纠葛和考量因素。所以，保持上班时间是正常同事关系，下班时间是好朋友，这样的状态是比较好的。

(二)经济往来清楚

一般的同事关系应坚持“君子之交淡如水”的状态，同事之间的经济交往限于一般的礼尚往来。同事之间的礼品和礼金贵在纪念意义，不在价值的多寡和高低。试图用金钱来打通同事关系的做法，只能换来暂时的利益，形成庸俗的利益关系，绝不会换来真正的友谊或赞誉。当然，同事有日常钱财上的不时之需，应当给予帮助。同事之间尽量不要有大额的经济往来，一旦发生，要尽快理清。因为它的存在肯定要影响工作利益关系甚至是同事感情。如果实在不能如期还清，一定要向对方说明原因，征求意见，并说明尽快归还的准确日期。另外，同事之间可能出现个人及家庭经济状况相差较大的情况，注意不要试图探听同事家庭或个人的经济能力，不要把经济状况差别的情绪带到工作和同事关系中。同事关系，除了老板之外，每个人在经济上和人格上是完全平等的关系。当然，如果单位的薪水制度是封闭运行，而且存在动态变化的情况，也不要打听其他同事的薪金状况，有问题可以直接与老板或财务相关人员沟通。

(三)对待同事应该诚恳、信任、宽容、豁达

善良诚恳，相互信任，宽容待人是同事之间相处的一般原则。同事之间由于存在长期固定的工作合作关系，个人的秉性会在很大程度上表现出来，同事之间彼此的了解会比较全面真实。所以，最初的印象和一时的好感都是靠不住的，最好的办法是真诚地对待每一位同事，以自己的善良、勤奋赢得同事的认同，创造和谐合作的工作关系。在工作中要体现团队精神和大局意识，学习认同、欣赏同事在工作上的良好表现。在明争暗斗的职场，善于欣赏别人，会让上司和同事都认为你善良、宽容、有团队精神，从而给你更多的信任。同事之间由于在利益需求上大体相近，所以特别容易面临利益上的竞争，面对不时出现的职权、职位、待遇上的竞争，要有一个健康豁达的心态，以自己的实干、勤奋赢得领导的重视、赢得同事的信任和良好的人际评价。人同此心，希望同事如何对待你，你就应该如何对待同事，这样才

能取得职场竞争的人脉实力和优势。时时算计他人、事事排除异己的人，即使是有能力，也会让人敬而远之。同样，小肚鸡肠、刻薄尖酸、自私自利的人也会惹人反感。

（四）理智对待闲话是非

同事之间关于工作的交流是必要的，但要注意谨言慎行，避免因言伤人，因言获罪。有时个别同事爱传播他人的小道消息，爱窥视他人隐私，爱恶语中伤他人，甚至喜欢搬弄是非、造谣生事。与这样的人闲谈，最好及时转移话题，或者听听而已，不附和、不论证、不传播对他人的非议。因为爱非议中伤他人的人往往当面一套，背后一套，当你的面中伤他人，当他人的面中伤你。如发现有人说中伤自己的闲话，则要慎重对待，首先反省自己有无失礼的地方，认真考虑对方此说法的场合、状态和心情。如果与事实不符，无关工作大局，则不必理会。但如果确实属于本人工作中的失误，则应向有关人员适当说明，消除因此留下的不良影响，取得同事的谅解，并注意在日后工作中矫正。如果发现对方是恶意中伤，而且没有收敛，那么可以不卑不亢，在适当场合给予适当还击，但不要当众激化矛盾，也可以寻求组织帮助协调解决。

（五）要勇于承担责任，不诿过于同事

人的工作能力不同，有时因一时疏忽或协作不畅等原因，造成工作的失误，领导的责难和批评在所难免。面对上司的批评或责难，第一反应是接受，勇于承认自己的过失很重要，推卸责任只会使你错上加错。另外不管自己有没有不当之处，都不要把对领导批评的不满写在脸上。如果同事对你提出批评和建议，要让对方知道，你已接收到了他的信息并表示会仔细考虑。勇于承认过失，接受别人的建议是优秀品质的表现，但是也要注意用实践检验正确与错误，不要太主观，也不要因为错误丧失自信。一旦工作中出现错误，立即行动很重要，如果错误的影响还没有扩散，应尽快想办法加以补救，尽量减少消极影响。

三、商务往来中的礼仪

在现代社会以商品经济和市场交换为主体的社会关系中，商务往来是生活和职业常态。这里的商业往来包括个人或组织与批发商、销售商、商店、商业公司、生产企业的买卖活动，其交往内容极其丰富且涉及范围宽广。商务往来的成功与否关系企业的生存和发展，关系职业工作者的业绩和成败，甚至关系到个人的生活。因为任何商务活动都是在人的主导下进行的，都伴随着职场工作者的沟通和交往活动，其效果都与职场工作者的感情和感觉密切相关。因此，每一个人除了遵守举

止文雅，谈吐文明，语言得体的一般社会交往的礼仪外，还要了解商务往来的基本常识和规范。

第一，深入了解对方、平等互利。在初次交往中，必须深入地了解对方。了解对方的方式很多，如交谈、询问、调查、查找有关资料、实地考察、通过有关部门了解等。通过这些方式，掌握对方目前的经营状况、信誉程度、地理位置、交通状况、发展潜力等信息之后，再决定是否进行实质性业务往来。如果要购买对方的产品，要特别注意了解厂家的产品质量、花色品种、成本情况、生产能力及市场评价等。有人认为，商务活动就是“一手交钱一手交货”，无所谓礼仪，这种认识是肤浅的。事实上，大宗的商务活动，钱与货的易位不是同时进行的，中间还有一个很大的时间差，即使是钱与货的易位同时进行，商品买卖实质上是当事人的行为交换，是劳动的交换，所以必然体现出当事人的品质和相互关系。这样就必须做到平等、互惠、互信、互利，做到相互了解，相互尊重，这些既是商务礼仪的要求，也是职业礼仪的本质。

第二，坚持按章办事，尽量避免感情用事。有些人认为接触的是认识的人，或者是经老同事、老朋友、老相识介绍引荐的关系，就有求必应，满口承诺，这些都是感情用事的表现。商务洽谈中所涉及的一切实质内容，必须从商业活动的法律和实际出发，不能碍于情面迁就对方，更不能图省事而简化手续。在一些关键问题上，必须反复思考成熟，不能忽略实质问题和细节问题，要一切以事实为根据，这样才能尽量减小风险系数。

第三，坚持信守承诺，文明经商。信誉是商务活动的核心，也是商务往来中礼仪修养的关键点，无信誉的商务活动只能是一槌子买卖。在商务交往过程中，什么时间发货、什么时间付款、提供什么质量的产品供应，必须按照合约规定履行，不能编造理由拖延或违背。要树立信誉高于一切的观念，宁可有经济损失，也要坚守信誉，只要有信誉，经济上的损失迟早可以挽回。如果遇到重大突发事件，必须更改合约内容，要提前与对方协商，征得对方的同意，而且和约要备有书面材料为据，这是守法经商和文明经商的表现，也是商务交往利益安全的需要。

本章小结

职业礼仪是指人们在职业活动和职业场所中应当遵循的一系列礼仪规范，良好的职业礼仪可以有效地提升个人职业素养，塑造良好的个人职业形象和组织形象，提升个人和组织的工作绩效。本章从个人求职礼仪、入职、办公等工作礼仪、同事交往及商务往来礼仪等方面阐述职业工作者的基本职业礼仪规范。注重职业礼仪,有利于树立一个良好的职业形象,无论从政还是经商,会增加职场拼搏的资本和优势,取得事业的成功。

思考与练习

1. 结合实践谈谈职业礼仪的作用。
2. 怎么理解求职简历的主要内容及其规范性和独特性?
3. 如何认识求职面试的基本礼仪和答题技巧?
4. 为什么说办公室是一定意义的公共场所?
5. 公务接待和公务拜访与个人做客和拜访的区别是什么?
6. 同事交往中如何对待别人的批评和建议?
7. 商务往来中如何做到文明经商?

【案例分析】

案例一

在一个下雨的星期一的早晨,王经理浑身湿漉漉的,上气不接下气地赶到某公司的接待前台说:"你们头在吗? 我与他有个约会。"前台接待员冷淡地看了他一眼说:"我们李总在等你,请跟我来。"王经理拿着雨伞和公文包进了李总办公室。穿着比王经理正式许多的李总从办公桌后出来迎接他,并把前台接待员又叫进来,让她把王经理滴水的雨伞拿出去。两人握手时王经理随口说:"我花了好大工夫才找到地方停车!"李总说:"我们在楼后有公司专用停车场。"王经理说:"哦,我不知道。"王经理随后拽过一把椅子坐在李总办公桌旁边,一边从公文包拿资料一边说:"哦,老李,非常高兴认识你。看来我们将来会有很多时间合作。我有一些关于产品方面的资料你看一下。"李总停顿了一下,好像拿定了什么主意似地说:"好吧,我想具体问题你还是与赵女士打交道吧。我现在让她进来,你们两个可以开始了。"

请问:

1. 你认为王经理此次公务拜访有哪些失礼之处?
2. 你认为这次王经理关于产品销售的任务会完成吗? 下一步应如何改进?

案例二

面试接近尾声,一位副总经理走进面试的房间,他打量着我和同来应聘的同学小孙、小邓,说:"我在你们学校召开的供需见面会上好像见过你们,你们担任服务、引导工作吧?”小孙赶紧点头,把握机会和这位副总经理套近乎。我和小邓对视了一眼,我们都表示他似乎认错人了。而后来上班时,人事总监告诉我,那次供需见面会公司没有派人参加。

请问:

1. 你认为这位副总经理会录用谁?为什么?

2. 如果你是毕业生,在求职过程中遇到了类似的情况,你会如何处理诚实的问题?

第九章 涉外礼仪与国际礼宾活动

国际礼仪与世界政治、经济、社会生活息息相关，社会的发展为涉外礼仪与国际关系提供了前所未有的复杂背景，也为涉外礼仪赋予了缔造和谐的特殊使命，使涉外礼仪的各种平衡功能和协调作用更加凸显，特别是在国际政治外交、国际贸易合作、民族形象推广、民间跨文化交流等方面越来越具有战略意义和战略地位，为世界和平与发展作出了重要贡献。

第一节 涉外礼仪概述

一个精心安排的欢迎仪式，能使来宾一踏入被访国就产生良好的第一印象；一个圆满的欢送仪式，也能给来宾留下一段难忘的回忆。如果处理不好，不仅会影响到东道主与外宾的关系，甚至会影响到国家、民族之间的关系。因此在社会发展与国际风云变幻的大环境下，国际礼仪也在不断发展进步，其中最重要的礼仪精神在于尊重主权、尊重习惯、尊重妇女、尊重生命和自然。

一、涉外礼仪的界定

涉外礼仪是涉外交际礼仪的简称，也习惯称为国际礼仪，它是指人们在对外交往活动中，为维护自身形象，向外宾表示尊重、友好的各种礼节、仪式及交际规范的总称。涉外礼仪是在长期的国际往来中逐步形成的外事礼仪规范，也就是人们参与国际交往所要遵守的惯例、约定俗成的习惯性做法。比如说国家领导人出访适用国家级接待礼仪，跨国际经济贸易适用国际商务礼仪，外宾到我国旅游或我国游客到国外参观适用地方富有特色的民间接待礼仪等。

二、涉外礼仪的特征

涉外礼仪与其他社交礼仪、商务礼仪相比，具有一些明显的个性特点。

（一）涉外交往对象的特殊性

涉外礼仪主要针对跨国交际的交往对象，既包括在本国任何场合遇见其他国家的外宾，也包括在其他国家的任何场合与之接触的外宾。现在，参加国际活动的人员空前增多，交往对象具有非常强的异质文化特征，语言与文化习俗、礼仪习惯大不相同，彼此沟通和交流具有一定跨文化交际的难度。

（二）涉外礼仪遵循国际惯例

在涉外交往中，无论是双边关系还是多边关系，为了融洽与协调各方面的人际关系，促进彼此更好的交流和合作，在涉外活动中必须遵循一定的国际交往惯例，即遵守通行的涉外礼仪规范，简称为国际惯例。当然，国际惯例不会以其中某个国家礼仪为标准，而是统筹兼顾，照顾大多数国家的文化习惯，采取大多数国家公认的习惯性做法，相互包容和理解，在彼此尊重的基础上达成共识，需要所有交往主体必须遵循。随着国家间多边关系的增加和交往范围的拓展，交际中出现很多新问题、新做法，使国际惯例更多协商，更多包容，更加灵活。

（三）涉外礼仪矛盾具有国际性

这是涉外礼仪与其他社交礼仪明显的不同。如果是涉外交往中发生矛盾或摩擦，不注意及时沟通和化解，会使矛盾升级，上升到国际关系的高度，甚至可能引发国家和民族的矛盾，引发战争和冲突。

（四）涉外礼仪文化的异质性

涉外礼仪文化，是指每个国家或民族，在长期的地域、气候、水土等资源环境影响下，形成的共同民族生活习惯、风俗及交际心理等观念、态度的总和。涉外礼仪的所有特点，都根源于交往对象所在国家或民族文化特色和文化个性的不同。有时这种礼仪文化的不同，也会加深交往过程中的阶级对立、政治敌视以及宗教矛盾。

(五)涉外礼仪的敏感性

与外宾打交道,一定要注意彼此价值观等文化的不同,小心谨慎,彼此尊重。一方面要主动向交往对象表示友好和合作的礼仪诚意;更为重要的一方面,是千万不能触犯交往对象的文化禁忌,特别不能参与讨论或批判一些国家、民族或宗教信仰问题。这些问题是大家都非常敏感的问题,无论有意还是无意,都会让交往对象感觉到不舒适。所以见外宾之前,一定要熟悉交往对象国家民族的文化背景与礼仪习俗,以免出现一些不必要的冒犯和麻烦。

(六)涉外礼仪内容的多元性

国际礼仪涉及的内容非常广泛而丰富,包含政治外交、国际礼宾、典礼仪式,以及跨国际经济贸易、文化教育、军事国防、民间往来等。国际交往的内容涉及内容多广,参与者众多,形式多样。

三、涉外礼仪的发展方向

随着世界政治、经济一体化格局的形成,文化、教育、体育等多方面的交融日益加强,跨国际交往礼仪与规范也越来越呈现出一种规范化、简约化、时效化的发展趋势。

(一)涉外礼仪的规范化发展趋势

经过长期的对外交往和磨合,现代涉外交往基本形成了一套大家约定俗成的习惯性做法,称为国际惯例。国际惯例严格遵守相关国际法的法定约束效力,最大限度体现各国平等交往、互相尊重、互惠互利的基本原则,是每个交往对象国普遍承认和接受,并自愿自觉遵守和主动践行的礼仪规范。在具体交往中,国际惯例的一些做法,越来越规范,越来越严谨,大家互相监督、互相学习,为世界范围的国际合作和竞争提供了有序的交际模式和保障。

(二)涉外礼仪的简约化发展趋势

现代涉外交往更注重实质性交际内涵,体现友好与诚意,厉行节简成为一种时尚。特别是最近几年,世界能源问题凸显,地球环境恶化等世界性问题,使更多国家认识到节能减排的重要性与迫切性。涉外交往中,积极倡导低碳生活理念,避免因过分讲究排场带来的人力、物力、财力和资源的铺张浪费。涉外交际程序趋于简约化,更注重人性化和实效性。例如领导人之间的会谈更加注重实质性;日程安排更加紧凑合理;宴会讲话程序减少;动员群众参加的规模场面减少;互访代表团人数减少;生活接待更注意安全、舒适、便捷等。

(三)涉外礼仪的实效化发展趋势

现代涉外礼仪，更为注重“礼”的尊重、谦恭与诚意等实质性内涵，凸显“仪”的庄重与尊严，以达到国家、民族之间的交流、合作和文化渗透的目的。涉外礼仪程序更加简约化，省去了一些繁琐的、并无实质性内容的客套和排场，实效交际效果明显，为构建国际礼仪新趋势，跨国文明对话，协商解决各种共同的问题，作出了积极的贡献。在国际交流频繁的今天，国与国之间的访问、贸易、谈判、结盟等诸多国际行为愈来愈需要实效化。可以说，国际礼仪应国际关系的需要而生，因国际关系的深入而兴，也由国际关系的变幻而变。

四、涉外礼仪在国际交往中的重要意义与作用

涉外礼仪在国际交往中有着重要意义与作用。

(一)涉外礼仪在国际交往中的重要意义

涉外交往无疑是一场文明的对话。在相互交往中，透过礼仪的形式和内涵，不仅可以看到所在地国家的文明程度、文化习惯、风土人情，更能感受到当地国民的文化素养和精神面貌；更为重要的是在交往中，可以取长补短，相互学习，使世界和平发展，共同进步。这是一种超越国家一己私利的国际礼仪视角，也是一种共生、共融、共赢的世界发展观，必然为走进全球化时代带来一场国际形象与世界文明的盛宴。

(二)涉外礼仪在国际交往中的作用

1. 涉外礼仪是国际关系的润滑剂

当今世界很多问题的解决，不仅依赖国与国之间政府组织的对话、协商，也越来越多的需要政府与非政府之间的沟通协调，不同国家、组织之间的交流和合作。国际交往中懂得使用惯用礼仪规范是非常必要的，涉外礼仪不仅为交往各国创设平等尊重的交际前提，而且为解决各种问题创设和谐友善的交往环境，同时也可以约束大家始终保持文明的信仰与素养，带着更加崇高的理想协商解决世界争端问题。

2. 涉外礼仪彰显民族形象和国家文明

礼仪文化体现一个国家和民族的深层文化底蕴，深深熔铸在民族生命力、创造力和凝聚力之中。礼仪文化的民族性是绝对的，也是永恒的，礼仪文化的民族性构筑了世界文化的多样性。正因为多样性与差异性的存在，构成了人类的文化生态。认同、尊重不同文化存在的合理性与合法性，既是对其他民族文化个性的充分理解

与尊重，也是对其他国家文化特色的包容与欣赏。

3. 涉外礼仪是其他一切国际交往的前提和保障

国际惯例不仅为国际关系，也为世界各行各业服务。涉外礼仪深入影响全球社会、政治、经济、文化等方方面面。频繁广泛的社会交往与逐步深入的合作趋势，使国际交往中的礼仪规范问题凸显。跨文化交际，跨民族文化传播，解决民族文化冲突，避免礼仪禁忌是一切国际交往的前提和保障。交往过程中，涉及多边关系，以谁为准，以何为范，必须要非常清楚。否则，会出现很多不愉快。

随着我国综合国力的增长，国际地位的提高，对外交往的频繁，中国备受世界关注。我们的一言一行，一举一动，都在世界眼中，我们也需要向世界证明中华文明与中国的民族特色和国民形象。如今，国际化交融与合作趋势加强，在国内例行国际惯例，当好东道主，热情友善迎接四海宾朋，才不失一个“礼仪之邦”的美名。同时，走出国门，一定要熟悉各国文化习俗与禁忌，了解国际礼仪，彬彬有礼，不给国家形象抹黑。

第二节　涉外礼仪的基本原则与要求

在国际交往中，许多外事活动是通过各种交际礼宾活动进行的。一般来说，各种交际活动，国际上都有惯例，但各国往往又根据本国的特点和风俗习惯，有自己独特的做法。我们在对外交往中除了应发扬我国礼仪之邦的优良传统、注意礼貌礼节之外，还应尊重各国各民族的风俗习惯，了解他们不同的礼节礼貌，从而使我们在对外活动中真正做到以礼相待。

一、涉外礼仪的基本原则

涉外礼仪原则，是国际交往中必须遵守的基本原则。

（一）热爱祖国，维护形象原则

在参与涉外交往活动中，每个参与者都有属于自己的民族和国家，祖国在每个人的心目中都有着不可替代的重要位置。所以，交往中应特别尊重对方的国家与民族形象，同时时刻意识到在外国人眼里，自己是国家、民族、组织的代表，应做到不卑不亢。自己的言行应当端庄得体，堂堂正正。在外国人面前，既不应该表现得畏惧自卑、低三下四，也不应该表现得自大狂傲、放肆嚣张。应表现得既谨慎又不拘谨，既主动又不盲动，既注意慎独自律又不手足无措、无所适从。

双方都应该本着平等、互利、共赢的原则进行交往，禁止对人格、国格、习惯的不尊重，不涉及政治。

（二）入乡随俗，求同存异原则

求同存异是涉外交往中非常重要的基本前提，所有国际礼仪都以此为根本出发点。在涉外交往中，要真正做到尊重交往对象，就必须了解和尊重对方所独有的风俗习惯。做不到这一点，对于交往对象的尊重、友好和敬意，便无从谈起。文化的差异性决定了世界的丰富多彩，互相吸引。国际交往中，必须保证在双方自愿基础上，求得共识。不得对文化差异，尤其是宗教信仰等敏感问题进行批判。

入乡随俗，是指国际交往中的"属地"礼仪原则或"主场"尊重原则。入境问俗，入门问讳。出国或在国内接触外宾，双方都要尊重对方的风俗习惯与礼节，相互包容和理解。但由于不同国家的社会制度差异，文化习俗有别，思维方式与理解角度也往往差别较大。当东道主国家的礼仪与来宾之间的礼仪发生矛盾冲突时，应以当地东道主国家的习俗为准。

这就要求每到一个国家或接待来自某一国的客人，首先必须充分地了解与交往对象相关的文化背景与文化习俗，包括在衣食住行、言谈举止、待人接物等方面所特有的讲究与禁忌。其次必须充分尊重交往对象所特有的习俗，既不能少见多怪，妄加非议，也不能以我为尊，我行我素。即使相当熟悉的友人，也应注意基本礼仪。在交往中相互尊重，谨慎从事，不能不拘小节或超过限度。

（三）遵时守约，尊重隐私原则

当前，在国际交往活动中，人们将尊重对方，即将对交往对象的重视、恭敬、友好作为涉外礼仪的核心。在一切涉外交往中，都必须认真而严格地遵守自己的所有承诺，许诺一定要兑现，信守约定。

遵时守约是国际交往中极为重要的礼貌，参加各种活动，应按约定时间到达。过早抵达，会使主人因准备未毕而难堪；迟迟不到，则让主人和其他客人等候过久而失礼。因故迟到，要向主人和其他客人表示歉意。万一因故不能应邀赴约，要有礼貌地尽早通知主人，并以适当方式表示歉意。与人约会不能失约，不能超时，失约和超时都是很不礼貌的行为。承诺别人的事情不能遗忘，必须讲"信用"。

在国际交往中，尊重隐私也是很重要的礼仪规范。对于西方人来讲，凡本人经历、收入、年龄、婚恋、健康状况、政治见解等均属个人隐私，别人不应查问。西方人对个性的重视程度也非常高，甚至父母也必须尊重孩子的独立与自主权利。

尊重隐私，要坚持尊重个性的礼仪原则。如给一家人中的某个人帮了忙或送了一份礼物，这行为本身也仅是对某个人而言才有意义，除受惠人会表示感谢外，其他家人一般不会因此而致谢，这是很正常的现象。尊重个性就要尊重个人隐私，尊重个人的权利与义务。

尊重隐私，不能侵犯属于个人的空间与领域。一家人同住一栋房子里，各个房间便是每个家庭成员自己的天地，未经允许，便不能贸然闯入。拜访他人家庭、前往他人家庭、前往他人办公室洽谈，都需预先约定。

尊重隐私，在交谈中应回避涉及个人隐私的任何话题。具体来说，就是要做到"五不问"：一不问年龄；二不问婚否；三不问去向；四不问收入；五不问住址。除非对方主动告知。

（四）以右为尊，女士优先原则

以右为尊是国际礼仪中标准位次礼仪。按照传统的文化习俗，有些国家认为右手、右侧是尊位，左手、左侧是不洁、不敬的；也有个别国家认为左侧是尊位。为了方便和统一，国际惯例采用大多数国家的习惯，右侧为尊。比如两国首脑会晤时，采用并列式桌次位置，将来宾安排在东道国的右侧以示尊重。

女士优先是西方礼仪的重要特征，国际上也把尊重妇女放在非常重要的位置上。

在男女都参加的社交场合中，男士要照顾、礼让女士，遵循"尊重妇女、女士优先"原则。它要求在一切社交场合（有些公务场合除外），成年男子都有义务主动自觉地以自己的实际行为去尊重妇女，照顾妇女，体谅妇女，关心妇女，保护妇女，并尽心竭力地去为妇女排忧解难。在社交场合遵从女士第一的原则，可以显示男子气质与绅士风度。

例如男女同行时，男子应走靠外的一侧。不能并行时，男士应让女士先行一步。在开门、下车、上楼或进入无人领路的场所、遇到障碍和危险时，男士应走在女士前面。乘坐计程车或其他轿车时，应让女士先上车；下车一般是男士先下，然后照顾女士下车。在门口、楼梯口、电梯口及通道走廊遇到女士，男士应侧身站立一旁，让其先行。在需要开门的场合，男士应为女士开门。

再如在社交聚会场合，男士看到女士进门，应起身以示礼貌；当客人见到男女主人时，应先与女主人打招呼。就餐时，进入餐厅入座的顺序是，侍者引道，女士随后，男士"压阵"。一旦坐下，女士就不必再起身与别人打招呼，而男士则需起身与他人打招呼。点菜时，应先把菜单递给女士。女士在接受男士的礼让时，不能过分腼腆与羞怯，应面带笑容道谢。

（五）不必过谦，热情有度原则

涉外交往是面对全球的跨文化活动，是一种双向互动交流活动。中国传统文化形成的热情好客、宾至如归以及谦逊等美德，在国际交往待人接物中必须有所适“度”。所以，在涉外礼仪中遵循热情有度、不必过谦原则尤为必要。

国际交往中人与人、国与国之间应是平等的关系，文化与主权平等，不受大国或主权压制。也反对以种种借口为由，种族歧视、文化歧视，欺凌弱小。国际礼仪中的不卑不亢原则，最重要的是保持人格平等，因为“卑”和“亢”都是置对方或置自身于不平等位置上的交往态度。“卑”有损自身人格甚至国格；“亢”则显得虚张声势，也有伤对方的自尊。要做到“不卑不亢”，应注意：

(1)不能对对方有金钱与物质利益上的希望和企图。心底无私天地宽，我方无所企求而心地坦然，对对方无需戒备则轻松自如，这样的交往自然分不出尊卑。如果一味希望对方担保子女出国或获得其他物质上的好处等，就很难坚持此项原则。要有为国家和民族争气的精神，这种精神在涉外交往中尤其重要。

(2)实事求是，不过谦，不说过头话。以宴请为例，中国人请客，即使是相当丰盛的一桌饭菜，主人也会对客人说：“今天没什么好菜，请随便吃点。”西方人则相反，不管饭菜质量如何，主人都要自我夸赞：“这是本地最好的饭店”，“这是我的拿手好菜”，目的在于表示诚意。同样，中国人到别人家做客经常客气有余，主人问客人是否再添饭，客人说不用不用，实际上也许并未吃饱。西方人作为宾客赴宴，说不吃不喝时则是真的，绝不是客气。所以，在国际交往中，客气与谦虚都不能过分。对别国优秀的品质和做法可以虚心学习，但不能崇洋媚外，盲目诋毁自身形象。

二、涉外礼仪的基本要求

从国际交往内容来看，涉外礼仪包括礼宾次序，国际接待礼仪，交际人员的仪容、仪表、仪态、气质、风度、服饰等礼仪内容。

下面具体介绍涉外礼仪的一些基本做法。

(一)仪容仪表礼仪

讲究仪表与衣帽整洁，面、手、衣履要洁净。男子的头发、胡须不宜过长，应修剪整齐。指甲要经常修剪，一般与指尖等长，不留污垢，保持手部清洁，若手部有疾症或疤痕要戴手套。衣着要整洁笔挺，不能有褶皱，纽扣均应整齐，裤扣不能在室外或公共场合整理。衬衣一般为白色硬领，下摆不露出外套，并放入裤内。礼服、领带或领花应结好，佩戴端正，并备洁净手绢与梳子。皮鞋应擦亮。不要在人前做剔牙、抠鼻、掏耳、剪指甲、搔痒等不雅的小动作。也不要在人前打哈欠、伸懒腰、打喷嚏、擦鼻涕、咳嗽，打喷嚏时应用手帕、餐巾纸捂口鼻，面向一旁，避免发出大的声响。

(二)仪态举止礼仪

举止大方得体,态度和蔼端庄,精神饱满自然,言行检点。站、坐、走都要符合常规,任何失礼或不合礼仪的言行会被视为有失体面。

说话客气,注意身份。说话时神情矜持和蔼,面带微笑。随便与人攀谈是失礼行为。萍水相逢,应在有人介绍后方可交谈。礼貌用语是礼仪的表现形式,能传达爱心与礼节,这样使说话人更被人敬重。"您好"、"请"、"谢谢"、"对不起"、"再见",在国际交往中要经常使用,任何需要麻烦他人的事情,都应该说"请"。只要别人为你做了什么,都应该说声"谢谢",包括家人或关系密切的朋友。凡是不小心妨碍或干扰了别人,都要说"对不起"。"再见"不仅是同事、朋友、家人之间相互告辞时的礼貌用语,也是陌生人之间接触后相互告辞时的礼貌用语。

(三)公共场所礼仪

公共场所是公民的公共空间,特别是走出国门,中国人就成为"外国人",处于外国环境之中。对于每个人来说,首先要注意自己的仪容与仪表、仪态,使之符合规范,显示自身修养。男士应刮胡须,头发整齐;女士可适当淡妆,但不应浓妆艳抹。每个人都应该自觉遵守公共秩序,保持安静,自觉排队,不打搅、影响别人。不在公共场所吸烟;不乱扔烟头;不乱扔乱丢废弃物品;不可随地吐痰;自觉爱惜公共设施,保护自然环境。

如在图书馆、博物馆、医院、教堂等公共场所,应保持手机关机,保持安静。

如举行仪式、听讲演、看演出等隆重的公共场合,要保持肃静,适当鼓掌,不能起哄和随意走动。

在商场、超市等公共场合,不随便乱放商品,不给商家制造麻烦。

在公园、景区等公共场所,要注意言行举止礼貌文明,衣着整齐,不围观。

在社区等居住场所,注意多替别人着想,不乱堆、乱挂私人物品,文明交往。

三、涉外礼仪在具体操作中应注意的问题

为更好地知礼、懂礼、行礼,涉外礼仪还应注意下列问题。

(一)主动表达友善

即"有所为"。礼仪的最高境界,不是保证大家互不侵犯,井水不犯河水;而是在不违反禁忌的基础上,对国际关系有所建树,争取更多的支持、理解与合作。学会善于表达、长于表达、勇于表达。善于表达,即注意以善意为出发点,赋予涉外交往以崇高美好的愿望,促进彼此共赢;勇于表达,即有勇气说出有利于双方的主张与倡导,哪怕一时得不到对方的赞同或理解;长于表达,即应注意表达的方法和分

寸。因为惧怕一些文化差异问题，而相互客套、止步不前、望而却步、畏首畏尾，都不是真正国际礼仪的精神。

(二)坚决不犯禁忌

很多人认为，国际礼仪行使过程中，不犯禁忌是第一位的，这就是国际礼仪的全部。其实这样理解是片面的，禁忌问题只能是国际礼仪的底线，也就是国际礼仪最起码的原则和标准，是国际关系的起点，但不是全部的标准，更不是核心的国际礼仪精神。实际交往中，不用谈禁忌色变。

(三)追求真善美

任何国际交往，无论事大事小，都要时刻考虑礼仪的根本出发点，如社会学家埃米利·波斯特所言："表面上的礼仪有无数清规戒律，但其根本目的在于使世界成为一个充满生机和活力的地方，使人变得平易近人。"所以，无论遇到什么麻烦，大家都应该站在追求"真善美"的高度，欣赏各自的"精气神"民族文化，利用"和谐"礼仪终极价值取向来调节，为世界和谐和发展作出积极的贡献。交往双方或多方在交往中为达到更高的标准，更好的合作，不断协商，共同进步。

(四)合理解决文化冲突

跨国交往中，产生矛盾很正常，也不可避免。但是有矛盾要重视，也要正视。彼此宽容理解，和谐解决国际礼仪争端，才是礼仪的灵活变通精神。要特别注意非原则问题，无意的伤害，或善意的冲突，都应互相谅解和宽容对待。如涉及一些政治、宗教信仰等敏感问题，不宜过分纠缠，也不应过度讨论和批判，更不要试图改变对方的立场，应各自保留意见为好。如确属原则问题和恶意的伤害，应据理力争，并采取正规的渠道解决，不必纠缠细节。比如我国一女子合唱团，到某国参加演出，舞台上竟把中国国旗与其他国家国旗还有台湾旗并列悬挂，看到此景，该合唱团马上与中国大使馆取得联系，并拒绝登台，直到主办国更正错误才登场。虽然该合唱团没有取得此次比赛的名次，但因恰当地维护了国家的尊严，获得观众经久不息的掌声。

(五)不宜先为原则

在涉外交往中，面对自己一时难以应付、举棋不定，或者不知如何处理的情况时，如果有可能，最明智的做法是尽量不要急于采取行动，尤其是不宜急于抢先，冒昧行事。多观察，多询问，试探性地了解后再采取行动，避免失态。

第三节　国际礼宾次序

礼宾次序就是依照国际惯例，对那些参与国际交往的国家、团体和个人的位次进行排列的次序。礼宾次序体现东道主对各国宾客所给予的礼遇，在一些国际性的集会上则表示各国主权平等的地位。在涉外交往中，礼宾次序是一个政治性较强而又较为敏感的问题，礼宾次序安排不当或不符合国际惯例，会引起不必要的争执和交涉，甚至影响国家之间的关系。

一、礼宾次序的原则

国际交往中，由于各个国家的体制不同，部门之间的高低也不尽一致，同时各个国家还有不同的习惯，这就需要根据具体情况，恰到好处地予以安排。具体原则如下。

（一）倡导主权平等

礼宾次序体现出作为东道国对各国来宾的礼貌和尊重，这是一个看似平常实际却极为敏感的事情。在国际交往中，任何一个国家都享有自己的主权，并应该得到平等的礼遇。东道国要做到不分国家的强弱大小、贫穷富裕，一概要给予平等和尊重，无论出现任何差错都可能引发不好的影响，涉及双方正常关系和往来。所以，应该积极提倡每个国家主权平等原则，尽量做到一视同仁。这是讲究礼宾次序的最起码前提条件，也是具体实施礼宾次序时的保障。

（二）遵守国际惯例

假如我们面对的外宾只有一位，问题还比较容易解决。但如果我们面对的外宾不止一位，而是几十位甚至上百位，并且这些外宾很可能来自不同国家，这时的问题就比较复杂了，孰轻孰重都不好把握。如果在礼遇上稍有不慎而出现亲疏远近的区别，很可能会带来麻烦。

国际惯例是大多数国家在涉外交往中约定俗成的习惯做法，也是国际上普遍认同的规则与形式。所以，在具体次序安排中应首先考虑并严格遵守，千万不能逾越，否则会引起多国甚至国际社会的谴责。如以右为尊、前排高于后排、中央高于两侧、尊重妇女等。

（三）掌握灵活方法

在实际交往中，遇到的情况比较复杂，礼宾次序往往不能按一种方法排列，而是几种方法交叉，并考虑其他有关因素。如国家之间的关系、地区所在、活动性质和内容、对活动贡献大小，以及参加活动的人员的威信、资历等。通常把同一国家的同一地区的、同一宗教信仰的或关系特殊的国家的代表团安排在前面或排在一起。对同一级别的人员，常把威望高，资历深，年龄大者排在前面。有时还考虑业务性质、相互关系、语言交流等因素。如在观礼、观看演出、比赛，特别是大型宴请时，在考虑身份与职务的前提下，将业务性质对口的、语言相通的、宗教信仰一致的、风俗习惯相近的安排在一起 。德高望重优先、妇女优先、照顾弱者、谦恭礼让等大家认可的做法，应该优先考虑。

二、礼宾次序的具体做法

常见的礼宾次序有两种排列次序。

(一)关系对等时的排列次序

参与者的关系对等时，为了表示所有参与者在权利、地位上是完全平等的。一般可以采用下列两种方法排列，具体采用何种排列方法，东道国在致各国的邀请书中一般都加以明确注明。

1. 按字母顺序排列

在多边活动中，礼宾次序常采用按参加国国名字母顺序排列的方法，使用这一排列方法一般以英语字母顺序排列最为常见。如在国际会议、国际比赛中，公布与会者名单、悬挂与会国国旗，以及座位安排时，往往按各国国名的英文拼写字母顺序排列。凡是在举行重大的国际体育比赛开幕式上，各国体育代表团均依照国名的字母顺序出场，唯一的例外是东道国的体育代表团，他们出于礼貌总是排在最后面。但为了避免有些国家总是占据前排席位，也常用每年抽签一次的办法来决定本年度的席位以哪个字母打头，以便让各国都有机会排列在前。在国内礼仪活动中，按个人姓名和组织名称的第一个字的笔画多少排列次序，也是同一道理。

2. 按通知代表团组成的日期先后排列

在一些国家举行的多边活动中，按通知代表团组成的日期先后顺序排列礼宾次序，也是经常采用的办法之一。东道国对同等身份的外国代表团，按派遣国通知代表团组成的日期排列，或按代表团抵达活动地点的时间先后排列，或按派遣国决定应邀派遣代表团参加活动的答复时间先后排列。

(二)关系不对等时的排列次序

关系不对等时，常见的礼宾次序按身份与职务的高低排列。主要以各国提供的正式名单或正式通知作为确定职务的依据。指明确区分参与者的身份高低、上下、长幼等方面的关系，目的是给高者、上者、长者相应的尊重和礼遇，以表现主人的谦谦风度。在一些大型的官方活动中，通常采用这种方法安排礼宾次序。比如，在有许多外国代表团出席的国际会议上，可按照各个国家代表团团长的身份以及职务的高低，来安排他们的礼宾顺序。

排列次序应按照地位高低、职务上下、年龄长幼、关系亲疏、实力强弱来排列。其基本规则是：上级在先，下级在后；尊者在先，次者在后；长辈在先，晚辈在后；实力强者在先，弱者在后；女士在先，男士在后。高者、尊者的具体确定，根据活动的目的、内容、主人的价值取向和客观需要等不同情况来决定。如：官方活动可以职位高低为标准，经济活动可以实力强弱为依据等。就主席台上的位次而言，按前后排关系，前排就座者为高、为尊、为强，后面各排依次递减。在同一排上，中间为高、为尊、为强，两边各位置依次递减。就两侧的同位置而言，右边为高、为尊，左边次之。在行走、就座、乘车等方面也有次序可言。走路、入座时，两人并行，右为高，左为次；两人前后行，前为高，后为次；三人并行，中为尊，右为次，左更次；三个人前后行，前为尊。若是在不平坦的路上或是到达不熟悉的地方，则应有人在前面引路，尊者在一人之后。上楼梯时，前者为尊；乘电梯时，前者为尊。下楼梯、出电梯时，应让尊者在一人之后。

三、国旗的悬挂次序

国旗是国家的一种标志，是国家的象征。在一个主权国家领土上一般不得随意悬挂他国国旗。在国际交往中形成了悬挂国旗的一些惯例，为各国所公认。

（一）悬挂国旗的场合

在国际会议上，除会场悬挂与会国国旗外，各国政府代表团团长亦可以按会议组织者有关规定在一些场所或车辆上悬挂本国国旗。有些展览会、体育比赛等国际性活动，也往往悬挂有关国家的国旗。

在建筑物上或在室外悬挂国旗，一般应日出升旗，日落降旗。遇需悬旗致哀，通常的做法是降半旗，即先升至杆顶，再下降至离杆顶相当于杆长1/3的地方。也有的国家不降半旗，而是在国旗上方挂黑纱致哀。升降国旗时，要立正脱帽行注目礼，升国旗一定要升至杆顶。

（二）悬挂国旗的礼节

按国际关系准则，一国元首、政府首脑在他国领土上访问，在其住所及交通工具上悬挂本国国旗是一种外交特权。东道国接待来访的外国元首和政府首脑时，在隆重的场合，在贵宾下榻的宾馆，乘坐的汽车上悬挂对方（或双方）的国旗，这是一种礼遇。此外，国际上公认，一个国家的外交代表在接受国境内有权在其办公处和官邸，以及交通工具上悬挂本国国旗。

悬挂双方国旗，按国际惯例，以右为上，左为下。两国国旗并挂，以旗本身面向为准，右挂客方国旗，左挂本国国旗。汽车上挂国旗，则以汽车行进方向为准，驾驶员左手为主方，右手为客方。

所谓主客，不以活动举行所在国为依据，而以举办活动的主人为依据。

国旗不能倒挂。有些国家的国旗由于文字和图案的原因，也不能竖挂或反挂。有的国家明确规定，竖挂需另制旗，将图案转正。

各国国旗图案、式样、颜色、比例均由本国宪法规定，不同国家的国旗如比例不同，同样尺寸制作，两面旗帜放在一起，就会显得大小不一，因此，并排悬挂不同比例的国旗，应将其中一面放大或缩小。

第四节　世界部分国家的礼仪习俗

一、日本的礼仪习俗

日本以“礼仪之邦”著称，日本人非常重视个人的礼仪修养，在待人接物及日常生活中都表现得谦恭有礼。日本人等级观念很重，上下级之间、长辈晚辈之间界限分得很清楚。

（一）日本一般礼俗习惯

1. 仪态礼仪

日本人常常是满脸笑容，然而不仅高兴时微笑，在处于窘迫发怒时，也会发笑，以掩饰自己的真实情感。妇女在地板上就座时，总是坐在卷曲的腿上。不同的手势有不同的含义，如伸出小指头表示女人等。

2. 服饰礼仪

日本人无论在正式场合还是非正式场合，都很注重自己的衣着。在正式场合，男子和大多数中青年妇女都着西服，男子穿西服通常都系领带。和服是日本的传统服装，其特点是由一块布料缝制而成。现在男子除一些特殊职业者外，在公共场所很少穿和服。日本妇女喜欢描眉，她们普遍爱画略有弯度的细眉，认为这最具现代女性的气质。

3. 会见礼仪

日本人见面行鞠躬礼，同时表示问候。一般人们相互之间是行 30 度和 45 度的鞠躬礼，鞠躬弯腰的深浅不同，表示的含义也不同。弯腰最低、也最有礼貌的鞠躬称为“最敬礼”。男性鞠躬时，两手自然下垂放在衣裤两侧；对对方表示恭敬时，多以左手搭在右手上，放在身前行鞠躬礼，女性尤其如此。平时人们见面总要互施鞠躬礼，并说“您好”、“再见”、“请多关照”等。

在国际交往中，日本人也习惯握手礼，尤其是年轻人或和欧美人接触较多的人，也开始有见面握手的习惯。

在日本，名片的使用相当广泛，特别是商人初次见面时有互相交换名片的习惯。初次相会不带名片，不仅失礼而且对方会认为你不好交往。名片交换是以地位低或者年轻的一方先给对方，这种做法叫尊者先知。女性大多使用比男性名片要小的名片。互赠名片时，要先行鞠躬礼，并双手递接名片，将名片正对着对方。接到对方名片后，要认真看阅，看清对方身份、职务、公司，用点头动作表示已清楚对方的身份。如果你是去参加一个商业谈判，你就必须向房间里的每一个人递送名片，并接受他们的名片，不能遗漏任何一个人，尽管这需要花费不少时间，但这是表示相互友好和尊敬的一种方式。

日本人初次见面不谈工作，而只是作相互引见，进行自我介绍。自我介绍的话说完后大都会加一句“请多关照”。一般情况下，日本人更希望中间人代为介绍。作为介绍人，通常要说出被介绍人与自己的关系，以及他的称谓和所在单位名称等。

4. 拜访与送礼

日本人比较喜欢送礼物。日本人很看重人情，与他们交往时要重视赠送礼物。他们认为送一件礼物，要比说一声“谢谢”的意义大得多，因为它把感激之情用实际行动表达出来了。对日本人来说，送礼作为形式比内容更为重要，所以互赠的礼物不必太贵重(首次会晤，一般赠送商业性礼物)，双方礼物价值相当即可。日本人很重视礼品的包装，未经包装的礼品不要送出。包装要精美大方，包装纸禁用暗灰、黑白、大红等色，浅色宣纸包装的礼物会令人觉得格调高雅。礼品要包上好几层，再系上一条漂亮的缎带或纸绳。日本人认为，绳结之处有人的灵魂，标志着送礼人的诚意，接受礼品的人一般都要回赠礼品。日本人不当着客人的面打开礼品，这主要是为了避免因礼品的不适而使客人感到窘迫。自己用不上的礼品可以转赠给别人，日本人对此并不介意。接送礼物要双手，当接受礼物后，再一次见到送礼的人一定会提及礼物的事并表示感谢。

到日本人家里做客，要预先和主人约定时间，进门前先按门铃通报姓名。如果这家住宅未安装门铃，绝不要敲门，而是打开门上的拉门，问一声："借光，里面有人吗?"进门后要主动脱衣，摘下帽子和手套，并脱去鞋子，穿上备用的拖鞋。去日本人家作一般性拜访，带上些包装食品是比较合适的，但不要赠花，因为有些花是人们求爱时或办丧事时使用的。到日本人家里去做客，当你在屋内就坐时，背对着门坐是有礼貌的表现，只有在主人的劝说下，才可以移向尊贵位置(指摆着各种艺术品和装饰品的壁龛前的座位，是专为贵宾准备的)。

日本人不习惯让客人参观自己的住房，所以不要提出四处看看的请求。日本特别忌讳男子闯入厨房，上厕所也要征得主人的同意。进餐时，如果不清楚某种饭菜的吃法，要向主人请教，夹菜时要把自己的筷子调过头来使用。告别时，要客人先提出，并向主人表示感谢。回到自己的住所要打电话告诉对方，表示已安全返回，并再次感谢。过一段时间后再遇到主人时，仍不要忘记表达感激之情。

5. 宴会与餐饮礼仪

在日本，一般情况下朋友们一起上餐馆或酒吧，如果事先没有说好谁请客，都采用 AA 制的付钱方式。

日本人自古以来就以大米为主食，他们爱吃鱼。一般不吃肥肉和猪内脏，有的人不吃羊肉和鸭子。不论在家中或餐馆内，坐位都有等级，一般听从主人的安排即可。日本有一种富有参禅味道，用于陶冶情趣的民族习俗——茶道。

日本人设宴时，传统的敬酒方式是在桌子中间放一只装满清水的碗，并在每人面前放一块干净的白纱布。斟酒前，主人先将自己的酒杯在清水中涮一下，杯口朝下在纱布上按一按，使水珠被纱布吸干，再斟满酒双手递给客人。客人饮完后，也同样做，以示主宾之间的友谊和亲密。主人斟的头一杯酒一定要接受，否则是失礼的行为。第二杯酒可以拒绝，日本人一般不强迫人饮酒。日本人的斟酒也很讲究，酒杯不能拿在手里，要放在桌子上，右手执壶，左手抵着壶底，千万不要碰酒杯。

在正式宴会上，日本人若有急事会悄然离去而不作正式告别，他们认为作正式告别可能会扰乱宴会气氛，是对其他宾客的不礼貌行为。

日本人通常使用筷子，桌上的摆放应该是饭碗在左边，筷子平放在前，日本教育孩子在吃饭时右手拿筷子，左手端饭碗或汤碗，并直接用碗喝汤。饭前人们都说"不客气，开始享用了"，饭后还要说"感谢今天美味的菜肴"，用来表示对该餐的感谢。

6. 商务及其他礼仪

到日本从事商务活动，宜选择在 2～6 月或 9～11 月，其他时间当地人多休假或忙于过节。日本人在商务活动中很注意名片的作用，他们认为名片表明一个人的社会地位，因此总是随身携带。日本商人比较重视建立长期的合作伙伴关系，他们在商务谈判中十分注意维护对方的面子，同时希望对方也这样做。赠送礼品时，当地人非常注重阶层或等级，因此不要给他们赠送太昂贵的礼品，以免他们为此而误认为你的身份比他们高。

(二)日本主要礼俗禁忌

日本人忌 9、4 等数字；送礼一般不用偶数；他们爱送单数，尤其是 3、5、7 这 3 个单数。日本人视荷花为不祥之物，因其有祭奠之意；向日本人送花时不宜送菊花，因为菊花是皇室专用花卉。日本人讨厌金银色的猫，认为看到这种猫的人要倒霉。日本人认为狐狸和獾是贪婪、狡诈的象征，所以不宜送他们以狐狸、獾为图案的饰品。送礼物忌送梳子，因为梳子的发音与死相近。

日本人不喜欢紫色，认为这是悲伤的色调；最忌讳绿色，认为是不祥之色。他们还忌讳 3 人一起合影，认为中间的人被左右两人夹着，是不幸的预兆。

二、埃及的礼仪习俗

埃及是举世闻名的四大文明古国之一，素有“世界名胜古迹博物馆”之称。在尼罗河谷、地中海畔以及西部沙漠等地都发现了大量的埃及古代文明的遗迹。举世闻名的金字塔就是古埃及人对永恒观念的一种崇拜的产物。目前埃及共有 80 余座金字塔，其中最大的一座是胡夫金字塔。除了金字塔以外，狮身人面像和扑朔迷离的象形文字，也是古埃及文明的象征。埃及人的交往礼仪既有民族传统的习俗，又通行西方人的做法，两者皆有，上层人士更倾向于欧美礼仪。

(一)埃及一般礼俗习惯

1. 服饰礼俗

埃及的传统服装是阿拉伯大袍，在农村不论男女仍以穿大袍者为多，城市贫民也有不少是以大袍加身。在埃及，一般正式场合穿西服，家访穿衬衣不扎领带，外出游玩宜着 T 恤衫和旅游鞋。20 世纪 20 年代后期，西方服装逐步进入埃及。当地妇女喜欢戴耳环、手镯等，在一些边远地区，女子外出还保留着蒙面纱的习俗。在大中城市，埃及人的打扮已与国际接轨，但是老年人着装较为保守。奇装异服埃及人通常不问津。

2. 拜访及见面礼

埃及人见面时异常热情。一般情况下，常称呼对方为阿凡提，意思是先生，原来这一称呼只限于王室，现在这一称呼已被广泛使用。见到不太熟悉的人，先致问候的人说全世界穆斯林通行的问候语——“安塞俩目尔来库姆”(直译为“和平降于你”，意为“你好”)，我国穆斯林简称为“色兰”。

埃及最常见的见面礼有：①握手礼，禁忌是不要用左手。②拥抱礼，力度要适中。③亲吻礼，根据交往对象不同分为吻面礼和吻手礼。吻面礼一般用于亲友之间，尤其是女性之间；吻手礼是向尊长表示谢意或是向恩人致谢时使用；飞吻礼多见于情侣之间。

埃及人谈话时习惯站得靠近些，他们的目光注视对方但不盯视。他们认为用手指招呼人是不礼貌的。进入清真寺，他们注意举止恭敬，态度虔诚，忌讳踩祈祷用的铺垫。

如果你上门拜访朋友，主人会一次或多次地重复说：“爱赫兰乌塞赫兰乌迈尔哈板”(意为“你遇到的是亲人，你走的是平原，欢迎你”)。有时也简单地说：“爱赫兰！爱赫兰！”女性之间出于礼貌或表示亲热，更多地采用温柔的贴面礼，一般是先右边贴一次，后左边贴一次。异性之间通常是握手，只有亲戚之间行贴面礼。男女之间也可不握手，男士不宜主动伸手，男士在握手时必须从座位上站起来，女士则不必，可以继续坐在椅子上。

埃及人不忌讳外国人家访，甚至很欢迎外国人的访问，并引以为荣。但异性拜访是禁止的，即使在埃及人之间，男女同学、同事之间也不能相互拜访。除贫困户外，埃及人家里都有客厅，卧室作为私房是不欢迎外人入内的。家访时应主动问候老人并与之攀谈，埃及人乐于天南海北地神侃，一般应在聊完一个话题后告辞。

3.餐饮礼俗

埃及人爱吃羊肉、鸡肉、鸭肉、土豆、豌豆、南瓜、洋葱、茄子和胡萝卜，他们习惯用自制的甜点招待客人。当地人就餐前一般都要说：“以大慈大悲真主的名义”。请客时菜肴丰盛，气氛热烈，主人总是希望客人多吃点。大量食用奶酪(山羊奶酪型)以及酸制品，但是埃及人不吃猪肉。吃饭习惯用右手抓食，目前使用刀、叉、勺者也日益增多起来。

在埃及，不同的宗教节日里有不同的节日食品，如斋月里要吃焖蚕豆和甜点；开斋节要吃鱼干和撒糖的点心；闻风节吃咸鱼、大葱和葱头；宰牧节要吃烤羊肉和油烙面饼。

4.商务会见

约见政府官员、公司和企业的负责人或者家访友人，无疑需预约，不宜当不速之客。但因特殊情况冒昧造访，好客的埃及人也不会像西方人那样见怪，他们始终微笑着表示欢迎。工作性的会见均在办公室进行，除了高级官员，没有人把你当做贵宾而派人在门口等候，接送你到会客室。会见的人也往往边办公边同你谈话，但此时如果下级送一份需签字的文件，或者外面来一个电话交谈几分钟，此时你就被冷落在一边，无人理睬。遇上几次，你就会慢慢习惯于这种埃及式的会见。当地人不喜欢有星星图案的衣服，商务活动用英语。

到埃及进行商务活动，最好是在 10 月到次年 4 月，另外，当地每周工作日是从本星期六到下星期四，星期五是伊斯兰教的休息日。

几乎所有工作都需付小费，但数目通常不大。不给小费则寸步难行。

5. 婚丧礼俗

现在埃及人的婚礼既保留有过去的传统，又增添了时代特色。埃及人办喜事时喜欢大摆筵席，除了邀请贵宾亲友之外，有些平时与主人无甚交往者也可光临，同样也会受到热情款待。习惯上是先摆出巧克力和水果，然后诵《古兰经》，吃肉汤泡馍、米饭与煮肉。最后上点心和小吃。埃及人请客，坐席也讲究身份及等级，主人还习惯用发誓的方式劝客人多吃，自始至终非常热情。菜肴越多越好，哪怕是原封未动地端上来又端下去，宾主都十分高兴，因为这是慷慨好客的标志之一。

埃及人家中有人去世，马上就派人到亲友家报丧。在城市，还要由一位男子敲鼓报丧。

(二)埃及的礼仪禁忌

埃及人(穆斯林皆如此)认为“右比左好”，右是吉祥的，做事要从右手和右脚开始，握手、用餐、递送物品必须用右手，穿衣先穿右袖，穿鞋先穿右脚，进入家门和清真寺先迈右脚。究其原因，穆斯林“方便”和做脏活时都用左手，因此左手被认为是不干净的，用左手与他人握手或递东西是极不礼貌的，甚至被视为污辱性的行为。

1. 衣着禁忌

按伊斯兰教义，妇女的“迷人之处”是不能让丈夫以外的人窥见的。即使是同性之间，也不应相互观看对方的私处，因此，短、薄、透、露的服装是禁止的。即使是婴儿的身体也不应无掩无盖，街上也不见公共澡堂。在埃及，看不见袒胸露背或穿短裙的妇女，也遇不到穿背心和短裤的男人。虽然埃及人对外国人是宽容的，不像某些伊斯兰国家那么严厉，但必须提醒一点，在埃及穿背心、短裤和超短裙是严禁到清真寺去的。

2. 不要打哈欠

通常在埃及人面前尽量不要打哈欠或打喷嚏，如果实在控制不住，应转脸捂嘴，并说声“对不起”。埃及人讨厌打哈欠，认为哈欠是魔鬼在作祟。一个人打哈欠，如同犯罪似的急忙说：“请真主宽恕。”而打喷嚏认为不一定是坏事，一个人如果在众人前打喷嚏，则说："我作证：一切非主，唯有真主。"而旁边人说："真主怜爱你。"他接着说："真主宽恕我和大家。"

3. 颜色的禁忌

埃及人喜欢绿色和白色，讨厌黑色和蓝色。他们在表示美好一天时，称"白色的一天"，而不幸一天，则称作"黑色的一天"或"蓝色的一天"。对真诚坦率的人称为"白心"，而称充满仇恨、嫉妒、奸诈的人为"黑心"。埃及的丧服为黑色或黄色。有地位或年老者喜好黑色或深色服装，以表示庄重和显示其威望。

埃及人喜欢 5 或 7，他们认为 3、5、7、9 是积极的，而认为 13 是消极的。由于伊斯兰教历与公历的差异，斋月的时间每年不同。在斋月期间，如果你在当地人面前吃喝东西或吸烟，会被训斥。埃及忌讳针，因为是骂人的话。

如果送礼品给埃及朋友一定记住，图案千万不要是星星、猪、狗、猫及熊猫的图案，因为有悖民族习俗。

埃及在饮食上严格遵守伊斯兰教的教规，斋月里白天禁食，不吃一切忌物，也不吃红烩带汁和未熟透的菜；吃饭时不与人谈话，喝热汤及饮料时禁止发出声响，食物入口后不可复出，而且忌讳用左手触摸食具和食品。与人交谈时要注意：男士不要主动与妇女攀谈；不要夸人身材苗条；不要称道埃及人家中的物品，人家会以为你是索要此物；不要与埃及人谈论宗教纠纷、中东政局及男女关系。

三、美国的礼仪习俗

美国人一般性情开朗、乐于交际、不拘礼节。美国人具有很强的独立性，他们对自己充满信心。美国是个强者的社会，崇拜强者，不同情弱者。他们讲话没有自谦之词，从来不说自己不行，显得自满和傲慢。美国人喜欢探新求奇，往往不满足于现状。美国的学校很少教授他国的文化风俗，美国人的祖先来自全球各地，所以在美国境内"认可的"社会习俗，比有些国家的社会习俗要多得多。美国是个"样样自己动手"的国家。

(一)美国一般礼俗

1. 会见礼仪

美国人以不拘礼节闻名于世。第一次同别人见面，常直呼对方的名字。美国人相信自己即使直称一个人的名字，仍一样可以对他表示尊敬。往往只是笑一笑，说一声"嗨"或"哈喽"。在美国人看来，这种不拘礼节的打招呼，跟其他地区的握手为礼意义相同。

在美国，不论男女见面时一般都相互握手，彼此很熟悉的女性之间、男女之间也亲吻面颊。与美国妇女握手最好让对方采取主动，对妇女要像对男子一样随便，但是不能询问她的婚姻状况。男性最好不要给妇女送香水、衣物和化妆品之类的礼物。

美国人不重视“地位”，尤其是社会地位。大多数美国人都不愿意自己因年龄或社会地位的关系而特别受人尊敬，这样会令他们觉得不自在。许多美国人甚至觉得“先生”、“太太”、“小姐”的称呼太客套了。不论年龄，大家都喜欢直呼其名。“别称我史密斯太太，叫我萨莉好了。”称呼名字往往是表示友善亲近。不过，你如果觉得直呼其名不好，可用比较客气的称呼。介绍的时候，往往是连名带姓：“玛丽·史密斯，这位是约翰·琼思。”

美国人虽然不注重绅士打扮，但他们很巧妙地通过一般服装来显示身份。比如，领带绝不是可有可无之物，在美国，事业上成功的人必须系上式样和颜色都很特别的领带。恰当的领带，不但表明你在事业上走向成功，而且充分表明你是能够跟上时代的人。

美国人感到难为情时，就实话直说。遇到别人特别客气地称赞或道谢时，美国人可能因难为情而不知道该答什么话好。他们不是有意粗鲁无礼，他们其实是喜欢别人称赞他们的。

2. 宴请及餐饮礼仪

美国人通常在家里宴请客人。一种方式是大家围坐在一张桌子旁，食品盛在盘中，在每个人手中依次传递或由主人为客人盛食品。另一种是“自助”式，边交谈边品尝。接受邀请的客人一般在规定时间后的5～10分钟内到达，可以送女主人一些花或其他小礼品。

美国人进餐时十分讲究，汤匙必须放在汤盘的托碟上，咖啡匙要放在茶托上。喝汤时不要弄出大的响声，并用匙的一侧从里往外舀，不能用匙头，更不能端着汤盆把盆底的剩汤喝光。每餐一般只上一道主菜和沙拉，最后上一道甜食。如果客人没吃饱，可向女主人夸赞她做得好，并再点菜，女主人会多加一份菜给他。喝咖啡要端着杯子喝，在餐桌上不要抽烟。吃完饭，客人将餐巾放在餐桌上，然后站起来。餐后，客人要呆上一两个小时再道别。第二天发便函向主人致谢，并送一些小礼物，如一盒巧克力或鲜花等。

3. 拜访礼仪

如果去拜访美国的朋友，应先敲门，征得同意后才进屋。进屋后先脱帽，并问对方是否方便，当对方回答“无妨”时，再谈论事情。星期六、星期日是美国的法定休息日，除非有急事或要事，一般在早上8点前、晚上10点后不要拜访。

送礼物时最好交给夫人。做客时一般不问厕所，而是自己去找。在主人卧室里，客人不能坐在床上。未经同意不要随便摆弄屋里的任何东西，尤其是钢琴。

如有客人夜间来访，不能穿睡衣迎客。在朋友家做客时，打长途电话要经主人同意；离开时，应留下电话钱，可以说"送一点钱给孩子买糖果吃"。

由于性格直爽、慷慨大方，美国人可参加朋友的朋友的宴会，刚认识就可以被邀请去看戏、吃饭或到家做客。同时，他们一般都"喜新厌旧"，新交的朋友一星期以后可以忘得一干二净。在美国经常听到这样的话："再也没有人比我们更易交朋友了，然而再也没有人比我们建立真正友谊更难了。"因此，美国人之间很难保持终生不渝的友谊。

(二)美国礼俗禁忌

美国十分强调个人权利、价值和自由，他们忌讳打听个人隐私。美国人讨厌蝙蝠，认为是凶神恶煞的象征，所以不能向美国人介绍或销售有蝙蝠图案的商品，也不要作为礼品送给他们，否则会引起麻烦。黑猫被视为不祥之物，白象则被喻为无用而累赘之物，故送人玩具或工艺品时应避开这些东西。另外，美国人忌食各种动物内脏。

美国人谈话如果跟他人站得太近，就觉得不舒服，他们最合意的距离是 50 厘米左右。美国人的另一个社交习惯，就是他们跟其他许多民族一样，说话时往往作手势。他们谈天之际，可能拍拍对方的肩膀，以示友好；或者轻拍小孩的脑袋，以示亲爱。依照其他国家某些民族风俗来说，这种表达法可能不受欢迎，尤其是用左手来表达。许多美国人都用惯左手，在美国左手右手没轻重之分，不论左右，都没有什么不敬。

美国人不喜欢沉默，他们会侃侃而谈，以免谈话中止，纵使片刻的停顿，亦非所愿。假若你很久没作声，美国人就会尽量设法让你加入谈论。他们也许会问你是不是身体不舒适，要不要他们帮忙。不过，美国人如果不同意你所说的话，可能默不作声。他们不出声，未必表示他们同意你的意见，而是表示他们认为同你继续辩论下去是没有礼貌的。

除了特殊的假日，例如圣诞节，美国人通常不送礼。因此，你会发现美国人接到礼物的时候很难为情，他们如果没有东西回礼，就更加如此。他们是个热情不拘礼节的民族。

四、英国的礼仪习俗

(一)英国的一般礼俗文化

英国的全称是"大不列颠及北爱尔兰联合王国"，简称英国。首都伦敦，被称为

“世界雾都”。

1. 生活习惯

英国人一向以冷漠和保守著称于世。他们性格孤僻，生活刻板，办事认真，对外界事务不感兴趣，往往寡言少语，对新鲜事物持谨慎态度，具有独特的冷静和幽默。他们很少发脾气，能忍耐，不愿意与别人作无谓的争论。同时，这也是英国人优雅绅士风度和淑女风度的表现。他们举止得体，语言文明，不轻易动感情。他们平时不谈私事，人们相处时，彼此很少闲谈，即使寒暄几句，也很简短，通常只提一下天气情况或者报纸新闻。他们懂得如何造就一个协调的环境，让大家和谐而愉快地生活。英国人矜持稳重，喜爱摆设前代传下来的旧家具、旧摆设、旧钟表等。

英国人遵守纪律，排队时井然有序。即使车站上只有一个人，也会在站牌下等候。他们赴约非常准时，晚几分钟可以，但绝不能提前。

英国对妇女非常尊重。如走路要让妇女在前，乘电梯要让女士先进。乘公共汽车、电车时，要让女子先上。斟酒要给女宾或女主人先斟。在街头行走，男的应走外侧，以免发生危险时，保护妇女免受伤害。丈夫通常要偕同妻子参加各种社交活动，而且总是习惯先将妻子介绍给贵宾认识。

英国人注重生活质量，追求精神享受。饮食式样简单，注重营养。英国人非常爱好文化活动，如阅读书刊、写文章、听音乐会、看戏等，还喜欢养宠物。

英国人衣着讲究，讲究派头，出席宴会或晚会时，习惯穿黑色礼服，衣裤须烫得笔挺。重要场合穿着很正规，平时追求简单、舒适的服饰。西服仍称得上是英国的国服。

英国人崇尚白色，它象征爱情纯洁、吉祥如意。

2. 见面礼

英国的礼俗丰富多彩，彼此第一次认识时，一般都以握手为礼，不像东欧人那样常常拥抱。随便拍打客人被认为是非礼的行为，即使在公务完结之后也如此。英国人注意服装，穿着要因时而异。他们往往以貌取人，仪容态度尤须注意。英国人讲究穿戴，只要一出家门，就得衣冠楚楚。虽然英国人已无昔日的雄风，可是自负心特别强。

英国人见面时互相握手，互道“早安”或“晚上好”。男女之间除热恋者外，一般都不手拉手走路。见面时的称呼也都遵照传统的礼仪习惯：对尊长、上级、不熟的人用尊称，在对方姓名之前要冠以职称、衔称或先生、女士、夫人、小姐等称呼，亲友和熟人之间常用昵称，以示亲切。男性与男性拥抱会被视为笑话。

在英国，人们在演说或别的场合伸出右手的食指和中指，手心向外，构成 V 形手势，表示胜利；如有人打喷嚏，旁边的人就会说上帝保佑你，以示吉祥。

3. 会谈与拜访礼仪

英国人谈吐幽默，文雅脱俗，说话声音不高，发音准确。他们认为说话滔滔不绝是一种缺乏教养的表现，只有素质低下的人才会自吹自擂。与英国人谈话时，切忌指手画脚，微笑是有礼貌地表现。但与英国人谈正经事时，则应该态度严肃，认真听讲，否则会被认为看不起他们。

英国人待人彬彬有礼，讲话十分客气，“谢谢”、“请”字不离口。对英国人讲话也要客气，不论他们是服务员还是司机，都要以礼相待，请他办事时说话要委婉，不要使人感到有命令的口吻，否则，可能会使你遭到冷遇。

如果要送英国朋友一些礼物，应最先考虑鲜花和巧克力。在接受礼品方面，英国人常常当着客人的面打开礼品，无论礼品价值如何，或是否有用，主人都会给以热情的赞扬表示谢意。苏格兰威士忌是很通行的礼品，烈性威士忌则不然。

人们互相约会要提前一周左右，一般先用电话联系好。英国人对自己的时间习惯于有条有理的安排，随便打乱和改变计划，轻易辞掉约会，是对人的不尊敬和失礼。

4. 商务礼仪

英国人职业感强烈，商务交往中，他们重对业务精益求精，也很重交情。对商务谈判，他们往往不做充分的准备，细节之处不加注意。但英国商人很和善、友好，易于相处。他们好交际，善应变，有很好的灵活性，对建设性的意见反映积极。在英国，“外表决定一切”，与英国人交往要尽量避免感情外露。受到款待一定要致谢，事后致函表示谢意，赠送小礼品能增加友谊。在英国经商，必须守信用，答应过的事情，必须全力以赴。

按英国商务礼俗，应穿三件套式西装，打传统保守式的领带，但是勿打条纹领带，因为英国人会联想到那是旧“军团”或老学校的制服领带。

英国人的时间观念很强，拜会或洽谈生意，必须预先约会，最好提前几分钟到达为好。他们的相处之道是严守时间，遵守诺言。

到英国从事商务活动要避开 7、8 月，这段时间工商界人士多休假，另外在圣诞节、复活节也不宜开展商务活动。在英国送礼不得送重礼，以避贿赂之嫌。在商务会晤时，按事先约好的时间到达，不得早到或迟到。英国工商界人士办事认真，不轻易动感情和表态，他们视夸夸其谈、自吹自擂为缺乏教养的表现。英国人有付小费的习惯。

5. 宴请礼仪

英国商人一般不喜欢邀请客人至家中饮宴，聚会大都在酒店、饭店进行。英国人的饮宴，在某种意义上说，是俭朴为主，他们讨厌浪费。比如说，要泡茶请客，如果来客中有3位，一定只烧3份的水。在正式的宴会上，一般不准吸烟，进餐吸烟，被视为失礼。英国对饮茶十分讲究，各阶层的人都喜欢饮茶，尤其是妇女嗜茶成癖。英国人还有饮下午茶的习惯。

在英国，邀请对方午餐、晚餐、到酒吧喝酒或观看戏剧、芭蕾舞等，会被当做送礼的等价。主人提供的饮品，客人饮量以不超过3杯为宜，如果感到喝够了，可以将空杯迅速地转动一下，然后交给主人，这表示"喝够了，多谢"的意思。

如果不是谈正经事，只是社交聚会，早到是不礼貌的，晚到10分钟最佳。在主人家坐得太晚也是很不礼貌的，如果只是邀请你共进晚餐和聊天，那么你最好在10点至11点之间离开或者餐后1小时告别。如果你被邀请留下来住几天或度周末，在离开之前应特意买束花送给女主人，这会使她非常高兴。另外，离开后的第二天要发一封便函向主人致谢，并随附一件小礼品如一盒巧克力或一束鲜花等。

英国的宴请方式多种多样，主要有茶会和宴会，茶会包括正式和非正式茶会。英国人在席间不布菜也不劝酒，全凭客人的兴趣取用。一般要将取用的菜吃光才礼貌，不喝酒的人在侍者斟酒时，将手往杯口一放就行。

(二)英国礼俗禁忌

英国人保守、冷漠、谦虚、幽默、不喜欢夸夸其谈，更不喜欢别人打听自己的私事，谈论天气是英国人永恒的话题。英国人不喜欢大声喧哗，也忌讳在众人面前相互耳语，与他人谈话，也注意保持一段距离。与英国人交往时，最好不要谈论政治和宗教问题，更不能将皇家的事作为谈话的内容。忌谈个人私事、家事、婚丧、年龄、职业、收入、宗教等问题。

在英国人面前，要避免使用"英格兰人"这个词，而要用"不列颠人"，这样说英国人才觉得满意。如遇到两个商人，一个是苏格兰人或威尔士人，你说他是"英国人"，那么，他会纠正你说，他是"苏格兰人"或"威尔士人"。

英国人谈生意态度保守、谨慎。初次见面或在特殊场合、表示赞同与祝贺时，才相互握手。在英国，不流行邀对方早餐谈生意。一般说来，他们的午餐比较简单，对晚餐比较重视，视为正餐。

英国人下班后不谈论工作，他们最讨厌下班后在餐桌上或酒吧里谈论工作；在休假时谈论工作更会引起他们的反感。英国人从不直接说"上厕所"，而是说"请原谅几分钟"或"我想洗洗手"等。

英国人喜欢独处，不欢迎别人闯进他们的生活。未经邀请或约定去拜访英国人的家庭是对别人生活的干扰，是非常失礼的举动。到英国人家里做客，早到是被认为不礼貌的，准时赴约、餐后1小时告别是最好的方式。赴约时，别忘了带一些小礼物送给女主人。吃饭时，嘴里尽量别发出声响，刀叉尽量轻拿轻放，不要劝酒，也不要不停地与人交谈。

英国人认为13和星期五是不吉利的，尤其是13日与星期五相遇更忌讳，日常生活中尽量避免"13"这个数字。不能手背朝外、用手指表示"2"，这种"V"形手势是蔑视别人的一种敌意做法。上街走路时千万注意交通安全，所有车辆都靠左边行驶。

英国人有些禁忌须注意，如他们从不从梯子下走过，在屋里不撑伞，从不把鞋子放在桌子上。英国人在点烟的时候，不论使用火柴还是打火机，只点到第2个人，然后把火熄灭，重新点燃后，再给第3个人点烟。他们认为一次点3支烟，意味着第3个人将面临死亡。这种说法源于一次战争，当时有3位士兵躲在战壕里，由于疲劳，他们想抽烟提神。当他们为第3个士兵点烟时，被敌人发现了，一发炮弹飞来，第3个士兵失去了性命。

英国人有排队的习惯，你可以看到他们一个挨一个地排队上公共汽车、火车或买报纸。插队是一种令人不齿的行为。

在英国购物最忌讳的是砍价，英国人不喜欢讨价还价，认为这是很丢面子的事情。如果你购买的是一件贵重的艺术品或数量很大的商品时，你也需要小心地与卖方商定一个全部的价钱。如果他们认为一件商品的价钱合适就买下，不合适就走开。

在英国，服饰、香皂之类的物品涉及个人的私生活，故一般不用来送人。菊花在任何欧洲国家都只用于万圣节或葬礼，一般不宜送人。英国人认为大象是一种蠢笨的动物，因此忌讳使用大象图案。他们认为孔雀开屏并不美丽，而是自我炫耀和自我吹嘘的表现，因此不喜欢这种动物，甚至认为孔雀是一种淫鸟、祸鸟；同时还忌用人像作商品的装潢。在英国，绝对不要将百合花当作礼物送人，因为他们认为百合花意味着死亡。

五、澳大利亚的礼仪习俗

澳大利亚联邦，简称澳大利亚。它位于南半球，介于西南太平洋和印度洋之间。澳大利亚有"骑在羊背上的国家"、"牧羊之国"、"坐在矿车上的国家"、"岛大陆"、"南方大陆"、"古老土地上的年轻国家"、"淘金圣地"等别称。澳大利亚为英联邦成员国，英国女王为澳大利亚国家元首。

(一)澳大利亚一般礼俗习惯

澳大利亚人时间观念很强,会见必须事先联系并准时赴约。他们待人接物都很随便。如果你应邀到澳大利亚人家做客,可以给主人带瓶葡萄酒,最好给女主人带上一束鲜花。澳大利亚同英国一样有"女士优先"的习惯,澳大利亚是一个移民国家,他们待人既友好又庄重。

1.服饰礼仪

澳大利亚人非常注重公共场所的仪表。男子大多数不留胡须,穿西服,打领带,在正式场合打黑色领结,达尔文服是流行于达尔文市的一种简便服装。妇女一年中大部分时间都穿裙子,在社交场合则穿西装上衣。无论男女都喜欢穿牛仔裤,他们认为穿牛仔裤方便自如。土著居民往往赤身裸体,或在腰间扎一条围巾,有些地方的土著人讲究些,把围巾披在身上,他们的装饰品丰富多彩。在悉尼和墨尔本宜穿西装。在布里斯班,当地商人惯穿衬衫、打领带、穿短裤。不过,初次见面时不妨穿西装。

2.会见礼仪

澳大利亚人见面习惯握手,不过有些女子之间不握手,女友相逢时常亲吻对方的脸。澳大利亚人大都名在前,姓在后。称呼别人先说姓,再加上先生、小姐或太太之类称呼,熟人之间可称小名。与他们交谈时,多谈旅行、体育运动及到澳大利亚的见闻。这里男人们相处时感情不能过于外露,大多数男人不喜欢紧紧拥抱或搂住双肩之类的动作。在社交场合,忌讳打哈欠、伸懒腰等小动作。

3.餐饮礼仪

澳大利亚人在饮食上以吃英式西菜为主,其口味清淡,不喜油腻。澳大利亚的食品素以丰盛和量大而著称,尤其对动物蛋白质的需要量更大。他们爱喝牛奶,喜食牛肉、猪肉等。他们喜欢喝啤酒,对咖啡、水果很感兴趣,忌食辣味菜肴,有的人还不吃酸味的食品。他们在就餐时,大都喜爱将各种调味品放在餐桌上,任其自由选用调味,而且调味品要多。

4.喜丧礼仪

在澳大利亚,男女婚前一般要先订婚,由女方家长宴请男方的家长及兄弟姐妹,婚礼后通常要举行宴会。澳大利亚人的葬礼,先在教堂内举行,由牧师主持追思礼,他们还保存着寡妇沉默的古俗。有趣的是由于地理位置的原因,其圣诞节和元旦节不是在寒冷的冬季,而是在火热的夏季。

(二)澳大利亚礼仪禁忌

澳大利亚人对兔子特别忌讳,认为兔子是一种不吉利的动物,人们看到它都会感到倒霉。

澳大利亚不流行小费,但服务人员如果为你提供了额外的服务,可给适当的小费,数目不宜多。到商店里买东西不要讨价还价。坐车不系安全带是违法的,小孩也要系安全带。

澳大利亚是一个讲求平等的社会,不喜欢以命令的口气指使别人。他们把公和私分得很清楚,所以不要以为一起进餐,生意就好做了。

六、俄罗斯的礼仪习俗

(一)俄罗斯的一般礼俗

在俄罗斯居住的居民主要是俄罗斯人,大多数人信仰东正教。俄罗斯人性格豪爽、热情开朗,具有很强的集体观念。他们和人交往一般行握手礼或拥抱礼。俄罗斯人也有施吻礼的习俗,但针对不同对象和不同场合,所施的吻礼也有一定的区别:朋友之间或长辈与晚辈之间,一般吻面颊;如果长辈对晚辈非常慈爱,则吻额头;男子对已婚女子,一般多施吻手礼,以示尊敬和谦恭之意;吻唇礼通常只在夫妻或情人之间流行。

俄罗斯人对数字“7”非常偏爱,认为“7”预兆好运,可以给人们带来美满和幸福。大多数人喜爱红色,视红色为美丽和吉祥的象征。

俄罗斯人对盐十分崇拜,视盐为珍宝,经常用作祭祀的供品,他们认为盐具有驱魔避邪的神秘力量。如果有人不慎打翻盐罐,或者将盐撒在地上,便认为是家庭即将出现不幸的预兆。为了摆脱灾难,他们总要将打翻在地的盐拾起来撒在自己的头上。在俄罗斯做客,如果主人给客人吃面包和盐,说明客人非常受欢迎。

他们的晚餐比较简单,对早餐和午餐十分重视。俄罗斯人的用餐时间拖得很长,喜欢品尝不同风味的菜肴,并且希望菜肴熟透和酥烂。另外,俄罗斯人对中餐非常喜欢。

如果去俄罗斯人家里做客,应该带上鲜花或烈性酒,送艺术品或图书做礼品也非常受欢迎。女主人对来访客人带给她的单数鲜花比较满意;男主人则喜欢高茎、艳丽的大花。

接待客人时,俄罗斯人经常使用“您”字,表示尊敬和客气;而在亲友之间往往以“你”字相称,这样显得更加亲切。俄罗斯人非常重视文化教育,喜欢艺术品和艺术欣赏,因此也比较喜欢这方面的话题。

外出时，他们非常注重仪容仪表，衣扣要扣得完整，衣冠楚楚。男子外出活动时，一定要把胡子刮净；赴约要准时；在社交场合中，遵循女性优先的习惯，如帮女子脱大衣、拉门、找座位，在宴席上为她们分菜等。

（二）俄罗斯的礼俗禁忌

与俄罗斯人交谈，要坦诚相见，不能在背后议论其他人，更不能说他们小气；与女性交谈时，切忌打听年龄和服饰价格等。

在俄罗斯街上行走，决不能丢弃任何东西，连一张过期的电影票也不行。他们认为这种行为有损城市的整洁，而且是违规的。

俄罗斯人认为兔子是一种怯弱的动物，如果兔子从自己眼前跑过，那便是一种不祥的预兆。他们认为黑色是丧葬的代表色，因此对黑猫非常厌恶，如果黑猫从自己面前跑过，则预示灾难即将来临。

俄罗斯人不吃海参、墨鱼、海蜇和木耳。

俄罗斯妇女不能在男子面前撩裙而坐，如露出大腿则有引诱男人之嫌。

七、法国的礼仪习俗

（一）法国一般礼俗习惯

法国人性格热情开朗，乐观爱美，讲究衣饰，待人彬彬有礼。他们乐意帮助外来人，但领导之间很少往来，也很少请人到家中做客。若被邀请，可送女主人一束鲜花或一盒巧克力。他们喜欢有文化素养和美学素养的礼品，不过不要送带有某公司明显标记的礼品。

法国人在公共场所从不大声喧哗，不随便指手画脚。男子不能当众提裤子，女子不能隔着衣裙提袜子。男女一起看节目时，女子坐中间，男子坐两边。

法国妇女是世界上最喜欢打扮的妇女，她们的服装非常时髦，所用化妆品也特别多，如口红就有早、中、晚之分。法国人追求自由，纪律性较差。准时赴约是有礼貌的表现，但迟到也是习以为常的事。

法国的传统礼仪是对妇女谦恭有礼。男士若在一条狭窄通道上遇见女士，应该让在一边，先让女士通过；如有急事需要先行，则应表示歉意。如果男子陪女士上街，习惯上应让女子靠商店橱窗一边走。如发生拥挤，男子应向前开道。上楼梯应女前男后。男女在餐馆约会，男子绝不能迟到，应走在前面为女子开门，并根据女子的意见挑选餐桌。点菜、与服务员交流等事均由男子承担。如男子请女子吃饭，自然由男子买单。饭毕，男子应帮助女子拿东西、穿大衣等；然后开门站在一旁，让女子先出餐馆。乘车时，应让女子先上。到站时男子先下车。乘小轿车时，应打开人行道一侧的车门让女子先上，或者从车内打开这一侧的车门让女子上下车。乘出租汽车时，男子应先上车，坐在最里面的位置，免得女子绕过车后上车。

进电梯时，如果是一男一女，男子应后上后下。若电梯上的人很多，最后上的人则应先下，以免妨碍他人。

法国人握手时间不长，不能使劲晃动。一般是女子、上级、长者先伸手。如果在场的人很多，握手的顺序是女先男后，长先幼后。两对夫妇相逢时，两位女士先打招呼，男士再分别向对方妻子致意，然后两位男子相互握手。

如果亲朋好友相遇，则以亲吻或拥抱的方式代替握手礼。在法国，男人之间亲吻的情况较少。在冬天，戴帽子的男子应脱帽向女子致意，握手时无需摘手套。但对方未戴手套，则应迅速摘下自己的手套再握手。如果双方非常熟悉或地位平等的人见面，只需挥手问好即可。

与法国人交往时，不要谈论个人、政治或金钱等方面的话题，那样会引起他们的反感。

(二)法国礼俗禁忌

法国人忌吃无鳞鱼，不吃辣的食品。忌讳菊花、杜鹃花等黄色花朵，因为他们认为黄色是不忠诚的表现；忌黑桃图案，认为不吉祥；忌墨绿色，因第二次世界大战期间纳粹军服是墨绿色的；忌仙鹤图案，认为仙鹤是蠢汉和淫妇的代称；忌送香水等化妆品给法国女人，因为这样做给人以过分亲热或图谋不轨之嫌。

八、德国的礼仪习俗

(一)德国一般礼俗习惯

德国居住的居民绝大部分是德意志人，其中约有一半人信仰基督教，另一半人信仰天主教。大多数德国人朝气蓬勃，具有勤俭耐劳、遵守纪律的品德，同时有矜持、喜爱音乐的特点。

德国人非常注重仪表和形象，外出时必须穿戴整齐、干净；他们热情好客、待人诚实可靠。德国人见面打招呼时不直呼名字，一定要称呼头衔；接电话要首先告诉对方自己的姓名；交谈时，德国人喜欢原野风光方面的话题。他们的业余爱好多为体育活动，时间观念特别强，约会非常守时。

在宴席上，男子坐在妇女和地位高的人的左侧，女士离开和返回饭桌时，男子要站起来以示礼貌；请德国人进餐，事先必须安排好。

(二)德国礼俗禁忌

德国人认为红色、茶色和深蓝色是不吉利的颜色；忌讳吃核桃。另外，他们非常忌讳在服饰或其他商品包装使用纳粹标志。德国人认为郁金香是没有感情的花。

九、意大利的礼仪习俗

(一)意大利礼俗习惯

意大利居民主要是意大利人,绝大多数人信仰天主教。意大利人待人热情,非常有礼貌。他们的见面礼是握手或招手示意。对年长者、地位高者和不太熟悉的人,要称呼他的姓,再加上"先生"、"小姐"、"太太"和荣誉职称;和意大利人谈话要注意掌握分寸,他们比较喜欢工作、新闻、体育方面的话题;切忌谈论美国橄榄球以及政治问题。

意大利人早晨喜欢喝咖啡和酸牛奶,吃烩水果。酒(尤其是葡萄酒)是意大利人必备的饮料,不论男女几乎每餐都要喝酒,甚至在喝咖啡时,也要掺上一些酒。

在比较隆重的社交场合,意大利人对服装的总体要求是朴素、大方、整洁、得体。衣服要熨平整,裤子熨出裤线。衣领袖口要干净,皮鞋要上油擦亮。穿长袖衬衣要将前后摆塞在裤内,袖口不要卷起。穿短袖衫,下摆不要塞在裤子里。长裤不要卷起。

意大利人参加各种活动时,进入室内场所都要摘帽、脱掉大衣、风雨衣以及套鞋。无论在什么时候,男士在室内都不可戴帽子和手套;而女性则允许在室内戴帽子、手套和面罩。

(二)意大利礼俗禁忌

在意大利,菊花盛开的季节正是他们扫墓祭奠亡灵的时候。因此,意大利人非常忌讳菊花。

十、韩国的礼仪习俗

(一)韩国礼俗

韩国素以"礼仪之邦"著称,韩国人在交往中十分重视所应具备的礼仪修养,按照传统,韩国家庭成员之间的关系不仅仅是一种维护自身利益的关系,而且涉及的范围很广泛,他们之间的血缘关系应当建立在一种合作和互相支援的传统基础之上,因此家庭成员之间的感情、爱和责任感十分强烈,是无法割断的。家庭里的一家之长被视为权威所在,全家人都应该听从他的命令或遵照他的愿望行事。严格的命令必须服从,不得有违。儿辈或孙辈违抗长辈的愿望被韩国人视为不可想象的事情。

在韩国，长辈对晚辈可以称呼对方的名字，可不带其姓，在社会交往活动中，相互间可称对方为先生、夫人、太太、女士、小姐等；对有身份的人可称对方为先生、阁下等，也可加上职衔、学衔、军衔等，如“总统先生”、“总统阁下”，韩国丈夫介绍自己的妻子时会说“我夫人”或“我太太”。关系亲密的朋友之间，往往在对方名字之后加上兄弟、姐姐、妹妹等称谓，如“鸿哲兄弟”、“美延姐姐”、“美延妹妹”等。对男性也可称“君”，但往往同其姓名连称，如“郑溶君”、“尹鸿哲君”等。对不相识的男性年长者可以称大叔或大伯，对不相识的女性年长者可以称为大婶、大娘。

韩国人每年阴历初一这一天举行祭祖活动，所有成员要按年龄顺序向祖父母、父母、兄长、亲戚等跪着行礼；年轻人甚至要到村里去向长者们行礼以表示应有的尊敬。在家庭中，保持长幼尊卑的辈分之分，年轻的成员或者身份低的人不得在年长者或者身份高的人面前喝酒或吸烟。子女外出，要向父母辞行；父母远行归来，子女要迎接行礼；遇有客人登门拜访，父母先向客人施礼，子女随后依年龄大小向客人行鞠躬礼。

韩国人的亲戚之间和家庭成员之间联系的纽带非常牢固，恪守将相互合作视为不得以任何理由推卸的庄重责任。韩国人初次见面，同姓者之间首先总是打听对方与自己是否同一个氏族，如果是同一个氏族，还要查阅家谱，搞清对方与自己关系的亲近程度，若对方辈分较高，往往会经常去拜访并用敬语称呼以表示尊重。

在韩国传统的社会里，年长者因其知识经验而受到尊重，年轻者必须自觉地在行为上以此为准。在公共集会、社交场合和宴会上，谁应当首先向谁表示敬意，谁应当坐在哪个位置上，谁应当首先落座，谁应当首先向谁敬酒，人人自幼都知道这些规矩，不会弄乱，否则就会被视为粗俗和缺少家庭教育。

（二）韩国礼仪禁忌

韩国政府规定，公民对国旗、国歌、国花必须敬重。不但电台定时播出国歌，而且影剧院放映、演出前也放国歌，观众须起立。外国人在上述场所如表现过分怠慢，会被认为是对韩国的不敬。

韩国人禁忌颇多。逢年过节相互见面时，不能说不吉利的话，更不能生气、吵架。农历正月头 3 天不能倒垃圾、扫地，更不能杀鸡宰猪。寒食节忌生火。生肖相克忌婚姻，婚期忌单日。渔民吃鱼不许翻面，因忌翻船。忌到别人家里剪指甲，否则两家死后结怨。吃饭时忌戴帽子，否则终身受穷。睡觉时忌枕书，否则读书无成。忌杀正月里生的狗，否则 3 年内必死无疑。

与年长者同坐时，坐姿要端正。由于韩国人的餐桌是矮腿小桌，放在地炕上，用餐时，宾主都应席地盘腿而坐。若是在长辈面前应跪坐在自己的脚底板上，无论是谁，绝对不能把双腿伸直或叉开。吃饭时不要随便发出声响，更不许交谈。进入家庭住宅或韩式饭店应脱鞋。

在韩国人面前，切勿提“朝鲜”二字。照相在韩国受到严格限制，军事设施、机场、水库、地铁、国立博物馆以及娱乐场所都禁止照相，在空中和高层建筑拍照也都在被禁之列。

本章小结

本章通过对涉外礼仪的基本概念、适用范围、适用环境和时代背景的分析，以增强对涉外礼仪的重要性的理解；通过对涉外礼仪基本原则和一般做法的介绍，了解涉外礼仪的基本知识，以便更好地指导实践；通过对国际礼宾次序的介绍，了解礼宾次序、国际惯例在涉外交往中的重要意义；通过世界各地的礼仪文化介绍，掌握涉外交往中常见的不同国家礼节、礼俗和礼仪禁忌，可以更好地为涉外交往服务。

思考与练习

1. 什么是涉外礼仪？有何特点？
2. 什么是国际惯例？遵守国际惯例有何意义？
3. 涉外礼仪的发展趋势如何？
4. 国际礼宾次序中，需要注意哪些问题？国旗的悬挂惯例是什么？
5. 涉外交往礼仪原则中，当遵守“入乡随俗”的当地礼仪与来宾国礼仪发生严重冲突时，应如何处理？
6. 韩国礼仪与日本礼仪的异同是什么？
7. 澳大利亚国家的禁忌有哪些？
8. 美国、英国等国家的主要见面礼是什么？有何禁忌？

【案例分析】

案例一

有位国家领导人出访澳大利亚，整个访问过程非常顺利。就在访问结束后，该国家领导人登上飞机旋梯的时候，向澳大利亚国家欢送队伍，伸出了大拇指，表示感谢。但是，却引起澳大利亚人的强烈不满。

请问：

为什么澳大利亚人不满意？

案例二

有位国家首脑出访韩国，交谈中称呼韩国总理金泳三的夫人为"金夫人"，成为国家笑料。

请问：

为什么"金夫人"的称呼成为国家笑料？

案例三

有位国家领导人出访另外一个友邦。在两国首脑会谈时，其中一位突然把翻译叫到两位首脑中间，引起另外一位首脑的不愉快。

请问：

什么原因引起另外一位首脑的不愉快？

附　录

一、我国主要少数民族礼俗禁忌及传统节日

(一)蒙古族

1. 礼俗与禁忌

(1)蒙古族传统礼节主要有献哈达、递鼻烟壶、装烟和请安等,现今又增加了鞠躬礼和握手礼。

(2)在请客人进入蒙古包时,主人总是立于门外西侧,右手放在胸部微微躬身,左手指门,请客人先行。客人就座后,主人按浅茶满酒的礼俗,躬身献上奶茶和美酒并用哈达托着献给客人,客人应欠身双手去接。接待贵宾或喜庆时要摆全羊席,有烤、煮全羊两种。

(3)送客时,主人要送客人至包外或本地边界。如骑马,主人还要扶客人上马,并说"再见"或"祝一路平安"等语。当目送客人走出一段后,主人才返回住处。送任何礼品,都要成双成对。送接礼品、敬茶敬酒均要用双手,以示尊重;不应用单手,更不能用左手。

(4)路过蒙古包时,要轻骑慢行,以免惊动畜群。进蒙古包前要将马鞭子放在门外;如带人包内,则被看作是对主人的不敬。进门要从左边进,入包后在主人陪同下坐在右边,离包时也要走原来的路线。出包后,不要立即上马上车,要走一段路,待主人回去后,再上马上车。

(5)锅灶不许用脚踩碰,不能在火上烤脚,否则等于侮辱灶神。

(6)蒙古包里有了病人,在包前左侧缚有一条绳子,绳子的一头埋在地下,表明主人不能待客,来访者就不应进门。

(7)蒙古族不吃鱼虾等海味以及鸡鸭的内脏和肥猪肉,也不爱吃青菜和糖、醋、过辣及带汤汁的菜肴。

2. 传统节日

蒙古族的传统节日主要有年节、那达慕、马奶节、祭敖包、祖鲁节、麦尔节、打鬃节等。

(二)回族

1. 礼俗与禁忌

(1)回族人热情好客，当有客人来时，要走出大门外去迎接；让客人先进屋；进屋后要相迎让座，献上香茶。众人同桌聚餐时先洗手，谦让年长者入座上席，长者动筷后，其他人再动。在家宴客时忌主人陪客，通常请族中男性长者或亲朋好友作陪。

(2)回族人忌吃猪、驴、狗肉以及凶猛禽兽的肉和无鳞鱼类。谈话时忌讳“猪”字或同音字。维吾尔族、哈萨克族、乌兹别克族、塔吉克族、柯尔克孜族、撒拉族、东乡族、保安族也都不养猪，禁止与猪肉有关的食品上桌。可食用的畜禽，不能随随便便拿来即食，必须经过阿訇宰杀，然后方可进食；反之就是对真主的不恭，要受到严厉的惩罚。

(3)忌讳将信奉伊斯兰教的民族成员与其他民族成员混坐于餐桌前，端菜时不宜从其旁边走过。

(4)回族人外出戴帽子，忌露顶。

(5)严格禁止用食物开玩笑；不能用忌讳的东西作比喻，如不能说某东西像血一样红。

(6)忌用左手递送物品。

(7)回族人管死亡叫“无常”。通常不论亡人生前贫富卑尊，都主张速葬、土葬，反对厚葬。不哭丧、不穿孝衣、不搞吊孝活动。

2. 传统节日

回族有三大传统节日，即开斋节(拉玛丹节)、古尔邦节(宰牲节)、圣纪节，都是伊斯兰教节日。

(三)维吾尔族

1. 礼俗与禁忌

(1)维吾尔族人十分重视礼貌，在路上遇到尊长或朋友，或平时待人接物时，习惯将右手按在胸部中央，然后把身体向前倾 30 度，并连声道“您好”。

(2)老人吃饭或到别人家做客，常用手摸脸做“都瓦”(一种祝福的宗教仪式)，有时握手后也做“都瓦”。不宜在长辈面前讲诙谐或揶揄的语言。

(3)家里来了客人,全家都自觉地过来欢迎,然后女主人用盘子把茶水端上来。人们端茶和接受物品都用双手,以示尊敬。

(4)到维吾尔族家里做客,进门前和用餐前女主人都要用水壶给客人冲洗双手,一般洗3次。习惯一人专用茶杯,住宿期间也不要更换。当第一次给茶杯时,须当着客人的面,将茶杯消毒后才使用。

(5)禁食猪、驴、狗、骡肉,自死的牲畜一律不吃。吃饭时不能随便拨弄盘中食物,不能随便到锅灶前,不要剩食物在碗中。饭毕有长者领做"都瓦"时,忌东张西望或立起。

(6)屋内就座时应跪坐,忌双腿直伸、脚朝人。

(7)衣忌短小,上衣一般过膝,裤脚达脚面,最忌户外着短裤。

(8)青壮年妇女一人在家时忌外人进去;新婚夫妇的洞房忌随便闯入;见到门上挂有红布条,表示妇女分娩或小孩出疹子,忌外人入内。

(9)忌睡觉时头东脚西,故在安排客房、安放卧具与枕头时宜特别注意。

(10)禁止在住地附近、水源旁边、墓地、清真寺周围和果树下面大小便、吐痰或倒脏水。

(11)禁止携带污浊之物进入墓地和清真寺,禁止从墓地上取土。

2.传统节日

维吾尔族的传统节日主要有开斋节、古尔邦节和诺鲁孜节。开斋节、古尔邦节的习俗与回族一样。诺鲁孜节是新疆维吾尔、哈萨克、柯尔克孜、乌孜别克、塔吉克等少数民族的传统节日。

(四)藏族

1.礼俗与禁忌

(1)献哈达是藏族最普遍的一种礼节。婚丧嫁娶、民俗节庆、拜会尊长、拜佛,迎送宾客等场合,通常都要献哈达。献哈达是对人表示纯洁、诚心、忠诚的意思。藏族人认为白色象征纯洁、吉利,所以哈达一般是白色的。

(2)到藏族人家做客,主人便会敬酒,一般是青稞酒。敬献客人时,客人须先啜三口,再喝干一满杯。喝茶则是日常的礼节,客人进屋坐定,主妇或子女会来倒酥油茶,但客人不必自行端喝,得等主人捧到你面前才接过去喝。不准用单手接、递物品;主人倒茶时,客人须用双手把茶碗向前倾出,以示敬意。吃东西时要注意食不满口、嚼不出声、喝不作响等规矩。

(3)与藏族人打招呼时,一般在其名字后面加一个"啦"字,以示尊称,行路时,不抢在他人前面,相遇必先礼让。

(4)凡行人碰到寺庙、金塔、玛尼堆和龙树时,都必须下马,并遵守从左边绕行的规定。信仰苯教的人则从右边绕行。

(5)进入寺庙,忌讳戴眼镜、吸烟、摸佛像、翻经书、敲钟鼓。对喇嘛随身佩戴的护身符、念珠等宗教器物更不得动手抚摩。进入寺庙,要肃静,必须就座时,身子要端正,切忌坐活佛的座位。

(6)不得用有藏文的纸当手纸或擦东西。

(7)不得动手摸弄藏民的头发和帽子;不得在藏民面前打喷嚏;不得在人面前随便吐痰、脱鞋、脱袜;不得在藏民拴牛、拴马和圈羊的地方大小便。

(8)进入藏民帐房后,男的坐左边,女的坐右边,不能坐错位置或混杂而坐。

(9)藏族人忌讳别人在他们面前捂鼻子;禁在室内放屁,认为这是大为不敬的事情;家中有病人或妇女生育时,忌生人入内(门外生一堆火,在门口插一树枝或贴一红布条作为标记)。

(10)藏民一般不吃鱼虾、鸡肉和鸡蛋,不要勉强劝食。藏族人饮酒时须用无名指从杯里蘸一点儿酒,弹向空中或地下,以示敬献神灵,而后方能自饮。

(11)藏族人民多信奉喇嘛教,每天早晨起床后及饭前念经。他们最忌别人用手抚摩佛像、经书、念珠和护身符等圣物,认为这是触犯禁规,对人畜不利。

2.传统节日

藏族节日丰富多彩,几乎每月都有一个节日。在藏族传统节日中,藏历年、林卡节与雪顿节三大节日最为著名,其次为望果节、燃灯节、驱鬼节、仙女节、朝山节、传昭大会、传昭小会等。

(五)壮族

1.礼俗与禁忌

(1)尊老爱幼是壮族的传统美德。路遇老人要主动打招呼、让路,在老人面前不跷二郎腿,不说污言秽语,不从老人面前跨来跨去。赴宴做客,给老人让上座,鸡翅、鸡头等上菜留给老人。

(2)客人来访,必由主人出面热情招待,让座递烟,双手捧上香茶。茶不能太满,否则视为不礼貌。不得高声说话,进出要从客人身后绕行。用餐时,菜要一次夹起。

(3)客人告辞时,主人要将另留的鸡肉和客人盘中的余肉用菜叶包好,让客人兜着带回去,给亲人品尝,客人绝不能拒绝。

(4)壮族的住房有干栏式竹楼和地居式平房两种。登上壮族人家的竹楼,一般都要脱鞋、脱帽子。

(5)到壮族地区旅游，如果碰到壮族村寨有丧事，在征得主人的同意后，可以带上两只鸡、两只鸭或相应的钱物前往参加葬礼，但严禁触摸死者的灵房。

(6)火塘、灶塘是壮族家庭最神圣的地方，禁止用脚踩踏火塘上的三脚架以及灶台。

(7)壮族青年结婚，忌讳怀孕妇女参加，怀孕妇女尤其不能看新娘。

(8)壮族妇女生小孩期间，谢绝外人进入，特别是怀孕妇女不能进入产妇家(在门上悬挂柚子枝条或插一把刀，以示禁忌)。不慎闯入产妇家者，须给婴儿取一个名字，送婴儿一套衣服、一只鸡或相应的礼物，做孩子的干爹、干妈。

2. 传统节日

壮族的传统节日有春节、歌圩、歌会、陀螺节、陇端节、吃立节等。

(六)满族

1. 礼俗与禁忌

(1)满族人非常重礼节，平时见面都要行请安礼；如遇长辈，要请安后才能说话，长者赐座，只可半坐于北炕梢并双手扶膝。晚辈不得与长辈同桌共餐。路遇长辈或兄长，须问安，并站立路边，让其先过，自己方能动身。最隆重的礼节是抱见礼，就是抱腰接面礼。一般亲友相见，不分男女都行这个礼，表示亲昵。家里一般都有“万字炕”(即一房西、南、北三面都是土炕)，西炕最尊贵，用来供奉祖宗，不能随意去坐。

(2)挂旗是满族盛行的一种风俗。旗也叫门笺、窗笺。春节时每家都要在门楣上、窗户上贴上挂旗，有的还贴上对联，增加节日气氛。

(3)满族接待客人，不避内眷，家庭女性成员都可参加对客人的敬酒等活动。给客人上菜必须成双成对，客人一旦接受妇女的敬酒，就必须喝干，否则被认为是不礼貌的。客人到满族人家里做客，忌讳随便坐炕。

(4)满族最突出的禁忌是不准杀狗，禁吃狗肉，禁穿戴带有狗皮的衣帽，不铺狗皮褥。

2. 传统节日

满族受汉文化的影响，节日与汉族相近，重视过农历新年。正月十五过灯节，正月二十五祈求来年过“添仓节”，农历二月二是“锁龙”的日子，还有五月端五，六月六“虫王节”，八月十五日中秋节等。

(七)傣族

1.礼俗与禁忌

(1)傣族青年的择偶求爱方式主要有丢包、串姑娘、对歌、赶街择偶、写情书等，还有举行奇独有趣的拴线婚礼仪式和“抢婚仪式”。

(2)在西双版纳傣族村寨，凡是人死了，要根据死者的不同年龄、不同身份和不同死因而采取不同的丧葬仪式。丧葬方式有火葬、土葬、水葬和天葬4种。火葬是西双版纳很早就有丧葬习俗。寺庙里的佛爷、领主、僧侣和德高望重的人死后，多用火葬；土葬是西双版纳傣家人的主要丧葬方式；过去在临江河居住的西双版纳人，曾有水葬习俗，无论是病死、凶死、暴死，均用水葬，现已渐渐废弃；天葬是应极少数人生前的嘱咐，采取天葬仪式，以求灵魂升入天堂。

(3)西双版纳傣族有镶牙和染齿的习俗，把镶牙和染齿视为人生的成年礼俗。傣族青年男女，一般自14～17岁，就要把白色牙齿换成金的或银的。染齿的年龄多为十四五岁，他们喜欢把自己整齐的白牙染成黑色或深紫色的。深紫牙齿被认为是最漂亮的牙齿。女青年如果把牙齿染得又黑又紫，就会被人夸奖染了一副漂亮又耐用的好牙齿。有时镶牙或染齿与否，会影响到能否顺利完婚；有“凿牙完婚”和“染齿完婚”之说。

(4)傣族人有“文身”习俗，傣语称“刺墨”。青少年一过10岁就可文身，有的年纪还小于10岁。文身一般在胸前、背后、腹部和四肢进行。

(5)傣族忌讳外人骑马、赶牛、挑担和蓬乱着头发进寨子。

(6)进入傣家竹楼，要把鞋脱在门外，而且在屋内走路要轻；不能坐在火塘上方或跨过火塘，不能进入主人内室，不能坐门槛；不能移动火塘上的三脚架，也不能用脚踏火。

(7)忌讳在家里吹口哨、剪指甲。

(8)不准用衣服当枕头或坐枕头；晒衣服时，上衣要晒在高处，裤子和裙子要晒在低处。

(9)进佛寺要脱鞋，忌讳摸小和尚的头、佛像、戈矛、旗幡等一系列佛家圣物。

2.传统节日

傣族的重大节日有泼水节、关门节和开门节等，均与佛教有关。

(八)彝族

1.礼俗与禁忌

(1)彝族人性格耿直、纯朴、豪爽、热情好客，惯以酒待客，信仰多神教，崇拜祖先。

(2)在特殊的公共场合里，就座排位要以辈分大小排列，长辈在场时发言不抢先。

(3)彝族有"客人长主三百岁"之俗话，凡有客人来，必须让位于最上方，至少也要烟茶相待。酒是敬客的见面礼，在凉山只要客人进屋，主人必先以酒敬客，然后再制作各种菜肴。有"打羊"、"打牛"迎宾待客之习，凡有客至，必杀牲待客，并根据来客的身份、亲疏程度分别以牛、羊、猪、鸡等相待。在"打牛"之前，要把活牛牵到客人面前，询问客人是否喜欢，然后教人紧执牛尾和牛身，一人用粗木棒向牛头部猛击三下，以牛立刻倒毙为吉祥。"打羊"的情况大体一样。吃饭前，主人必先在火塘中烧牛肝、羊肝给客人吃，以示尊敬，饭后还要将牛膀、羊膀、羊头送给客人带走。鸡头送给最尊贵或最年长的人吃。

(4)彝族最忌讳别人叫他们"老彝胞"和"蛮子"，认为这是对他们最大的侮辱；到彝族家里做客，要坐在锅庄(即火塘)的上方或右方，忌脚踏在锅庄上；在彝家的眼里，客人把饭吃光再加是不礼貌的。忌从客位方烧荞粑；火烧荞麦粑从火塘里拿出时，忌马上翻动及用棍棒穿通；忌作客不留肉；忌将饭端给主人。

(5)彝族人大年初一不许扫地，否则会把财气扫走；不许泼水，否则，一年四季雨水多，不利于农耕；不许串门拜年，否则会导致"凶神恶鬼"到处乱窜，惹祸招灾。

(6)忌拿灵长动物(熊、狗、猴、猫等)肉进屋，也忌食其肉，禁食马、骡、狗、猴、乌鸦、蛇、蛙肉。

2. 传统节日

彝族的传统节日主要有火把节、彝族年等。

(九)苗族

1. 礼俗与禁忌

(1)苗族人民信仰万物有灵，崇拜自然和多种鬼神。苗族人待客讲究真情实意，非常热情，最忌浮华与虚伪。

(2)主人路遇客人不抢走第一步，不走在前面；交谈中用敬语称呼；迎客要穿节日服装；对贵客要到寨外摆酒迎候；客人到家门，男主人要叫门，告知在家的女主人，女主人要唱歌开门迎客；在客人面前，女主人不登高上楼；宴会上以鸡、鸭待客为佳肴，尤以心、肝最贵重，要先给客人或长者，客人则分给众人享用，次序是先长后幼。

(3)忌讳被人称为"苗子"，而喜欢他们的自称"牡"、"模"、"毛"或"果雄"等。

(4)忌食狗肉，禁忌杀狗。

(5)忌讳任何人坐在苗族祖先神位所在的地方。

(6)禁止已婚妇女再穿蓑衣,否则,会触犯祖宗,招致大祸。

(7)黔东南等一带的苗族在立春第一次春雷响后三天之内不能出工。湘西苗族在阴历每月初一、十五忌讳挑粪。

(8)在苗族吃糍粑,不能拍了灰再吃。

(9)和苗族人嬉闹时,不能用绳子或布带捆他们。

(10)苗族人在门口悬挂草帽或插青树叶,或者苗族人在举行婚丧祭祀等仪式时,客人不要进屋。

(11)路上遇到新婚夫妇,不能从他们中间穿过。

2. 传统节日

苗族民间的传统节日较多,有苗年、四月八、龙舟节、吃新节、赶秋节等,其中以过苗年最为隆重。

二、我国主要传统节日

(一)春节

春节是我国最隆重、最热闹的一个古老传统节日,因为在农历正月初一,又叫阴历年,俗称"过年"。春节的历史很悠久,它起源于殷商时期年头岁尾的祭神祭祖活动。按照我国农历,正月初一是"岁之元,月之元,时之元",是一年的开始。传统的庆祝活动则从除夕一直持续到正月十五元宵节。春节是个欢乐祥和的节日,也是亲人团聚的日子。过年的前一夜,也叫除夕,又叫团圆夜,家家户户阖家欢聚,一起吃年夜饭,称"团年",全家老小都在一起熬年守岁,叙旧话新,欢聚酣饮,共享天伦之乐。当新年来临时,爆竹烟花将节日的喜庆气氛推向高潮。我国北方地区在此时有吃饺子的习俗,取"更岁交子"之意。而南方有吃年糕的习惯,甜甜的黏黏的年糕,象征生活步步高。过春节时,守岁达旦、喜贴春联、敲锣打鼓、张灯结彩、送旧迎新的活动热闹非凡;另外,各地还有互相登门拜年,以及舞狮子、耍龙灯、演社火、逛花市、赏灯会等习俗。

春节是汉族最重要的节日,但是满、蒙古、瑶、壮、白、高山、赫哲、哈尼、达斡尔、侗、黎等十几个少数民族也有过春节的习俗,只是过节的形式更有自己的民族特色,更加蕴味无穷。

(二)元宵节

农历正月十五夜,是一年中第一个月圆之夜,也是一元复始,大地回春的夜晚,也是人们庆贺新春的延续。元宵节又称为"上元节"。

正月十五闹元宵，将从除夕开始延续的庆祝活动推向又一个高潮。按中国民间的传统，在这天上皓月高悬的夜晚，人们要点起彩灯万盏，以示庆贺。因此，元宵之夜，大街小巷张灯结彩，人们出门赏月、燃灯放焰、喜猜灯谜、共吃元宵，合家团聚、同庆佳节，成为世代相沿的习俗。随着时间的推移，元宵节的活动越来越多，不少地方节庆时增加了耍龙灯、舞龙、耍狮子、踩高跷、划旱船、扭秧歌、打太平鼓等传统民俗活动。元宵节已有 2 000 多年的传统，不仅盛行于海峡两岸，在海外华人的聚居区也年年欢庆不衰。由于元宵节有张灯、看灯的习俗，民间又习惯称为"灯节"。

元宵节也是一个浪漫的节日，元宵灯会在封建的传统社会中，也给未婚男女相识提供了一个机会。旧社会的年轻女孩不允许出外自由活动，但是过节却可以结伴出来游玩，元宵节赏花灯正好是一个交谊的机会，未婚男女借着赏花灯的时机也顺便可以为自己物色对象。

(三)清明节

清明既是二十四节气之一，又是一个历史悠久的传统节日。清明节是中国传统的最重要的祭祀节日。汉族和一些少数民族大都是在清明节祭祖和扫墓。按照旧的习俗，扫墓当天，人们要携带酒食果品、纸钱等物品到墓地，将食物供祭在亲人墓前，再将纸钱焚化，为坟墓培上新土，折几枝嫩绿的新枝插在坟上，然后叩头行礼祭拜，最后吃掉酒食回家。唐代诗人杜牧在《清明》中所写的"清明时节雨纷纷，路上行人欲断魂。借问酒家何处有？牧童遥指杏花村。"，便是描述清明节扫墓祭祖的特殊气氛。

按阳历来说，清明节是在每年的 4 月 4 日至 6 日之间，此时正是春光明媚、草木吐绿的时节，也正是人们春游(古代叫踏青)的好时候。清明的前一天称寒食节。寒食节的设立是为了纪念春秋时代晋朝"士甘焚死不公侯"的介子推。清明寒食期间，除了祭祖扫墓之外，许多地区民间还有禁火寒食、踏青郊游等习俗，因此清明节又叫踏青节；另外还有荡秋千、放风筝、拔河、斗鸡、戴柳、斗草、打球等传统活动。

(四)端午节

农历五月初五，是我国传统的端午节，又称端阳、重五、端五节。端午节始于中国的周朝时期，至今已有 2 000 多年历史。早在春秋战国时期，就有"五月五日，蓄兰而沐"的习俗。但今天端午节的众多活动都与纪念我国伟大的文学家屈原有关。这一天，家家户户都要吃粽子，南方各地举行龙舟大赛，这些都与悼念屈原有关。

过端午节，是中国人 2 000 多年来的传统习惯，由于地域广大，民族众多，加上许多故事传说，不仅产生众多的节名，而且各地也有着不尽相同的习俗。除了吃粽子、赛龙舟外，还有许多其他内容，如女儿回娘家、挂钟馗像、洗龙水、躲午、帖午叶符、挂艾枝、悬菖蒲、佩香囊，备牲醴、比武、击球、荡秋千、洒雄黄水、饮雄黄酒、菖蒲酒、吃五毒饼及咸蛋等。除了有迷信色彩的活动渐已消失外，其余至今流传中国各地及邻近诸国。有些活动如赛龙舟等，已得到新的发展，突破了时间、地域界限，成为了国际性的体育赛事。

(五)七夕节

在我国，农历七月初七的夜晚，天气温暖，草木飘香，这就是人们俗称的七夕节，也有人称之为“乞巧节”或“女儿节”，这是中国传统节日中最具浪漫色彩的一个节日。

传说每年七月初七，天下的喜鹊在银河上搭成一座鹊桥，这个夜晚是天上织女与人间牛郎在鹊桥相会之时。这个美好的传说始于汉朝，经过千余年的代代相传，深入人心。七夕节最普遍的民间习俗，就是妇女们在这一天的夜晚进行的各种乞巧(向织女乞求智慧和巧艺)活动。一般是比赛穿针引线，看谁更心灵手巧。乞巧的方式大多是姑娘们穿针引线验巧，做些小物品赛巧，摆上些瓜果乞巧，各个地区的乞巧的方式不尽相同，各有趣味。因此，七夕节又叫“乞巧节”或“女儿节”。

七夕坐看牵牛、织女星，是民间的习俗。每到七夕将至，牵牛和织女二星都竟夜经天，直至太阳升起才隐退，因而又被喻为人间离别的夫妻相会。人们传说在七夕的夜晚，抬头可以看到牛郎织女的银河相会，或在瓜果架下可偷听到两人在天上相会时的脉脉情话。

有的地区还组织“七姐会”。女孩们聚集在宗乡会馆，摆下各式各样鲜艳的香案，摆上鲜花、水果、胭脂粉、纸制小型花衣裳、鞋子、日用品和刺绣等，对着天空遥祭牛郎织女，乞求天上的女神赋予她们聪慧的心灵和灵巧的双手，更乞求爱情婚姻的姻缘巧配。

如今，受西方国家的影响，中国越来越多的情侣把七夕节视为“中国的情人节”，男女双方会互赠礼物，或外出约会。

(六)中秋节

每年农历八月十五日，是传统的中秋佳节。这时是一年秋季的中期，所以被称为中秋。八月十五的月亮通常更圆、更明亮，所以又叫做“月夕”。此夜，人们仰望如玉如盘的明月，自然会期盼家人团聚。远在他乡的游子，也借此寄托自己对故乡和亲人的思念之情，所以中秋节又称“团圆节”。

中秋节起源于我国古代秋祀、拜月之俗。自周代以来，人们每逢中秋夜都要举行迎寒和祭月，设大香案，摆上月饼、西瓜、苹果、红枣、李子、葡萄等祭品，其中月饼和西瓜是绝对不能少的。西瓜还要切成莲花状。在月下，红烛高燃，全家人朝着月亮的方向依次拜祭，然后由当家主妇切开团圆月饼。切的人预先算好全家共有多少人，在家的、在外地的，都要算在一起，不能切多也不能切少，大小要一样。

中秋之夜，除了赏月、祭月、吃月饼，有些地方还有舞草龙、砌宝塔、点塔灯、放天灯、烧斗香、树中秋、走月亮、舞火龙等特殊习俗活动。除月饼外，各种时令鲜果干果也是中秋夜的传统美食。

今天，月下游玩的习俗，已远没有旧时盛行。但各地设宴赏月的习俗仍很盛行，人们把酒问月，庆贺美好的生活，或祝远方的亲人健康快乐，和家人"千里共婵娟"。

(七)重阳节

阴历的九月九日，是我国传统的重阳节。古代以九为阳，六为阴，双九就是重阳，故称重阳节，也叫"双九节"。

自古以来，重阳节就是人们敬老爱老、思念亲人、渴望团圆的日子。农历九月初九的重阳佳节活动极为丰富，有出游赏景、登高远眺、赏菊、喝重阳酒(菊花酒)、吃重阳糕、插茱萸和簪菊花等，因此重阳节自古又称"登高节"。一些地方的人们也有利用重阳登山的机会，开展祭扫祖墓、纪念先人等活动。唐代王维的"独在异乡为异客，每逢佳节倍思亲。遥知兄弟登高处，遍插茱萸少一人。"这首诗便是寄托人们重阳节情感的真实写照。

今天的重阳节，被赋予了新的含义。在1989年，我国把每年的九月九日定为"老人节"，传统与现代巧妙地结合，成为尊老、敬老、爱老、助老的老年人的节日。全国各机关、团体、街道，往往都在此时组织从工作岗位上退下来的老人们秋游赏景，或临水玩乐，或登山健体；不少家庭的晚辈也会搀扶着年老的长辈到郊外活动，或为老人准备一些可口的饮食。老人们在这一天或赏菊以陶冶情操，或登高以锻炼体魄，给桑榆晚景增添了无限乐趣。

(八)冬至节

冬至，是我国农历中一个非常重要的节气。我国古代人们对冬至很重视，认为冬至是一个节气循环的开始，也是一个吉日。许多地方有"冬至大如年"的说法，而且有庆贺冬至的习俗。

冬至俗称"冬节"、"长至节"、"亚岁"等。因为冬至过后天气进入最冷的时期，民间至今有冬至进补的习惯。北方在冬至这一天有吃狗肉、羊肉和吃饺子的习俗，南方的冬至传统食品则有冬至米团、冬至长线面等。许多地区在冬至这一天还有祭天祭祖的习俗。在我国台湾至今还保存着冬至用九层糕祭祖的传统，用糯米粉捏成鸡、鸭、龟、猪、牛、羊等象征吉祥中意福禄寿的动物，然后用蒸笼分层蒸成，用以祭祖，以示不忘老祖宗，祝福合家团圆。

(九)腊八节

腊八节是在农历十二月初八日，古代称为“腊日”，传说佛教创始人释迦牟尼在这一天得道成佛，因此称为“佛成道节”。寺院每逢这一天煮粥供佛，以后民间相沿成俗，直至今日，俗称“腊八节”，是我国民间传统节日，也是佛教徒的重要节日。

腊八节这一天最重要的活动是吃腊八粥，也叫“七宝五味粥”。我国喝腊八粥的历史，已有1 000多年。在民间，家家户户在这天要做腊八粥。最早的腊八粥只是在米粥中加入红小豆，后来演变的极为复杂考究。各地腊八粥的花样品种繁多，争奇竞巧。主料有白米、黄米、江米、小米、菱角米等数十种，添加核桃、杏仁、瓜子、花生、松仁、葡萄干、桂圆肉、百合、莲子等，通宵熬煮，香飘十里。腊八粥熬好之后，要先敬神祭祖，之后要赠送亲友，最后才是全家人食用。通常人们会将腊八粥连续保存和食用几天，吃剩的腊八粥往往被认为是好兆头，取其“年年有余”的意义。把粥送给穷苦的人吃，更被认为是为自己积德。

三、西方国家主要节日

(一)圣诞节(Christmas)

圣诞节指圣诞日(Christmas Day)或 圣诞节节期(Christmas Tide)，即12月24日至第二年1月6日这段时间。每年12月25日，是基督教创始人耶稣的诞辰，也是基督徒最盛大的节日——圣诞节。按基督教教义，圣诞节又称“耶稣圣诞瞻礼”、“主降生节”。圣诞节本来是基督教徒的节日，后来逐渐演变成一个具有民族风格的全民性的节日，是西方国家一年中最盛大的节日，在美国、英国、加拿大、德国、意大利、澳大利亚等西方国家，甚至非洲、东南亚一些国家都很盛行，类似我国过春节。

按照习俗，过圣诞节时人们都互赠圣诞贺卡和圣诞礼品。贺卡可以在商店买到，也可以自制，只要写上祝词和自己的姓名就行了。贺卡一般要根据对方的兴趣爱好以及与自己的关系等进行选择。不仅同事、同学、朋友之间互赠，家庭成员之间也有互赠贺卡和礼品的习惯。这是一种最普遍的庆祝圣诞节的活动。

圣诞餐是圣诞节当天的主餐，有的家庭安排在中餐，有的则在晚餐。这餐饭主要是家人聚餐，一般不邀请客人。圣诞餐主要食品为：火鸡或烤鹅、布丁以及各类小甜饼等。按照习俗，吃圣诞餐时，往往要多设一个座位，多放一份餐具，据说这是为了“主的使者”预备的，也有的说是为一个需要帮助的过路人而准备的。

在圣诞夜(12 月 24 日晚至 25 日晨),基督教徒们组织歌咏队到各教徒家去唱圣诞颂歌,传报佳音。颂歌很多,比如《平安夜》、《铃儿响叮当》、《小伯利恒》、《东方三贤士》等,内容大都与耶稣的诞生有关。

(二)复活节(Easter)

复活节是基督教耶稣复活的重大节日。按《圣经·马太福音》的说法,耶稣基督在十字架上受刑死后第三天复活,因而设立此节。对基督徒而言,复活节是仅次于圣诞节的重大节日。根据西方教会的传统,在春分节(3 月 21 日)当日见到满月或过了春分见到第一个满月之后,遇到的第一个星期日即为复活节。东正教会则规定,如果满月恰好出现在这第一个星期日,则复活节再推迟一周。因此,复活节节期大致在 3 月 22 日至 4 月 25 日之间。

按照基督教的习惯,在复活节的前一天,教徒们要举行夜间祈祷。这天晚上,教堂里灯火全部熄灭,意味着世界一片黑暗。等到午夜的钟声一响,神父手持一枝点燃的蜡烛(象征基督光芒)走进教堂,将各个教徒手中的蜡烛点燃。不一会儿,整个教堂被众多的蜡烛光照得通明,祈祷也就随之结束。

复活节这一天要举行宗教仪式和活动,如"圣餐"等,人们见面的第一句话就是"主复活了",然后人们互赠彩蛋,小孩吃兔子糖,讲兔子的故事(按西方国家的习俗,彩蛋和兔子是复活节的典型象征和吉祥物)。

复活节也是人们向所关怀的人送鲜花、盆景、胸花等礼物的节日。许多去做礼拜的人这天也向教堂献上花束。传统上人们在复活节给孩子们送去活的小鸡、小鸭、小兔子等,成人之间则往往互赠贺卡或小件礼品。

从复活节开始以后的一周称为复活节周(Easter Week),在此期间,教徒每天都要进行祈祷。

(三)感恩节(Thanksgiving)

感恩节是美国和加拿大人的节日,由美国首创,是美国国定假日中最地道、最美国式的节日,原意是为了感谢印第安人,后来人们常在这一天表达感谢他人之意。感恩节始于 1621 年秋天,1863 年美国总统林肯正式宣布感恩节为国定假日。自 1941 年起,感恩节是在每年 11 月的第四个星期四,从这一天起休假两天,人们都要和自己的家人团聚。

每逢感恩节这一天,美国举国上下热闹非凡。人们按照传统习俗前往教堂做感恩祈祷,城乡市镇到处举行化装游行、戏剧表演和体育比赛等,学校和商店也都按规定放假休息。孩子们还模仿当年印第安人的模样穿上离奇古怪的服装,画上脸谱或戴上面具到街上唱歌、吹喇叭。散居在他乡外地的家人一般也会回家过节,一家人团团围坐在一起，品尝以火鸡为主的感恩节美食，并且对家人表示感谢。同时，好客的美国人也忘不掉这一天邀请好友、单身汉或远离家乡的人共度佳节。从18世纪起，美国就开始出现一种给贫穷人家送一篮子食物的风俗。不管遇到谁，人们都会说："Thank you!"

感恩节购物已经成为了美国人的习俗。从感恩节到圣诞节这一个月，是各个商家传统的打折促销旺季。疯狂的购物月从感恩节的次日（星期五）开始，这天一大早，许多人们摸着黑冲到商场排队买便宜货，这种行为有个非常形象的说法，叫Early Bird（早起的鸟儿）。

此外，每年一度的感恩节，美国还会举行总统放生火鸡的仪式。

加拿大的感恩节起始于1879年，时间是在每年10月第二个星期一，习俗活动与美国相似。

（四）愚人节（April Fool's Day）

每年的4月1日是西方国家传统的愚人节。在这期间，天气常常突然变化，恰似是大自然在愚弄人类。按照西方国家的习俗，在愚人节这一天，人们可以任意说谎骗人、愚弄他人。骗人手段越高，越能得到推崇。在愚人节受到愚弄的人被称为"April Fool（4月愚人）"。

愚人节最典型的活动是人们之间互相开玩笑，用假话捉弄对方。按照他们的习惯，当一个人成功地使别人受到愚弄时，他就会笑着说明情况，这时受愚弄的人恍然大悟，也会跟着哈哈大笑。总之，愚人节活动可以活跃气氛、放松大脑，为人们的生活增添一些乐趣。

在美国，多数家庭要在节日这天举办鱼宴。主人在节前向客人们发出邀请，请帖是一条彩色纸板制成的小鱼，活泼别致。餐桌用绿色和白色桌布装饰，中间摆放鱼缸和精巧的小钓鱼竿。渔竿上系着绿色飘带，飘带上拴着送给客人的礼物，如鱼形工艺品、装满糖果的小篮。宴会上，主人端上以鱼为原料精心烹制的菜肴，煎炸烤烧，应有尽有。根据传统风俗，主人往往在宴会上给客人们做假菜。这种假菜宴更增添了轻松欢快的节日气氛，宴会结束后，主人以糖果招待客人。不过糖果不是放在果盘中，而是放在药盒里。

（五）母亲节（Mother's Day）

母亲节是英美等国家为了表达对母亲的敬意而设的一个节日。日期是每年的5月第二个星期日。

母亲节起源于19世纪60年代的美国。据说当时在美国费城有一个小地方，人们之间彼此关系不十分友好，经常打架。当时有一位叫Anna Jarvis的女士希望能改变这种状况，于是她就倡导开始了一个所谓“母亲友谊节”(Mother's Friendship Day)，在这一天便去看望其他人的母亲，并劝她们能和好如初。在她的努力下，费城人民于 1908 年 5 月 10 日第一次庆祝了母亲节。

每逢母亲节，做儿女的会送给自己的母亲节日贺卡、鲜花以及母亲们喜欢的精美礼物等；同时，做父亲的在这一天会领着子女们包揽家务，以便让做母亲的有个休息和享受生活的机会。此外，家庭成员还会做各种让母亲欢喜的事情，以表示对其敬爱之意。

(六)父亲节(Father's Day)

每年 6 月的第三个星期日，是西方国家的父亲节，主要盛行于美国和加拿大。

父亲节起源于 20 世纪初的美国。据说当时在华盛顿州有一位名叫布鲁斯·多德的女士，她年幼丧母，兄弟姐妹 6 人全靠父亲抚养成人。父亲的这种既为人父，又为人母的自我牺牲精神极大地感动了她。长大后，她积极倡导父亲节，并说服当时华盛顿州的斯波坎市政府作一次特殊的礼拜仪式向父亲们表达敬意。后来在 1916 年她的建议得到了美国威尔逊总统的官方承认。从此父亲节便成为了美国的一个传统节日。

按照习惯，父亲节这一天，做孩子的通常一大早就起床给父亲做一顿丰盛的早餐，端到父亲的床头，感谢父亲的养育之恩。另外，孩子们还要制作一些精美的小礼品送给父亲，所送的一般是父亲喜欢的衣服和爱喝的饮料。与母亲节一样，在父亲节这天，人们也在胸前佩戴特定的花朵。一般来说，佩戴红玫瑰表示对健在父亲的爱戴，佩戴白玫瑰则表达对故去父亲的悼念。

(七)情人节(Saint Valentine's Day)

情人节是英美等国一个十分重要的节日，时间是每年的 2 月 14 日。

关于情人节的起源有许多不同的解释，其中比较流行的说法是：它是为了纪念罗马基督教殉道者 St. Valentine 而设的。相传他在 2 月 14 日即将被斩首之前，凭借自己执著的爱恋之情的魔力使双目失明的女儿重见光明。

情人节是年轻人的节日，这一天，情侣们要互赠卡片和礼物。在西方国家，人们多以赠送红玫瑰来表达对情人的感情，一枝半开的红玫瑰往往作为男士情人节送给女孩的最佳礼物，而姑娘则以一盒心形巧克力作为回赠的礼物。

此外，情人节也是一个大众化的节日，人们也给自己的父母以及其他受自己尊敬和爱戴的人赠送礼物和卡片。特别引人入胜的是情人节之夜的化装舞会。参加舞会的人，个个煞费苦心地将自己装扮起来，有的化装成中世纪的骑士，有的化装成西班牙的海盗，还有的化装成东方的皇帝。聪明的舞会主人常常给每位客人发一个带花边的瓦伦丁卡片，上面写着某个人的名字，这个人就成为你今晚的伙伴。因此，在舞会上，人们便可以看到罗密欧和灰姑娘翩翩起舞，哈姆雷特同卡门谈笑风生，阿拉伯公主同查理二世共进晚餐等。

在西方，情人节不但是表达情意的最佳时刻，也是向自己心爱的人求婚的最佳时刻。情人节的晚餐约会通常代表了情侣关系的发展关键。

(八)万圣节(All Saints'Day)

按照基督教的习惯，每年的 11 月 1 日为万圣节，是纪念所有圣徒的日子。

万圣节起源于不列颠凯尔特人的传统节日，是在 10 月的最后一天。凯尔特人相信这是夏天的终结、冬天的开始，这一天是一年的重要标志，是最重要的节日之一，被称为“死人之日”，或者“鬼节”。

按照西方社会的传统，每到万圣节前夕这天晚上，人们就围坐在火炉旁，讲述一些有关“鬼”的故事，还戴着古怪可怕的面具，打扮成动物或鬼怪，目的是为了赶走据说会在他们四周游荡的“妖魔”。这也就是今天西方人以古灵精怪的打扮来庆祝万圣节的由来。时间流逝，万圣节的意义逐渐起了变化，变得积极快乐起来，喜庆的意味成了主流。到了今天，象征万圣节的形象、图画如巫婆、黑猫等，大都有友善可爱和滑稽的脸。

在万圣节，人们还会制作“杰克灯”或叫“南瓜灯”。小孩们身穿古怪的服装，头戴面具，装扮成鬼怪的形象，手里提着一盏南瓜灯，从一家走到另一家，在大门口大声叫着“是请客还是要我们捣乱?”这时若主人不请客，这些顽皮的孩子就会动真格地捣乱，有的在主人的门把上涂上肥皂或往玻璃上洒肥皂水；有的干脆把主人的门给卸下来；还有的顺手拿走主人放在门口的日常小用品等。但人们对这些天真可爱的小客人一般还是欢迎的，并且事先都准备好糖果或零钱。听到这些小孩来到时，他们会马上迎出来，给孩子们分发糖果或零钱。

美国明尼苏达州的 Anoka 号称是“世界万圣节之都”，那里每年都举行大型的巡游，庆祝万圣节的到来。

四、世界部分国家国花、国鸟、国树、国兽

(一)国花

很多国家人们以自己国内特别著名的花作为他们国家的象征，并赋予其一定的含义。这种花被称为“国花”。国花往往代表着一个国家的历史文化，象征着民族的精神，或者高尚的人格美德。世界部分国家的国花分别为：

【亚洲】

朝鲜——朝鲜杜鹃(金达莱)

韩国——木槿

日本——樱花、菊花

老挝——鸡蛋花

缅甸——龙船花

泰国——素馨、睡莲

马来西亚——扶桑

印度尼西亚——毛茉莉

新加坡——万代兰

菲律宾——毛茉莉

印度——荷花、菩提树

尼泊尔——杜鹃花

不丹——蓝花绿绒蒿

孟加拉国——睡莲

斯里兰卡——睡莲

阿富汗——郁金香

巴基斯坦——素馨

伊朗——大马士革月季

伊拉克——月季(红)

阿拉伯联合酋长国——孔雀、百日草

也门——阿拉伯咖啡

叙利亚——月季

黎巴嫩——雪松

以色列——银莲花、油橄榄

土耳其——郁金香

【欧洲】

挪威——欧石楠

瑞典——欧洲白蜡

芬兰——铃兰

丹麦——冬青

冰岛——三色堇

俄罗斯——向日葵

波兰——三色堇
捷克——椴树
斯洛伐克——石竹、玫瑰
德国——矢车菊
塞尔维亚——桃花
克罗地亚——天竺葵
马其顿——矢车菊
匈牙利——郁金香
罗马尼亚——狗蔷薇
保加利亚——玫瑰、突厥蔷薇
英国——玫瑰
爱尔兰——白车轴草
法国——鸢尾
荷兰——郁金香
比利时——虞美人、杜鹃花
卢森堡——月季
摩纳哥——石竹
西班牙——香石竹
葡萄牙——雁来红、薰衣草
瑞士——火绒草
奥地利——火绒草
意大利——雏菊、月季
圣马利诺——仙客来
马耳他——矢车菊
希腊——油橄榄

【北美洲】

加拿大——糖槭
美国——玫瑰
墨西哥——大丽花、仙人掌
危地马拉——爪哇木棉
萨尔瓦多——丝兰
洪都拉斯——香石竹
尼加拉瓜——百合(姜黄色)

哥斯达黎加——卡特兰
古巴——姜花、百合
牙买加——愈疮木
海地——刺葵
多米尼加共和国——桃花心木
【南美洲】
哥伦比亚——卡特兰、咖啡
厄瓜多尔——白兰花
秘鲁——金鸡纳树、向日葵
玻利维亚——向日葵
巴西——卡特兰、毛蟹爪莲
智利——野百合
阿根廷——刺桐
乌拉圭——商陆、山楂
【大洋洲】
澳大利亚——金合欢、桉树
新西兰——桫椤、四翅槐
斐济——扶桑
【非洲】
埃及——睡莲
利比亚——石榴
突尼斯——素馨
阿尔及利亚——夹竹桃、鸢尾
摩洛哥——月季、香石竹
塞内加尔——猴面包树
利比里亚——胡椒
加纳——海枣
苏丹——扶桑
坦桑尼亚——丁香、月季
加蓬——火焰树
赞比亚——叶子花
马达加斯加——凤凰木、旅人蕉
塞舌尔——凤尾兰
津巴布韦——嘉兰

（二）国鸟

鸟类是人类的朋友，国鸟是一个国家和民族精神的一种象征。国鸟的评选，距今已有200多年的历史。美国是世界上最先确定国鸟的国家。由于环境污染和人类的滥捕，不少鸟类数量日趋减少，有的甚至绝灭或正处于灭绝的边缘，国际鸟类保护会议呼吁各国选出自己国家的国鸟，以在国民中普及保护鸟类的思想。世界上已有40多个国家确定了国鸟，分列如下。

【亚洲】

印度——蓝孔雀

斯里兰卡——黑尾原鸡

日本——绿雉

菲律宾——食猿雕

尼泊尔——棕尾虹雉（九色鸟）

缅甸——孔雀、妙声鸟

伊拉克——雄鹰

【欧洲】

德国——白鹳

比利时——红隼

瑞典——乌鸫

荷兰——白琵鹭

英国——红胸鸲（知更鸟）

卢森堡——戴菊莺

丹麦——云雀

奥地利、爱沙尼亚——家燕

挪威——河乌

冰岛——矛隼

爱尔兰——蛎鹬

波兰、阿尔巴尼亚——雄鹰

以色列——戴胜

【非洲】

南非——蓝鹤

埃及、赞比亚——雄鹰

肯尼亚——公鸡

乌干达——皇冠鹤（灰冠鹤、东非冕鹤）

津巴布韦——津巴布韦鸟
利比里亚——黑眼鹎
纳米比亚——红胸伯劳
尼日利亚——黑冠鹤
【北美洲】
美国——白头海雕
巴哈马——红鹳
巴巴多斯——鹈鹕
百慕大群岛——白尾鹲
墨西哥——凤头卡拉鹰(长脚鹰)
洪都拉斯——黄颈亚马孙鹦鹉
巴拿马——角雕
危地马拉——凤尾绿咬鹃(爱沙尔克鸟,自由鸟)
萨尔瓦多——海喜鹊
特立尼达和多巴哥——蜂鸟
多米尼加共和国——金刚鹦鹉
【南美洲】
阿根廷——棕灶鸟
巴西——金刚鹦鹉
委内瑞拉——拟黄鹂
巴拉圭——裸喉钟雀
智利、厄瓜多尔、玻利维亚、哥伦比亚——康多秃鹫
秘鲁——安第斯盔冠伞鸟
【大洋洲】
巴布亚新几内亚——极乐鸟
新西兰——几维鸟

(三)国树

树木是造福人类的天使。国树如同国旗、国歌、国花、国鸟一样,是国家的表征、民族的荣誉。国树可以唤起人们对祖国和故乡的热爱之情,还能够反映出一个民族的文化传统、审美观念,以及这个国家的自然风貌和植物分布情况。许多国家通过立法程序,确定人们喜爱的树为国树,有些国家则是根据人们的喜爱而约定俗成的。世界部分国家国树如下。

【亚洲】

中国——银杏(待定)

韩国——木槿

缅甸——柚木

泰国——桂树

印度——菩提树

斯里兰卡——大棕榈

菲律宾——纳拉树

黎巴嫩——雪松

阿富汗——黑桑

沙特阿拉伯、叙利亚——枣椰树

【欧洲】

俄罗斯——白桦树

意大利 ——五针松

西班牙——甜橙

以色列——油橄榄

瑞典——欧洲白蜡

捷克、斯洛伐克——椴树

丹麦——枸骨叶冬青

希腊——油橄榄

挪威——云杉

英国——英国栎

葡萄牙——扁桃(巴旦杏)

【北美洲】

美国——橡树

加拿大——枫树

危地马拉——爪哇木棉

牙买加——愈疮木

多米尼加共和国——桃花心木

伯利兹——红木

哥斯达黎加——阿开木

巴拿马——巴拿马树

洪都拉斯、萨尔瓦多——咖啡树

古巴——红棕(大王椰子)

【南美洲】

巴西——芸实

秘鲁——金鸡纳树

阿根廷——刺桐

乌拉圭——山楂

哥伦比亚——咖啡树

【非洲】

加蓬——火焰树

马达加斯加——凤凰木

利比亚——石榴

阿尔及利亚——夹竹桃

突尼斯 ——油橄榄

塞内加尔——猴面包树

利比里亚——木瓣树

加纳——海枣

苏丹——海枣树

埃塞俄比亚——咖啡树

【大洋洲】

澳大利亚——桉树

新西兰——四翅槐

(四)国兽

和鸟类一样,动物中有许多珍稀或具有重要价值和意义的兽类,往往也能作为一个国家和民族精神的一种象征并为人民所喜爱。目前世界上已有部分国家确定了国兽,分列如下。

泰国——亚洲象

印度——狮子、老虎

不丹——羚牛

尼泊尔——牛

缅甸——狮子

孟加拉国——孟加拉虎

秘鲁——骡马

加拿大——水狸

澳大利亚——袋鼠

埃及——猫

参考文献

[1] 韦维.礼仪教程.北京:中国科学技术出版社,2003.

[2] 曹文彬.现代礼仪.北京:中国商业出版社,2001.

[3] 张玉平.现代礼仪.北京:东方出版社,1998.

[4] 刘毅政.实用礼仪大全.呼和浩特:内蒙古人民出版社,2000.

[5] 张敬慈,罗健,刘一民.公关礼仪. 3版.成都:四川大学出版社,2005.

[6] 王晞,牟红.旅游实用礼宾礼仪.重庆:重庆大学出版社,2002.

[7] 舒伯阳,刘名俭.旅游实用礼貌礼仪.天津:南开大学出版社,2000.

[8] 姜桂娟.公关与商务礼仪.北京:北京大学出版社,2005.

[9] 于向英,邝金丽. 现代礼仪教程.北京:中国科学技术出版社,2003.

[10] 李惠中. 跟我学礼仪.北京:中国商业出版社,2002.

[11] 王水华. 公关与商务礼仪.南京:东南大学出版社,2001.

[12] 韩国挺, 张会娟, 杜松艳. 公关与礼仪.徐州:中国矿业大学出版社,2007.

[13] 励尊. 实用公关礼仪.北京:中国纺织出版社,2006.

[14] 潘薇. 公关礼仪.北京:中国经济出版社,1998.

[15] 方宪玕. 公共关系学教程.杭州:浙江大学出版社,2006.

[16] 金正昆.社交礼仪教程.2版.北京:中国人民大学出版社,2005.

[17] 张百章,何伟祥.公关礼仪.大连:东北财经大学出版社,2005.

[18] 熊卫平.现代公关礼仪.北京:高等教育出版社,2007.

[19] 侯宪举,等.实用中外礼仪.西安:西安交通大学出版社,1989.

[20] 邢颖,等.社交与礼仪.北京:民族出版社,1993.

[21] 张和平.社交礼仪.北京:中国商业出版社,1994.

[22] 何春晖,等.现代社交礼仪.杭州:杭州大学出版社,1995.

[23] 胡锐.现代礼仪教程.杭州:浙江大学出版社,1995.

[24] 胡正奎.现代社交礼仪.长沙:湖南人民出版社,1999.

[25] 周芙蓉.礼仪教程.北京:中国长安出版社,2003.

[26] 国英.现代礼仪.北京:机械工业出版社,2003.

[27] 何伶俐.高级商务礼仪指南.北京:企业管理出版社,2003.
[28] 刘逸新.礼仪指南.北京:中国纺织出版社,2004.
[29] 金正昆.服务礼仪教程.北京:中国人民大学出版社,1998.
[30] 陈萍.最新礼仪规范.北京:线装书局,2004.
[31] 陈合宜. 秘书学.广州:暨南大学出版社,2003.
[32] 于明.礼仪全书.北京:国际文化出版公司,1993.
[33] 宋薇.中外礼仪大全.济南:山东美术出版社,2010.
[34] 陆永庆.东西方礼节礼貌.南昌:江西人民出版社,1988.
[35] 张怡,刘奕.礼仪教程.上海:东华大学出版社,2009.
[36] 陈晓莉,等. 礼仪规范教程.北京:中央广播电视大学出版社,2008.
[37] 路小静.礼仪规范教程.北京:北京人民邮电出版社,2008.
[38] 冯宝琴,等.礼仪规范教程.北京:国家行政学院出版社,2008.
[39] 郭学贤.现代实用礼仪.北京:首都师范大学出版社,2008.
[40] 黄曼青.社交礼仪教程.广州:广东高等教育出版社,2004.
[41] 焦宏昌.中外禁忌与礼俗.北京:中国人民大学出版社,1990.
[42] 孙玉梅.实用社交礼仪.北京:中国文史出版社,2005.
[43] 麻美英.现代实用礼仪.杭州:浙江大学出版社,2006.
[44] 梁新,等.礼仪规范教程.北京:航空工业出版社,2009.
[45] 关彤.社交礼仪.海口:海南出版社,2003.
[46] 金正昆.商务礼仪教程.北京:中国人民大学出版社,1999.
[47] 星云大师.宽心:星云大师的人生幸福课.南京:江苏文艺出版社,2009.
[48] 刘青,邓代玉. 世界礼仪文化. 北京:时事出版社,2010.
[49] 刘佩华.中外礼仪文化比较.广州:中山大学出版社,2005.
[50] 金正昆.礼仪金说.西安:陕西师范大学出版社,2008.
[51] 张世满.旅游与中外民俗.天津:南开大学出版社,2002.
[52] 游明谦.中外民俗.郑州:郑州大学出版社,2002.
[53] 张玉平.现代礼仪.北京:东方出版社,1998.
[54] 刘毅政.实用礼仪大全.呼和浩特:内蒙古人民出版社,2000.
[55] 段建国,李莉.旅游接待礼仪.北京:中国人民大学出版社,2001.
[56] 朱立安.国际礼仪.台北:扬智文化事业股份有限公司,2001.
[57] [日]竹内宏.好礼仪带来好人缘.徐华瑛译.东京:雅书堂文化事业有限公司,2000.

[58] 赵关印. 中华现代礼仪. 北京:气象出版社,2002.
[59] 金正昆. 服务、涉外礼仪教程. 北京:中国人民大学出版社,2002.
[60] 北京植物学会. 国树与国花[EB/OL]. 北京:北京科普网,2011-04-21[2011-04-21]. http://www.bjkp.gov.cn/bjkpzc/tszr/zwdg/zwygs/gsygh.
[61] 各国国鸟[EB/OL]. 百度网:百度文库,2011-04-20[2011-04-20]. http://baike.baidu.com/view/622844.htm.